浙江农林大学 | 生态文明研究院 碳中和研究院

浙江智库 ZHEJIANG THINK TANK

浙江省生态文明智库联盟

《生态文明研究丛书》

主编◎沈满洪

生态产品价值实现机制研究

——以甘肃省为例

沈满洪 顾光同 钱志权 陈真亮 等◎著

中国财经出版传媒集团

中国财政经济出版社

·北京·

图书在版编目（CIP）数据

生态产品价值实现机制研究：以甘肃省为例／沈满洪等著．--北京：中国财政经济出版社，2024.4
（生态文明研究丛书／沈满洪主编）
ISBN 978-7-5223-2873-7

Ⅰ.①生… Ⅱ.①沈… Ⅲ.①生态经济-研究-甘肃 Ⅳ.①F127.42

中国国家版本馆 CIP 数据核字（2024）第 045233 号

组稿编辑：周桂元　　责任校对：张　凡
责任编辑：周桂元　　责任印制：张　健
封面设计：孙俪铭

生态产品价值实现机制研究——以甘肃省为例
SHENGTAI CHANPIN JIAZHI SHIXIAN JIZHI YANJIU
——YI GANSUSHENG WEILI

中国财政经济出版社 出版
URL：http：//www.cfeph.cn
E-mail：cfeph@cfeph.cn

社址：北京市海淀区阜成路甲 28 号　邮政编码：100142
营销中心电话：010-88191522
天猫网店：中国财政经济出版社旗舰店
网址：https：//zgczjjcbs.tmall.com
中煤（北京）印务有限公司印刷　各地新华书店经销
成品尺寸：170mm×240mm　16 开　26.5 印张　434 000 字
2024 年 4 月第 1 版　2024 年 4 月北京第 1 次印刷
定价：106.00 元
ISBN 978-7-5223-2873-7
（图书出现印装问题，本社负责调换，电话：010-88190548）
本社质量投诉电话：010-88190744
打击盗版举报热线：010-88191661　QQ：2242791300

林　震　北京林业大学生态文明研究院院长、教授

孔凡斌　浙江省新型重点专业智库——浙江农林大学生态文明研究院执行院长、教授、首席专家

张俊飚　浙江农林大学浙江省乡村振兴研究院首席专家、教授

潘　丹　江西财经大学生态经济研究院院长、教授、首席专家

张　宁　山东大学蓝绿发展研究院院长、教授

王建明　浙江财经大学科研处处长、绿色管理研究院院长、教授

谢慧明　宁波大学商学院副院长、长三角生态文明研究中心主任、教授

方　恺　浙江大学区域协调发展研究中心副主任、公共管理学院长聘教授、浙江生态文明研究院学术交流中心副主任

总　序

2003 年 7 月 10 日，时任浙江省委书记习近平在中共浙江省委十一届四次全体（扩大）会议上的报告中明确提出“八八战略”，即发挥“八个方面的优势”，推进“八个方面的举措”。“八八战略”之五便是：“进一步发挥浙江的生态优势，创建生态省，打造‘绿色浙江’”[①]。我是在“八八战略”指引下成长起来的一名生态经济学者。正因为“八八战略”的持续推进，才持续有机会参与“八八战略”尤其是战略之五的规划研究、工作总结、经验提炼及理论宣讲，多次承担浙江文化研究工程重大项目并出版《绿色创新——生态省建设创新之路》《生态文明建设：浙江的探索与实践》等专著。

生态文明建设是一个博大精深的课题。因此，我几十年只做一件事——生态文明研究，主要研究方向是习近平生态文明思想、生态经济发展战略、生态文明制度建设、资源与环境经济学等。一个人的力量总是有限的，团队建设和平台建设不可或缺。于是，在浙江大学工作期间积极推动成立“浙江大学循环经济研究中心”，并担任常务副主任；在浙江理工大学工作期间，牵头成立“浙江理工大学浙江生态文明研究中心”，兼任主任和首席专家，使之成为浙江省重点研究基地；在宁波大学工作期间，牵头成立“宁波大学长三角生态文明研究中心”，兼任

---

① 习近平. 干在实处 走在前列——推进浙江新发展的思考与实践［M］. 北京：中共中央党校出版社，2006：71－73.

主任和首席专家，使之成为浙江省推进长三角一体化发展支撑智库；在浙江农林大学工作期间，牵头重组“浙江农林大学生态文明研究院、碳中和研究院”，兼任院长和首席专家，使之成为浙江省新型重点专业智库。

浙江农林大学生态文明研究院、碳中和研究院是为了响应国家生态文明建设、碳达峰碳中和重大战略而设立，旨在综合运用文理融合、多学科交叉的研究方法，为国家和地方生态文明建设、碳达峰碳中和领域提供跨学科综合解决方案，力求在生态产品价值实现机制、低碳发展路径与政策、亚热带森林增汇稳碳、碳达峰碳中和制度创新、生态文化传承与创新、生态文明法治理论与实践等领域研究取得重大突破。研究院前身是2011年设立的浙江农林大学生态文明研究中心。2021年6月，更名为浙江农林大学生态文明研究院，并设立浙江农林大学碳中和研究院，实行“两院合一”运行机制。2021年9月获中共浙江省委宣传部批准为浙江省习近平新时代中国特色社会主义思想研究中心研究基地。2022年12月获浙江省哲学社会科学工作办公室、浙江省新型智库联席会议批准为浙江省新型重点专业智库，并进入浙江省建设具有全国影响的新型智库培育名单。研究院下设生态经济、低碳发展、生态文化、生态治理四个研究所。研究院现有研究人员70余人，有正高级职称的研究人员占三分之一以上。国家“万人计划”哲学社会科学领军人才沈满洪教授、孔凡斌教授担任研究院首席专家。浙江省特级专家及国家科技进步奖二等奖获得者周国模教授、国家一级作家及“茅盾文学奖”得主王旭烽教授、国家“万人计划”青年拔尖人才潘丹教授、国家“万人计划”哲学社会科学领军人才张宁教授分别担任低碳发展、生态文化、生态经济、生态治理四个研究所的方向带头人。沈满洪教授任院长，孔凡斌教授任执行院长。研究院产出了一大批有较大影响的学术理论和智库成果。主要研究成员承担了包括国家自然科学基金重大重点项目、国家社科基金重大重点项目以及“973 项目”在内的国家级和省部级项目250余项，在《经济研究》等国内外重要学术期刊发表学术论文超过1000余篇，出版学术专著160余部，成果获得国家科技进步奖及省部级优秀成果奖近50项，获得国家发明专利20余项，提交的政策咨询报告获中共中央、国务院、全国人大、中央国家机关部委和省级党委政府领导批示超过100次，产生了较大的学术影响、良好的社会影响和重要的决策影响。正值本丛书第一部专著《生态文明建设的淳安样本》校稿期间，沈满洪教授领衔的生态文明教师团队入选浙江省高校黄大年式教师团队。正值本丛书第二部专著《生态产品价值实现机制研究——以甘肃省为例》校稿期间，沈满洪教授被中共浙江省委、浙江省人民政府评为浙江省特级专家。

浙江省是习近平生态文明思想的重要萌发地和率先践行地。浙江省各个单位高度重视生态文明研究和平台建设。但研究平台呈现出“多”而“散”的问题。根据省委“大成集智”的指示精神，在浙江省社科联的领导下，成立了“浙江省生态文明智库联盟”。该联盟由浙江农林大学生态文明研究院牵头，由浙江大学区域协调发展研究中心（国家高端智库）、浙江省发展规划研究院、浙江大学中国农村研究中心、浙江省生态环境科学设计研究院、浙江理工大学浙江省生态文明研究院等浙江省16家从事生态文明研究的国家高端智库、省级新型重点专业智库、研究基地等组成。国家“万人计划”哲学社会科学领军人才沈满洪教授担任智库联盟理事长。智库联盟坚持以习近平新时代中国特色社会主义思想为指导，利用绿水青山就是金山银山理念浙江省先行地优势，忠诚践行“八八战略”，聚焦生态文明研究，通过重大选题联合攻关、数据库案例库共建共享、联合举办国际学术论坛等重大举措，着力推动浙江省经济社会全面绿色转型重大理论与实践问题研究，集聚高显示度研究成果，为浙江省率先建成人与自然和谐共生的省域现代化先行示范区、生态文明制度“重要窗口”提供大成集智和理论支撑。智库联盟已经开展了一系列卓有成效的工作：协同开展重大项目研究，如浙江省文化研究工程重大项目“共同富裕的探索与实践——浙江案例研究”（丛书 22 本）、浙江省哲学社会科学重大项目“碳中和论丛”（丛书 11 本）；合作举办国际性全国性学术会议，如“PACE 中国绿色低碳发展的理论与政策国际研讨会”（年度系列）等。

习近平生态文明思想是一个博大精深的理论体系，是一个开放发展的理论体系，尚有大量的理论问题、战略问题、政策问题值得深入研究。我国生态环境保护虽然取得历史性、转折性、全局性变化，但是，我国生态文明建设处于生态环境安全需要与生态环境审美需要并存、陆域生态环境保护与海洋生态环境保护并存、生态经济化任务与经济生态化任务并存、工业化现代化目标与绿色化低碳化目标并存的历史方位。可见，生态文明研究的任务依然任重道远，亟须深入推进和深化生态文明研究。为此，浙江省生态文明智库联盟、浙江农林大学生态文明研究院推出“生态文明研究丛书”。

《生态文明研究丛书》为“不定期”“不定册”“连续出版”丛书。“不定期”就是不受出版时间的严格约束，书稿成熟就与出版社签署协议，进入出版程序；“不定册”就是不受一时认识水平的约束，实施开放式选题；“连续出版”就是形成生态文明研究的系列拳头产品，避免一本书单打独斗。该丛书可能的选题方向主要有：（1）习近平生态文明思想研究。重点研究习近平生态文明思想的理论以及全国各地践行习近平生态文明思想的实践。（2）绿色发展的理论和实践研究。重点研究绿色发展理论、生态产品价值实现机制、各地绿色发展实践、绿色发展制度和政策等。（3）碳达峰碳中和研究。重点研究国家与地方碳减排增碳汇、碳达峰碳中和战略、适应气候变化等理论与实践。（4）生态文明治理制度研究。重点研究资源与环境法律制度、生态环境治理机制、生态文明体制改革等。（5）生态文化建设研究。重点研究茶文化、竹文化、生态林业文化等特色生态文化、生态文明哲学、生态文明伦理、生态文明教育等。欢迎符合选题要求的著作纳入本丛书！

丛书编委会由浙江农林大学生态文明研究院院长及各学科带头人、浙江农林大学生态文明研究院学术委员会全体委员、浙江省生态文明智库联盟部分成员单位学术带头人组成。作为该丛书主编，对于各位专家同意邀约担任编委会委员表示衷心感谢！

2024年1月于杭州

（作者系浙江农林大学生态文明研究院院长、浙江省生态文明智库联盟理事长、浙江省人民政府咨询委员会委员、中国生态经济学学会副理事长）

目录

总论篇

分论篇

总论篇

总论篇旨在构建一个甘肃省生态产品价值实现机制的总体框架。为此，需要回答：甘肃省生态产品价值实现机制建设的现实基础如何？域外生态产品价值实现机制建设对甘肃省有何借鉴？甘肃省生态产品价值实现机制建设的基本框架怎么样？如何通过改革实现甘肃省生态产品价值实现机制从现实的“此岸”到达理想的“彼岸”？甘肃省生态产品价值实现机制建设需要哪些保障措施？

党的十八大以来，甘肃省生态产品价值实现机制的建设出现了“五个转向”：生态保护与修复从政府投资转向政府与社会共同投资；生态补偿从政府补偿转向纵向横向交错的立体补偿转变；生态产权交易从水权等资源产权交易转向生态产权全面交易；生态产业逐渐从生态农业转向三大生态产业全面发展；生态资源的配置从政府配置转向“政府为主导、市场为主体”的协同。甘肃省生态产品价值实现机制建设既有生态产品多样性、特质性、原生态、低成本等优势，也有生态环境脆弱性突出、制度设计缺陷突出、“等靠要”思想严重等劣势；既有国家的强制性推动、市场的诱致性拉动、区域的竞争性扰动、价格的递增性倒逼、绿色科技的创新性驱动等机遇，也有生态产品缺乏标准体系、缺乏定价方法、市场存在信息不对称问题等挑战。总体上看，优势大于劣势，机遇大于挑战。

国内外都有生态产品价值实现机制建设先行实践和成功经验。相对于我国而言，国外的实践具有三个特征：一是重视市场机制的娴熟运用；二是注重社会各界的广泛参与；三是重视法律制度的基本建设。生态产品价值实现的典型模式包括政府主导型、市场主导型和混合促进型三种模式。对于纯公共产品，可以政府主导和混合促进型模式为主；对于准公共产品，可以混合促进和市场主导型模式为主；对于经营性生态产品，应充分利用市场主体和市场力量来实现价值。域外的实践对于甘肃省而言具有很好的启发意义：深化生态产品认识，探索多元化生态产品价值实现路径；加强生态产品制度创新，完善生态产品价值实现的制度体系；完善市场经济体制，让市场在生态资源配置中发挥决定性作用；探索公私合作模式，大力增强生态产品有效供给；培育市场经营主体，充分激发民营企业投身生态经济发展的活力。

生态产品价值实现是别无选择的强制性制度、权衡利弊的选择性制度、道德教化的引导性制度共同构成的制度体系系统集成的结果。甘肃省生态产品种类丰富、资源禀赋区域差异极大。生态产品价值实现机制不仅需要多主体共同参与，还需要考虑不同区域的差异以及各种生态产品不同的特征。从建设主体来看，生态产品价值实现机制涉及政府、企业和公众三类主体；从区域禀赋来看，甘肃省可以划分为沙区、流域、矿区、林区、草原五类区域；从生态产品的特征来看，又可分为经营性生态产品、准公共生态产品、纯公共生态产品。因此，需要构建覆盖各类制度实施的建设主体、区域禀赋差异以及产品种类差异的完整的生态产品制度体系。据此可以分别构建起“三主体三制度”“五区域三制度”“三产品三制度”等制度矩阵。生态产品价值实现的机制和制度建设是一个优化选择过程：对于替代性制度要进行优化选择，对于互补性制度要进行耦合强化；对于公益性生态产品以政府配置为主，对于盈利性生态产品以市场配置为主，对于混合性生态产品则以“市场+政府”的机制配置；对于林区、流域、草原、沙区、矿区都要“因地制宜”“因时制宜”“因事制宜”。

甘肃省生态产品价值实现机制改革的指导思想是：以习近平新时代中国特色社会主义思想为指导，全面贯彻党的二十大精神，贯彻落实习近平生态文明思想，按照党中央、国务院决策部署，实现市场机制导向、政府机制导向、社会机制导向的生态产品价值实现机制改革路径各得其所，推进自上而下的强制性制度变迁、自下而上的诱致性制度变迁、中间开花的混合性制度变迁在生态产品价值实现机制改革中美美与共，通过创新实践汇聚形成生态产品价值实现的“甘肃案例”“甘肃模式”和“甘肃经验”。甘肃省生态产品价值实现机制改革的总体目标是：通过改革创新，建立起全面而完善的生态产品价值实现机制，实现生态产品优质化和品牌化，做到生态产品供给旺和需求旺，顺畅实现生态产品的生态价值转化为经济价值，把甘肃省打造成为我国西北地区生态产品生产中心、加工中心、交易中心和信息中心，建成全国生态产品价值实现机制试点示范省。

甘肃省生态产品价值实现机制的建设需要思想、组织、金融、财政、智力、信息、法治等一系列保障措施。针对甘肃省存在的“守着生态富矿过穷日子”现象，甘肃省要牢固树立生态资源观、生态系统观、生态价值观、生态经营观、绿色发展观。甘肃省生态产品价值实现要充分发挥中国特色的制度优势，加强领导决策机制、组织协调机制、专家咨询机制、支持中介组织发展机制建设。从甘肃省为维护国家生态安全的角度来看，中央财政要加大财政转移支付，提供政策支持，争取成为示范省；从甘肃省财政资源配置角度来看，要完善财政补贴政策，优化生态补偿政策，提高资源配置效益。生态产品价值实现要用足用好绿色信贷政策、开发绿色金融产品，支持绿色保险创新等金融保障政策。甘肃省生态产品价值实现还要加强创新平台建设，强化数字技术保障、注重技术研发推广及突出人才队伍建设等智力保障。最终，甘肃省生态产品价值实现机制的完善必然以法治做保障，构建起科学立法、严格执法、公正司法、全民守法的法治体系，形成政府、企业、公众相互制约的治理机制。

第一章　导　论

随着绿水青山就是金山银山理念的深入人心，生态产品的价值转化成为一种普遍追求和大势所趋。党的二十大报告再次强调“建立生态产品价值实现机制”。甘肃省的生态产品类型多样、富有特色且潜力巨大，但生态产品价值实现程度相对不高。甘肃省生态产品价值实现机制建设成为一个紧迫的任务。本章主要阐述研究背景与意义、概念界定及分类、研究内容与框架、可能创新与效益。

第一节　研究背景与意义

一、研究背景

早在2005年，时任中共浙江省委书记的习近平同志在浙江安吉调研时就提出了绿水青山就是金山银山理念。党的十八大以来，绿水青山就是金山银山理念成为了全党全社会的共识和行动，并写入《中国共产党党章》。自觉践行绿水青山就是金山银山理念，必然要求将自然资源转化为可以造福人民的生态经济价值。2019 年 1 月 12 日，国家推动长江经济带发展领导小组办公室正式发文批复支持浙江省丽水市开展生态价值实现机制试点（全国首个国家级试点城市），随后在贵州、江西、青海等省部分地区开展生态产品市场化先行试点工作，多维度探索生态产品价值实现的机制与路径。良好的生态不仅会产生生态效益，而且会产生经济效益和社会效益。在系统总结试点经验的基础上，中共中央办公厅、国务院办公厅于 2021 年 4 月印发《关于建立健全生态产品价值实现机制的意见》，对建立健全生态产品价值实现机制作出了系统谋划。这是贯彻落实习近平生态文明思想的重要举措，是践行绿水青山就是金山银山理念的重大推力，是从源头上推动生态环境领域国家治理体系和治理能力现代化的必然要求，对推动经济社会发展全面绿色转型具有重要意义。为加快推动建立健全生态产品价值实现机制，走出一条生态优先、绿色发展的新路子，要求各地区各部门结合实际认真贯彻落实。

甘肃省位于我国西部地区，地处黄河中上游，黄土高原、青藏高原和内蒙古高原三大高原的交汇地带，地域辽阔，生态资源丰富，系我国重要的生态安全屏障，生态地位极其重要。截至 2021 年年末，常住人口 2490.02 万人，全省居民人均可支配收入 22066 元；按常住地分，城镇居民人均可支配收入 36187 元，农村居民人均可支配收入 11433 元。[①] 下辖 12 个地级市、2 个自治州、17 个市辖区、5 个县级市、57 个县、7 个自治县。大部分位于中国地势二级阶梯上。东接陕西，南邻四川，西连青海、新疆，北靠内蒙古、宁夏并与蒙古国接壤。根据甘肃省人民政府网站“人口自然地理”的数据，甘肃省东西跨度 1480 千米，南北跨度 1132 千米，总面积 45.59 万平方千米，占中国总面积的 4.72%。

最主要的山脉有祁连山、乌鞘岭、六盘山，多数山脉属西北—东南走向。据第九次森林资源清查结果，甘肃省林地面积 1046.35 万公顷，森林面积 509.73 万公顷，森林覆盖率 11.33%；活立木总蓄积量 28386.88 万立方米，森林蓄积量 25188.89 万立方米。水资源主要分属黄河、长江、

---

① 甘肃省统计局、国家统计局甘肃调查总队．2021 年甘肃省国民经济和社会发展统计公报［EB/OL］．甘肃经济信息网（甘肃省经济研究院），https：//www.gsei.com.cn/html/1288/2022-04-24/content-372053.html.

内陆河3个流域、9个水系。2021年，甘肃省水资源总量277.3亿立方米。风能资源丰富，总储量为2.37亿千瓦，风力资源居中国第5位，可利用和季节可利用区的面积为17.66万平方千米，主要集中在河西走廊和省内部分山口地区，河西的瓜州素有“世界风库”之称。甘肃省还是中国太阳能最为丰富的三个区域之一，各地年太阳总辐射值为4800—6400兆焦/平方米。

甘肃省生态产品具有独特优势，但生态产品价值转化却相对滞后；甘肃省生态环境修复任务十分艰巨，但多元投资生态环境修复的机制尚未形成。全面厘清甘肃省生态产品价值实现机制的理论逻辑、制度框架与实现路径十分紧迫。为此，需要充分发挥高等院校生态经济理论研究以及本省业务主管部门对省情熟悉的优势，加快推动生态产品价值实现机制研究，并以此为基础推进实务工作。

二、研究意义

（一）本研究是甘肃省贯彻落实习近平生态文明思想的重要举措

生态文明建设是中华民族永续发展的千年大计，是中国特色社会主义事业“五位一体”总体布局的重要内容。习近平总书记指出：“生态环境保护和经济发展是辩证统一、相辅相成的，建设生态文明、推动绿色低碳循环发展，不仅可以满足人民日益增长的优美生态环境需要，而且可以推动实现更高质量、更有效率、更加公平、更可持续、更为安全的发展，走出一条生产发展、生活富裕、生态良好的文明发展道路。”[①] 党的十八大以来，以习近平同志为核心的党中央把生态文明建设摆在全局工作的突出位置，全面加强生态文明建设，一体治理山水林田湖草沙，开展了一系列根本性、开创性、长远性工作，决心之大、力度之大、成效之大前所未有，生态文明建设从认识到实践都发生了历史性、转折性、全局性变化。甘肃省历史上曾是沟通西域、稳边固疆的战略要地，也是落实黄河流域生态保护和高质量发展国家重大战略的重要地区，资源自然禀赋优良，具备建立健全生态产品价值实现机制的基础和优势。通过项目实施，有利于体现甘肃省的政治担当，有利于体现全面落实习近平生态文

① 习近平. 努力建设人与自然和谐共生的现代化［J］. 求是，2022（11）：1－4.

明思想的重大举措，更有利于展示甘肃生态产品价值的生态文明建设窗口示范。

（二）本研究是甘肃省实现乡村振兴推进共同富裕的基础工程

生态产品主要在乡村，共同富裕的关键在乡村，实现了生态产品价值，在一定程度上就解决了乡村振兴和共同富裕的问题。甘肃省已经在推动生态产权交易，组织完成了电力等七大行业109家重点碳排放企业碳核查工作，完成了全省首批19家发电企业的碳市场碳排放权分配，建立了横向生态补偿机制，建立了6项生态环境损害赔偿制度，这些为甘肃省生态产品价值实现打造了良好的基础条件。通过项目实施，有利于进一步探索生态产品的转化路径和创新机制，为甘肃省践行绿水青山就是金山银山理念的关键路径提出行动方向，贯彻落实好中办、国办《关于建立健全生态产品价值实现机制的意见》，解决好省委、省政府关心的重大课题，推进全省全面绿色转型和绿色高质量发展，加快形成甘肃特色的生态产品价值实现方案，为实现乡村振兴推进共同富裕提供示范。

（三）本研究是甘肃省推进美丽甘肃与和谐甘肃建设的必要探索

甘肃省的人与自然的矛盾、环境与经济的矛盾、生态产品需求与供给的矛盾比较尖锐。对生态产品价值实现机制的研究，可从根源上解决甘肃省经济发展和环境保护之间的矛盾，比如从风电产业发展来看，风电可以替代燃煤发电机组发电，不仅可以降低煤耗成本，减少污染气体的排放，而且能够带动经济发展，促进社会和谐稳定。人类的发展和稳定离不开生态系统，人类社会的进步和经济发展也离不开生态系统。一方面，生态系统通过转换，给人们提供各种各样的生态产品和生态服务；另一方面，人类也可以通过一系列决策影响生态系统，或者使其为人类所用。通过本研究，探讨原生态下生态产品价值实现模式以及成功的典型案例。在深刻理解生态产品内涵和实质的基础上，分析域外生态产品价值实现的模式和路径后，对甘肃省生态产品价值识别和实现的过程展开具体研究，仔细分析并梳理生态产品价值实现要素在甘肃省产业生态化过程中的作用，并总结出甘肃省生态产品价值实现的路径和模式，促进甘肃省美丽甘肃和和谐甘肃的建设。

三、研究特色

（一）坚持问题导向，明晰生态产品价值实现机制的缺陷

党的十八大以来，伴随社会主义市场经济体制改革的不断深化，我国生态产品价值实现机制逐步由行政化机制向市场化机制、多元化机制演变。要想建立和完善甘肃省生态产品价值实现机制，就必须明确甘肃省生态产品价值实现机制的现实基础，尤其是所存在的突出问题及其根源。

（二）坚持目标导向，构建生态产品价值实现机制的框架

党的十九大明确要求“提供更多优质生态产品以满足人民日益增长的优美生态环境需要”。这为绿水青山就是金山银山理念提供了价值载体，更为国家构建生态治理体系提供实践抓手。本书从政府机制、市场机制、社会机制三足鼎立的机制格局以及强制性制度、选择性制度、引导性制度相互协同的制度结构等为目标导向，全方位构建甘肃省生态产品价值实现机制的框架。

（三）坚持改革导向，优化生态产品价值实现机制改革路径

优化生态产品价值实现机制改革，是深入贯彻习近平生态文明思想的政治责任，是发挥甘肃省生态文明建设的重要举措，也是破解体制机制瓶颈制约、提升生态环境治理的内生需求。本书从“此岸”到“彼岸”的路径选择以及明确制度的“废”“改”“立”“释”为改革导向，优化甘肃省生态产品价值实现机制改革路径。

（四）坚持绩效导向，提升生态产品价值实现机制的绩效

生态产品价值实现机制的构建必须是收益大于成本。生态产品价值实现机制的改革必须是改革后好于改革前。绩效标准是建立完善生态产品价值实现机制的关键。本书无论是在机制框架的构建还是在具体制度的设计中始终坚持绩效导向。

第二节 生态产品及价值实现概念界定

一、生态产品的概念

《全国主体功能区规划》（国发〔2010〕46号）首次提出了生态产品的概念，将生态产品与农产品、工业品、服务品并列为人类生活所必需的可消费的产品。《全国主体功能区规划》并未严格定义生态产品，只是从产品分类和各种产品变化趋势的角度提出了生态产品的概念。其指出："从提供产品的角度划分，或者以提供工业品和服务产品为主体功能，或者以提供农产品为主体功能，或者以提供生态产品为主体功能。在关系全局生态安全的区域，应把提供生态产品作为主体功能，把提供农产品和服务产品及工业品作为从属功能，否则，就可能损害生态产品的生产能力。"①

马涛认为，"生态产品"具有狭义和广义之分。"从狭义上讲，生态产品是指维系生态安全、保障生态调节功能、提供良好人居环境，包括清新的空气、清洁的水源、生长的森林、适宜的气候等看似与人类劳动没有直接关系的自然产品。从广义上讲，除前述自然产品外，还包括通过清洁生产、末端处理、循环利用、降耗减排等途径，减少对矿物、能源、水及其他生态资源的耗费，而生产出来的物质产品，譬如有机食品、绿色农产品、生态工业品等。"② 该定义不仅把自然生态要素纳入生态产品的范畴，而且把绿色化、循环化、低碳化的产品全部纳入生态产品的范畴。这显然过于宽泛。

曾贤刚等认可了马涛的狭义的生态产品的定义，但认为生态农产品、

① 国务院．国务院关于印发全国主体功能区规划的通知（国发〔2010〕46号）［EB/OL］．2010年12月21日，http：//www. lcrc. org. cn/tdzzgz/tdzzgh/ghyd/201311/W02016113085701084386 2. pdf.

② 马涛．依靠市场机制推动生态产品生产［N］．中国证券报，2012－11－28（A04）．

生态工业品等只是生态友好型产品，不是真正的生态产品。① 他们仅仅把清新的空气、清洁的水源、生长的森林、适宜的气候等自然生态要素定义为生态产品。这又过于狭窄。

潘家华（2020）也认为，“生态产品是维持生命支持系统、保障生态调节功能、提供环境舒适性的自然要素”。② 具体包括自然要素生态产品、自然属性生态产品、生态衍生品和生态标识产品。但是，在解释这四类生态产品的过程中，又把生态农业产品、生态工业产品等纳入其中。③ 该定义关键是对“自然要素”的理解过于宽泛了，由此出现了“定义”是狭义的而“解释”是广义的矛盾。

可见，对生态产品的定义，有的过于狭窄，有的过于宽泛，有的摇摆不定。本书认为，生态产品可以有狭义和广义之分。狭义的生态产品就是维持生命支持系统、保障生态调节功能、提供环境舒适性的自然生态要素；广义的生态产品除了狭义的生态产品外，还包括依托自然要素生产出来的人工产品，也可称作“生态 + 产品”，如生态农产品、光伏等新能源、生态旅游品。总之，狭义的生态产品是指“纯自然要素及经过人工保护的自然要素”；广义的生态产品除了狭义的部分外还包括以自然要素为基础经过人为开发、加工、经营、管理的产品和服务。

二、生态产品的分类

（一）按照生态产品对象分类

党的十八大报告强调：“着力推进绿色发展、循环发展、低碳发展。”④ 绿色发展、循环发展、低碳发展三个关键词以顿号间隔，说明彼此是并列的关系。以此判断，绿色发展对应的是生态环境保护，循环发展对应的是资源高效利用，低碳发展对应的是应对气候变化。因此，可以把

---

① 曾贤刚，虞慧怡，谢芳．生态产品的概念、分类及其市场化供给机制［J］．中国人口资源与环境，2014，24（07）：12－17.

② 潘家华．生态产品的属性及其价值溯源［J］．环境与可持续发展，2020，45（06）：72－74.

③ 廖茂林，潘家华，孙博文．生态产品的内涵辨析及价值实现路径［J］．经济体制改革，2021（01）：12－18.

④ 胡锦涛．坚定不移沿着中国特色社会主义道路前进 为全面建成小康社会而奋斗——在中国共产党第十八次全国代表大会上的报告［M］．北京：人民出版社，2012：39.

生态产品分成下列三类：

1. 自然资源产品

自然资源产品主要包括土地资源、水资源、空气资源、森林资源、湿地资源、海洋资源、沙漠资源、荒地资源等。这些自然资源中，有的较早得到开发，如土地资源，因此，有时没有把土地资源纳入其中；有的长期无价或低价使用，但如今变得越来越稀缺，如水资源；有的迄今仍是无价使用，如空气等。随着自然资源使用强度的增加，人们发现“资源容量”是有极限的，存在“资源阈值”。为了生态系统的安全，必须保持足够的生态用水；为了渔业资源的再生，捕捞速率不可超过再生速率；为了森林资源的循环，砍伐速率不可高于再生速率；等等。就我国政府的管理职能看，自然资源产品大多由自然资源部门负责管理，水资源的部分职能则由水利部门负责管理。

2. 环境资源产品

环境资源产品主要包括水土涵养、生态平衡、环境容量等。长期以来，环境资源产品被认为是自由物品。随着工业化的推进，环境污染的加剧，人们发现“环境容量”是有极限的，存在“环境阈值”，因此，环境资源产品也是稀缺的产品。具体的表现就是废水、废气等排放总量控制导致的排污许可的稀缺性进而形成排污权交易市场。就我国政府的管理职能看，环境资源产品由生态环境部门负责管理。

3. 气候资源产品

气候资源产品主要包括气候调节、碳汇资源、碳排放容量等。长期以来，吸收氧气、吐出二氧化碳被认为是“天赋人权”。但是，随着温室气体排放的增加，全球气候的不断变暖，人们发现“气候容量”是有极限的，存在“气候阈值”，因此气候资源产品也是稀缺的产品。具体的表现就是“碳排放权”“碳汇”等产品纳入碳市场。就我国政府的管理职能看，气候资源产品由发展改革部门总体负责，生态环境部门等具体落实。

以上只是从狭义的生态产品角度进行分类。其实，广义的生态产品就是基于狭义的生态产品基础之上的“深度加工”，因此，分类还是不变。

（二）按照生态产品属性分类

诺贝尔经济学奖获得者埃莉诺·奥斯特罗姆将物品细分为四类：一是

具有竞争性和排他性的物品，如瓶装的农夫山泉等；二是具有非排他性且非竞争性的物品，即纯公共物品，如祁连山的天然氧吧等；三是具有非竞争性但有排他性的事物，如村集体所有的以饮水功能为主的水库等；四是具有非排他性但有竞争性的事物，如黄河渔业资源等。这样，可以把第一类称作私人物品，第二类称作公共物品，第三类和第四类称作混合物品或准公共物品。

据此，生态产品也可以有以下分类：公共物品属性的生态产品，如气候调节功能、水土涵养功能、生物多样性维系功能、科学研究功能等；混合物品属性的生态产品，如集体所有的森林、集体所有的水源、废弃物循环利用、低碳社区等；私人物品属性的生态产品，如有机农产品、光伏能源、生态旅游等。

三、生态产品的价值实现

生态产品的价值可以区分为功能性价值和经济性价值。功能性价值就是指水资源具有饮用、养殖、灌溉、观赏等功能，森林资源具有气候调节、粉尘吸收、碳汇等功能。谈及生态产品的价值实现机制建设时一般是指经济性价值。为什么生态产品的价值实现会成为问题？《全国主体功能区规划》作出了回答："我国提供工业品的能力迅速增强，提供生态产品的能力却在减弱，而随着人民生活水平的提高，人们对生态产品的需求在不断增强。因此，必须把提供生态产品作为发展的重要内容，把增强生态产品生产能力作为国土空间开发的重要任务。"① 如果生态产品的经济价值得不到体现，生态产品的供给就必然出现短缺。为此，必须了解其本质。

（一）生态产品价值实现的本质

生态产品价值实现的障碍在于生态产品的正外部性和公共物品属性。经济学把产品分成私人物品、公共物品和混合物品三大类型。生态产品中

① 国务院．国务院关于印发全国主体功能区规划的通知（国发〔2010〕46号）［EB/OL］．2010年12月21日，http：//www. lcrc. org. cn/tdzzgz/tdzzgh/ghyd/201311/W020161130857010843862. pdf.

较多属于公共物品和混合物品。

私人物品属性的生态产品由于没有外部性，所以其价值已经得到实现。如光伏发电的成本从2010年的每度1.1元（具有正外部性）降低到2020年的每度0.3元（没有外部性）以下。在这一成本下，企业只需要按照市场价格正常供给即可。

公共物品属性的生态产品，其价值完全没有实现。公共物品是外部性的极端，具有正外部性。这种巨大外部性，导致私人收益趋于零，社会收益趋于100%。如果没有有效的制度安排，这类生态产品的供给甚至可能降为零。

混合物品属性的生态产品具有很强的正外部性，其价值部分得到了实现，部分没有实现。其正外部性部分就是没有实现的价值。如果没有有效的制度安排，这类生态产品的供给就会小于社会最优的水平，就会供不应求。

因此，生态产品价值实现问题主要针对的是公共物品属性和混合物品属性的生态产品。当然，随着技术进步混合物品会向私人物品转变。

总之，生态产品经济性价值的本质在于外部性问题，正外部性的极端就是公共物品。如何实现外部性的内部化就是生态产品价值实现的本质所在。

（二）生态产品价值实现的途径

具有私人物品属性的生态产品的价值实现途径就是市场机制。生态产品的供给者和需求者通过市场机制实现生态产品的供求均衡，即使偏离了均衡价格，市场机制的作用也会自然而然地恢复到均衡价格。

具有公共物品属性和混合物品属性的生态产品的价值实现，则必须依靠绿色财政制度和生态产权制度两种制度。

1. 绿色财政制度

根据著名的福利经济学家庇古的“庇古税”理论，由于生态产品具有正外部性，因此，需要采取生态补偿、循环补贴、低碳补助等绿色财政制度，实现外部性的内部化。如果要实现完全的外部性内部化，那么，政府对单位生态产品的补贴率就是生态产品的“外部收益”，即私人主体没有实现的那部分收益。

当内部收益趋于零而外部收益趋于100%时，就完全依靠政府财政支出予以保障。例如“三江源”地区的生态保护基本上依靠政府甚至基本上依靠中央政府的财政支出。

2. 生态产权制度

根据著名新制度经济学家科斯的科斯定理，外部性的内部化未必需要“庇古税”，自愿协商和产权交易是一种可能。于是，就诞生了用水权、林权、用海权、矿权、用能权等自然资源产权交易制度，就诞生了排污权等环境资源产权交易制度，就诞生了碳排放权、碳汇等气候资源产权交易制度。

由于自然资源产权交易、环境资源产权交易、气候资源产权交易的基本原理是一致的，因此，生态产权交易制度应该纳入全国统一的市场，在试点期间可以各省首先有相对独立的市场。

到底选择绿色财政制度还是生态产权制度，取决于主观偏好和外部条件。如果总量控制、成本最低作为主要追求目标，那么生态产权制度成为首选。

3. 生态产业发展

绿色财政制度和生态产权制度是实现初级生态产品价值实现的途径，其价值实现的潜力有限。利用生态优势发展生态产业则可能具有广阔的前景。前者相当于“出卖生态产品”，后者则是“经营生态产品”，形成“生态 + 农业”“生态 + 工业”“生态 + 服务业”的产业体系。生态产业的发展可以满足人民群众日益增长的生态产品需求，应当成为生态产品价值实现机制建设的重中之重。

第三节　研究内容与框架

一、研究思路

本研究以习近平生态文明思想和习近平经济思想为指导，以文献调查和实地调查为基础，以定性分析和定量分析相结合的方法，针对甘肃省生态产品价值实现机制的现实基础并借鉴域外生态产品价值实现机制的成功经验，形成理论研究成果——把甘肃省生态产品价值实现机制的个案分析上升到理论一般的高度和应用对策成果——为甘肃省生态产品价值实现机制构建提供具体方案。

（一）问题导向与目标导向的结合

问题导向就是要破除甘肃省生态产品价值实现的障碍，目标导向就是做大生态产品价值的“绿色蛋糕”。解决问题是基础，目标引领是驱动。现实状况是“基础”并不牢固、“驱动”力度不足。为此，要设计做大“绿水青山”的基数、创新做牢“金山银山”的制度。

（二）区域特色与一般规律的结合

甘肃省生态产品价值实现必须遵循生态规律、经济规律、生态经济规律等一般规律。同时，甘肃省生态产品具有显著特色，彰显特色就是制造产品差别，产品差别就是超额利润。因此，在遵循一般规律基础上彰显特色是甘肃省生态产品价值实现的必然选择。

（三）中央政策与区域创新的结合

甘肃省是我国生态保护屏障和战略要地，争取中央政府在生态补偿、生态修复方面的资金支持是天经地义的。同时，要大力发挥自身的创造性，改革制度，创新政策，激发创造性潜能。绝不可捧着金饭碗讨饭吃。在争取上级政策支持的同时，在生态产品价值实现方面做“有为甘肃”是重要的价值取向。

二、研究内容

研究内容必然是以问题为导向的。甘肃省生态产品价值实现机制研究的科学问题和现实问题主要有：

一是甘肃省生态产品的家底如何？为此需要建立甘肃省生态产品监测监管体系。有了这个体系，就可以知道生态产品价值转化的数量。

二是甘肃省生态产品如何扩大产量？也就是回答甘肃省是否具有生态产品增产的潜力和如何实现生态产品的增产的问题。

三是甘肃省生态产品价值实现机制的基础如何？甘肃省在生态产品价值实现机制建设方面属于“起步较早，推广不力”。为此需要了解其背后的根源。

四是甘肃省生态产品价值实现机制的目标体系如何？也就是要回答向何处去和建立哪些制度的问题。主要包括生态补偿机制、生态产权交易机制、生态产业发展机制等。

五是甘肃省生态产品价值评价方法如何选择？主要解决如何在不同情境下选择不同的生态产品价值核算和生态产品价值评价的方法。

六是甘肃省生态产品价值实现的法律制度如何构建？需要构建起一整套的国家法律法规与地方法规规章相互配合的制度体系。

七是甘肃省生态产品价值实现机制建设需要哪些保障措施？主要包括思想保障、组织保障、财政保障、金融保障、智力保障、信息保障、考核保障。同时，需要关注实施策略的安排。

三、研究框架

本书分总论篇和分论篇两个部分，共15章构成。

总论篇包括第一章至第六章。

第一章为导论。简要阐述研究背景与意义、概念界定及分类、研究内容与框架、可能创新与效益。本章为后续各章研究奠定逻辑起点。

第二章为甘肃省生态产品价值实现机制建设的总体评判。系统阐述甘肃省生态产品价值实现机制建设的脉络与趋势、优势与劣势、机遇与挑战，为后续SWOT矩阵分析奠定基础。

第三章为生态产品价值实现机制的域外探索。重点分析发达国家和地区生态产品价值实现机制探索、国内其他地区生态产品价值实现机制探索及域外生态产品价值实现机制探索对甘肃的经验启示。

第四章为甘肃省生态产品价值实现机制的总体框架。系统刻画甘肃省生态产品价值实现的制度体系、甘肃省生态产品价值实现的制度矩阵、甘肃省生态产品价值实现机制的优化选择。本章旨在形成甘肃省生态产品价值实现机制的理想目标。

第五章为甘肃省生态产品价值实现机制的改革思路。主要阐述甘肃省生态产品价值实现机制改革的基本思路、路径选择、模式比较及基本手段。本章旨在解决如何实现从现实基础向理想目标的转变问题。

第六章为甘肃省生态产品价值实现机制的保障措施。侧重阐述甘肃省生态产品价值实现的思想保障、组织保障、财政保障、金融保障、智力保障、信息保障等保障措施。

分论篇包括第七章至第十五章。

第七章为甘肃省生态产品监测监管体系研究。重点聚焦“整体智治”的生态产品监测体系、“数据共享”的生态产品数据库建设、“赏罚分明”的生态产品监管制度等三个监测监管问题的解决。

第八章为甘肃省生态产品投资经营机制研究。聚焦于甘肃省生态产品投资机理、生态产品投资主体、生态产品经营机制三个核心问题的研究。政府投资、市场投资和混合投资是三种可能的投资模式。

第九章为甘肃省生态产品价值评价机制研究。在对生态产品价值核算体系和生态产品价值评估方法进行评析的基础上，重点阐述适合于甘肃省的生态产品定价方法与选择的研究。

第十章为甘肃省生态保护补偿与损害赔偿机制研究。主要研究甘肃省纵向生态保护补偿机制、横向生态保护补偿机制、环境损害赔偿制度、生态保护补偿及环境损害赔偿的耦合运用和生态保护补偿与损害赔偿机制建设的法治协同。

第十一章为甘肃省生态产权交易机制研究。在对甘肃省生态产权隶属关系进行界定的基础上，重点构建甘肃省生态产权交易机制的总体框架，并就生态产权交易机制的东西协作和甘肃省生态产权交易的法制保障进行阐述。

第十二章为甘肃省“生态 +”产业发展研究。本章立足于甘肃省的生态优势，就甘肃省生态产业的体系构建思路、生态产业体系的模式创新、生态产业体系区域布局、生态产业的政策保障进行探索。

第十三章为甘肃省自然资源生产率考核评价体系研究。在对自然资源生产率的内涵及意义进行分析的基础上，重点构建自然资源生产率指标体系，并以甘肃省为例进行自然资源生产率测算与比较，并据此提出“自然资源生产率论英雄”“评考用”导向机制。

第十四章为甘肃省生态产品价值实现的法治保障研究。在对甘肃省生态产品价值实现的法律制度进行梳理的基础上，提出甘肃省生态产品价值实现的法律制度框架和甘肃省生态产品价值实现的法律制度完善思路，并提出甘肃省生态产品价值实现的产权纠纷解决机制和甘肃省生态产品价值实现的立法建议。

第十五章为甘肃省生态产品价值实现机制实施策略研究。基于甘肃省生态产品价值实现机制建设的优势、劣势、机遇、挑战分析，构建了策略矩阵，形成优势与机遇组合的S-O策略、劣势与机遇组合的W-O策略、优势与挑战组合的S-T策略、劣势与挑战组合的W-T策略。进而针对甘肃省不同典型区域重点分析生态产品价值实现机制轻重缓急的策略选择。

第四节 主要创新与效益

一、主要创新点

（一）甘肃省生态产品价值实现机制改革要以习近平生态文明思想为指导，力争创出“甘肃品牌”

指导思想是：以习近平生态文明思想为指导，按照党中央、国务院决策部署，实现市场机制导向、政府机制导向、社会机制导向的生态产品价值实现机制改革路径各得其所，推进自上而下的强制性制度变迁、自下而上的诱致性制度变迁、中间开花的混合性制度变迁在生态产品价值实现改革中美美与共，通过创新实践汇聚形成生态产品价值实现的“甘肃案例”“甘肃模式”和“甘肃经验”。总体目标是：通过改革创新，建立起全面而完善的生态产品价值实现机制，实现生态产品优质化和品牌化，做到生态产品供给旺和需求旺，顺畅实现生态产品的生态价值转化为经济价值，把甘肃省打造成为我国西北地区生态产品生产中心、加工中心、交易中心和信息中心，建成全国生态产品价值实现机制示范省。

（二）甘肃省生态产品种类丰富、资源禀赋区域差异极大，要“因地制宜”“因时制宜”“因事制宜”

生态产品价值实现机制不仅需要多主体共同参与，还需要考虑不同区域的差异以及各种生态产品不同的特征。从建设主体来看，生态产品价值实现机制涉及政府、企业和公众三类主体；从区域禀赋来看，甘肃省可以划分为沙区、流域、矿区、林区、草原五类区域；从生态产品的特征来看，又可分为经营性生态产品、准公共生态产品、纯公共生态产品。构建覆盖各类制度实施的建设主体、区域禀赋差异以及产品种类差异的完整的生态产品制度体系。据此可以分别构建起“三主体三制度”“五区域三制度”“三产品三制度”等制度矩阵。生态产品价值实现的制度构建是一个选择题：对于替代性制度要进行优化选择，对于互补性制度要进行耦合强化；对于公益性生态产品以政府配置为主，对于盈利性生态产品以市场配置为主，对于混合性生态产品则以“市场＋政府”的机制配置。

（三）甘肃省生态产品价值实现的生态补偿机制建设需要构建纵横交叉、上下联动的机制格局

生态补偿机制是生态产品价值实现的基础手段。我国已经有20多年的实践探索并取得了显著成效。狭义的生态补偿机制就是对生态保护的正外部性行为进行补偿，广义的生态补偿既包括对正外部性的“正补偿”，也包括对负外部性的“负补偿”；广义的生态补偿不仅包括绿色财政制度，而且包括生态产权制度。生态补偿正在经历从单一性的补偿转向综合性的补偿，从绿色财政制度转向绿色财政制度和生态产权制度的结合。生态补偿包括纵向生态补偿和横向生态补偿，前者是指上下级政府之间的财政转移支付，后者是指区域政府或微观主体之间的补偿或交易。作为黄河的源头地区和沙尘东进的重要屏障，甘肃省理应得到中央政府的生态补偿；为了推动甘肃省域范围内的生态产品价值实现，省内及省外的生态补偿机制也是重要组成部分；作为黄河上游的一个省，需要构建起省际的生态补偿机制；在新能源开发、土地资源利用等方面还可能建立东西部协作机制。甘肃省生态补偿呈现出明显地从政府补偿转向纵向横向交错的立体补偿的趋势，从生态保护补偿转向生态保护补偿与环境损害赔偿相互耦合的协同趋势。“纵横交错”“耦合协同”是甘肃省生态产品价值实现的可能方向。

（四）甘肃省在生态资源产权交易制度建设方面具有良好的实践基础和制度基础，可以通过制度的迭代升级做大生态产品转化文章

甘肃省是全国最早实施水权交易试点的地区，也是最早探索碳汇交易

的地区，但是，存在"醒来早，起来迟"的现象。迄今，生态产权交易机制日渐成熟：一是生态资源的稀缺性与日俱增；二是生态产权界定成本的不断降低；三是制度演变的由硬及软。生态产权交易的对象包括用地权、用水权、采矿权、林权等狭义的自然资源产权，排污权、生态权等环境资源产权，碳排放权、碳汇、用能权等气候资源产权。针对现存的市场机制不健全、制度体系不完善等问题，需着力从市场意识这一非正式制度和制度创新这一正式制度两个方面推进，形成以总量控制为前提、有偿使用为抓手、市场交易为核心、制度完善为保障的生态产权交易框架。基于甘肃省与东部发达省份存在巨大的优势互补性，可以大力推进土地使用权、用能权、碳排放权等方面的市场合作和政府合作，实现合作双赢。"优化市场环境""生态产权交易"是配置生态产品的主要途径。

（五）甘肃省在利用生态优势发展生态农业、生态工业、生态旅游业等方面具有巨大的潜力

甘肃省的生态资源量大面广质优，把生态资源优势转化成生态产业优势是一篇大文章。利用生态优势发展生态产业是对生态产品这一初级产品的"深加工"，是生态产品价值实现的重要渠道甚至是主要渠道。气候资源决定的生态农业、国土资源决定的生态工业、文化资源决定的生态旅游业，均具有得天独厚的优势。生态产业发展可以选择或组合市场主导型模式、政府主导型模式和混合推进型模式，构建以中部生态产业创新核心区为引领、以河西走廊和陇东南生态产业经济带为两翼的生态产业"一区两带"绿色创新差异化空间发展格局。其中，兰白都市圈、兰州新区、兰白国家自主创新示范区共同打造中部生态产业创新核心区；河西走廊五市合作打造河西走廊干旱区生态产业经济带；陇东南区域奋力打造陇东南开放型生态产业区域合作经济带。利用市场机制优势和生态资源优势，通过招商引资可以形成重大品牌。打造良好的营商环境，引进企业家人才并培育本土化的企业家人才是发展生态产业的前提条件。"利用生态优势""做大生态产业"是生态产品价值实现的最大动能。

（六）甘肃省通过自然资源生产率考核机制可以大幅度提升生态产品价值转化率，从而更好实现生态富民

自然资源生产率是指每个单位自然资源所带来的产出或价值。甘肃省

大部分自然资源效率处于全国后进的位置，亟须推进自然资源生产率的提升。为此，甘肃全省范围内建立“自然资源生产率领跑者”制度。首先，以区域、园区、行业、企业为单元评价自然资源生产率；其次，由政府考评机构遴选自然资源生产率“领跑者”和“末位者”；最后，对于自然资源生产率“领跑者”予以激励，对于自然资源生产率“末位者”给以约束甚至淘汰。这样，就可以形成自然资源生产率比学赶超的竞争氛围，良性循环促进自然资源生产率大提升。“资源效率考核”“资源效率革命”是生态产品价值实现的关键一招，是倒逼产业绿色低碳转型的重要制度。

（七）甘肃省可以利用省级及设区市的立法权，率先探索生态产品价值实现的地方立法，构建法律制度样本

生态产品价值实现需要有刚性的制度约束，全国范围的立法需要时日，甘肃省自主立法可以走在全国前列，如制定甘肃省生态产品价值实现促进条例，从而为全国性立法奠定基础。“推进地方立法”“完善法治体系”是生态产品价值实现的根本保障。针对“制度拥挤”问题，加强制度整合，归并简化、及时废止有关法律制度；针对“制度冲突”问题，加强制度协调，增强地方制度的上下和左右的相互衔接，促进正式制度及非正式制度的协同配合；针对“制度缺失”问题，加强制度补充，重点加强生态产品价值实现的数字化制度和市场化制度建设；针对“制度含糊”问题，加强制度解释，通过制度的精细化来加强生态产品价值实现的专业化，发挥司法保障功能以促进生态产品价值实现的全面化；针对“制度短板”问题，加强制度评价，通过立法前评估与后评估，改革完善法律制度，提升制度绩效。

二、可能的效益

（一）生态效益：让“绿水青山”更美

建立健全甘肃省生态产品价值实现机制，有利于完善甘肃省相关政策制度体系，打通甘肃省“绿水青山”转化为“金山银山”的通道，从源头上推动生态环境治理体系和治理能力现代化，把甘肃省“绿水青山”保护得更好，让保护生态环境的人多多受益，使“绿水青山”更美。

（二）经济效益：让“金山银山”更高

“绿水青山”既是自然财富、生态财富又是社会财富、经济财富。建立健全甘肃省生态产品价值实现机制可促进甘肃省“产业生态化、生态产业化”，有利于甘肃省进一步将“绿水青山”蕴含的生态系统服务“盈余”和“增量”多元化转化为“金山银山”，使甘肃省“金山银山”更高。

（三）社会效益：让社会更加和谐

建立健全甘肃省生态产品价值实现机制可使甘肃省生态产品的价值转化为经济效益的机制更优，能促进甘肃省生态产品消费者付费、生态保护者收益、保障优质生态产品的持续供给，充分挖掘甘肃省生态资源潜力，推进甘肃省重点生态功能区的绿色发展，促进社会与自然更加和谐发展。

第二章

甘肃省生态产品价值实现机制建设的总体评判

甘肃省是我国重要的生态屏障，在生态环境保护方面发挥了巨大作用。甘肃省生态产品种类多，可开发价值大，已经在生态产品价值实现机制建设方面进行了积极的探索。为进一步推动甘肃生态产品价值实现机制建设，有必要对相关的政策脉络进行梳理，厘清甘肃省生态产品价值实现的逻辑。生态产品价值实现机制包括生态补偿、生态产权交易、绿色金融等多种路径，本章重点就甘肃省生态补偿、生态产权交易、绿色金融等相关政策进行总结和梳理。在此基础上，对甘肃省在推进生态产品价值实现过程中所面临的优势与劣势、机遇与挑战进行了系统性的分析，以期为全面深入理解甘肃省生态产品价值实现机制提供参考。

第一节　甘肃省生态产品价值实现机制建设的脉络与趋势

一、甘肃省生态产品价值实现机制建设的演进过程

（一）甘肃省生态补偿政策的演进

党的十八大以前，甘肃省对生态补偿政策进行了积极探索，逐步明确了补偿主体、受偿主体、补偿方式、补偿标准等，初步形成了以纵向生态补偿为主的补偿模式。1999 年 9 月甘肃省人民代表大会常务委员会颁布的《甘肃省实施〈中华人民共和国森林法〉办法》提出，全面落实森林生态效益补偿基金制度，构筑西部生态安全屏障。同期甘肃省人民代表大会常务委员会颁布的《甘肃省自然保护区管理条例》指出：“建设和管理森林、草原、湿地等自然保护区，对此开展补偿试点并建立补助标准。”2005 年，《甘肃省人民政府办公厅关于认真做好全省重点公益林森林生态效益补偿工作的通知》提出，设立森林生态效益补偿基金专户，确保专款专用。2006 年，甘肃省人民代表大会常务委员会颁布的《甘肃省石油勘探开发生态环境保护条例》明确了石油开发生态环境补偿机制，以地方立法的形式，建立甘肃省矿产资源开发补偿费征收使用办法。上述地方性法规和政策的出台为甘肃省后续开展生态补偿工作奠定了坚实基础。

党的十八大以来，甘肃省生态补偿机制建设取得积极进展，并日趋法制化、制度化。一方面，积极争取中央纵向生态补偿财政转移支付；另一方面，积极推动省际间、市际间的横向生态补偿。生态补偿政策逐渐改变以纵向转移支付为主的局面，生态补偿政策趋于多元化。2016 年，甘肃省人民政府办公厅印发的《甘肃省贯彻落实〈国务院办公厅关于健全生态保护补偿机制的意见〉的实施意见》指出，实现森林、草原、湿地等重要区域生态保护补偿全覆盖，推进横向生态保护补偿政策。2020 年 5

月，甘肃省财政厅等发布《关于加快推进祁连山地区黑河石羊河流域上下游横向生态保护补偿试点的通知》，旨在促进流域生态环境质量不断改善，为建立流域横向生态补偿机制奠定基础。2021 年 3 月，甘肃省财政厅等四部门印发《推进黄河流域甘肃段建立横向生态补偿机制试点工作方案》，要求 4 市州探索建立流域生态补偿标准和核算体系，鼓励指导市州开展碳排放权等市场化补偿方式。2021 年 10 月，甘肃省委、省人民政府印发了《甘肃省黄河流域生态保护和高质量发展规划》，要求积极探索建立纵向与横向、补偿与赔偿、政府与市场有机结合的黄河上游生态产品实现机制。上述政策的出台，有效推动了甘肃省生态补偿机制的完善，2021 年 9 月甘肃省签订了第一份与相邻省份（四川省）的横向生态补偿协议，有效推动了政策的实践落地，为甘肃省建立纵横交错的多元化生态补偿机制奠定了基础。

（二）甘肃省生态产权交易的政策演进

1. 排污权交易体系逐渐建立

甘肃省积极开展排污权有偿使用和交易试点工作，已建立集排污权有偿使用和交易管理办法、实施细则、分配确权管理办法等于一体的制度体系，为建立覆盖全省的排污权交易机制奠定了基础。但交易仅发生在兰州市、平凉市等试点地区，非试点地区相应体制机制建设仍较为滞后。2012 年 2 月，甘肃省人民政府印发了《关于进一步加强环境保护工作的意见》，明确指出要探索排污权交易。2014 年 12 月，甘肃省人民政府办公厅颁布《关于开展排污权有偿使用和交易前期工作及试点工作的指导意见》，指出要建立由政府负责组织，委托第三方交易机构提供交易平台，以及企业自助交易的市场化管理制度体系。2015 年 5 月，甘肃省环保厅等共同制定《甘肃省排污权有偿使用和交易试点工作方案》，确定在兰州市和平凉市工业园区开展排污权交易试点工作。2016 年甘肃省人民政府办公厅发布《甘肃省“十三五”环境保护规划》，指出到 2018 年在试点地区基本建立管理规范、交易顺畅的排污权有偿使用和交易制度，并适时在全省推广。兰州市人民政府及相关部门先后制定了《兰州市排污权有偿使用交易管理办法》《兰州市排污权有偿使用交易工作流程》等一系列配套制度。此外，兰州市还制定了全国首个排污权交易地方标准，即甘肃省地方标准《排污权有偿使用和交易技术规程》（标准号：DB62/

T4150—2020)。2020 年，兰州市首次完成线上排污权交易，为甘肃省排污权有偿使用和交易工作的顺利开展打下了良好的基础，大大节约了企业成本。

2. 水权交易机制逐步理顺

甘肃省水权交易起步早，21 世纪初黑河流域就开展了以“水票”为手段的用水户之间的水权交易。通过疏勒河流域水权试点改革进一步为全省水权交易奠定了基础。但总体来看，甘肃省水权交易步伐偏慢，没有形成全省统一的水权交易体系，水权交易主要通过中国水权交易平台进行，对省际、区域间水权交易的探索有待加强。2014 年，甘肃省人民政府印发《甘肃省石羊河流域地下水资源管理办法》，明确提出要完善水权转让制度，加快水权市场建设。2016 年，甘肃省人民政府办公厅印发《甘肃省推进农业水价综合改革实施方案》，明确指出甘肃省将建立水权交易市场，自由竞价，有序交易。2021 年，甘肃省人民政府办公厅印发《甘肃省“十四五”水利发展规划》，明确提出要做好水权试点工作。2021 年，甘肃省人民政府办公厅印发《甘肃水利“四抓一打通”实施方案》，明确指出要明晰“水权属”，发展“水市场”，推动流域、地区、行业、用户间多种形式的水权交易。

3. 碳排放权交易市场建设取得一定进展

甘肃省积极开展碳排放权交易试点工作，在金昌市等完成模拟交易，2015 年以来，累计向控排企业下发 1323 万吨碳排放配额，并积极加入全国统一碳市场。但甘肃省纳入全国碳市场的行业仅限于大型电力企业，且非试点地区的交易较为滞后，体制机制有待建立。2015 年 11 月，甘肃省人民政府办公厅印发《关于加强全省 2015 年碳排放控制工作的通知》，要求深入推进金昌、酒泉碳排放权交易试点，为全省碳排放权交易积累经验。2016 年 1 月，甘肃省发改委发布《关于组织开展甘肃省重点企（事）业单位温室气体排放报告核查工作的通知》，要求各州市要建立健全企业温室气体排放核算及监测等管理体系，积极参与碳排放权交易。2016 年 6 月，甘肃省人民政府办公厅印发《甘肃省落实全国碳市场建设工作实施方案（2016—2018 年）》，明确提出要建立公平合理的碳排放权交易运行和管理机制。2017 年 9 月，甘肃省人民政府办公厅印发《甘肃省“十三五”节能减排综合工作方案》，指出要深入推进碳市场建设，争取与全国同步启动运行碳排放交易市场。2021 年 11 月，甘肃省人民政府办公厅印发《甘肃省"十四五"生态环境保护规划》，指出要做好配额分配与管理，组织发电行业重点排放单位参与全国碳排放权市场交易。截至2021年底，甘肃省19家发电企业全部完成全国碳排放权交易市场第一个履约周期任务，累计碳排放配额买入量163.24万吨，成交额7383.54万元；累计卖出量193.66万吨，成交额8538.56万元。

4. 用能权交易制度尚处于探索阶段

甘肃省积极开展用能权相关研究，推动天水市等开展用能权交易试点，围绕重点行业、重点企业，在能源消费报告审核和核查等方面积极探索，积累了一定的试点经验，但总体来看，甘肃省在用能权交易实践上相对比较滞后。2016年7月，甘肃省人民政府办公厅印发《甘肃省"十三五"节能和应对气候变化规划》，指出要积极探索用能权初始分配制度，建立健全用能权交易等市场化机制。2017年9月，甘肃省人民政府印发《甘肃省"十三五"节能减排综合工作方案》，指出要鼓励天水等市开展基于能源消费总量管理下的用能权交易试点。2019年3月，甘肃省发展和改革委员会发布《甘肃省用能权有偿使用和试点实施方案》，目标是全面建成要素明晰、交易规范、监管严格、运行良好的用能权交易市场。2021年11月，甘肃省人民政府办公厅印发《甘肃省"十四五"生态环境保护规划》，提出开展生态产品与用能权、碳排放权等配额交易工作。从政策推进情况来看，相关政策、规划等接连出台，甘肃省对用能权交易的重视程度在逐渐提升，但由于市场机制还不够完善，用能权交易还处在探索阶段。

（三）绿色金融政策的演进

甘肃省将绿色金融理念融入地方发展规划，绿色金融政策体系涉及范围不断扩大。以兰州新区建设绿色金融改革创新试验区为示范引领，创新推出"光伏贷""风电贷""节能贷"等系列金融产品和服务，推动生态资源向生态资产转化，并积极探索金融支持绿色矿山、垃圾发电等创新模式，对生态产业的支撑作用不断加强。2012年2月，甘肃省人民政府印发《关于进一步加强环境保护工作的意见》，提出推进绿色信贷、绿色证券、绿色保险政策。2015年，甘肃省人民政府办公厅发布《关于推行环境污染第三方治理的实施意见》，鼓励绿色金融创新，设立绿色发展基金，为第三方治理项目提供融资支持。2017年，中共甘肃省委办公厅、甘肃省人民政府办公厅印发《关于进一步加快推进生态文明制度建设的意见》，提出要积极支持和鼓励发行绿色债券。2018 年，甘肃省人民政府办公厅发布《关于构建绿色金融体系的意见》，提出逐步形成多层次绿色金融组织体系和多元化绿色金融产品服务体系。2018 年，甘肃省发改委发布《甘肃省推进绿色生态产业发展规划》，提出大力支持金融机构绿色化发展，稳步加快绿色金融产品创新推广。2020 年，甘肃省生态环境厅印发了《进一步支持企业平稳健康发展的若干措施》，提出要推动金融机构加大绿色信贷实施力度，鼓励金融机构开展绿色信贷等绿色金融产品创新。从政策效果来看，甘肃省绿色金融体系不断完善，为更好实现生态产品价值转化奠定了基础。

（四）支持生态产业发展的政策演进

甘肃省支持十大生态产业发展的政策覆盖面广、政策力度大、政策效应日益显现，十大生态产业项目支撑越来越实、规模体量越来越重、带动效应越来越强、对外影响越来越大。2018 年 1 月，中共甘肃省委十三届四次全会作出了《关于构建生态产业体系，推动绿色发展崛起的决定》，提出要培育发展清洁生产、节能环保、清洁能源等十大生态产业。2018 年 2 月，甘肃省人民政府出台了《甘肃省推进绿色生态产业发展规划》，在此基础上，又逐个制定印发了十大生态产业专项行动计划。为了配合十大绿色生态产业发展，甘肃省人民政府于 2018 年 6 月出台了《十大类生态产业发展支持政策》，包括“绿色产业发展、资源节约、环境保护、生态建设”四大类、289 项具体的政策。2020 年 12 月，甘肃省人民政府办公厅印发的《甘肃省“十四五”规划和 2035 年远景目标纲要》指出，以“十大生态产业”为引领，形成多元化生态建设投入机制，构建绿色生态产业体系。除上述引领性政策之外，还有大量的公共性政策支持十大生态产业高质量发展。

二、甘肃省生态产品价值实现机制建设的初步成就

（一）甘肃省生态保护修复取得积极进展

甘肃省各级党委政府自觉践行绿水青山就是金山银山理念，扎实推进生态环境保护工作，不断强化基础建设和气象保障能力，积极推进地质灾

害治理，围绕蓝天、碧水、净土，实施聚力攻坚，生态环境质量连创有监测记录以来最优。主要污染物排放总量持续减少，大气环境质量稳步改善，水生态环境持续提升，地表水国控劣Ⅴ类断面和城市黑臭水体基本消除，城乡人居环境更为整洁优美。2021 年全省可吸入颗粒物（PM10）浓度均值为 55 微克/立方米，同比下降 1.8%；细颗粒物（PM2.5）浓度均值为 23 微克/立方米，同比下降 11.5%；74 个地表水国控断面水质优良比例为 95.9%。

甘肃省生态保护修复治理取得显著成效，生态保护监管体系进一步健全，生态系统服务功能不断增强。一是推进黄河流域生态保护修复，履行黄河流域生态修复专责组组长单位职责。甘南黄河上游水源涵养区山水林田湖草沙一体化生态保护修复重大工程被列为国家首批实施项目，争取到中央财政奖补资金 20 亿元，工程已启动实施。二是推进祁连山山水林田湖草生态保护修复试点工程建设。试点项目已完成工程投资 75.31 亿元，区域综合治理规划加快实施。[①] 祁连山—河西走廊区域开展林草生态修复、防沙治沙建设，种植林草 119.45 万亩。三是加快矿山生态修复治理。开展全省 1763 个历史遗留废弃矿点生态状况调查，完成矿山修复项目 15 个，预计修复土地 3.23 万亩。截至 2021 年底，退化、沙化、盐碱化草原治理率达到 51%，湿地面积稳定在 169.39 万公顷左右，治理水土流失面积 9.09 万平方千米，草原植被盖度超过 52%。

（二）甘肃省已基本建立较为完善的生态补偿机制

甘肃省已建立了相对完善的纵向生态补偿制度，通过积极争取中央对省内重点生态功能区的转移支付，整合现有生态环保专项资金，完善省以下的转移支付制度，有效推动了美丽甘肃建设。2021 年甘肃省生态环境厅累计下达生态专项资金 22.11 亿元，其中 3.85 亿元用于省本级，18.26 亿元则转移支付市州。值得一提的是，2021 年甘肃省级专项资金达到 5.9 亿元，其中 2.95 亿元转移支付市州，用于农村环境整治、污染防治攻坚、农村生活污水治理等。

通过开展省际间和市际间横向生态补偿工作，甘肃省已积累了一定

---

① 马蓉蓉，黄雨晗，周伟，等. 祁连山山水林田湖草生态保护与修复的探索与实践［J］. 生态学报，2019，39（23）：8990-8997.

的经验，横向生态补偿机制逐渐成熟。甘肃省积极探索黄河流域省际横向补偿机制，与四川省共同出资设立生态补偿资金，用于流域内污染综合治理、生态环境保护等。同时积极推进省内横向生态补偿，设立省级奖补资金，支持引导黄河干流4市（州）和黄河一、二级支流5市分批建立生态补偿机制。各市按照“谁受益、谁补偿；谁污染、谁治理”的原则，明确生态补偿责任主体，确定生态补偿的对象、范围，并通过协商、谈判等方式，确定补偿的方式、标准和期限，建立生态补偿机制，有效提高了甘肃省生态环境质量。

（三）甘肃省自然资源资产确权登记稳步推进

甘肃省积极推进自然资源资产确权登记，以第三次国土调查、资源专项调查及国有土地使用权和集体土地所有权等成果为基础，为全省自然资源合理开发、有效保护和严格监管提供支撑。2020 年，甘肃省人民政府出台《甘肃省自然资源统一确权登记总体工作方案》，指出要建立和实施自然资源统一确权登记制度，有序推进全省自然资源统一确权登记。对全省水流、湿地、森林、草原、荒地、滩涂以及探明储备量的矿产资源等自然资源的所有权和自然生态空间进行确权登记，清晰界定各类自然资源资产的产权主体，逐步划清全民所有、不同层级政府行使所有权的边界，以及不同类型自然资源的边界，有效推进了确权登记法制化。甘肃省 2021—2022 年度省级自然资源统一确权登记项目包括 18 个自然保护区、16 个森林公园、20 条河流、12 个林场及 699 处矿产地，共涉及面积约 32612.95 平方千米。

（四）甘肃省生态产业已初具规模

甘肃省依托自身产业生态化优势和日趋完善的政策支撑体系，有效推动了生态产业的快速发展，初步形成了生态产业体系。2018 年以来，随着一系列规划和支撑政策的出台，甘肃省十大生态产业发展均取得了长足进步，对促进甘肃省产业结构调整起到重要推动作用，清洁生产、高效生产、低碳生产已深入人心，显著推动了甘肃省绿色经济发展，生态产业已初具规模。2021 年，甘肃省节能环保产业产值已突破 1000 亿元；新能源装机容量达 2897 万千瓦，占总装机 47.08%，非化石能源占一次能源消费比重达到 26.2%，可再生能源消纳量占用电量的比重达到 46.9%，居全国第4位；中药材全产业链产值达492亿元，出口至十几个国家和地区。从十大生态产业总产值来看，2021年甘肃省十大生态产业增加值达2852.9亿元，占全省GDP的27%。2022年实现增加值3278.77亿元，占全省GDP的29.3%，同比增长14.93%，比重比2021年提高2.3个百分点。① 可见，甘肃省生态产业规模不断扩大，为进一步建设绿色低碳循环发展的经济体系奠定坚实基础。

三、甘肃省生态产品价值实现机制建设的趋势研判

（一）生态保护与修复从政府投资转向政府与社会共同投资

生态产品具有典型的公共物品属性，甘肃省生态保护与修复仍以政府为主导，主要包括财政转移支付和政府购买。然而，基于政府主导的生态保护与修复实践中还存在生态补偿覆盖区域不足、覆盖领域不全、补偿资金力度不足、补偿方式单一等问题。② 此外，同一生态空间内可能同时涉及多个政策、管理部门，项目重复立项、分头跟进，难以充分沟通配合等问题，造成资源配置效率低下。因此，未来的生态保护与修复中应从政府投资主导转向政府与社会共同投资，积极引入社会资本，形成政府主导和市场运作双轮驱动，以市场化运作挖掘生态产品的潜在效益。习近平总书记在全国生态环境保护大会上强调："要充分运用市场化手段，推进生态环境保护市场化进程，撬动更多社会资本进入生态环境保护领域。"③ 这就要求，大力完善资源环境价格机制，构建政府为主导、企业为主体、社会组织和公众共同参与的环境治理体系，充分发挥政府作为生态产品供给主体的作用，通过转移支付、生态补偿等手段推动生态产品的价值实现。同时，甘肃省要积极发挥市场在资源配置中的决定性作用，通过引入市场化手段，不断提高生态产品价值实现的效率和效果。将"绿水青山"转化为产品优势，以实现生态环境效益与经济效益的双赢④。故生态保护与

---

① 甘肃省统计局，国家统计局甘肃调查总队. 2022年甘肃省国民经济和社会发展统计公报[N]. 甘肃日报，2023-03-28（006）.

② 陈海江，司伟，刘泽琦，等. 政府主导型生态补偿的多中心治理——基于农户社会网络的视角[J]. 资源科学，2020，42（05）：812-824.

③ 习近平. 论坚持人与自然和谐共生[M]. 北京：中央文献出版社，2022：20.

④ 曲富国，孙宇飞. 基于政府间博弈的流域生态补偿机制研究[J]. 中国人口·资源与环境，2014，24（11）：83-88.

修复从单纯的政府投资转向政府与社会共同投资将是甘肃省生态补偿的主要趋势。

（二）生态补偿从政府补偿转向纵向横向交错的立体补偿转变

甘肃省生态补偿制度仍以纵向生态补偿为主，但单一的纵向生态保护补偿制度在一定程度上影响了生态环境保护措施实施的成效。横向生态补偿通过采用公共政策或市场化手段，调节虽不具有行政隶属关系，但可以调节生态关联性强的地区间利益关系，是纵向生态补偿的有益补充。[①] 我国在新安江流域上下游、东江流域上下游进行横向生态补偿试点均取得一定成效，在生态资源产权界定、主体发现、价格制定等方面为生态资源资产产权交易机制的发展也积累一定经验。甘肃省也在积极探索横向生态补偿机制。一方面，积极探索与各流域下游部分省份之间的横向生态补偿机制；另一方面，积极推动省内不同地级市或不同县域之间的生态补偿。发展和完善间接型、金融帮扶型、市场交易型等多样化的横向生态补偿方式，是改进横向生态补偿效果的重要突破口，将会显著提升地区之间的协同治理能力，也有利于完善资源消费区对资源产区、下游对上游、东部对西部的生态保护补偿，全方位提升生态保护效率[②]。故纵横交错的生态补偿制度将是甘肃省生态补偿的主要趋势。

（三）生态产权交易从排污权等资源产权交易转向生态产权全面交易

甘肃省积极开展排污权、碳排放权等资源产权交易试点工作，初步建立了相对完善的制度体系，为建立全省统一的生态产权交易体系奠定了基础。但甘肃省生态产权交易也存在一定的问题，一是相关交易进度不一，像排污权等交易经过前期试点，制度体系已经相对完善，但林权交易、碳汇交易等进展相对滞后；二是交易范围星星点点，主要集中在兰州市等几个试点地区，而非试点地区几乎没有开展相关的交易；三是相关交易浅尝辄止，像水权交易等，甘肃省起步很早，但后续没有继续

---

① 吉富星．流域“准市场化”治理与生态产品价值实现的探索［J］．甘肃社会科学，2022（05）：206－216.

② 张伟．促进横向生态补偿方式多样化［N］．光明日报，2021－04－06（11）．

推进。因而，建立甘肃省统一的生态产权交易市场，将有效解决上述问题。根据甘肃省各区域的自然资源禀赋和经济发展水平，构建适合甘肃省实际的生态环境保护与经济社会发展的资源市场交易体系，能够显著促进生态资源在甘肃省区域间自由流动。[①] 故甘肃省在完善现有的生态产权交易的基础上，根据实际情况将生态产权交易的范围不断向外拓展，创新相关交易品种和交易要素，开展土地流转权、畜禽养殖权、碳汇权、用能权等交易，逐步将生态系统相关价值纳入交易体系，建立信息共享和机制互通的生态产权交易市场，实现“统一交易规则、统一信息发布、统一资金结算、统一收费标准、统一监督管理”的目标。因而，建立统一的生态产权全面交易体系是甘肃省生态产权交易的必然趋势。

（四）生态产业逐渐从生态农业转向生态农业、生态工业、生态服务业全面发展

甘肃省持续从财政政策、金融政策、科技政策等方面支持生态农业发展，重点实施农业废弃物循环利用、戈壁生态农业、国家绿色生态农产品生产加工基地、农产品冷链物流建设等工程，初步形成了产业融合发展、资源高效利用、环境持续改善、产品优质安全的生态农业发展格局。相比之下，甘肃省生态工业和生态服务业发展则相对滞后。在生态文明建设的大背景下，甘肃省生态产业前景广阔，市场增长空间巨大。因此，充分考虑本地区资源禀赋，从生产潜力、生产过程、生态敏感性方面进行综合权衡，大力推动生态工业、生态服务业与生态农业的深度融合，从根本上加强生态环境保护，加快发展方式绿色转型，促进新旧动能转换，对推动甘肃经济绿色高质量发展具有重要作用。将生态服务业融入生态农业、生态工业中，深度挖掘生态环境的生态系统服务功能，建立生态环境的服务价值变现机制，将有效解决传统粗放式发展带来的环境污染和资源匮乏问题。因而，推动甘肃省生态农业、生态工业、生态服务业全面发展是未来的发展趋势。

---

① 张丽佳，周妍．建立健全生态产品价值实现机制的路径探索［J］．生态学报，2021，41（19）：7893－7899．

（五）生态资源的配置从政府配置转向“政府为主导、市场为主体”的协同

政府主导型的生态资源配置是甘肃省的主要模式，该模式具有强制性特点，有可能发挥立竿见影的效果，但也可能存在生态补偿有失公允、生态补偿效率低下等问题。此外，甘肃省生态脆弱地区占比高，生态保护任务重，生态补偿要求高，单纯依靠政府配置生态资源远远不够。[①] 市场主导型的生态资源配置可有效解决公平分配和效率低下等问题，但甘肃省市场主导型生态补偿模式尚处于探索阶段，在实践中法律、制度和机制方面的问题较为突出。生态资源具有典型的公共物品特征，不加以管控，且以市场为主体的生态资源配置极有可能导致环境外部性所致的“市场失灵”。加之由于信息不对称等原因，以市场为主的生态要素配置往往也需要政府这个“中介”。所以，政府要发挥主导作用，让市场在生态资源配置中发挥决定性作用，让市场“无形的手”和政府“有形的手”协同配合。因而，构建“政府为主导、市场为主体”的生态资源配置模式是甘肃省生态资源配置的大势所趋。

第二节　甘肃省生态产品价值实现机制建设的优势与劣势

一、甘肃省生态产品价值实现机制建设的主要优势

（一）甘肃省具有生态产品多样性优势

一是丰富多样的生态自然资源产品。甘肃省境内有自然林草资源3亿亩，山地高原、平川河谷、沙漠戈壁、河流湖泊等地貌交错分布、类型齐

---

① 罗富政，何广航．政府干预、市场内生型经济扭曲与区域经济协调发展［J］．财贸研究，2021，32（02）：30－42.

全，森林草原、冰川雪峰、丹霞砂林、峡谷溶洞、沙丘荒原等各类景观千姿百态。河西走廊戈壁绿洲交错相生，雪山与草原相映，边塞风光壮阔豪迈；甘南草原牧场广袤，湖泊星罗棋布，高原景色壮美神奇；陇东黄土高原沟壑万千田连阡陌，雄浑壮观；陇南山地峰峦叠翠，钟灵毓秀，大熊猫、金丝猴隐匿其间，一派南国风光。丰富的自然景观造就了丰富的旅游资源。截至 2022 年，全省已建成国家 A 级旅游景区 364 个，其中 5A 级景区 6 个，4A 级景区 110 个。而且，甘肃省野生动植物种类繁多，共计野生动物 723 种，拥有全国野生动物种类的 30%；境内分布的国家重点保护野生植物有 34 种，被列入《濒危野生动植物种国际贸易公约》的野生植物有 90 余种。全省建立了 233 个自然保护地，总面积约 1460.3 万公顷，约占全省国土面积的 23.45%，是生物多样性保护的重要力量。

二是各色各样的生态农产品。甘肃省地域跨度大，光热资源充沛、昼夜温差大，可以种植多种多样的绿色有机蔬菜水果。河西走廊地区戈壁荒漠远离城市污染源，病虫害少，对发展戈壁生态农业有着得天独厚的资源优势，有利于带动现代寒旱特色农业，壮大河西走廊戈壁节水生态农业，孕育出品种丰富、品质优良的“甘味”瓜果、蔬菜、粮食、肉蛋等农产品。

三是丰富多彩的生态文化产品。甘肃省是华夏文明和中华民族的重要发祥地，始祖文化、农耕文化、道源文化、中医药文化一脉相承，古朴厚重，被誉为“河岳根源、羲轩桑梓”。甘肃省历史文化悠久，古文化遗址、人类非物质文化遗产丰富。全省现有古文化遗址 7000 多处，人类非物质文化遗产 2 项，国家级非物质文化遗产 83 项，大地湾、马家窑、伏羲庙、周祖陵等遗址古迹彰显着这块古老土地昔日的辉煌。莫高壁画、嘉峪雄关、魏晋砖画、武威天马、西夏古碑、麦积雕塑都是顶尖级国宝。发端于甘肃的敦煌学、简牍学、彩陶学已经成为世界闻名的显学。甘肃省还是东西方文明交流的重要通道，古丝绸之路贯穿甘肃省全境，沿途历代石窟寺 206 座，长城遗存 3654 余千米，世界文化遗产 7 处。在第七届中国亚欧博览会上，甘肃省亮相了 8000 余件极具甘肃特色的文化和旅游创意产品、文化旅游康养产品、特色旅游商品、文化旅游纪念品等展销品，展示了甘肃省厚重文化底蕴。

（二）甘肃省具有生态产品特质性优势

一是绿色特质。甘肃省气候类型多样，年平均气温 0—15℃，年平均降水量在 40—750 毫米，是长江、黄河两大母亲河的主要水源涵养区。“上风上水”的地理优势，外加气候干旱、日照时间长，农畜产品病虫害少的独特自然条件，使甘肃农业化肥农药使用量远低于全国其他地区，孕育出了品种丰富、品质优良的“甘味”瓜果、蔬菜、粮食、肉蛋等农产品，具有典型的绿色特质。陇南油橄榄、定西马铃薯、张掖种质玉米、平凉金果等农产品畅销全国，当归、黄芪、大黄、柴胡等道地中药材驰名中外，有 67 个地理标志保护产品，13 家企业的 8 类产品获国家生态原产地产品保护。

二是美丽特质。甘肃省具有得天独厚的生态资源，森林草原、冰川雪峰、丹霞砂林、峡谷溶洞、沙丘荒原等，具有很高的观赏价值，充分体现了生态产品的美丽特质。甘肃省从严从实推动祁连山生态保护和修复工作，将 144 宗矿业权全部分类退出，42 座水电站全部分类处置，25 个旅游设施项目全面完成整改等，实现了祁连山生态保护“由乱到治、大见成效”。甘南州以创建全域旅游示范区为契机，向“脏乱差”宣战，推动了商贸观光旅游业的发展，实现了全域旅游无垃圾模式。

三是文化特质。甘肃省结合其特有的历史文化资源、独特的艺术文化特性，大力发展具有休闲与生态旅游、美学体验等生态文化服务产业。甘肃省被列入国家非物质文化遗产名录的有 61 项，其中，“花儿”与“藏戏”已被列入世界非物质文化遗产名录。甘肃还有多处全国红色旅游经典景区、国家风景名胜区、国家级历史文化名城和文化古镇等，这些充分彰显甘肃省厚重的历史文化底蕴。

（三）甘肃省具有生态产品原生态优势

甘肃省独特的气候条件、地形地势等为生态产品的原生态优势形成和发展提供了良好的条件，无论是生态自然产品还是生态农产品，基本保留了最本源的状态，远离技术性和操纵性，凸显的是天然之美、自然之美和原始之美。张掖丹霞地貌是我国唯一的丹霞地貌和彩色丘陵景观复合区，具有观光、度假、摄影、科考、探险等多方面价值，已经成为甘肃省成长最好、发展最快的景区和丝绸之路黄金旅游线最具影响力的品牌景区。狼渡湿地草原是一个水草丰茂、野生动物甚多的原生态草原，自然景观优美、民风淳朴、平均气温较低，是一个夏季避暑旅游的好去处。甘肃省基于其“上风下水”、气候干旱、日照时间长、农畜产品病虫害少的独特地理优势，扬长避短培育出了品质优良的“甘味”农产品，打造出了独特的甘肃农产品品牌。同时，还着力推进现代丝路寒旱农业蓬勃发展，以“牛羊菜果薯药”为代表的优势特色产业种养规模不断扩大，“厚道甘肃·地道甘味”美誉度和影响力大幅提升，为全省农业经济发展注入了新的活力和动能。

（四）甘肃省具有生态产品低成本优势

甘肃省风、光资源富集，并且拥有广袤的沙漠和戈壁，为太阳能、风能等新能源的低成本开发利用奠定了基础。甘肃省劳动力、土地等资源丰富，且成本较低，也是推动生态产业发展的关键因素。甘肃省已在酒泉建成全国首个千万千瓦级风电基地，众多电力集团和风电装备制造企业选择酒泉作为生产经营基地，使得甘肃省新能源建设处于全国领先地位，新能源占比高达50%左右，远高于全国的25%。甘肃省凭借其劳动力、土地等成本较低的优势，成功吸引了发达地区的投资，有效推动了甘肃省生态产业的发展，也成为东西优势互补，促进区域协调发展的典范。绿色种养循环可以推动化肥减量增效，节省生产成本，促进耕地质量提升，改善农业环境。2021年，甘肃省在甘州等12个县区启动实施绿色种养循环农业试点，充分发挥大型养殖企业在资金、科技等方面的优势，消化、处理周边地区农户发展养殖产生的大量粪污，生产有机肥，推动了种植业高质量发展。

二、甘肃省生态产品价值实现机制建设的主要劣势

（一）甘肃省自然条件严酷，生态环境脆弱性突出

甘肃省水资源贫乏、土壤侵蚀严重、地形地貌复杂，自然条件严酷，生态环境脆弱，对我国西部重要的生态安全屏障产生了一定的威胁。第一，黄土高原地区气候干燥、昼夜温差大，大片沙土裸露，沙土沉积明显，地表植被覆盖稀少，土质疏松、湿陷性强、垂直节理发育、保水能力差。由于长期受风蚀水蚀等外力作用，形成沟壑纵横、支离破碎的沟壑丘

陵地貌，成为世界上水土流失最严重和生态环境最脆弱的地区之一，典型的代表如陇中陇东地区。第二，祁连山区地貌复杂、降雨量少、气候总体干旱，生态环境全面恢复的周期长，植被恢复难度大，且地质环境历史遗留问题多，生态修复治理的难度大。第三，河西走廊地区，祁连山冰川萎缩、雪线上升，地下水位下降，沙漠和沙尘源地扩大，常年干旱缺水，风沙漫行，生态环境脆弱。第四，陇南山地植被退减、自然生态修复功能下降；甘南高原水源涵养功能降低，湿地面积减少，草畜平衡问题依然存在，草场退化尚未得到有效遏制。此外，水资源总量短缺、时空分布不均衡、供需结构性矛盾突出，尤其是黄河流域部分地区水资源过度开发，经济社会用水挤占河湖生态用水，经济发展带来的生态保护压力依然较大。

（二）甘肃省生态产权交易制度改革不够深入，制度设计亟待完善

完善的制度设计是生态产权市场化交易的保障[①]，甘肃省生态产权交易市场建设相对滞后，只有排污权、碳排放权等开展了试点，全省统一的生态产权交易制度体系尚未建立。第一，市场制度条件不够完善。甘肃省生态产权交易市场化运作尚未完全实现，主要局限于零星的生态产权交易，且交易的形式主要是通过政府协调，二级市场的活跃程度较低。第二，政策制度条件和法律制度条件较为滞后。虽然甘肃省出台的相关文件中强调了对生态产权交易体系的探索，但现阶段仍是以政府为主导，强调政府对生态产权交易市场的干预与控制，企业以及私人部门难以参与，且相关政策出台滞后，尚未全面做到“有法可依”。第三，生态文化条件有待加强。生态文明观念尚未全面深入人心，对生态产品的保护意识不够强，对推动生态产权交易制度体系建设不够重视。从长远来看，甘肃省生态产权交易的制度条件有较大完善空间，对制度设计的探索还有待深入。

（三）甘肃省生态产品市场主体内生动力不足，企业家才能缺乏

市场主体在生态产品价值实现过程中发挥着重要作用，无论是推进

---

① 廖卫东．我国生态领域产权市场的优化——以自然资源产权与排污权为例［J］．当代财经，2003（04）：25－29.

生态产权市场化建设，还是加强对生态产品领域社会投资、混合投资等不同投资模式的探索，都离不开市场主体的积极参与。但生态产品投资风险大，回报周期长且回报率不高，市场主体对生态产品投资的内生动力不足，企业家才能相对缺乏。究其原因：一是生态产品价值实现的制度环境有待优化。稳定的制度环境是稳定微观主体预期的关键。由于制度的不完善，导致市场主体对未来预期存疑，使得市场主体参与生态产品市场内生性动力不足。二是对生态产品的内涵外延认识模糊不清。由于市场主体对生态产品的认识模糊不清，对“什么是生态产品”不甚了解，大部分市场主体不愿进入生态产品领域，认为其风险过高且机会成本较大。三是政府包揽生态产品市场的惯性尚未改变。从甘肃省现有生态产品价值实现的成功案例来看，大多是政府主导和政府投资，企业发挥的作用较小，也缺乏成功的、典型的、可复制的生态产品龙头企业。政府的大包大揽阻碍了企业界的进入，也阻碍了企业家才能的发挥。

（四）甘肃省部分干部群众主动改革创新意识不强，“等靠要”依赖性严重

强化责任担当、积极主动作为、着力改革创新是推动甘肃省生态产品价值实现机制建设的关键要素，但甘肃省部分干部群众主动改革创新意识不强，“等靠要”依赖性严重，在一定程度上滞缓了甘肃省生态产品价值实现机制建设的步伐。表现如下：一是体制改革的主动性不足。生态产品价值实现机制建设是生态文明建设的重要抓手，也是乡村振兴的实现机制之一。但部分干部群众缺乏改革创新意识，没有把生态产品价值实现和“绿色发展”“乡村振兴”“共同富裕”等有机融合、协同互动，往往满足于“自上而下”的政策落实，少有“自下而上”的制度创新。二是“等靠要”依赖性严重。生态产品价值实现不仅是初级产品的价值转化问题，而且是生态产业的发展问题。依靠甘肃省自身力量推动生态产业发展的动力严重不足，习惯于向上伸手的“等靠要”行为，缺乏奋进者姿态。三是拥抱新事物的创新意识不强。生态产品价值实现机制建设可以与云计算技术、人工智能技术、区块链技术、数字经济等新兴技术产业实现完美融合，但无论是政府还是企业均缺乏创新精神，导致“老路走不快，新路不会走”的局面。

第三节　甘肃省生态产品价值实现机制建设的机遇与挑战

一、甘肃省生态产品价值实现机制建设的难得机遇

（一）国家的强制性推动

生态产品价值实现机制是践行绿水青山就是金山银山理念，变生态优势为经济优势、变生态价值为经济价值的重要渠道。党的十八大以来，我国积极探索生态产品价值实现机制，中共中央、国务院颁布了《生态文明体制改革总体方案》，中共中央办公厅、国务院办公厅印发了《关于建立健全生态产品价值实现机制的意见》等文件。党和国家的高度重视，也有效引领了各地积极探索生态产品价值实现机制与模式，促进生态产品的价值转换。截至 2022 年，我国已经遴选出多个生态产品价值实现典型案例，相关体制机制不断成熟。这给甘肃省生态产品价值实现提供了难得的机遇，有利于促进甘肃省积极探索，更好实现生态效益和经济效益的统一。甘肃省基于自身的比较优势，积极响应国家的号召，强化政策整合与协同发力，在光伏发电、生态农产品、生态修复等方面取得了一定的成绩，有效推动了甘肃省生态产品价值实现机制建设。

（二）市场的诱致性拉动

随着经济社会的发展，人们对生态产品的需求呈现递增趋势，但既有的生态产品供给能力无法满足人们对优质生态产品与日俱增的需求。从自然属性来看，生命与健康是人最本质的长期需求。然而，市场经济本身的逐利性经常导致清洁的空气、干净的水、充足的阳光等供给不足，远远小于市场需求。随着人们对生态产品价值的广泛认可，生态产品有限供给与消费者需求之间的矛盾日益加剧，优质生态产品逐渐成为竞相追逐的稀缺性产品。而市场需求的扩大，则直接拉动相关生态产业的发展，为生态产品价值实现机制建设提供了难得的机遇。甘肃省具有非常丰富的生态产

品，能够满足消费者多样化的需求。从私人生态产品来看，甘肃省已经开发出了多种富有特色的生态农产品、生态林产品、生态工艺品等；从公共生态产品来看，甘肃省采取多种环境规制工具，使得生态环境日益改善，其所提供的清洁的空气、干净的水、充足的阳光等，已经成为其发展生态产业的比较优势。而这些生态产品优势，则为甘肃生态产品价值实现提供了良好的机遇。

（三）区域间的竞争性扰动

中国各地区生态产品之间的相互竞争也是促进区域生态产品价值实现的影响因素之一，也为甘肃省推进生态产品价值实现提供了重要机遇。生态产品的竞争主要包括两方面：生产者竞争和消费者竞争。生产者竞争主要表现在局部区域开展的排污权交易、林业碳汇交易、水权交易等，市场上多为买方市场，因而造成生态产品价格的偏离；消费者竞争是由于消费者对生态产品的有效需求不足，造成生态产品市场买卖双方数量上的不对等。[①] 随着生态产品种类的不断丰富以及生态产权交易种类和方式的创新，公众休闲、旅游观光、生态康养等生态产品不断涌现，有利于满足消费者日益多样化、个性化的消费需求，推动竞争性消费需求。此外，随着各区域环境损害者赔偿、生态受益者付费制度的完善，推动生态产品成为消费者竞相追逐的竞争性商品，促使生态产品价值在市场竞争机制调节下得到充分体现。

经济发达的东部地区在生态产品价值实现机制建设方面具有一定的优势，相关的做法已经取得了一定的成效，如浙江省丽水市立足于本地创新实践构建了“1+N”的“两山银行”服务体系，促进了农村产权对接流转，拓宽了生态产品价值实现路径；江苏省徐州市贾汪区潘安湖采煤塌陷区以“矿地融合”理念，推进采煤塌陷区生态修复，将千疮百孔的塌陷区建设成为湖阔景美的国家湿地公园，为徐州市及周边区域提供了优质的生态产品，并带动区域产业转型升级与乡村振兴；山东省威海市将生态修复、产业发展与生态产品价值实现“一体规划、一体实施、一体见效”，优化调整修复区域国土空间规划，明晰修复区域产权，引入社会主体投

---

① 黎元生，丘水林，胡熠．我国流域生态服务分层供给机制改革路径探析［J］．福建师范大学学报（哲学社会科学版），2017（03）：1－7.

资，持续开展矿坑生态修复和后续产业建设，把矿坑废墟转变为生态良好的5A级华夏城景区。上述典型的案例，甘肃省可以“取人之长，避己之短”，把竞争的挑战化为竞争的机遇。

（四）价格的递增性趋势倒逼

由于人们对自然资源需求的无限性和生态系统供给自然资源的有限性之间的矛盾，使得自然资源的稀缺程度不断提高，生态价值呈现增值的趋势。生态价值增值规律表明，生态资源不是无价的自由物品，而是有价的经济资源。随着收入水平的提高，人们对高质量生态产品的需求呈现递增的趋势。因此，在生态价值增值和生态需求递增这两个因素的共同作用下，生态产品的价格也呈现递增的趋势，这将倒逼国内生态供给的增加，刺激国内生态产品市场，有利于促进优质生态产品价值的实现。生态产品价格的递增能够有效激励甘肃省生态产品的开发和供给，助力甘肃更好实现绿水青山向金山银山转化。供求原理表明，如果生产者对生态产品的供给保持不变或减少，生态需求递增将会导致生态产品价格的上升。甘肃省可以充分利用自身优势，提供更多高质量的生态产品，充分利用价格的递增性趋势，更好促进生态产品价值的实现。

（五）绿色科技的创新性驱动

绿色科技创新是创新驱动发展战略的重要组成部分，提升绿色科技创新水平，对降低资源能源消耗、改善生态环境、推动生态产品价值实现具有重要的意义。从全国绿色专利授权量来看，2008 年全国只有 1.9 万件，2021 年上升到 18.4 万件，绿色专利每年授权数更是稳步上升，复合增长率高达 17.5%。这表明我国的绿色创新能力有了很大的提升。国家层面推进创新驱动战略，给甘肃省创新发展提供了难得的机遇。绿色科技创新也为甘肃省实现“绿水青山”向“金山银山”的转化提供了有力支撑。

甘肃省已发布《关于提升甘肃省科技创新综合实力若干措施》《甘肃省“十四五”科技创新规划》等文件，并在多个领域取得突破，如酒泉市依托风能、太阳能资源打造清洁能源全产业链大基地，使光伏产业发电成本逐渐降低；金昌市依托丰富有色金属资源打造全国重要的新能源及新能源装备制造基地，使得“镍都”重新崛起；武威市古浪县八步沙林场生态治沙构筑“绿色长城”，生态环境得到明显改善；张掖市举全市之力整治修复生态环境绘就城市森林新画卷，使得张掖市整体品牌形象得到明显提升。上述典型案例也是绿色科技创新赋能绿色发展的真实写照，因而，甘肃省要抓住国家大力推动科技创新的战略机遇，依托绿色科技创新赋能甘肃生态产品价值实现。

二、甘肃省生态产品价值实现机制建设的严峻挑战

（一）生态产品缺乏标准体系

多数研究基于狭义的生态产品定义，把生态产品理解为“山水林田湖草沙冰”等自然生态系统供给的生态物质产品、调节服务和文化服务。但这一认识具有一定的局限性，对生态修复与环境保护中人类活劳动、技术要素参与带来的价值创造，以及将高质量人力资本、绿色低碳技术参与产业生态化改造所生产的“生态中性产品”排除在生态产品范畴之外，尤其对有机食品、绿色农产品、生态工业品等物质产品是否属于生态产品范畴，学界尚未形成共识。[①] 同时，学界对生态产品的价值（功能）、特征识别、范围也存在一定的争议，没有形成统一的生态产品标准、认证、标识体系。整体来看，对生态产品的认识和理解尚处于探索阶段，由此导致对生态产品的识别存在一定的困难。

虽然学界普遍认为生态产品是来自自然生态系统的物质与服务，但对生态产品的具体外延范围和识别边界还有待深入研究，基于现实社会经济体系的调查识别与统计方法还有待建立。[②] 在实践过程中，对生态产品的外延与识别边界不清晰，容易造成对生态产品的识别标准和范围不一，有些地方将所有与“生态”相关的事项都笼统地纳入生态产品价值实现的范畴，如将工业企业的生产工艺绿色改造纳入统计；也有些地方仅将来自生态系统的物质资源识别为生态产品，忽视了自然生态系统为人类提供的功能性服务。因此，面对生态产品识别困难的问题，甘肃省要积极开展相关的研究，借鉴吸收域内外的成功经验，尽快克服生态产品识别的难题，

---

① 靳诚，陆玉麒．我国生态产品价值实现研究的回顾与展望［J］．经济地理，2021，41（10）：207－213.

② 曾贤刚，虞慧怡，谢芳．生态产品的概念、分类及其市场化供给机制［J］．中国人口·资源与环境，2014，24（07）：12－17.

为甘肃省生态产品价值实现机制建设奠定理论基础。

（二）生态产品缺乏定价方法

开展生态产品价值核算是实现生态产品价值转化的基础，我国已有不少研究机构对此进行探索，但面临着定价方法不统一、核算指标体系差异大、供需关系因素考虑不足、市场认可度不高、数据质量有待提升等问题，致使定价标准很难统一。定价方法不统一导致定价结果缺乏区域可比性和市场认可度，且由于生态资产效益的外部性和公共性的特点，以至于经济发展的生态成本长期被忽略，无法为决策者提供科学可靠的信息。① 在现有的探索实践中，不同地区定价指标体系存在明显差异，大都基于国家标准开展生态物质产品价值、生态调节服务价值、生态文化服务价值核算工作，但具体二级指标的选择存在一定差异。此外，开展生态产品价值核算往往涉及统计、水利、自然资源、农林、城建等多个部门，各部门协作机制不够健全，也给生态产品价值核算带来一定难度。

关于生态产品的定价，一些学者运用替代市场的技术进行评估，将生态资产所产生的生态效益折算成一定量的可交易商品，对诸如森林、草地、农作物和湿地所产生的涵养水源按照市场价格折算成现值，最终计算出陆地生态系统的总价值。也有学者直接求出生态系统的当年产值，比如将生态系统的当年产值分为使用价值和非使用价值，通过水资源、文化教育和休闲旅游的当年价值加上间接使用的评估价值作为生态系统的服务价值。更有学者提出“生态银行”的概念，即通过政府进行确权登记，盘活区域内优质的生态资产进而创建交易平台，通过出租和特许经营的方式将生态资产投入市场。②

甘肃省对生态产品的研究大多聚焦在对总体价值的核算上，这些方法虽然测算了某一区域的生态产品价值，但是由于缺少必要的市场体系，很难将生态资源转换成具体的有价格的生态产品。不同的定价方法虽然各有依据，但是由于缺少了市场交换的属性，所计算的生态产品的价值只是一种虚拟的结果，并不能实际促进生态资本的形成。因此，对生态产品的定

---

① 黎元生．生态产业化经营与生态产品价值实现［J］．中国特色社会主义研究，2018（04）：84－90.

② 张文明．完善生态产品价值实现机制——基于福建森林生态银行的调研［J］．宏观经济管理，2020（03）：73－79.

价，无法用严格的数理模型来计量，而是应该加上市场供求关系等因素来决定。

（三）生态产品市场存在信息不对称问题

市场交易是生态产品价值实现效率最高的价值转换模式。[①] 甘肃省生态产品价值实现机制建设尚处于探索阶段，整体生态产品价值实现率不高，不同生态产品的价值实现效率不平衡，且存在一定的信息不对称问题，在一定程度上影响了交易质量。在市场交易过程中，信息不对称会导致信息不完全的一方处于不利地位，有违公平交易的原则。严重的情况下还会产生“道德风险”“逆向选择”等问题，比如在排污权交易过程中，买方委托会员代理其进行排污权的购买，但代理人也有可能并不会为了保证买方利益最大化而全力以赴去了解信息，这就有可能导致在价格等方面使买方处于不利地位，进而形成一定的损失。此外，有些卖方也会刻意隐瞒自身信息，从而产生信息差，使得在交易谈判或者竞价过程中占据优势。由于市场运行机制、相关监督机制等不够完善，在甘肃省生态产品市场中，也存在信息不对称问题，相关交易主体、产品等信息不够完善，透明度较低，严重降低了市场交易质量，不利于生态产品价值转化。

（四）在生态产品价值实现方面走在前列的兄弟省份的挑战

关于生态产品价值的实现路径，全国各地展开了积极的探索，尤其是东部地区，无论是在理论研究层面还是实践层面都处于领先地位。2020年自然资源部推荐了11个生态产品价值实现案例，其中东部地区占了5个，西部地区仅有1个。且东部地区在生态保护与修复、生态产权交易、生态补偿等方面经过长期探索，已积累了丰富经验，体制机制也不断完善，显著领先于西部地区。福建省南平市构建“森林生态银行”自然资源管理、开发和运营的平台，对碎片化的森林资源进行集中收储和整合优化，并引入社会资本和专业运营商具体管理。浙江省丽水市建立了GDP和GEP双核算、双评估、双考核机制及市县乡村四级GEP核算体系，率

---

① 陈清，张文明．生态产品价值实现路径与对策研究［J］．宏观经济研究，2020（12）：133－141．

先完成全国首个乡级、村级 GEP 核算。面对走在前列的兄弟省份的挑战，甘肃省要积极苦练内功，增强绿色发展的内生动力；同时也要积极向东部兄弟省份学习，结合本省实际情况，借鉴相关成熟的做法和经验，加快甘肃省生态产品价值转化的进程。

第三章

生态产品价值实现机制的域外探索

域外已有生态产品价值实现机制的实践探索，有的有典型案例，有的有系统制度，虽然各自做法不同，但都值得甘肃省学习借鉴。本章首先从生态保护补偿、生态产权交易和生态产业经营三个方面分类梳理发达国家和地区以及国内其他地区生态产品价值实现机制探索的主要做法，然后从中总结政府主导型、市场主导型和混合促进型三种典型模式，以及各模式下运用的主要手段、模式特点及适用范围。其次，从形成政府与市场合力、引导多元主体参与、构建多方位制度体系、促进保护与开发协同四个方面总结了国内外实践的相关经验。最后，结合甘肃省生态产品价值实现存在的问题和矛盾，从深化产品认识、完善市场机制、探索政府和社会资本合作模式、培育市场经营主体、加强基础制度建设等方面总结了域外生态产品价值实现机制探索对甘肃的启示。

第一节　域外生态产品价值实现机制探索的典型做法

一、生态保护补偿

庇古手段（税收和补贴）和科斯手段（自愿协商和产权交易）被广泛应用于环境资源领域之中[①]。在大部分发达国家和地区，市场机制发挥着决定性作用。对于公共性生态产品，发达国家早在20世纪90年代就开始研究生态环境服务付费（Payment for Ecosystem Services，PES），强调市场运作和生态服务购买者与生态服务提供者之间的自主交易，初步建立了以环境服务付费（PES）为主的政府和社会资本合作体系和市场化交易体系来进行生态补偿，资金主要来源于“使用者付费”“政府付费”以及国际组织贷款或捐赠。发达国家在森林、流域、耕地、景观和生物多样性方面展开了服务付费，其主要补偿内容、方式和典型案例如表3－1所示。

表3－1　国际生态保护补偿类型、方式和典型案例

补偿类型	主要补偿方式	典型案例
森林补偿	使用者付费；绿色税收；政府补偿	哥斯达黎加森林生态环境服务付费；美国国有林和公有林生态效益政府购买
湿地补偿	破坏者付费	美国湿地缓解银行
耕地补偿	财政补贴	美国、日本“土地休耕计划”；德国农业景观项目补偿
流域补偿	受益者直接补偿；跨国横向补偿；综合治理；政府购买；排污权交易、水权交易、信用交易	美国Catskill流域政府土地购买、农场污染治理；德国—捷克易北河横向补偿；澳大利亚墨累—达令河流域治理
生物多样性	政府补偿；信托基金；生态银行	新西兰自然遗产基金；澳大利亚生物多样性保护信托基金；欧盟生物多样性生态银行

① 沈满洪，等．资源与环境经济学（第三版）［M］．北京：中国环境出版集团，北京，2020：56－67.

我国的生态补偿类型可分为重要生态功能区生态补偿、流域生态补偿和生态要素补偿三类[①]，以中央、地方政府财政转移支付、专项补偿基金支付为主，以市场直接补偿、产权交易为辅。其主要补偿内容、方法、手段和典型案例如表3-2所示。

表3-2 我国其他地区生态保护补偿类型、类别、方式和典型案例

补偿类型	补偿类别	主要补偿方式	典型案例
重要生态功能区生态保护补偿	水源涵养区	中央、地方财政转移支付；财政补贴；生态保护基金；受益者直接补偿、破坏者损害赔偿	黄河上游水源涵养区生态系统保护修复，大小兴安岭生态功能区转移支付
	生物多样性保护区		
	防风固沙、土壤保持区		
	调蓄防洪区		
流域生态保护补偿	大河流域上下游补偿	中央、地方财政转移支付；专项基金；横向生态补偿	黄河流域横向生态补偿
	跨省中型流域补偿	跨省横向补偿	安徽—浙江新安江流域横向补偿
	省内或地市内小流域补偿	受益者直接补偿、破坏者损害赔偿；排污权交易；水权交易	赤水河流域生态补偿与全球重要生物多样性保护示范
生态要素补偿	大气环境生态补偿	中央、地方财政转移支付；财政政策补贴；政府生态保护基金；受益者直接补偿、破坏者损害赔偿；社会组织捐赠；绿色金融	森林生态效益补偿基金，丽水"生态贷"
	森林、草地、湿地、海洋等生态补偿		
	矿产资源开发区、农业区生态补偿		

二、生态产权交易

（一）排污权交易

排污权交易是指在污染总量保持在允许的排放量的前提下，明确排污权的产权主体，通过市场主体买进或卖出排污权，以最小的成本实现环境保护的环境经济手段。美国早在1982年就正式实施空气污染许可证、汽

① 李忠，等．践行"两山"理论建设美丽健康中国—生态产品价值实现问题研究［M］．北京：中国市场出版社，2021：171-176.

油含铅量许可证和向水体排放污染物许可证的交易，随后英国、加拿大、澳大利亚和德国等国家也陆续将排污权交易运用到环境管制之中。

美国大气污染的排污权交易是迄今国际上最广泛和最成功的排污权交易实践。以南加州排污权交易为例，其良好运行和实施效果受益于以下三大举措：一是对企业初始配额的确定。南加州空气质量管理局根据产量乘以初始排放系数来确定每个企业的污染物排放初始配额，且在政策实施后的每个年度，再重新赋予企业一个逐年降低的排放配额，以保证区域内的固定源减排效果与原先的行政命令一致。① 二是对市场交易主体的扩大。除污染企业可参与市场交易外，排污权交易中介机构、环保组织和个人都能够参与市场交易，大大激发了市场活力。三是对企业排放的合规性的严密监管。NO_x 年排放量大于 10 吨的主要排放源需接入连续排放检查系统，在线报告每日排放量。年排放量为 4—10 吨的排放主体接入连续过程检测系统，每月报告排放量。其他排放主体需要每季度提交排放信息。

排污权交易制度在我国推行较早并已全面展开，减排效果显著，对重污染行业的污染抑制作用明显。② 截至 2021 年底，我国已有 28 个省份或地区先后开展了排污权交易制度试点工作。其中，福建省二级市场活跃度位居全国首位，2021 年二级市场企业与企业之间的交易占比高达 65%。③ 福建省采取了多种方式激发市场交易活跃度：一是福建省政府不参与排污权交易，排污权交易价格和政府储备排污权出让价格均以市场调节价为主。二是出台了一系列有利于市场交易的政策。如允许企业抵押排污权贷款、允许企业出租闲置期间的排污权、将交易主体扩大为全省范围内所有工业排污单位等。三是采取了一系列促进市场化交易的配套措施。如建立全省统一的交易平台、为企业竞价提供参考、允许排污权跨区域交易等。

（二）碳排放权交易

碳排放权交易机制是一种通过价格信号促使减排任务在控排单位间转

---

① 苏梦缘，时钰．美国南加州区域排污权交易政策的国际经验及启示［J］．中国物价，2022（05）：105－108.

② 沈满洪，杨永亮．排污权交易制度的污染减排效果研究——基于浙江省重点排污企业数据的检验［J］．浙江社会科学，2017（07）：33－42＋155－156.

③ 苏亮，蔡莞镔．福建省排污权交易现状述评［J］．环境生态学，2022，04（04）：45－50.

移，最终达到以最低成本减少二氧化碳等温室气体排放的环境经济手段。截至 2021 年 12 月，全球共有 16 个区域性、国家级和次国家级的碳交易体系。澳大利亚因为以能源产业为经济支柱，人均碳排放量居世界第一，其碳减排策略备受关注。澳大利亚政府于 2006 年提出温室气体排放定价政策，并于 2011 年正式推出了分阶段建立排放交易制度的碳定价政策。第一阶段（2012—2015 年）为固定碳价格阶段，政府以固定价格发放数量不限的许可证，企业间不进行碳排放交易。第二阶段（2015—2018 年）为限额与交易阶段，政府控制排放权总量，设置碳价格区间，并采取免费分配和拍卖两种方式将配额提供给市场，实际碳价格由市场供需状况决定。[①] 澳大利亚自从 2006 年二氧化碳排放量达到 2000—2021 年期间的顶峰之后，澳大利亚的温室气体排放量呈直线下降趋势（见图 3－1）。

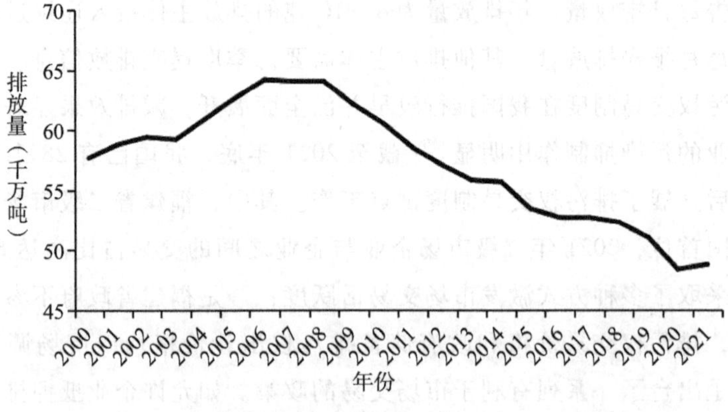

图 3－1　2000—2021 年澳大利亚二氧化碳排放轨迹

数据来源：Australian Greenhouse Emissions Information System（https://ageis.climatechange.gov.au/）。

国内碳排放权交易市场形成了地区碳排放权交易市场与全国碳排放权交易市场并行开放的体系。北京市、天津市、上海市、重庆市、广东省、湖北省和深圳市 7 个省市自 2013 年开展碳排放权交易的试点示范工作。2021 年 7 月 16 日，全国碳排放权交易市场开市。

在地区交易市场中，广东省作为配额规模排名全国第一、全球第三（仅次于欧盟、韩国碳市场）的碳市场，其碳排放交易机制的探索给其他

① 陆燕，付丽，张久琴．澳大利亚《2011 清洁能源法案》及其影响［J］．国际经济合作，2011（12）：27－30.

省市提供了借鉴。广东省碳排放交易试点建立了总量控制和配额交易相结合的碳排放交易体系。其做法和特征可总结如下：一是每年设定碳排放配额总量，考虑不同行业和控排企业技术水平的差异，避免出现“鞭打快牛”的情况，分配给纳入控制碳排放范围的企业。二是采取有偿拍卖和无偿分配初始配额相结合的方式，被纳入交易体系的企业需先按规定购买3%—5%的配额，才能获得剩下的免费配额。三是建立顺畅有序的交易市场。交易主体包括控排企业和新建项目、符合规定的投资机构及个人投资者。

（三）用水权交易

用水权交易将市场手段引入水资源配置领域，能够提高利用效率，优化水资源配置。澳大利亚、美国、智利、欧盟、秘鲁、墨西哥和西班牙等国家和地区都展开了大量探索。但全世界建立水权市场的国家数量依然寥寥，运作良好的水权市场更是仅限于美国西部、澳大利亚等少数发达国家。[①]

作为世界上最干旱的国家之一，澳大利亚的墨累—达令河流域水权交易是发展水权市场的一个典范。澳大利亚在20世纪90年代即完成了墨累—达令河流域的用水总量控制。水权交易主体除了农户和企业等用水户外，还包括中介机构、投资机构和政府等。[②] 如政府可从用水户手中购买部分水权，用于补充地下水或河道生态用水。水权交易方式包括临时水量交易和永久取水权交易，并以前者为主。水权交易价格以市场机制为主，由水权的供给量、需求量和预期变化等因素决定。澳大利亚水权市场除清晰明确的水权、科学合理的初始分配、充分的水文知识、足够的市场收益外，还特别依赖于政府强有力的监管和其他配套制度保障。降低交易成本是水权制度改革的关键所在。[③]

我国水权交易实践始于2000年东阳—义乌的区域水权交易，义乌市一次性出资2亿元购买东阳横锦水库每年5000万立方米的使用权，实践

① 王亚华，舒全峰，吴佳喆．水权市场研究述评与中国特色水权市场研究展望［J］．中国人口·资源与环境，2017，27（06）：87－100.

② 金海，伊璇，朱绛，等．从水权交易国际经验看我国水权市场未来发展［J］．中国水利，2021（14）：59－62＋58.

③ 沈满洪．论水权交易与交易成本［J］．人民黄河，2004，26（07）：19－22.

表明了“产权模糊前提下的水权交易离不开政府推动”[①]。此后，内蒙古、甘肃、宁夏、福建等地均有水权交易案例。2014 年 7 月，我国在宁夏、湖北、江西、内蒙古、河南、甘肃和广东 7 个省（自治区）开展水权试点。

（四）用能权交易

用能权交易是指在一定区域内用能总量控制的前提下，用能企业对依法获得的年度用能总量指标进行交易转让的经济手段。欧洲于 2002 年实施的白色证书（可交易的节能证书）制度，是国际上最为成熟的用能权交易制度之一。

与强制性节能配额的结合是白色证书制度成功的关键，即企业被赋予特定数量的强制性节能目标，若能源消费量超出总量控制目标，就需要购买白色证书。欧洲以意大利的白色证书制度尤为成熟。意大利白色证书交易主体除了被赋予强制性节能义务的大型能源供应商以外，没有强制性义务的小型能源供应商、能源服务公司、拥有能源管理人或能源管理系统的公司也能依节能行为产生证书，并在市场中作为自愿交易主体参与交易[②]。交易方式也较为多样，既包括国家授权社会机构建立的场内交易市场，也包括以企业双边交易为主的场外市场。[③]

我国于 2015 年首次推行用能权交易制度，截至 2022 年底，只有浙江、福建、河南和四川 4 个试点省份。相比法律和行政手段，用能权交易可带来更大的经济潜力和节能潜力[④]，显著提升了试点省份的能源利用效率。[⑤]其中，浙江省用能权交易推进力度最大，且其特色在于不涉及初始配额的分配。初始配额的分配十分关键，但涉及复杂的方法学和核算，不

---

① 沈满洪．水权交易与政府创新—以东阳义乌水权交易案为例［J］．管理世界，2005（06）：45－56.

② Franzòa S，Frattinia F，Cagnoa E，Trianni A. A Multi－stakeholder Analysis of the Economic Efficiency of Industrial Energy Efficiency Policies：Empirical Evidence from Ten Years of the Italian White Certificate Scheme［J］. Applied Energy，2019，240（04）：424－435.

③ 施陈晨，于凤光，徐寒．欧盟白色证书机制研究和应用分析［J］．建筑经济，2013（11）：92－95.

④ 张宁，张维洁．中国用能权交易可以获得经济红利与节能减排的双赢吗？［J］．经济研究，2019（01）：165－181.

⑤ 薛飞，周民良．用能权交易制度能否提升能源利用效率？［J］．中国人口·资源与环境，2022，32（01）：54－66.

能保证科学合理。在试点初始阶段浙江省用能权交易以增量交易为主，避免了初始配额分配松紧不当产生的问题，从简单入手，有利于初始交易的顺利开展。

三、生态产业经营

生态产业经营是经营性生态产品通过市场机制实现交换价值的模式。[①] 清新的空气、优美的环境等能够满足人们对生态产品的需求，将生态优势转变为产业优势是生态产品价值实现的主要方式，也是最重要的渠道之一。研究和实践表明，生态产品如森林的生态产品价值通常远高于其作为林木物质性产品的价值。[②] 推进生态农业、生态工业和生态服务业发展是生态产品价值实现的重中之重。国内外对生态产业的发展进行了广泛的探索。

瑞士利用其丰富的水资源开发水电，推行“绿色水电”认证制度，大力发展水电产业，使其成为欧洲电网调峰的“蓄电池”。瑞典依托丰富的森林资源，制定相关法律法规使森林永续生产，使国家成为欧洲最大的木材生产基地。日本的森林康养产业是发达国家发展生态产业的典型代表，明确提出建立森林康养基地和康养步道认证体系，开展基地建设和基地认证，设立森林疗养师资格考试制度，成立相关组织协会，负责开展森林疗养基地建设工作、进行森林医学相关研究以及定期举办活动宣传森林保健功能等。完善的发展体系和具有潜力的发展前景吸引了大量社会资本的涌入，极大地促进了森林康养产业的发展。

我国各地对生态产业进行了大量探索，生态产业发展的理论和实践发展迅速。在生态农业方面，宁夏回族自治区银川市贺兰县在土地整治、改良盐渍化土壤的基础上，开发了集农业种植、渔业养殖、产品初加工、生态旅游于一体的生态“农工旅”项目，完成了从传统种植到稻、鱼、蟹、鸭立体种养，再到产业融合发展的转型，获得了耕地保护、生态改善、产业提质、农民增收等多重效益。生态工业以节约资源、清洁生产和废弃物

① 张林波，虞慧怡，郝超志，等．国内外生态产品价值实现的实践模式与路径［J］．环境科学研究，2021，34（06）：1407－1416.

② 黎元生．生态产业化经营与生态产品价值实现［J］．中国特色社会主义研究，2018（04）：84－90.

梯级循环利用等为特征，以现代科学技术为依托，在保护环境的同时能够创造良好的经济效应。广东省珠海市桂山岛利用海洋风能发电，不仅解决了东澳岛、桂山岛、大万山岛 3 个海岛的用电问题，还能将约 90% 的电力回输到珠海陆地电网，又可减少二氧化碳等的排放，生态效益和经济效益显著。福建省南平市光泽县利用全县水资源丰富、水质优良的生态优势，围绕“水美”经济，积极引入社会资本，开拓了一系列生态工业。高端鳗鱼养殖和山泉水加工、武夷山矿泉水项目，引入知名企业生态农产品、茶叶、中草药等，形成了与水资源相关的生态食品产业集群。在生态服务业方面，生态旅游业是生态服务业的主要形式。浙江省湖州市充分利用其毗邻上海、杭州等发达地区的经济和区位优势，发展乡村高端民宿，倡导自然、生态、环保的农家乐。云南省红河州阿者科村利用其位于哈尼梯田世界文化景观核心区、具有独特的梯田景观和民族文化的优势，发展“内源式村集体主导”旅游产业，开发了一系列自然野趣、传统工业、哈尼文化等主题性体验产品等。

四、典型做法比较与总结

生态保护补偿是一种最保底的生态产品价值实现方式，遵循“谁保护，谁受偿；谁受益，谁付费”的原则，由生态受益方向生态产品供给方付费或补贴。由于生态产品公共属性的存在，以政府为主导的生态补偿机制是国际上公共性生态产品价值实现的重要方式。同时，国内外开展了大量形式多样、机制灵活的生态补偿实践，包括开征绿色税或生态税、成立专门机构和专项基金等。

相比发达国家政府和市场并重的补偿方式，我国生态保护补偿制度多是以政府为主的无偿式补偿、被动式补贴。[①] 这造成我国生态保护补偿制度实践存在以下几个问题：第一，补偿往往发生在政府与政府之间，受益于生态保护的补偿主体如企业和个人参与不足，为保护生态环境做出牺牲的企业和居民受补率极低。第二，资金来源渠道单一，政府后续补偿资金难以为继。第三，补偿标准过低，补偿金额远远低于因保护环境而付出的

---

① 虞慧怡，张林波，李岱青，等. 生态产品价值实现的国内外实践经验与启示 [J]. 环境科学研究，2020，33 (03)：685 -690.

代价或成本。因此，尽管生态保护补偿制度在我国已有多年实践基础，但生态补偿低于生态产品的实际价值，难以充分调动生态产品生产主体的积极性，政府面临后续补偿资金缺口巨大的困境。

生态产权交易是生态产品价值实现的最直接方式。由政府和市场合作，在生态资源稀缺的情况下，为各类生态资源建立合法的产权，赋予这些产权商品属性，通过买入和卖出实现交易和价值。这一做法通过市场交易实现了生态产品的优化配置，实现生态环境保护成本最小化。排污权、碳排放权、用能权等在发达国家均建立了成熟的运行机制。

相比之下，我国各类生态产权交易虽然也已广泛开展试点，但整体上仍然未能形成成熟有效的运行机制。排污权交易制度改革试点 30 多年，大部分地区二级市场交易仍不够活跃。用水权交易制度改革试点 20 多年，始终只有少许几笔象征性的交易。用能权交易缺乏全国统一的用能权交易市场，用能指标无法跨区域交易。这些产权交易试点地区普遍存在政府高度支配与监控市场、交易价格近似政府行政手段而非市场定价、以企业和政府之间的交易为主、企业之间自由开展交易数量极少的情况。碳排放权交易是生态产权交易中最迟开展也是相对最活跃的，但大部分企业尚未被纳入碳市场范围，市场交易主体仅限于控排企业，交易指标流动性不足，交易效率低下。因此，尽管我国各试点省份在生态权益交易制度方面因地制宜进行了诸多改进和尝试，但整体上并没有实现总量控制下的市场自由交易，仍需要对现有机制进行大刀阔斧地创新突破。

生态产业经营是充分依托当地生态资源优势，把生态资源优势转化为生态产业发展的优势的做法。这一方式无论是在国内还是国外都是生态产品价值转化的重要途径。通过挖掘生态产品的私人属性，国内外在实践中开发了丰富多样的生态产品经营模式，其价值也很容易通过市场机制得以实现。生态产业开发方式的关键在于认识和发现当地生态资源的独特经济价值，通过打造生态品牌等方式不断提高产品的生态溢价率和附加值。

整体而言，与我国相比，国外生态产品价值实现典型做法具有以下三个方面鲜明的特点[①]：一是重视市场化机制的运用，即使是在以政府为主导的纯公共性生态产品领域，也尽可能引入市场化运作手段；二是注重增

---

① 张林波，虞慧怡，郝超志，等. 国内外生态产品价值实现的实践模式与路径［J］. 环境科学研究，2021，34（06）：1407－1416.

强社会各界的参与意识，广泛采用生态基金、个人生态积分、政府和社会资本合作、NGO 参与等各类渠道充分利用全社会的力量；三是重视资金、技术、法律等方面的基础保障，以保证生态产品价值实现的各类机制手段得以顺利运行。① 我国生态产品价值实现在生态补偿和生态产权交易方面主要以政府规制为主，在解决公共产品市场失灵方面更具有优势，交易费用较低，补偿成果见效更快，但在市场手段运用和生态产业经营以实现价值转化方面，依然存在较大空间。

第二节　域外生态产品价值实现机制探索的基本模式

一、政府主导型模式

（一）政府主导型模式特征

政府主导型模式的显著特征是以政府部门和财政资金为主要参与力量，而私人部门的参与程度很低。在这一模式中，生态产品具有纯公共物品特征，无法清晰界定具体的消费者，或者需要极大成本才能界定，因此，难以采用市场方式对生态保护行为进行补偿，私人部门不愿进入这一领域，只能由政府部门依靠行政组织的权威和环境管理政策工具对生态产品提供者进行补偿。

政府主导型模式的优点在于：由于生态产品的外部性、公共物品、信息不对称、产权不清晰等市场失灵因素的存在，私人交易成本过大，政府主导的直接补偿具有交易费用上的规模经济。政府作为实际受益者的代理方，既可以通过财政转移支付、政府基金手段弥补生态产品提供者（个人、企业或下级政府）的利益损失，也可以通过财政补贴或直接支付的方式向社会力量购买生态产品和生态管护服务。政府主导的公

---

① 张林波，虞慧怡，郝超志，等．国内外生态产品价值实现的实践模式与路径［J］．环境科学研究，2021，34（06）：1407－1416.

共支付能够相对保障资金的公平，同时有利于生态保护多元化目标的实现。

政府主导型模式的缺点在于：虽然交易成本低，但是制度运行成本高昂，且与政府和社会资本合作模式和私人交易模式相比，其经济效率明显不足。政府补偿往往只有政策目标，而缺乏明晰的真实产权机制、自主经营的责任制以及强烈效益驱动的激励机制，从而表现为“高成本、低效率”。生态保护补偿和修复项目往往规模大、回收期长、所需资金巨大，政府直接财政支出导致财政负担沉重难以支撑，并进一步造成生态补偿或修复投入严重不足。

政府主导型模式适用的场景主要为大江大河等重点生态功能区的补偿和建设，这些领域涉及国家生态安全，同时利益相关者众多，受益群体及补偿对象均难以清晰界定，市场化补偿方式由于搜寻成本高、谈判成本大、交易费用高昂而难以实行。此时，政府应承担主要的补偿责任。为了扬长避短，政府主导型模式在使用中需要尽量引入市场化运作手段，利用市场机制优化配置资源，并通过技术改进或规则设定，促进生态投资经营场景向适合混合推进模式转化。

（二）政府主导型模式手段

1. 财政转移支付

财政转移支付是政府主导型模式的主要手段。美国田纳西河流域项目建设政府的无偿拨款，我国财政转移包括有生态补偿作用的财力性转移支付和用于生态补偿的专项转移支付，黄土高原水土保持区等重点生态功能区财政转移等。

2. 财政补贴政策

财政补贴是政府代表公众向企业、个人和组织等生态产品提供者进行购买的一种常用方式，主要适用于具有明确提供者的情形。日本对积极实施休耕的农户进行休耕补贴，芬兰对生物多样性价值直接给予经济补偿，英国对私有林业主的种植针叶林行为进行补贴。我国各地都对生态公益林保护、退耕还林还草等进行补贴，补偿金直接发放至农户账户。

3. 政府绿色税收

绿色税收是许多国家秉承“污染者付费”的原则，通过税收的经济手段筹集资金，用于生态环境改善治理的方式。美国对自来水和下水道污染行为征收水污染税，用于治理水污染和净化污水，对家庭垃圾征收固体废弃物处理税，对风能和闭环生物质发电企业的所得税进行部分减免。欧盟通过征收二氧化碳税筹集资金对生态环境进行补偿。

4. 生态保护政府基金

生态保护政府基金是指政府通过统筹或向生态产品使用者征收费用，成立基金以对生态保护行为进行资助的方式。美国以《综合性环境反应、赔偿与责任法案》为基础的超级基金制度，以国家直接划拨资金、向大型企业征税和环境污染损害赔偿资金为主要基金来源，支持生态环境保护修复。浙江省安吉县 2022 年成立黄浦江源生态保护基金，来自财政保障、市场调节和社会捐赠的资金专项用于生态保护、生态补偿等领域。

二、市场主导型模式

（一）市场主导型模式特征

市场主导型模式主要适用于以下四类场景：第一，对于经营性生态产品，如生态农产品、生态工业品和生态服务产品等，产品受益者与产品提供者在竞争性市场直接进行交易。第二，对于森林、流域资源等生态公共资源，由于它们本身具备一定的市场需求，在清晰界定自然资源资产产权出让、转让、出租、抵押、入股等权责归属的前提条件下，可实现市场主体之间的直接交易或投资。第三，对于环境资源产权如排污权、用能权等生态俱乐部产品，市场交易需求不足或市场无法自发形成，需由政府管控或设定限额等方式，创造交易需求，然后采用市场交易的形式实现价值。第四，市场化补偿。由补偿主体直接对受偿主体进行补偿。在这一模式中，政府的角色定位是市场管理者和引导者，通过完善法律法规、加强市场监管和制定合理的交易规则，促使个人利益和社会利益之间协调平衡。

市场主导型模式的突出优点在于：经济效率高，制度运行成本低。经营性产品直接交易能够充分发挥市场主体的活力和创造性。市场补偿能够通过补偿主体和受偿主体多元化实现更为充分的补偿，也解决了政府的财政负担问题。资源产权交易不仅能够减少政府管理费用，还充分激发企业环境保护和污染治理的积极性。

市场主导型模式的缺点在于：其适用范围较为狭窄，同时市场主体行为短期性严重，市场主体更多关注个人经济收益而不是生态效益，容易造成短视行为和无序开发，需要政府强有力的监测监管。

市场主导型模式通常适用于产权明晰的经营性生态产品和环境权益生态产品，以及生态补偿的范围、主体、对象及其责任、权利、义务清晰的生态产品。市场主导型模式的有效运行，需要有明晰的产权和低廉的交易成本作为基础，因此离不开政府的管理和调控。它需要政府在其中发挥管理职能，调节市场失灵，纠正市场主体行为偏差。

（二）市场主导型模式手段

1. 市场化生态补偿

市场补偿主要有两个方面：一是政府之间的市场化补偿方式，如在流域上下游之间的横向补偿，典型案例包括欧洲易北河流域位于中下游的德国向位于上游的捷克进行经济补偿，我国新安江流域浙皖横向生态补偿等。二是补偿主体和受益主体之间的直接或间接补偿。如法国 Vittel 矿泉水公司为水源区农民每年支付土地补偿，澳大利亚马奎瑞河水域下游食品厂和纤维协会对上游造林者的直接补偿等。从国内外的实践经验来看，市场补偿的方式往往需要上级政府或管理部门的统筹协调。

2. 生态产权交易

生态产权交易是在环境资源要素稀缺的背景下，通过构建合法的许可证，将用水权、排污权等生态产权像商品一样实现市场主体之间的流转和交易。在总量控制目标下，生态产权交易通过价格杠杆实现环境资源产权在各市场主体之间的转移，起到环境治理成本最小化、生态资源优化配置、激励企业环境治理技术创新的作用。发达国家的产权交易如排污权、水权、碳排放权等在较大程度上实现了企业和中介机构等市场主体之间的交易，但我国的生态产权二级市场交易还不够活跃，交易主体相对单一，大多产权交易还停留在政府与企业之间的一级市场交易上，价格也以政府设置的管制价格为主。

3. 生态资本收益

生态资本收益手段是指生态资源资产通过金融方式，吸引社会资本盘活生态资源，实现存量资本经济收益的生态产品价值实现方式。其主要做法是将生态资源资产转化为生态资本，通过绿色金融扶持、资源产权融资、补偿收益融资等方式，借助其他经济活动实现价值增值。如浙江省丽水市的“茶商E贷”①、福建省三明市的“福林贷”②部分省份推行的生态公益林补偿收益权质押贷款等。后者是指将生态补偿的财政资金在符合国家政策要求的前提下投入各类经营主体获得股份收益，或将补偿权抵押融资开展生产，使得“资金变股金”，实现生态保护前提下的价值利用最大化。

4. 生态产品交易

在广义生态产品概念下，经营性的生态产品价值实现方式主要是市场直接交易。市场主体参与此类生态产品的价值实现能够在激烈的市场竞争中敏锐发现市场需求，实现资源优化配置。如日本的康养产业，我国的生态农业、文旅产业等。

5. 生态标签认证与品牌建设

为了解决生态产品中的信息不对称问题，并将生态产品正外部性内置于价格中，在经营性生态产品直接交易中常采用的手段是生态认证和品牌建设。对生态产品进行生态认证和品牌化推广，在彰显产品品质的同时，能够减少消费者市场信息收集成本，有效降低市场磨蹭，减少交易成本，是生态产品溢价获取和价值实现市场化运营的重要手段。典型的例子包括欧盟生态标签、河南省“浙有山川”区域公用品牌、浙江省丽水市“丽水山耕”品牌等。

三、混合促进型模式

（一）混合促进型模式特征

在生态保护补偿、修复和经营领域，由于生态产品的公共物品性质，鼓励私有部门的积极参与对于生态产品价值实现至关重要。因此，包含各方主体的混合促进型模式在国内外生态产品价值实现中得到广泛应用。混合促进型模式是指政府部门、私人企业、非政府组织和个人等就生态产品价值实现问题商讨合作方案并构成“利益共享、风险共担、全程合作”

---

① 殷斯霞，李新宇，王哲中．金融服务生态产品价值实现的实践与思考——基于丽水市生态产品价值实现机制试点［J］．浙江金融，2021（04）：27－32.

② 洪燕真，付永海．农户林权抵押贷款可获得性影响因素研究：以福建省三明市“福林贷”产品为例［J］．林业经济，2018，40（09）：31－35.

的伙伴关系，形成“积极参与—价值共创—价值共享”的合作模式。政府部门对私人部门参与给予必要的政策和资金支持，控制项目风险，私人部门充分发挥他们在资金投入、项目建设、项目经营和资金筹集方面的积极作用。

政府和社会资本混合促进型合作模式的优点是：有利于政府部门调动社会力量积极参与生态保护、投资和经营，能够充分利用各方主体的自身优势，采用市场化手段高效实现生态产品价值，达到良好的生态保护、建设、治理和运营的目的。这一模式常常适用于具有公共池塘资源或俱乐部物品性质的生态产品。

不同的混合促进型模式可能存在各种不同的缺陷。在特许经营中，存在项目界限不清，激励机制难以形成等问题。在生态购买中，存在政府购买价格过低，部分生态工程难以实行等问题。生态银行的国内实践普遍存在重资产收储、轻资产运营等问题。

（二）混合促进型模式手段

1. 产业化运营

产业化运营的方式通常有特许经营、商业开发授权、租赁协议、合同外包等。其中，特许经营是一种兼顾资源利用和生态保护，并结合市场机制和行政监管的特殊商业活动①，所经营的项目包括住宿、餐饮、零售等大规模经营项目或服务，是生态资源经营开发的重要模式，在国内外具有较强公共性生态产品的开发利用领域中得到了广泛应用。美国国家公园特许经营制度经过多年发展，已经形成了十分完善的运营机制。我国海南海垦旅游集团将莲花山生态修复、资源开发与旅游产业规划、矿坑剧场建设相结合，实现了矿山生态保护修复与企业经营开发、区域绿色发展相互促进的效果。

2. 生态购买

生态购买是指政府直接购买生态产品，然后利用市场机制，吸引企业、个体、非政府机构等成为其供给主体。哥斯达黎加森林生态环境服务付费、美国湿地缓解银行是这一方式的典型应用。在湿地缓解银行中，购

---

① Dinica V. The Environmental Sustainability of Protected Area Tourism: Towards a Concession—Related Theory of Regulation [J]. Journal of Sustainable Tourism, 2017 (02): 1-19.

买方不仅包含各级政府，还包含因从事开发活动对湿地生态产生不可避免且程度无法降到最低的不利影响的个人和开发者。销售方是湿地缓解银行的建设者和生态修复公司，其参与主体既可是政府机构，也可为个人、私营企业以及将缓解银行业务作为投资组合的投资基金或投资公司等，其往往具有专业的技术人才队伍，能够确保湿地补偿效果。

3.“生态银行”

“生态银行”是政府和社会资本多重合作，促进生态资源的开发利用以及生态产品开发经营的一种综合方式。我国的“生态银行”是在借鉴了美国湿地银行、德国生态账户等国际经验的基础上发展起来的全新的生态产品价值实现模式。但与湿地银行、生态账户主要出于生态保护和生态补偿的目的不同，我国“生态银行”的实践主要致力于促进生态资源的开发利用以及生态产品的开发经营，通过政府搭台、企业共同经营、吸引社会资本的方式，解决因地理上、所有权和经营权的分散而导致的生态产品投资经营面临的交易成本过高、难以吸引社会资本进入、产业化经营困难等问题，为生态资源富集的欠发达地区生态产品价值实现提供了创新思路[①]。我国“生态银行”的本质是生态资产经营公司，如福建省南平市森林“生态银行”。

4. 公众参与

公众参与是指公益机构、行业协会和个人等与政府组织和部门合作，参与生态保护、修复治理、产业经营的方式。如北京市山水自然保护中心、青海省三江源生态环境保护协会等公益组织在三江源国家公园保护、澜沧江水源地、水文化保护都作出了重要贡献。大自然保护协会在杭州建立“善水基金”信托，发展绿色产业、成立“水酷”公司、建设自然教育基地，构建了一个公益组织、政府、村民、企业、社会公众等共同参与的生态产品价值实现混合促进型模式。浙江省丽水市在全国首创了生态信用体系，出台企业生态信用、村庄生态信用和个人生态信用相关制度规定，对环境信用良好的“田民”“林民”“水民”等给予贷款额度更高、利率更低、放贷速度更快的优惠政策，充分激励企业、个人和村集体参与到生态产品价值实现之中。

---

① 崔莉，厉新建，程哲. 自然资源资本化实现机制研究——以南平市“生态银行”为例[J]. 管理世界，2019（09）：95－100.

四、基本模式比较与总结

以上分析的政府主导型模式、市场主导型模式和混合促进型模式的主要采用方式、模式特点和适用范围总结如表 3－3 所示。

从表 3－3 可见，生态产品价值实现的不同模式和不同方法各有其优缺点和适用范围。同样，我国的生态产品也分为多种类型，其产权界定难度、补偿的利益协调、评估标准、实现方式也各不相同，需要针对不同产品特性优化选择实现方式。同时，这三种主要模式和其所包含的方式并不是孤立的，完全可以根据具体生态产品类型进行组合利用，从而在最大程度上做到生态产品的价值实现。

表 3－3　　生态产品价值实现基本模式比较

<table>
<tr><th>模式</th><th>采用手段</th><th>特点</th><th>劣势</th><th>适用范围</th></tr>
<tr><td rowspan="4">政府主导型模式</td><td>财政转移支付</td><td rowspan="4">具有制度优势；补偿、修复和治理成果见效快，资金来源稳定，交易成本低，具有规模经济，有利于多元化目标实现</td><td rowspan="4">经济效率不高，制度运行成本高，资金来源单一，权责利脱节，容易造成投入不足</td><td rowspan="4">规模大、补偿主体分散、产权界定模糊的纯公共性生态产品补偿、修复、治理领域</td></tr>
<tr><td>财政政策补贴</td></tr>
<tr><td>政府绿色税收</td></tr>
<tr><td>生态保护基金</td></tr>
<tr><td rowspan="5">市场主导型模式</td><td>市场补偿</td><td rowspan="5">经济效率高，方式灵活，管理和运行成本低，激发了市场主体的活力和创造力</td><td rowspan="5">适用范围较为狭窄，目标单一，行为具有短期性和局部性，需要完善的配套支持和监管政策</td><td>规模较小、补偿主体和受益主体明确、产权界定清晰的领域</td></tr>
<tr><td>产权交易</td><td>产权清晰界定的生态环境和气候资源产权交易</td></tr>
<tr><td>生态资本收益（绿色金融扶持；资源产权融资；补偿收益融资）</td><td>产权清晰界定或收益稳定的生态资源、资产和资本</td></tr>
<tr><td>直接交易</td><td rowspan="2">经营性生态产品</td></tr>
<tr><td>生态标签认证与品牌建设</td></tr>
</table>

续表

模式	采用手段	特点	劣势	适用范围
混合促进型模式	产业化经营（特许经营；合同租赁等）	政府与其他社会主体利益共享、风险共担、全程合作，有利于发挥各方主体的优势，形成制度合力	项目范围边界不清，难以监管，公益性与经营性易冲突	政府监管，市场主体运营
	生态银行		重资产收储、轻市场运营	政府和市场主体共同出资共同运营
	生态购买		不易量化的生态产品和工程服务难以实行；购买价格较低	政府补偿，市场主体提供技术服务
	公众参与		规模小，资金来源不稳定，只能作为辅助手段	适合个人和非政府组织参与的小范围生态产品价值实现

（一）纯公共性生态产品

纯公共性生态产品价值实现方式可以政府主导型模式和混合促进型模式为主，并辅以市场运作方式。适用于如祁连山和三江源保护、城乡污水治理、矿山生态修复等方面。有的场景实施政府全额补偿和补贴；有的场景由政府向明确的生态产品使用者（包括企业、个人和其他组织等）征收费用以补贴生态产品提供者；有的场景可由明确的生态受益主体对生态保护主体进行补偿；部分场景可由政府将生态资产项目通过特许经营或外包的方式交给企业运营；部分场景可在实际运作中引入市场力量和市场运作方式，如采用政府购买私人企业和社会组织的服务，出资建立生态基金或生态银行激励社会资源服务生态产品的投资、生产、经营和保护修复等。以长江、黄河等跨省大型流域为例，即可采用以中央财政为主导的政府补偿为主、市场补偿和混合补偿为辅的生态补偿模式。可使用的方式包含财政转移支付、政府绿色税收、生态保护基金、用水户的市场化补偿、上下游之间的市场补偿、用水权交易、相关产业开发、生态购买治理、非政府组织参与等。

（二）准公共性生态产品

准公共性生态产品的价值实现方式可采用混合促进型模式和市场主导型模式，如森林生态补偿、水源生态补偿、生态资源权益交易、矿区修复后经营、张掖七彩丹霞景区开发运营等。或在政府部分补偿的同时，积极探索生态保护主体和生态受益主体之间的市场补偿方式；或在政府明确法律规范严格监测监管程序的前提下，引导市场主体进行交易，并促进市场价格的形成；或采用多模式政府和社会资本合作方式，引入市场力量进行生态产品开发经营。

（三）经营性生态产品

经营性生态产品的价值实现方式应采用市场主导型模式。适用于如文旅项目、循环农业、光伏和风力发电项目等。逐步减少政府干预，积极引入社会资本，培育市场主体，改善营商环境，充分发挥企业具有专业型人才、市场运作娴熟且灵活高效的优势推动生态资源价值实现和转化，将生态产业发展壮大。

第三节　域外生态产品价值实现机制探索的经验启示

一、生态产品价值实现机制建设的域外经验

（一）采用多场景价值实现方式，形成政府与市场合力

域外生态产品价值实现机制探索表明，政府主导和市场主导的价值实现模式各具特色，各有适用场景，但政府和市场的关系不是割裂的，更不是对立的。生态产品的不同物品属性决定了政府与市场手段并举、政府引导市场运作、加强政府和社会资本合作以形成政府与市场合力的重要性。

第一，政府手段与市场手段并举。政府和市场是生态产品价值实现的

两种主要力量。政府主导型模式交易成本小，能够保证相对公平，但存在资金来源单一、效率较低的问题。市场主导型模式能够激发市场主体活力，实现资源最优配置，但仅适用于受益关系明晰的部分场景，无法单独解决生态产品的公共品属性问题。域外典型做法既没有“轻市场、重政府”，也没有“重市场、轻政府”，而是积极探索具体场景下的适用模式和手段。在需要政府作为代理人时使用政府手段加强保护和补偿，在主体明确、受益清晰的情况下，尽可能采用市场手段。发达国家初步建立了以环境服务付费（PES）为主的政府和社会资本合作和市场化交易体系，但美国田纳西州流域管理也提供了以政府为主导保护和开发自然资源的典型案例。

第二，强化市场化运作方式。无论是政府主导还是市场主导，英美等发达国家在不同场景中均致力于充分利用市场机制在减少社会治理成本、弱化信息不对称影响、提高资源利用效率等方面的重要作用。广泛采取了市场化补偿方式，积极开展资源产权有偿使用和市场交易。在生态购买中，采用市场化工具捕捉市场价格，选取最有利的市场主体提供服务。美国湿地缓解银行引入专业湿地养护公司，提供湿地信用指标以供对环境产生破坏的项目方购买。①

第三，推动多样化政府和社会资本合作模式。从国外实践成效来看，基于生态产品的公共产品属性，政府和社会资本合作模式是提高生态产品供给数量和质量的有效方式。美国黄石国家公园的特许经营，广东、福建、浙江、江苏等东部发达省份生态环保水利方面的政府和社会资本合作项目等都是典型的直接合作案例。此外，还有广泛应用的生态基金模式。如英国绿色投资银行通过自有资金的投入吸引三倍于自身的社会资本参与生态产品投资。浙江省丽水市设立山海协作“两山”转化基金、区域绿色产业发展基金、生态经济产业基金等。公共资本和政府部门的加入降低了投资风险，激发了私人投资的意愿。

（二）引导多元主体参与，调动各方资源支持生态保护与价值实现

为充分利用各类社会主体的力量，增强生态产品供给能力，提高生态

① 朱力，牛红卫．运用市场机制实现生态补偿：聚焦美国湿地缓解银行［J］．资源导刊，2019（06）：50－51.

产品价值实现程度，域外国家和地区充分调动全社会的积极性，构建了政府、企业、个人、金融资本、社会组织多元主体参与的生态产品供给和价值实现体系。

第一，发挥政府的作用。政府是生态产品的提供者，在涉及规模大、主体多、周期长、关系复杂的纯公共性生态产品领域，政府发挥主要资金投入的作用。政府也是生态产品生产投资和价值实现的制度供给者和监管者，生态产品供给、投资和经营的良好运转离不开政府的法律保障、规范引导和监测监管。在澳大利亚水权交易市场的运行中，政府的作用不可或缺。

第二，发挥企业的作用。企业主体在以下几个方面发挥主要作用：在生态补偿领域，在企业明确受益的场景，企业作为补偿主体对保护者进行补偿；在生态资源保护和修复领域，企业是资金投入、服务提供和生产运营的主体；在经营性生态产品投资经营领域，企业是当仁不让的市场主体。

第三，发挥金融机构的作用。无论是生态资源的修复治理、生态产权的权益价值实现，还是生态产品的投资经营，都离不开金融资本的支撑作用。浙江省丽水市等地广泛开展了林权抵押贷款、公益林补偿收益权质押贷款、林地信托抵押贷款等，撬动了大量沉睡的生态资源，使之转化为生态资产和生态资本。英国财政部出资设立的绿色投资银行，带动了大量民间投资，广泛参与了英国众多绿色金融项目。

第四，发挥社会团体的作用。非政府组织在环保宣传、国际捐赠、生态保护方面发挥了不可替代的作用。在 Catskill 流域生态环境服务付费项目中，市场交易价格由农场主的联合组织“流域农业理事会”与纽约市政府反复磋商谈判确定。生态保护公益组织“大自然保护协会”与浙江省杭州市余杭区青山村合作，通过建立“善水基金”信托、吸引和发展绿色产业、成立“水酷”公司、建设自然教育基地等，构建了一个公益组织与政府、企业和社会共同参与的生态产品价值实现机制。

第五，发挥公众的作用。生态产品价值实现的目的之一是生态环境保护，离不开社会大众的参与。德国采用生态账户制度将农户纳入生态补偿范围，浙江省丽水市通过积分信用等方式引导个人参与生态产品生产，对“绿谷分”达到相应积分条件的居民提供景区购票、餐饮、住宿等方面的信用优享服务，激励个人保护生态资源环境行为。

（三）构建多方位制度体系，夯实生态产品价值实现保障基础

国内外探索实践表明，在生态产品价值实现过程中，无论是采用何种实现路径，是采用政府力量还是市场力量，都需要多方位基础配套制度来保障。尤其是通过市场机制实现纯公共性和准公共性生态产品的经济价值时，更离不开相关政策、法律法规的支持，否则极可能出现政府和相关主体“双输”的局面。①

第一，法律法规保障。发达国家非常注重通过立法保障生态产品价值的顺利实现。哥斯达黎加《森林法》对森林生态补偿制度中生态服务内容、管理机构、补偿对象、补偿资金来源、补偿合同和森林保护激励措施等进行了完整的规定。德国制定生态农业计划，芬兰制定森林生物多样性计划，美国制定土地退耕保护计划，均明确提出了生态产品价值实现的预期目标、实现方式、交易价格等。

第二，监测监管保障。有效的监管保障能够弥补市场机制在资源配置中的缺陷，促进对资源的合理配置和高效利用。澳大利亚碳市场监管法律制度在国际上处于领先地位，设置了包括气候变化局、清洁能源监管局和生产力委员会在内的专门监管机构，并通过立法构建了包括温室气体报告制度、信息搜集与记录保留制度、信息公开机制和检查专员制度在内的四大监管制度，组成了完善的监管体系②。美国国家公园管理局在特许经营过程中持续监管特许经营商业活动对自然环境的影响、是否违反合同规定开展经营活动、特许经营活动和成效及对游客的服务质量、对建筑物的维护活动等。

第三，资金来源保障。生态产品的投资、维护和经营离不开大量资金的支持，发达国家政府往往通过完善各级政府财政投入、引导金融机构支持、建立政策性基金这三种方式健全资金保障。美国田纳西河流域管理局在1960年之前的资金保障主要靠联邦政府的无偿拨款、免税待遇和利润回拨。墨西哥政府提出“水文环境服务补偿计划”，从水费中划拨资金成立基金，对重要生态区森林植被养护进行补偿。

---

① 沈满洪．水权交易与契约安排——以中国第一包江案为例［J］．管理世界，2006（02）：32－70.

② 樊威．澳大利亚碳市场执法监管体系对我国的启示［J］．科技管理研究，2020（08）：267－274.

(四) 坚持保护优先，促进生态产业开发与生态环境保护协同共生

生态产品价值实现并非“只保护，不开发”，也不是“重开发、轻保护”。国内外探索实践表明，保护生态环境就是保护经济社会发展的潜力，保护是开发的基础，必须在充分保护的前提下适度开发，在开发中加强和反哺保护。但仅谈保护不谈发展，生态资源保护将成无源之水无本之木，终难长久。国内外典型做法十分注重生态产业开发和生态环境保护的协同并进。

第一，加强对生态资源环境的保护、修复和治理。生态资源环境的保护和修复治理改善了生态环境质量、提升了生态资产，能够推动绿色资本不断增值、积累和变现。国内外地区对生态资源环境进行了严密的保护，如莱茵河流域沿途 5 个国家在 1965—1989 年投入 600 亿美元建设和改进污水处理厂，对莱茵河水资源进行保护和治理。①

第二，挖掘生态资源优势开发生态产业经济，提高生态资源转化价值。生态产业和生态经济开发是将自然财富、生态财富转变为经济财富、社会财富的重要途径，同时也是生态资源保护的动力源泉。在生态整治的同时大力发展经济，通过绿色产业发展促进生态保护，是莱茵河治理成功的重要原因。② 莱茵河流域各国因地制宜，依据自身特色发展相关产业：位于上游的瑞士修建水电站，大力发展绿色水电；位于中游的德国围绕莱茵河布局环保、生物和自动化技术等先进绿色工业；位于下游的荷兰则推进绿色航运贸易。

二、域外生态产品价值实现机制建设对甘肃省的启示

(一) 深化生态产品认识，探索多样化生态产品价值实现路径

狭义的生态产品主要指维系生态安全、保障生态调节功能、提供良好的人居环境的自然要素。甘肃省生态产品价值实现目标主要关注重点生态功能区等环境的可持续发展，实现方式局限于财政拨款、生态权益交易

① 王同生．莱茵河的睡资源保护和流域治理［J］．水资源保护，2002（04）：60－62.

② 黄燕芬，张志开，杨宜勇．协同治理视域下黄河流域生态保护和高质量发展——欧洲莱茵河流域治理的经验和启示［J］．中州学刊，2020，278（02）：18－25.

等。但从国内外实践来看，狭义生态产品可扩展为“生态+”产品，即通过生态建设提升生态资源本底价值以及将生态产品所蕴含的内在价值转化为经济价值的所有产业集合①。价值实现的路径和方式亦可丰富多样、各显神通。

第一，建立戈壁荒漠、光照风力、人文历史也是优质的生态资源的意识。得益于得天独厚的生态产品生成环境，甘肃省丰富的生态资源蕴含巨大的经济价值和社会价值，生态产业发展具有极大潜力。可遵照“保护优先，合理利用”的原则，统筹生态保护与经济发展，摒弃“等靠要”思想，大力发展如以特色“甘味”农产品及其精深加工产品为代表的生态农业、以风电光伏清洁能源为代表的生态工业和以生态文旅为代表的生态服务业，不断挖掘甘肃省丰富的生态资源市场价值，将生态产业打造为甘肃省的重点发展产业。

第二，丰富生态产品价值实现路径在甘肃省的应用。改进以政府投入为主的价值实现模式，统筹采用政府主导、市场主导和混合促进型模式，积极应用绿色税收、生态银行、生态标签认证与品牌建设等多种手段，充分激发政府部门、社会组织、私人企业和个人的活力，对生态产品价值实现方式不断进行创新和探索。

（二）完善市场经济体制，让市场在生态资源配置中发挥决定性作用

从国内外经验来看，采用市场化机制已成为生态产品价值实现越来越重要的手段。甘肃省在生态产品价值实现的过程中，政府依然占据主导地位，充分发挥了有为政府的重要作用，但也普遍存在市场化意识较为薄弱，市场化手段运用不充分的情况。从甘肃省生态产品的种类来看，大量生态产品可以利用市场机制进行价值转化，可分阶段、分区域、分品类地有序推进市场化运作方式。

第一，在纯公共性生态产品供给领域通过政府购买方式引入市场机制。在三江源、祁连山、甘南黄河上游水源涵养区等重要生态建设、生态修复和生态管护领域，政府可将本应由自身承担的生态服务事项，通过竞标方式全部或部分外包给符合资质的社会组织、企业或个人，并按效付

---

① 王金南，王志凯，刘桂环，等．生态产品第四产业理论与发展框架研究［J］．中国环境管理，2021（04）：4－13．

费。通过引入市场化运作主体，提高资源利用效率。

第二，在受益者和保护者明确、受益价值清晰的情况下引入市场补偿。在水库资源保护中，在保护主体和用水户及用水量均明确的情况下，可探索受益企业、个人对保护主体的补偿，在基础水价的基础上，加上水库保护的成本费用。可在技术不断转化的条件下，逐步拓展以受益者付费原则为基础的市场化补偿机制。

第三，推进生态产权交易市场化运行。在合理科学控制总量的前提下，明确环境容量、污染排放等的法律权属，优化初始分配制度，逐步开展排污权、用水权、碳排放权、用能权的有偿使用和市场交易。加强对市场主体（包括使用主体、投资机构和中介服务机构）的赋权和培育，完善价格形成机制，运用市场“看不见的手”有效配置资源。

第四，拓展市场化投融资渠道。完善资源产权投融资，将相关资源权益进行流转或抵押贷款。在风险可控、盈利模式清晰的前提下，鼓励金融机构以资源未来现金流或权利为支撑的融资贷款，如生态公益林补偿收益权质押贷款、碳排放权质押贷款等。加强债券市场融资支持作用，鼓励符合条件的公司和机构发行绿色债券进行资产证券化运作，提高固化的生态资源的流动性和可交易性，将甘肃丰富的资源优势转化为资本优势。

（三）探索政府和社会资本合作模式，引入社会资本增加生态产品有效供给

政府和社会资本合作模式能够化解地方政府财政压力和债务风险、盘活社会资本存量、激发市场主体活力、充分利用政府和市场的优势，提高生态产品供给和价值实现的质量和效率，是国内外生态产品价值实现广泛使用并获得成功的有效方式。甘肃省面临生态环境脆弱性突出、地质环境历史遗留问题多、生态修复治理任务重、资金投入缺口大的困境，可借鉴域外相关经验，引导符合资质的社会资本、专业技术机构、公益组织与政府部门合作，积极参与甘肃省生态修复和运营项目。

第一，按照“一项一策”的原则，根据生态产品的盈利性和公共产品属性，创造性运用多种政府和社会资本合作模式。对于大熊猫国家公园建设等项目，政府可通过合同外包、特许经营等方式购买生态公共服务。对于社会效益明显但经济效应较低的公共产品如矿山修复和运营等，可采用政府和私人部门共同出资的方式，根据项目特征采用 TOT（移交—经营—移交）、PUOT（购买—更新—经营—转让）、DBFP（设计—建设—投资—经营）等模式。对于七彩丹霞景区运营等项目，可由私人部门单独出资，采用 BOT（建设—运营—移交）、BTO（建设—转让—运营）、DBTO（设计—建设—转移—经营）等模式。

第二，在政府和社会资本合作中着力解决风险分担和利益共享问题。政府既要通过资本注入、投资补助、项目搭配、金融扶持等方式，减少社会企业、非营利组织、科研机构和公众参与的风险以及保障相对收益，促进生态产品价值实现政府和社会资本合作项目的快速发展，又需要完善监管机制和私人部门退出机制，避免市场力量无序扩展，引导社会资本有序参与，充分发挥政府、非政府组织、社会企业和个体的合力作用。

（四）培育市场经营主体，激发民营企业投身生态产业的活力

市场经营主体是生态产业的构建者、发展者和利益获取者，对生态产业的发展和生态产品价值实现起着不可或缺的重要作用。甘肃省在 2018 年率先制定了十大生态产业发展规划，但整体来看，市场主体尤其是私营企业主体参与生态产品经营的积极性不高，企业家精神尚待发挥作用。所以，尽管已较早制定生态产业规划，甘肃省生态产业发展却受限于市场主体缺乏应有活力、民营经济发展相对滞后的短板，这是未来需要重点突破的瓶颈。

第一，聚链招商，打造生态产业领域头部企业引领的产业集群。通过招商引资，为甘肃省生态产业发展注入优秀民营企业家“走遍千山万水、说尽千言万语、想尽千方百计、吃尽千辛万苦”的“四千”精神。坚持头部企业的带动作用，抢抓时间，主动出击，在甘肃省清洁生产、节能环保、清洁能源、先进制造、文化旅游、通道物流、循环农业、中医中药、数据信息、军民融合十大生态产业领域，根据当地产业发展情况，绘制重点产业招商图谱，精准招商，加快引进一批头部企业和链主型企业。

第二，优化营商环境，完善民营企业生态产业发展配套政策。营造市场化、法制化、国际化营商环境，深化行政审批制度改革。健全现代产权制度，建立公平宽松的市场准入与竞争制度，鼓励和支持国内外资本进入各地生态产业生产经营、投资、咨询服务、技术提供和中介服务领域。严格规范行政执法，加强知识产权保护。采用技术赋能，提高政府服务效率，改进管理流程，促进政策协同。依法依规为生态领域头部企业在项目用地、贷款融资、税收优惠、环境容量、人才引进等方面给予支持。

（五）加强生态产品制度建设，完善生态产品价值实现的制度体系

生态产品价值实现机制探索的国内外经验表明，建立以法律、资金和技术为主要手段的多层次保障机制是生态产品价值实现的基础条件。甘肃省现有相关立法提供了生态产品价值实现的基本依据，但还缺乏系统化的实现制度体系，有的制度如资源清单方面无法可依，有的制度如生态监测存在多头规定。此外还存在生态补偿资金来源单一，生态产品价值核算、监测、绿色金融等方面缺乏技术支撑等问题。

第一，完善法规保障。建立归属清晰、权责明确的产权界定制度，健全平等的产权保护制度和流转顺畅的产权交易制度。可结合各地区实际，对标国内外先进做法，出台生态产品价值实现方式的法律法规、任务清单、实施方案、交易规则等制度文件。建立基础通用标准、生态信用标准和生态产品认证标准体系等，完善生态产品价值核算体系，健全生态产品监测监管体系。

第二，完善资金保障。加强对重点生态功能区的转移支付，提高补偿标准。加大保护修复和治理力度，建立持续性惠益分享机制，将生态系统保护修复工程、环境污染防治工程与生态产业发展有机融合，为生态保护和修复提供源源不断的资金动力。创新绿色金融手段，用好绿色金融工具，使其在生态资源资产化、生态资产证券化、引导社会资本流向生态产品投资经营等方面发挥重要作用。

第三，完善技术保障。明晰各部门责任界定，加强组织保障和人才保障以提高生态产品价值实现科技支撑水平。强化数字赋能、整体智治。推动智能化、数字化、信息化、可视化和互联网技术在生态产品价值实现各个环节的应用。优化生态资源监测技术应用，对重要生态功能区进行动态监测，对生态环境质量变化趋势进行预测预警，推动区块链等新技术在生态产品质量追溯中的应用。推广应用生态修复技术，加强绿色技术创新和应用，推进清洁生产、资源循环再生利用等关键技术的研发与应用。

第四章

甘肃省生态产品价值实现机制的总体框架

党的二十大报告再次强调：“建立生态产品价值实现机制，完善生态保护补偿制度。”① 甘肃省生态产品种类丰富、资源禀赋区域差异极大，生态产品价值实现机制构建，需要综合考虑不同主体、不同区域、不同生态产品的差异性。本章阐述了甘肃省别无选择的强制性制度、权衡利弊的选择性制度、道德教化的引导性制度等各类生态产品价值实现制度的优越性、局限性和适用性。分别建立了针对政府、企业、公众三类主体，林区、流域、草原、矿区、沙区五类区域，经营性生态产品、准公共生态产品、纯公共生态产品三类产品“三主体三制度”“五区域三制度”“三产品三制度”的生态产品价值实现的强制性、选择性和引导性制度矩阵。在此基础上，基于制度的替代性和互补性，生态产品的公益性和盈利性、五大区域不同的特点，分别提出了甘肃省生态产品价值实现制度优化选择的建议。

① 习近平. 高举中国特色社会主义伟大旗帜　为全面建设社会主义现代化国家而团结奋斗——在中国共产党第二十次全国代表大会上的报告［N］. 人民日报，2022－10－26（004）.

第一节　甘肃省生态产品价值实现的制度体系

生态产品价值实现机制是由别无选择的强制性制度、权衡利弊的选择性制度、道德教化的引导性制度共同构成的制度体系。

一、别无选择的强制性制度

别无选择的强制性制度是指管理者通过法律或行政手段对不同经济主体进行“命令—控制”式的刚性约束，从而实现生态环境保护和资源利用效率提升等目的的制度与政策[①]，比如生态红线制度、总量控制制度、责任追究制度等。强制性制度依靠法律或政府的强制力来实施刚性约束，因此受管制的经济主体只能服从管制，否则便面临受惩罚的后果。例如，生态保护红线制度就是一项我国生态环境保护的别无选择的强制性制度的重大创新。截至 2021 年底，全国所有省份、地市两级生态红线均完成发布，超过 30% 的国土面积纳入生态保护“红线”。[②] 该制度通过实行严格保护的空间边界与管理限值，达到维护国家和区域生态安全及经济社会可持续发展的目的。

（一）强制性制度的优越性

强制性制度依靠政府和法律的权威对经济主体实施刚性约束，其所实施的对象必须服从，容易取得立竿见影的效果。长期以来，强制性制度在我国生态环境保护领域占据主导地位。党的十八大以来，我国加强了生态文明制度建设，实现了我国生态环境保护历史性、全局性变化。2012—2022 年，全国重点城市 PM2.5 平均浓度下降了 56%，重污染天数减少了

① 沈满洪．生态文明制度的构建和优化选择［J］．环境经济，2013（12）：18－22.

② 中华人民共和国国务院新闻办公室．新时代的中国绿色发展［N］．人民日报，2023－01－20（007）.

87%，成为全球大气质量改善速度最快的国家。全国优良水体占比提高了23.3个百分点，达到84.9%，接近发达国家水平。由此可见，强制性制度在保持和改善生态环境质量方面具有明显优势。同时，强制性制度还可保证制度执行过程中管制主体的反应迅速与管制系统的畅通统一，具有快速反应的优势。2017年央视播出的反映祁连山自然保护区违法违规开发的问题引起社会极大关注。同年7月，甘肃省采取强有力的管制手段，全部关停退出144宗探采矿项目，42座水电站分类处置及生态修复，25个旅游项目全面整改。经过2017—2022年的整治，祁连山自然保护区内，曾经满目疮痍的“伤疤”，都已康复“痊愈”。2019年8月，习近平总书记对祁连山生态环境整治给予“由乱到治、大见成效”的充分肯定。[①]

（二）强制性制度的局限性

别无选择的强制性制度由于其本身具有强制性和权威性的特点，具有以下局限性。

一是管制标准科学性问题。由于环境保护领域信息不对称、环境管理者认知能力有限、强势利益集团通过游说影响以及管制标准未及时更新等原因，导致难以制定科学合理的环境管制标准。

二是监督制裁有效性问题。管制性制度往往不惜代价搞“禁令”“关停”等，这对于减少污染有着立竿见影的效果，但也往往带来经济增长停滞、失业率大幅攀升。此外，管制手段极容易成为政府部门设租和寻租的工具，滋生腐败。

三是抑制创新。强制性制度不利于鼓励优秀企业采取更大的努力推动技术进步以提高环境标准。更为严重的是，有些管制手段对企业技术的强制性统一要求，间接抑制了其他技术路径的创新。

（三）强制性制度的适用性

自然资源与环境资源不是无限供给的，强制性制度主要适用于将环境污染、资源消耗、温室气体排放等控制在“生态阈值”“资源阈值”和“气候阈值”等阈值范围以内。强制性制度主要有：①最严格的耕地保护制度。基于我国的人口规模及粮食安全的考虑，所有开发活动都以不侵占

① 文洁．追青逐绿共绘生态文明新画卷［N］．甘肃日报，2022－09－27（007）．

18 亿亩耕地红线为前提。②最严格的水资源管理。基于我国水资源的特殊稀缺性及生态安全的考虑，必须严格实施取水总量控制制度。③最严格的能源管理制度。我国必须严格控制能源消耗总量，设定严格的能效标准，提高能源效率。④最严格的环境保护制度。我国必须严格控制废弃物排放总量，并实施逐年递减的总量控制制度，确保环境质量的改善。⑤最严格的温室气体控制制度。我国必须尽快完成温室气体从强度减排到总量减排的转变，实施严格的温室气体总量控制制度。⑥最严格的产业准入制度。我国必须实施严格的产业准入制度，严格控制污染性产业发展和开发区开发。①

二、权衡利弊的选择性制度

权衡利弊的选择性制度是指管理者向各类经济主体提供一套经济政策使之通过趋利避害和优化选择实现生态产品价值的政策手段。② 如环境税、资源税、碳税和生态补偿、循环补贴、低碳补助等绿色财政制度；用水权交易、排污权交易、用能权交易、碳排放权交易和碳汇交易等生态产权交易制度；碳金融等绿色金融制度。权衡利弊的选择性制度并不直接干预经济主体的微观行为，而是通过政策组合的形式向经济主体提供直接或间接的利益作为驱动，各经济主体是在市场信号下经过“成本—收益”分析后作出行为选择，从而使企业和个人在追求自身利益最大化同时实现更加理想化的环境状态，客观上促进生态产品保值增值。

（一）选择性制度的优越性

与别无选择的强制性制度相比，选择性制度具有一定程度的灵活性，经济主体可以根据自身情况在纳税或者技术革新方面做出对自己有利的选择。在环境税制度下，排污企业可以选择为排放的污水纳税，也可以选择投入更多的资金引进污染控制技术或研发无污染产品。同时，选择性制度中的科斯手段充分发挥市场机制在资源配置中的基础性作用，有效避免强制性制度中信息不对称问题，提高经济效率，降低制度成本。选择性制度

① 沈满洪．建设生态文明必须依靠制度［N］．浙江日报，2012－12－31（014）．

② 沈满洪，生态文明制度的构建和优化选择［J］．环境经济，2013（12）：18－22.

可以实现生态环境效益最大化目标与经济主体追求利益最大化目标的有效兼容，从而实现“激励相容”。同时，选择性制度强化了企业和居民主体的作用，给予多方利益主体表达环境诉求的渠道，避免政府部门单方决策的盲目性和可能的偏差。如居民可以通过向环保组织捐款等方式参与到排污权市场交易，以此达到提高环境质量的目的。

（二）选择性制度的局限性

选择性制度中政府试图利用征税或补贴的手段解决环境的外部性问题时，需要制定合适的税率或补贴额度。但信息不对称使得政府通常难以确定相关经济主体的成本和收益曲线。在缺少相关信息的情况下，如果政府制定的税率过低，难以实现期望的环境目标；而税率过高则可能恶化相关企业的生存环境，抑制经济发展。选择性制度中科斯手段的前提是产权界定明晰和交易费用较低，但现实中许多环境与资源产权难以界定，交易成本也通常较高。与强制性手段相比，选择性制度顺利实施依赖于成熟的市场机制的作用，而且相关经济主体对直接或间接利益刺激作出反应采取行动也会存在时滞效应。因此在面临突发环境公害事件，某种有毒污染物必须禁止排放，或当有害产品必须禁止使用时，只能采用别无选择的强制性制度。

（三）选择性制度的适用性

选择性制度在市场经济国家得到极为广泛的运用。为促进经济的绿色化和低碳化，欧盟国家普遍实施了绿色税制改革，开征有利于控制污染物排放量和碳排放量的新税种。日本政府对国民购买低碳产品提供补贴，以促进相关产业的发展。澳大利亚在墨累—达令河流域的管理中，成功实施了水权交易和排污权交易双管齐下的市场手段，既保障了生产和生活用水需求，又保障了生态和环境用水需求。在我国运用的选择性制度主要包括生态环境财税制度和生态产权交易制度，要重点建设下列制度：①完善生态环境税费制度。运用环境税、资源税、碳税等手段，将黑色经济、线性经济、高碳经济等负外部性内部化。②完善生态环境补贴制度。运用生态补偿、循环补助、低碳补贴等财政补贴制度，将绿色经济、循环经济、低碳经济等产生正外部性内部化。③全面推进水权交易制度。全面推行初始水权的有偿使用制度，全面推行水权在区域之间、行业之间和用户之间的交易制度，优化配置稀缺的水资源，提高水资源效率。④全面推行排污权交易制度。全面推行初始排污权有偿使用和交易制度，优化配置稀缺的环境容量资源，提高环境容量资源效率。⑤积极推进碳排放权交易制度。积极探索初始碳排放权有偿使用制度和交易制度，优化配置稀缺的温室气体容量资源，提高碳效率。[①] ⑥积极推进用能权交易制度。完善用能权有偿使用和交易制度，建设甘肃统一的用能权交易市场，加强电力交易、用能权交易和碳排放权交易的统筹衔接，通过用能权市场化交易，提高能源使用效率。

三、道德教化的引导性制度

道德教化的引导性制度是指管理者通过对各种经济主体的道德教育并使之转化为内心信念从而促进生态产品价值实现的政策手段，如教育引导、宣传舆论、公众参与等。[②] 引导性制度是借助道德规范、社会习俗、历史文化等力量影响公众价值取向和行为习惯的非正式制度安排，是一种意识形态上的软约束。比如通过对公民进行环境教育，使其形成环境保护认识，从而将外在的道德义务要求转化为内在的道德规范。由此，道德自律和价值观引导将强化良心效应，使得人们尽量不从事产生外部不经济的事务。引导性制度通过对经济主体的教化使之形成正确的生态文明价值观，以此信念约束使其采取一定行动来实现生态产品价值。

（一）引导性制度的优越性

引导性制度着重借助道德伦理和风俗习惯的力量约束经济主体的行为。与强制性制度和选择性制度相比，这种制度对相关经济主体的信息需求量较低，弱化了管理者和相关经济主体之间信息不对称带来的不利影响，大幅度降低了政策制定、执行与交易成本等。同时，引导性制度借助风俗习惯、文化传统等对公众产生广泛而持续的影响，可以作为正式制度的补充，促进制度的高效运行。更为重要的是，引导性制度对公众进行道

---

① 沈满洪．建设生态文明必须依靠制度［N］．浙江日报，2012－12－31（014）．
② 沈满洪．生态文明制度的构建和优化选择［J］．环境经济，2013（12）：18－22．

德教化并使之内化为生态文明观，为其他制度的顺利实施创造有利的社会环境。

（二）引导性制度的局限性

不同于强制性制度的刚性约束和选择性制度的利益驱动，引导性制度是以绿色发展观和生态文明观引领的非正式制度，完全依靠公众的内心信念发挥制度效应，具有自发性和非强制性的特点。不同的经济主体面对引导性制度的道德教化会产生不同的反应，因此制度效果存在较大的不确定性。正是由于这种无法强制执行的局限性，使得公民自觉的引导性制度无法单独使用，而是必须配合强制性制度和选择性制度。引导性制度在生态产品价值实现的制度体系中发挥辅助性作用。

（三）引导性制度的适用性

甘肃省道德教化的引导性制度建设需要把握两个方面：①教育引导的方向。强化资源危机意识和资源节约责任意识，形成资源节约意识，强化环境危机意识和环境保护责任意识，形成环境保护意识，强化绿色消费理念和“货币选票”意识，形成绿色消费意识，强化生态权益保障意识和环境权益维护意识，形成生态权益意识。②教育引导的主体。要实现媒体、学校、社区、社团的多主体联动。非政府组织是企业、政府以外的第三大主体，以非政府组织引领的社会机制是市场机制、政府机制以外的第三种机制。因此，特别强调的是，要鼓励绿色社团的组建，支持绿色社团的活动，发挥绿色社团的作用。

综上所述，强制性制度、选择性制度和引导性制度各有优缺点和适用范围，各种制度之间又有替代和互补的关系，同时不同的制度适用的历史社会条件也在不断地变化。

一是对于替代性制度要选择优化。环境税制度与排污权制度、资源税制度与资源产权制度、碳税制度与碳权制度等制度具有一定的替代性，此时要根据成本收益比较选择最佳制度。

二是对于互补性制度要耦合强化。总量控制制度是自然资源产权交易、环境产权交易制度、气候产权（碳权、碳汇）交易制度的前提，而且环境标准与公众参与制度、排污权交易制度与公众参与制度、环境税收制度与生态补偿制度、环境标准制度与生态补偿制度等强制性、选择性和引导性制度之间具有或强或弱的互补关系。此时，在制度设计时要根据制度匹配性原则，实现强制性、选择性和引导性各类不同制度的耦合强化，充分发挥多种制度 1+1>2 的结果。

三是根据不同的发展阶段适时进行制度改革。比如，2012 年以来，为了遏制环境污染严重恶化的趋势，我国采取了中央环保督察为主要手段的管制性手段。在生态环境污染得到缓和以后，排污权交易、资源与环境权益交易等市场型手段需要登上历史舞台，在生态产品价值实现过程中逐渐发挥主要作用。因此，生态产品价值实现机制建设中，别无选择的强制性制度是前提，权衡利弊的选择性制度是主体，道德教化的引导性制度是辅助。甘肃省要努力构建起三类制度相互配合、相互衔接的生态产品价值实现制度体系，以更好地促进生态文明建设。

第二节　甘肃省生态产品价值实现的制度矩阵

甘肃省生态产品种类丰富、资源禀赋区域差异极大。需要构建覆盖各类制度实施的建设主体、区域禀赋差异以及产品种类差异的完整的生态产品制度体系。从建设主体来看，生态产品价值实现机制涉及政府、企业和公众三类主体；从区域禀赋来看，与甘肃省生态产品价值实现联系最为紧密的主要有林区、流域、草原、矿区、沙区五类典型区域；从生态产品的特征来看，又可分为经营性生态产品、准公共生态产品、纯公共生态产品。本节针对甘肃省实际，分别构建“三主体三制度”“五区域三制度”“三产品三制度”制度矩阵，从而构建甘肃省生态产品价值实现机制完整的制度体系。

一、生态产品价值实现“三主体三制度”矩阵

根据甘肃省生态产品价值实现的政府、企业和居民三类制度实施主体，构建了强制性、选择性和引领性三类制度的制度矩阵，制度矩阵如表 4-1。

表4-1 生态产品价值实现"三主体三制度"矩阵

针对主体	强制性制度	选择性制度	引导性制度
政府	生态保护红线制度；自然资源统计调查制度；生态产品目录清单；生态产品总值统计制度；政府绿色采购制度；生态产品动态监测制度；生态产品价值评估信息公示制度；生态环境损害责任终身追究制度；自然资源资产离任审计制度；中央环保督察制度	生态产品价值实现考核的奖惩制度；跨界流域生态保护补偿—环境损害赔偿耦合制度；区域政府之间的用水权交易制度；自然资源资产负债表创建制度；生态产品交易中心制度；生态保护专项转移支付；绿色发展基金制度	生态省等荣誉称号授予；GEP核算试点制度；生态产品价值实现机制试点制度；森林城市评比制度；低碳城市试点制度；生态文明先进机关表彰制度；绿色公务员评比制度；生态产品价值实现典型案例推广制度
企业	生态产品确权登记制度；自然资源依法保护制度；排污申报登记制度；排污许可证制度；取水总量配额制度；排污总量控制制度；温室气体总量控制制度；用能总量控制制度	生态产品价值评估制度；生态产品交易流转制度；生态产品抵押制度；环境税制度；资源税制度；碳税制度；水权交易制度；碳权交易制度；排污权交易制度；用能权交易制度；绿色信贷制度；资源环境价格改革；经营开发融资制度	绿色企业创建制度；绿色产品标志制度；有机食品标志制度；绿色建筑标志制度；生态文明先进企业表彰制度；企业环境行为等级评定制度；企业生态信用制度；企业环境信息公开制度；蚂蚁森林等绿色创建制度；绿色捐赠制度
居民	自然保护区禁止狩猎制度；禁止毁林毁草；禁止乱采滥挖野生植物；禁止挖土采沙；禁止围湖造田；禁食野生动物制度；机动车环保标志制度；生活废弃物分类制度	绿色消费积分制度；绿色低碳产品消费激励制度；绿色贴息制度；押金—退款制度；垃圾处理收费制度；阶梯水价制度；阶梯电价制度；低碳补贴制度；公众生态补偿制度	环保基金捐赠制度；生态产品价值实现宣传制度；绿色消费教育制度；绿色家庭评比制度；绿色生活方式教育制度；生态文明先进个人表彰制度；绿色团体建设制度；公众生态信用制度

（一）针对政府主体的生态产品价值实现制度

一是针对政府主体的强制性制度。通过建立政府主体的强制性制度，为生态产品价值实现划定清晰的界限。以生态保护红线、环境质量底线、资源利用上线和生态环境准入清单"三线一单"为基础实施分区管控制度。制定生态产品目录清单和调查技术路线，建立生态产品动态监测评价体系，及时掌握生态产品数量、质量、功能、产权归属以及保护开发情况。建立生态产品核算统计与数据发布制度，推动核算结果在政府考核、产权交易、生态补偿、环境赔偿中的应用。对严重损害生态产品价值者，应实行“一票否决”制度和终身追责制度。规定政府专项财政资金优先或强制采购绿色生态产品，通过赎买、置换等方式给予各类生态资源贡献者利益回报，探索建立政府间生态产品采购交易机制。建立健全自然资源资产离任审计制度，围绕被审计领导干部任职前后实物量变化较大的重点自然资源资产、重点生态功能区及其他存在资源保护突出问题进行审计。

二是针对政府主体的选择性制度。建立归属清晰、权责明确、保护严格、流转顺畅、监管有效的自然资源资产产权制度。建立生态产品供需精准对接制度。建立生态产品线下线上交易市场、注册登记系统、结算系统，推进更多优质生态产品以便捷的渠道和方式开展交易。积极争取退耕还林资金、土地休耕补贴、生态公益林补助等中央对地方的专项补偿。建立与农业综合开发、扶贫攻坚、水土保持等相结合的专项补偿制度。建立转移支付、“生态移民”“异地开发”等横向生态补偿制度。

三是针对政府主体的引导性制度。争创国家级生态文明试验区、建立完善设区市与县级生态文明示范区建设等区域性荣誉类制度，激励先进、鞭策后劲。建立完善 GEP 核算试点制度、生态产品价值实现机制试点制度等，通过试点及其成功经验的积累，表明该地区走在前列。建立完善促进生态产品保值增值的优秀护林员、企业家、公务员等各类微观主体表彰制度。

（二）针对企业主体的生态产品价值实现制度

一是针对企业主体的强制性制度。强制性制度可以利用排污权管制、总量控制等方法创造生态产品交易需求，有效引导和激励各类主体参与生态产品的生产并开展交易，助力市场化实现生态产品价值。推动自然资源确权登记，界定水域、湿地、森林、耕地、地热等自然资源资产各类权益的权益主体与边界，分区分类推动自然资源资产所有权与经营权分离。严格实施取水总量控制制度、用能总量控制制度。建立健全逐年递减的排污总量控制制度、碳排放总量控制制度。建立健全单位 GDP 的能耗、水耗、污染物及温室气体排放量等指标的强度控制制度。甘肃省可以带头从能源总量和强度的“能源双控”转向碳总量和强度的“碳双控”。

二是针对企业主体的选择性制度。排污权交易制度、碳排放权、水权交易制度等生态产权交易制度与总量制度相结合，有利于实现生态资源的高效配置。通过资源环境税收制度、循环发展补贴制度以及节能环保税收优惠政策等鼓励企业环境友好行为，对高耗能、环境污染产品和行为征税限制环境污染行为。绿色金融不仅可以降低融资成本，同时叠加其他激励措施，能弥补部分生态产品外部性导致的价值难以实现或实现不充分的问题。同时绿色金融不仅有助于形成生态产品的科学定价，也带动了二级市场交易并激活流动性。①

三是针对企业主体的引导性制度。通过绿色产品、有机产品、ESG等标识引导公众绿色消费行为。公众对使用该类标识的生态产品的偏好将引导企业在生产过程中最大限度地减少资源消耗和环境污染。明确重点行业企业生态环境治理中的监督约束、事务管理、法律责任等。② 将生态环境保护、碳中和等目标内化为企业发展的约束和动力，倒逼企业转型升级。建立企业生态信用档案、正负面清单和信用评价机制，构建保险信贷、行政审批、公共服务等与生态信用行为挂钩联动的奖惩机制，切实防范企业“漂绿”“洗绿”等行为。发挥新闻媒体、自媒体、大众媒体的舆论宣传作用，推广绿色生产典型事迹，曝光破坏环境典型案例，引导企业形成绿色生产光荣、破坏环境可耻责任意识。

（三）针对居民主体的生态产品价值实现制度

一是针对居民主体的强制性制度。甘肃不仅是我国西部重要的生态安全屏障，也是我国生态最为脆弱的地区之一。因此，有必要运用强制性的制度对居民主体的生态行为进行严格限制。一方面要运用严格的源头管控制度，防止对生态环境造成严重的破坏。比如，对新购买的汽车进行环保定期检验和环保认证控制大气污染。通过垃圾分类防止生活垃圾急剧增长等。另一方面需要加强强制性制度与其他制度有机组合。例如，在要求居民禁使用发泡塑料餐具、含磷洗衣粉等产品的同时要限制此类产品的生产。同时，需要加强非正式制度对正式制度的支撑和促进作用。

---

① 王遥，任玉洁，万秋旭．绿色金融支持生态产品价值实现［J］．环境与生活，2022（10）：58－60.

② 罗理恒，张希栋，曹超．中国环境政策40年历史演进及启示［J］．环境保护科学，2022，48（04）：34－38.

二是针对居民主体的选择性制度。完善绿色消费积分制度，以兑换商品、折扣优惠等方式鼓励绿色消费。建立对智能家电、绿色建材、新能源汽车、生态旅游、森林康养等生态产品消费适当补贴或贷款贴息的制度，引导消费者选择低能耗产品。推出更丰富的绿色低碳产品和绿色消费场景，建立押金—退款制度，鼓励市场主体通过以旧换新、抵押金等方式回收废旧物品，促进资源的节约以及资源和产品的循环利用。完善新能源汽车购买补贴制度，引导消费者选择绿色低碳的出行方式。逐步实行生活垃圾分类计价和计量收费。健全居民用水、用电、用气阶梯价格制度。完善分时电价政策，有效拉大峰谷价差和浮动幅度，引导用户错峰储能和用电。

三是针对居民主体的引导性制度。通过宣传、教育与奖惩制度，推动社会公众形成绿色价值观、消费观、发展观。浙江省丽水市建立生态信用制度，“绿谷分”达到一定积分的居民，可享受景区消费、新能源汽车租赁、银行、宾馆等方面的优惠服务，这一制度促进了守信激励、失信惩戒的浓厚氛围。努力构建环保公众参与制度，加强与民间环保组织的关系，逐步推行环境决策的公民参与和监督；而公众参与也应该是循序渐进的过程，尤其要注意避免激烈的环境群体事件。

二、生态产品价值实现“五区域三制度”矩阵

根据甘肃省自然资源禀赋，选取与生态产品价值实现联系最为紧密的林区、流域、草原、矿区、沙区等部分典型性区域，针对五大区域构建强制性、选择性和引领性三类制度的不同组合，就形成了“五区域三制度”矩阵，制度矩阵如表 4－2 所示，表中仅列举部分制度。

表 4－2　生态产品价值实现“五区域三制度”矩阵

针对区域	强制性制度	选择性制度	引导性制度
林区	林地和森林、湿地生态红线；林地使用定额制度、使用林地审核审批制度、森林采伐限额管理制度；林区禁牧禁火制度；林长制；天然林禁伐制度；林区生态产品价值评价制度	林票、碳票制度；林业碳汇、湿地碳汇有偿交易制度；公益林生态补偿制度；湿地生态效益补偿制度；林下经济制度；造林补贴制度；绿色发展基金、专项债券；林业碳汇抵押制度；退耕还林补贴制度；林权交易制度	森林产品认证制度；林业生态产品价值实现宣传教育制度；森林城市制度；森林生态保护先进表彰制度；森林生态环境伦理教育；森林生态文明知识普及；生态价值观培育

续表

针对区域	强制性制度	选择性制度	引导性制度
流域	黄河流域、长江流域生态保护红线；污染总量控制制度；取水总量控制制度；流域性禁渔制度；河道禁止采砂制度；河长制；流域生态产品价值评价制度；河段禁止开发制度	排污权有偿使用与交易制度；排污收费制度；资源环境税收制度；水权交易制度；流域横向补偿制度；流域纵向补偿制度	流域公用地理标识产品；流域生态保护宣传制度；流域生态保护先进表彰制度；流域生态环境伦理教育；流域生态文明知识普及；生态价值观培育
草原	草原生态红线；草原总量控制制度；草原调查、草原统计、基本草原保护和用途管制制度；草原征占用总额控制；草原禁牧制度；草原禁火制度；草原禁止开垦制度；草原执法监管制度；春季休牧制度	草原承包经营及承包经营权的流转制度；草原碳汇交易制度；碳票、碳补贴、碳金融制度；草原生态补偿制度；退耕还草制度；禁牧和草畜平衡奖惩制度；退牧还草制度	草原生态保护宣传制度；草原生态保护先进表彰制度；草原生态保护典型案例推广；草原生态文明知识普及；生态价值观培育
沙区	沙漠和沙漠边缘地区生态红线制度；禁止沙漠越野、徒步穿越；国家沙漠公园生态保育区严格保护制度；沙化土地封禁保护修复；防沙治沙政府政绩考核、离任审计、责任追究等制度；沙区生态损害责任追究制度	沙漠特色产业经营制度；防沙型生态农业补贴制度；土地荒漠化改造补贴制度；防风治沙生态林与林下经济复合开发模式；沙漠生态环境导向开发项目 EOD 制度；沙区生态保护补偿制度；防沙治沙政府购买服务制度；防沙治沙金融支持制度	沙漠生态文明宣讲制度；国家沙漠公园宣教制度；防沙治沙先进表彰制度；沙漠循环产业试点制度；草原生态文明知识普及；生态价值观培育
矿区	矿区生态红线制度；自然保护区内矿业权退出制度；严禁在草原上新开露天矿山；矿种开采总量控制制度；无主废弃采坑治理制度；非矿复绿制度	绿色矿山制度；矿山生态环境治理与生态修复制度；矿区环境导向开发项目 EOD 制度；矿区废气排放标准制度；矿区污染物标准制度；矿区生态恢复补偿制度；矿产资源开采收费制度	绿色矿山示范制度；矿区生态文明宣讲制度；绿色矿山先进表彰制度；矿区循环产业试点制度；矿区生态产业发展典型示范制度；矿区生态文明知识普及；生态价值观培育

（一）针对林区的生态产品价值实现制度

2022年3月30日，习近平总书记在参加首都义务植树活动时指出，森林是水库、钱库、粮库，现在应该再加上一个“碳库”。[①] 这一科学论断是对森林综合效益和多重功能的精准凝练，是甘肃林区生态产品价值实现的根本遵循。

一是针对林区的强制性制度。编制全省林地保护利用规划，推动完成国家公园、自然保护区、风景名胜区、地质公园、森林公园、湿地公园的整合优化，确保重要自然生态系统、自然遗迹、自然景观和生物多样性得到系统性保护。继续全面停止天然林商业性采伐，坚持以水定绿，科学实施灌木林封育补植补造、退化灌木林改造，精准提升森林质量。严格执行凭证采伐林地上林木制度和年森林采伐限额制度。完善“双林长”工作机制和省市县乡村五级林长责任体系，真正实现山有人管、林有人造、树有人护、责有人担的林长制改革新机制。探索森林自然生态系统服务价值核算方法，推动核算结果在生态保护补偿、生态损害赔偿、经营开发融资、生态资源权益交易等方面应用。

二是针对林区的选择性制度。深化国有林场改革和集体林权制度改革，使林权向有能力、会经营的林业大户、家庭林场、林业合作社和林业龙头企业等适度集中。推进更多甘味品牌林产品，推动林产品供需精准对接，推动陇东优质苹果，陇南核桃、花椒、油橄榄，河西及沿黄地区红枣、葡萄、枸杞等特色林果产业做强做大[②]，培育一批具有全国竞争力的林业龙头企业，提升产业链主导能力。积极争取提高森林、湿地生态补偿标准，建立健全能够体现碳汇价值的生态保护补偿机制，协调争取中央财政加大对重点生态功能区转移支付力度。积极开展林业碳汇项目开发和交易，鼓励充分利用林业碳汇实施碳排放权抵消。积极创新林业产权模式和投融资机制，创新EOD、PPP等融资模式，着力破解金融资本参与林业生态建设的制度瓶颈。

三是针对林区的引导性制度。将国家公园、自然保护区、各类自然公

① 新华社．习近平在参加首都义务植树活动时强调 全社会都做生态文明建设的实践者推动者 让祖国天更蓝山更绿水更清生态环境更美好［N］．人民日报，2022-03-31（001）．

② 甘肃省林业和草原局．甘肃省“十四五”林业草原保护发展规划［Z］．兰州：甘肃省林业和草原局，2022.08.

园等作为普及生态保护知识的重要阵地，依托植树节、世界野生动植物日、世界湿地日、世界防治荒漠化与干旱日、爱鸟周及野生动物保护月等主题活动开展宣传活动。[①] 评选一批林草生态建设、野生动植物资源保护、富民产业发展、生态文化弘扬等方面涌现的先进集体和个人，不断扩大典型事迹的示范效应。

（二）针对流域的生态产品价值实现制度

2019 年 9 月 18 日，在黄河流域生态保护和高质量发展座谈会上，习近平总书记指出，要从实际出发，宜水则水、宜山则山，宜粮则粮、宜农则农，宜工则工、宜商则商，积极探索富有地域特色的黄河流域高质量发展新路子。2020 年 11 月 14 日，习近平总书记在全面推动长江经济带发展座谈会时强调“使长江经济带成为我国生态优先绿色发展主战场”。习近平总书记关于黄河、长江流域的重要论述，为甘肃流域生态产品价值实现制度建设指明了方向。

一是针对流域的强制性制度。甘肃自然降水稀少，水资源总量短缺，河西地区和黄土高原地区水资源不足问题尤为突出。落实最严格水资源管理制度，完善省市县三级行政区用水总量、用水强度控制体系，严格控制地下水开采总量、开采强度，严格执行用水定额和节水标准。实施取水许可动态管理，盘活取水指标存量，促进区域水资源优化配置。推进甘肃黄河干流、泾河、渭河等 12 条省级河流及湖库流域水利基础设施空间布局。严格落实《甘肃省河湖长制督查方案》和河湖长制考核制度，加快水环境监测体系建设，力争水量、水质及地下水动态监测站点覆盖所有市，加强对重点区域、重点河段和敏感水域水环境在线监控。

二是针对流域的选择性制度。总结疏勒河流域水权试点改革经验，深化石羊河、黑河等河西内陆河流域水权改革，梯次开展全省其他流域水权改革工作，逐步建立水权交易平台。适时推动流域排污权市场化交易。建立健全合理反映供水成本、有利于节水和农田水利体制机制创新水价形成机制。对城镇居民生活用水实行阶梯水价，严格落实非居民用水户实行超

---

① 甘肃省林业和草原局．甘肃省“十四五”林业草原保护发展规划［Z］．兰州：甘肃省林业和草原局，2022.08.

定额累进加价和累进征收水资源税制度。[①] 对高耗水特种行业从高确定水价和水资源税税额标准，倒逼用水主体主动节水。通过股权出让、委托运营、整合改制等方式，推动流域资产资源化、流域资源产品化。探索采用政府和社会资本合作（PPP）模式，吸引社会资本规模化参与现代农业节水灌溉项目。

三是针对流域的引导性制度。持续推进水情教育，倡导社会提高节水意识，增强全民水安全、水忧患、水道德意识，推进节水机关建设、县域节水型社会达标创建、节水型高校创建和水效领跑者等制度建设。充分挖掘和保护优秀水文化，讲好甘肃“水故事”。鼓励各地将古灌区、古堤防等历史遗存遗迹纳入各级文物保护名录。加强水文化传承，利用水利展馆、陈列沙盘、水工模型等设施，宣传水利建设系统艰苦奋斗的精神。加强流域水利规划宣传，鼓励全社会监督水利工作，提高公众参与度，形成治水兴水合力。

（三）针对草原的生态产品价值实现制度

从“山水林田湖是生命共同体”到“山水林田湖草沙是生命共同体”，充分说明习近平总书记深谙生态系统的相互联系和相互影响，也高度重视包括草原和沙漠在内的各种生态系统的生态产品价值实现。

一是针对草原的强制性制度。积极落实基本草原保护制度，落实最严格的保护和管理措施，确保基本草原面积不减少、质量不下降、用途不改变。草原产业发展规划要严格遵守生态红线制度，坚决防止超载过牧和人为破坏草原的行为。加强甘南、祁连山等重要生态区位草原保护。科学划定草原禁牧和草畜平衡区范围，科学核定草原理论载畜量，杜绝超载过牧、违规放牧等行为。在草原退化严重地区，采取禁牧封育、补播种草、松土施肥、鼠虫害防治、黑土滩治理、草场灌溉等措施，促进草原植被恢复。

二是针对草原的选择性制度。规范草原承包经营权流转，加快发展人工种草、草产品加工业、草原文旅产业和生态康养产业。继续推进草原畜牧业适度规模经营，探索现有草原“三权分置”及人均草场面积较小等

---

① 甘肃省人民政府．甘肃省“十四五”水利发展规划［Z］．兰州：甘肃省人民政府，2021.12.

条件下进行科学轮牧的技术与方法。[①] 积极开展草原碳汇项目开发和交易，鼓励充分利用草原碳汇实施碳排放权抵消。支持条件成熟的市（州）率先开展草原碳汇项目开发和交易试点。建立健全能够体现碳汇价值的草原生态保护补偿机制。不断强化草原生态保护补助奖励制度，重点抓好禁牧和减畜任务的落实，确保禁牧封育成效，有序实现草原休养生息，切实把草原补奖政策落实到草场牧户。

三是针对草原的引导性制度。认真学习贯彻习近平总书记关于草原生态环境保护的重要论述，树立草原生态文明的理念，科学、正确地认识草原具有的生态、经济、文化等多重功能与价值，实现草原永续发展。依托口口相传的草原文化，建立草原生态文化的数据文字资料库，保护和传承草原生态文化，弘扬草原生态文明。加强草原生态文化融入天然林保护工程、三北防护林建设工程、防沙治沙工程等进行宣传。推动草原文化进课堂，促进社会公众正确认知草原生态文化并继承和发扬光大。

（四）针对沙区的生态产品价值实现制度

一是针对沙区的强制性制度。健全和完善沙化土地封禁保护区制度、沙区天然植被保护制度、沙区开发建设项目环评制度、资源开发利用监管制度等保护制度。加强国家沙化土地封禁保护区现有植被和自然生态保护，促进荒漠植被休养生息。推动河西走廊风沙带、中部沿黄沙化区、陇东毛乌素沙地前沿区、甘南沿黄沙化草原区分区治理。实施河西走廊北部风沙源综合治理，阻止腾格里、巴丹吉林、库姆塔格三大沙漠前移和汇合，维系沙漠绿洲生态平衡。执行民勤县、敦煌市、张掖市、武威市、酒泉市、环县建设国家级防沙治沙综合示范区保护制度，严格执行国家沙漠公园规划，全面落实分区管控措施。加强对沙漠公园内典型的沙漠生态系统、丰富的沙漠生物多样性及具有明显的沙漠生态特征的景观资源分布区域保护。

二是针对沙区的选择性制度。科学推动沙区生态产业，探索形成光伏复合中草药种植、光伏复合牧草种植、光伏复合苗木种植、沙区特色农产品加工、沙区生态旅游等综合治沙利用模式，在酒泉市、庆阳市、甘南藏

① 甘肃省林业和草原局．甘肃省“十四五”林业草原保护发展规划［Z］．兰州：甘肃省林业和草原局，2022.08.

族自治州适度发展特色沙土牧草种植。探索封禁保护区管理机制和补偿办法，定期组织开展沙区生态效益核算，推动核算结果在生态保护补偿、生态损害赔偿、经营开发融资、生态资源权益交易等方面应用。建立完善财政、金融、信贷扶持政策和机制，多渠道积极筹措配套资金，进一步拓宽防沙治沙资金的投入渠道，撬动政策性资本、社会资本向防沙治沙、产业发展方面流动聚集。

三是针对沙区的引导性制度。针对沙区的引导性制度主要有沙漠生态文明宣讲制度、国家沙漠公园宣教制度、防沙治沙先进表彰制度、沙漠循环产业试点制度、沙漠生态文明知识普及、生态价值观培育。持续开展甘肃治沙精神的宣传报道，持续宣传八步沙六老汉三代人“时代楷模”治沙造林先进群体[①]、治沙英雄石述柱、治沙模范王银吉等治沙先进人物的感人事迹，营造全省动员、全社会参与的良好氛围，调动社会各界支持参与防沙治沙的积极性，为沙区生态产品价值实现注入强大的精神动力。

（五）针对矿区的生态产品价值实现制度

一是针对矿区的强制性制度。严格执行国土空间管控措施，落实区域“三线一单”生态环境分区管控要求。对不符合规划的不得审批颁发勘查许可证和采矿许可证，不得批准用地。规划明确禁止勘查开采的矿种，不得新设矿业权。严格执行新建和扩建矿山最低开采规模设计标准。构建覆盖地质勘查、矿山建设、开发运营、闭坑治理、生态修复的全生命周期监管体系，优化监督管理内容、程序和清单，对不履行生态保护与修复义务的矿山企业、矿业权人进行惩戒。督促矿山企业认真履行矿山地质环境恢复治理和土地复垦义务。因地制宜开展矿山生态修复，注重生物多样性保护和恢复。

二是针对矿区的选择性制度。推进矿业权出让登记权限调整，健全矿业权出让合同、矿业权登记和退出等制度，逐步构建产权明晰、制度完善、运行规范的矿业权市场。推动矿业权管理由“审批制”向“出让—登记制”转变。健全矿产资源开发利用水平调查评估制度，落实以“鼓励利用”为导向的综合利用标准体系。落实税费减免政策，支持符合条

① 董洪亮，孔祥武，付文．从沙赶人到人赶沙：六老汉三代人一片绿［N］．人民日报，2019－03－29（004）．

件的共伴生矿、低品位矿和尾矿利用。积极引导社会资金、资源、资产要素投入矿山生态修复，允许获得修复后的土地等相关自然资源资产使用权或者特许经营权发展适宜产业，支持对修复形成的具有碳汇能力生态系统可以申请核证碳汇增量并进行交易。将绿色发展理念贯穿于矿产资源利用与保护全过程，形成科技含量高、资源消耗低、环境污染少的绿色矿业的发展模式。实行绿色矿山名录动态管理，将绿色矿山建设纳入矿产资源日常监管。

三是针对矿区的引导性制度。加强宣传教育引导，规划建成生态文明主题宣传阵地，教育引导干部职工强化生态环境保护意识，落实绿色开采、文明生产措施。倡导引领矿区低碳生活风尚，推进清洁能源入户使用。完善矿业权人勘查开采信息公示制度，强化矿业权人异常名录和严重违法名单管理，推动对违法和失信企业的联合惩戒。

三、生态产品价值实现“三产品三制度”矩阵

生态产品根据其属性，可以分为经营性生态产品、纯公共生态产品和准公共生态产品三大类产品，针对三大类生态产品价值实现的强制性、选择性和引领性三类制度组合，就形成了“三产品三制度”矩阵，制度矩阵如表4－3所示，表中仅列举部分制度。

表4－3　生态产品价值实现“三产品三制度”矩阵

针对产品	强制性制度	选择性制度	引导性制度
经营性生态产品	有机食品认证；绿色食品认证；区域公用品牌；地理标志产品；禁用化肥农药；碳标签标识制度；旅游景区评级制度；星级酒店评级制度	绿色补贴制度；碳税制度；农产品交易中心制度；农产品电商交易制度；农作物保险制度；绿色生产补贴；绿色消费补贴	无公害农产品基地；畜牧业绿色发展示范县；美丽牧场制度；低碳消费习惯；生态县、生态城市、森林城市评比制度；绿色消费积分制度
准公共生态产品	碳排放总量控制制度；污染总量控制制度；排放标准制度；取水总量控制制度；用能总量控制制度；特定许可证制度	耕地占补平衡和森林覆盖率等指标交易；取水权、排污权；生态银行；碳票制度	生态环境伦理教育；生态文明知识普及；生态价值观培育；生态文明乡规民约

续表

针对产品	强制性制度	选择性制度	引导性制度
纯公共生态产品	生态红线制度；主体功能区制度；产业准入清单制度；环境保护标准制度；污水排放标准制度；污染物排放标准制度	纵向生态补偿制度；横向生态补偿制度；政策性补贴；税收减免制度；碳排放权、碳汇权、用能权交易；生态修复与适度开发制度	生态文明教育；环境标识制度；生态价值观培育；生态环境伦理教育等

（一）针对经营性生态产品的价值实现制度

经营性生态产品产权较为清晰，可通过市场交易的方式实现生态产品价值。经营性生态产品价值实现主要有生态种养、生态工业、生态文化旅游三种典型的模式。推进这三种模式需要加强生态产品价值实现的三类制度建设。

一是针对经营性生态产品的强制性制度。推动生态产业集聚发展制度，通过建设生态产业示范基地和智慧化园区，形成产业联动、资源共享、优势互补的生态产业发展格局。充分发挥龙头企业引领和中小微企业协同作用。建立健全生态农产品保护区制度，根据甘肃省地域特点，建立“牛羊菜果薯药”六大特色农产品保护区制度、以及覆盖生产、加工、销售等环节的基地和标准。健全生态产品认证和质量监督制度。大力推进无公害、绿色、有机和国家地理保护标志农产品开发认证，探索建立生态产品质量追溯机制，逐步推进生态产品省际互认，强化消费权益保护，提振消费者生态产品消费的信心。充分发挥基础设施、信息技术以及人力资本等要素保障作用，健全生态产品价值提升的要素保障制度。①

二是针对经营性生态产品的选择性制度。大力发展戈壁农业、节水农业、特色农业，以及新能源、新材料、生物医药、新一代通信等新兴工业，积极推广高效生态循环种养模式，做大做强中医药产业。大力发展大力推动文旅融合，打造“交响丝路·如意甘肃”旅游品牌。大力推进生态产品交易中心建设，促进生态产品供需精准对接。加快建设农业产业

① 孙博文，彭绪庶. 生态产品价值实现模式、关键问题及制度保障体系［J］. 生态经济，2021，37（06）：13－19.

园、田园综合体、中药材规范化生产基地等平台和载体。建成一批生态工业园区，加强新兴产业集聚发展。加快建设通道流通体系和区域物流枢纽。推动数据开放共享，强化生态产业数字赋能。完善绿色采购、绿色信贷、绿色税收、绿色补贴、绿色保险、绿色基金等手段，提高企业绿色生产的行为意愿。

三是针对经营性生态产品的引导性制度。构建以政府为主体，以绿色企业、社会组织与关键意见领袖为辅助，以融媒体为载体的多层次生态文化推广阵地，普及绿色消费知识，完善绿色消费积分等绿色产品消费激励措施，倡导绿色生活方式，使消费者树立生态价值观、生态品牌观等，让绿色消费成为新时代风尚。大力推广企业绿色生产、生态产品价值实现的典型事迹，曝光企业破坏环境典型案例，引导企业形成绿色生产光荣、破坏环境可耻责任意识。健全生态产品品牌认证、环境信息披露、生态信用评价与结果运用制度，构建保险信贷、行政审批、公共服务等与绿色生产行为挂钩联动的奖惩机制，使企业树立生态稀缺观、生态资源观、生态资产观、生态产业观，自觉将生态产品价值实现等内化为企业发展的约束和动力。

（二）针对准公共生态产品的价值实现制度

准公共生态产品具有典型的生态资源属性，如流域水资源、碳排放、牧区、森林以及灌溉渠道等，对其消费存在着市场竞争行为以及“拥挤效应”，因此，可以探索引入市场化交易机制实现其内在价值，其本质是一种市场主导型生态补偿模式。[①] 对于准公共生态产品主要有生态产权交易和生态资源资本化运营两种模式。生态产权模式是指由政府管控或总量控制的举措，创造生态产品交易需求。比如耕地占补平衡和森林覆盖率等指标交易，以及用能权、水权、排污权、碳排放权等生态产权市场交易模式。[②] 生态资源资本化运营模式是指通过零存整取的思维，对山水林田湖草茶等碎片化、分散化生态资源进行规模化收储、整合、优化形成资源包，后端通过营销、推介、对接优质资本，主要有生态银行模式。

---

① 刘薇．市场化生态补偿机制的基本框架与运行模式［J］．经济纵横，2014（12）：37－40.

② 温作民，朱小静，谢煜，等．浙江省林权交易中心的完善与发展［J］．林业经济评论，2011（01）：53－59.

一是针对准公共生态产品的强制性制度。严格执行中央出台的强制性制度，如关于碳排放总量控制制度、污染总量控制制度、排放标准制度、取水总量控制制度等准公共生态产品相关的管制制度。对于中央授权地方制定的相关制度，根据甘肃实际情况制定实施细则。对于中央尚未制定的有关制度，可试点积累经验后率先推出相关地方性法规。同时政府应致力于经济生产与生态产品生产的宏观调控，避免球员兼裁判。

二是针对准公共生态产品的选择性制度。公共资源类生态产品可以采用“政府授权+市场经营”机制。根据不同区域、不同生态禀赋和经济社会发展条件等，建立差异化的负面清单制度，政府通过将生态资源以直接经营、委托经营等方式交由市场主体经营，引进专业设计、运营团队，统筹生态环境系统整治和配套设施建设，盘活废弃矿山、工业遗址、古旧村落等存量资源，提升生态产品开发利用价值。生态俱乐部产品可以采取“政府指导+公众参与”模式。生态俱乐部产品如集体林权、用能权、排污权等，其价值实现的前提是进一步明确生态产权，建立由许可证、配额等市场化交易体系，通过权利转让实现生态产品价值。比如采取设立环境保护公益基金、生态资源储备与交易银行（森林银行、土地保护性储备计划、水银行）、土地休耕信托、生态信用奖惩等多种市场化手段促进生态产权的价值实现。

三是针对准公共生态产品的引导性制度。通过对生态准公共生态产品环境伦理教育和生态文明知识普及，有助于公众树立生态价值观，正确认识生态的经济价值、伦理价值和功能价值。以自然资源保护地加盟制度为例，该制度通过在自然保护地周边发掘并推广环境健康友好型农副、文旅产品，出售给城市地区或游客，并将收益返还给社区用于自然保护工作，形成保护区与当地社区一损俱损、一荣俱荣的利益共同体关系。例如，桃花源基金会在保护区的外围，以生态产业扶贫为核心，要求村民按照生态的方法种植、生产、开发高品质的生态产品，将生态产品统一以“桃花制”名义出售。“桃花制”品牌意味着这些产品来自最优的生态环境保护区，是值得消费者信赖的自然健康的农副产品，产品销售收入同时用于当地生态环境保护和可持续发展。

（三）针对纯公共生态产品的价值实现制度

纯公共生态产品通常采用生态修复与生态补偿模式实现价值。生态修复工程由于外部性强、周期长、投入资金大，往往依赖于政府财政资金投入或者政策性银行资金支持。通常可分为纵向补偿、横向补偿以及激励性补偿等模式。[①][②] 纵向补偿通常由各级政府财政通过转移支付的方式给予生态保护主体资金支持。[③] 横向补偿是指由受益方为保护方提供资金补偿，这一模式往往涉及多个经济主体，是生态补偿工作的难点。激励性补偿则是通过政策性补贴、企业税收减免的方式给予生态保护主体一定的激励性补偿。[④]

一是针对纯公共生态产品的强制性制度。严格遵守自然资源资产产权和用途管制、生态保护红线、生态保护补偿、生态环境保护管理体制等法律、法规、规章和制度。健全纯公共生态产品监测制度体系，实现各部门各类生态环境监测体系的统一规划、统一标准、统一监测、统一信息发布，为纯公共生态产品监督提供完整、准确、及时的数据支撑。严格生态环境损害责任追究和领导干部生态环境责任审计。制定严格完备的环境规划、环境准入、环境测评、环境影响评价、环境考核、环境奖惩等环境管理制度，确保生态红线、国土安全优化、能源资源节约、污染过程监控与污染总量控制，进而确保纯公共生态产品持续供给。

二是针对纯公共生态产品的选择性制度。针对纯公共生态产品的选择性制度应发挥政府的主导作用。由政府征收税费和转移支付的形式来实现生态产品价值，采用“征收税费 + 生态补偿”机制。依据征收环境保护税、资源税、耕地占用税、资源使用费等税费方式，成立生态补偿转移支付专项基金，完善纵向生态保护补偿制度，建立横向生态保护补偿机制，健全生态环境损害赔偿制度。甘肃省要积极争取中央财政对纵向生态补偿以及跨省、跨区域横向生态补偿，同时确保各级地方政府财政资金对纯公共生态产品服务投入的增幅应高于同期财政收入增幅额度。由政府创造市场并制定交易规则，由企业间生态资源权益交易来实现生态产品价值，采用“明晰产权 + 权益交易”机制。通过推进自然资源确权登记，清晰界

---

① 范振林．生态产品价值实现的机制与模式［J］．中国土地，2020（03）：35 - 38.

② 高晓龙，程会强，郑华，等．生态产品价值实现的政策工具探究［J］．生态学报，2019（23）：8746 - 8754.

③ 赵晶晶，葛颜祥．流域生态补偿模式实践、比较与选择［J］．山东农业大学学报（社会科学版），2019（02）：79 - 85，158.

④ 孙博文，彭绪庶．生态产品价值实现模式、关键问题及制度保障体系［J］．生态经济，2021，37（06）：13 - 19.

定自然资源资产产权主体，划清所有权和使用权边界。同时，丰富自然资源资产使用权类型，合理界定出让、转让、出租、抵押、入股等权责归属，积极开展用能权、碳汇交易、碳排放权市场化交易探索，既包括甘肃省内的交易，也包括省际交易，不断挖掘和实现生态产品的市场价值。

三是针对纯公共生态产品的引导性制度。针对纯公共生态产品的引导性制度主要有生态文明教育、环境标识制度、生态价值观培育、生态环境伦理教育等。通过教育引导，使得全社会树立纯公共生态产品价值实现的大局观、整体观和系统观。依法依规落实社会组织和公众环境知情权、参与权、表达权和监督权，使政府和社会组织、公众形成新型合作关系，协力推进绿色发展。引导公众增强环境保护意识，采取低碳、节俭的生活方式。积极鼓励、支持与保障社会组织和公民个体志愿活动。

第三节 甘肃省生态产品价值实现机制的优化选择

一、基于制度的替代性和互补性进行优化选择

（一）基于替代性关系的优化选择

一是资源税制度与资源产权制度的选择。资源税收制度强调使用政府干预来解决外部性问题，其优势在于其在既有的行政体系下容易推行，但也存在着信息不对称的缺点。而资源交易制度给予了多方利益相关者表达诉求的渠道，可以有效地避免信息不对称问题，避免由于信息不对称而产生的调控偏差，理论上可以使治理成本最小化。在市场经济程度不高的国家，产权往往未能得到清晰界定，交易成本居高不下，资源交易制度的优越性往往会受限。在市场化改革深入推进、市场经济体制不断完善的背景下，产权可以清晰界定，此时要充分运用产权交易手段，提升资源配置效率。

二是环境税制度与环境产权制度的选择。两者都可以达到减少环境污

染、提高环境资源配置效率的目的。排污权是在环境容量之内的环境权制度，其交易并不会导致环境质量下降，环境税是在环境容量之外的外部损害内部化，两者混合使用针对的是企业超标排放、超量排放所导致的外部损害。因此，在制度转型时期，环境税制度与环境产权制度可能暂时并存。

三是碳税制度与碳权制度的选择。碳税制度与碳权制度是存在替代关系的，原则上两者不能共同使用。碳税制主要依靠政府的行政权威实施，通过对化石能源消耗的企业和居民征税，将碳排放的外部成本转化为企业和居民消费煤炭等化石能源的内部成本，从而达到碳减排的目的。碳权制度主要依靠市场机制保障实施，在碳排放总量刚性控制的前提下，在碳权界定明晰的基础上，充分利用市场机制的作用进行碳排放权交易。在碳排放权交易过程中，低排放的低碳企业利用先进技术减少碳排放，与高碳企业买卖碳排放权。相比较而言，碳权制度更具有经济效益，且碳减排效率更为明显。这就意味着政府应不失时机地推动碳排放权交易制度的实施，推动碳排放市场的市场化改革，从而达到减少碳排放的目的。

（二）基于互补性关系的耦合强化

一是强制性制度与选择性制度的耦合。总量控制制度是自然资源、环境、气候等产权交易制度前提。通过总量控制制度可以将环境污染、资源消耗、温室气体排放等控制在“生态阈值”“资源阈值”和“气候阈值”等阈值范围以内，使得自然资源变得稀缺。同时引入环境产权交易，以价格杠杆显示自然资源产权、排污权、碳排放权的稀缺程度，让市场这只“看不见的手”提高资源配置的效率。此外，环境标准制度和生态补偿制度的耦合，可以有效地避免重点生态功能区以牺牲生态环境为代价“破贫解困”，有利于提高生态功能区保护环境的积极性，进而对周边地区产生生态服务正外部效应，起到生态屏障的作用。

二是强制性制度与引导性制度的耦合。环境标准制度在实施的过程中，需要很高的管理成本，面临“政府失灵”的危险，而公众参与制度管理成本较小，公众参与的引导性制度可以弥补环境标准强制性制度的缺陷。在环境标准的制定过程中，可以调动公众参与的积极性，确保决策的科学化和民主化，公众可以通过媒体、舆论监督环保部门履行职责以及监督企业污染物排放。

三是选择性制度与选择性制度的耦合。环境征税制度是政府通过对污染性企业征税手段抑制企业污染物排放，而生态补偿制度通过奖励性措施激励生态保护者保护生态环境。这两种制度可以从奖励和惩罚两个不同的角度改善生态环境，起到事半功倍的效果。另外，环境税收制度上交的税收部分转化为生态补偿制度的资金来源，有效解决生态补偿资金短缺问题。

四是选择性制度与引导性制度的耦合。在排污权交易制度的实施过程中，相关企业的排污权交易处于政府部门的审核与监督之下，但是政府监督的成本较高，并且政府的监督也不能面面到位。如果出现政府失灵的问题，市场机制不可避免地将受到冲击，而公众参与制度可以对企业污染物偷排、漏排等现象实现有效监督，可以降低监管成本、提高监管效率，保证企业按照排污许可证上的许可进行排污，确保排污权交易制度的顺利实施。

二、基于生态产品的公益性和盈利性进行优化选择

（一）公益性生态产品以政府机制为主

公益性生态产品主要指产权难以明晰，生产、消费和受益关系难以明确的纯公共生态产品，如清新空气、宜人气候等。公益性生态产品的供给是基于社会利益，不以利润为主要目的，为社会提供纯公共生态产品的资源配置活动。公益性生态产品的非排他性、非竞争性和规模庞大决定了其价值实现需要政府供给主导，尤其是中央政府转移支付或生态补偿发挥关键核心作用。

一是由政府采用“征收税费＋生态补偿”机制征收税费和转移支付的形式来实现生态产品价值。依据征收环境保护税、资源税、耕地占用税、资源使用费等税费方式，成立生态补偿转移支付专项基金，完善纵向生态保护补偿制度，建立横向生态保护补偿机制，健全生态环境损害赔偿制度。

二是由政府采用“明晰产权＋权益交易”机制创造市场，由生态资源权益交易来实现生态产品价值。通过确权登记，清晰界定自然资源资产产权主体，划清所有权和使用权边界，开展省内和省际交易用能权、碳汇

交易、碳排放权市场化交易，通过市场手段实现生态产品价值。

（二）盈利性生态产品以市场机制为主

尽管盈利性生态产品产生的生态效益具有公共生态服务功能，但生产者能通过边际成本等于边际收益的定价方法实现利润最大化，将全部收益或社会效益收回。盈利性生态产品市场机制建设的重点是激发有效市场在盈利性生态产品价值实现过程中的作用，明确市场准入条件、完善价格评估机制、规范产品质量标准和公开透明交易制度，精准对接供求双方。政府负责生态产品市场交易中心、进行质量监督、开展生态产品认证，构建盈利性生态产品供需精准对接机制，为生态产品的供给提供制度激励；市场则通过价格机制实现生态资源的优化配置。建立和规范生态产品认证评价标准，构建具有甘肃特色的生态产品认证体系。以“甘味”农产品品牌，“交响丝路·如意甘肃”旅游品牌为重点，将各类生态产品纳入品牌范围，打造甘肃名牌、国家地理标志保护产品、中国驰名商标、地理标志证明商标等构成的甘肃品牌体系，提升生态产品溢价，推动生态产品认证国际互认。探索采用大数据、区块链等技术应用，建立健全生态产品质量追溯、交易流通全过程监督机制，实现生态产品的信息倒查、质量追溯和责任检查，实现生态产品信息可查询、质量可追溯、责任可追查，提升生态产品的消费认可度。通过健全转移就业、土地入股、托管经营、订单收购、培训带动、股份帮扶等不同联农带农机制，保障参与生态产品经营开发的村民利益。推动建立原生种养、精深加工、环境敏感性产业、生态旅游等适合不同地区的生态产品价值实现模式。通过政府授予特许经营权，运用建设—运营—移交（BOT）模式推进PPP项目，盘活废弃矿山、工业遗址、古旧村落等存量资源，推进相关资源权益集中流转经营，通过统筹实施生态环境系统整治和配套设施建设，提升教育文化旅游开发价值。

（三）混合性生态产品以市场+政府相结合机制为主

混合性生态产品主要指具有公共特征，但通过政府管控能够创造交易需求、开展市场交易的产品，如我国的碳排放权和排污权等。具有一定排他性但非竞争性的混合性生态产品体现在使用上具有一定的排他性，但在一定限度内，并不存在着消费的竞争性，具有收费性质的生态旅游与生态采摘等就体现这一特点。具有一定竞争性但非排他性的混合性生态环境公共产品体现在使用上不具有排他性，但在一定范围内，却存在着消费的竞争性。如天然的草坪、地下饮用水等“公有地”，当对公有地的消费超过了公有地的承载力时，就会出现“公地的悲剧”。

一是运用征税的手段矫正经济不生态的现象。环境财税制度是由政府主导的生态经济化过程，通过向企业和公众传递资源环境使用付费以及环保行为获益的信号，起到限制污染环境行为和资源利用行为以及强化并激励生态环保行为的作用。资源税、环境税、碳税等税收制度使得能源等自然资源的价格不断提高，并能够以可靠的预期来干预市场价格，调节资源的供给和需求数量，从而引导资源向更有利于高效合理配置的产业转移，实现资源的节约和利用。

二是运用补贴的方式矫正生态不经济，提高生态经济行为的内生激励。通过政策性补贴、企业税费减免的方式给予生态保护主体一定的激励性补偿，对企业从事生态环境保护和生态产品价值实现的外部性行为进行补偿，提高企业的积极性。对国家急需发展的环保产业、设施、实用技术以及清洁能源等给予政策支持，激励企业加大投入，促进产业结构的调整和升级。政府牵头成立并作为公共性市场化投资机构运行的国家绿色发展基金是不少国家的成功经验。

三、基于区域的特殊性和差异性进行优化选择

（一）针对林区的生态产品价值实现制度建设重点

一是以林长制为重点完善强制性制度建设。完善“双林长”工作机制和全域覆盖的省市县乡村五级林长责任体系，真正实现山有人管、林有人造、树有人护、责有人担。

二是以林业碳汇交易为重点创新生态补偿选择性制度。建立健全能够体现林业碳汇价值的生态补偿机制，积极争取提高森林、湿地生态补偿标准，探索林业碳汇产品参与全国碳排放权交易途径。

三是创新林业富民特色产业发展制度。推进更多“甘味”品牌林产品，推动林产品供需精准对接，推动陇东优质苹果，陇南核桃、花椒、油橄榄，河西及沿黄地区红枣、葡萄、枸杞等特色林果产业做强做大，培育一批具有全国产业链主导能力的林业龙头企业。

（二）针对流域的生态产品价值实现制度建设重点

一是落实最严格水资源管理制度。严格控制地下水开采总量、开采强度，加快落实重点领域用水定额指标，临界超载地区严格执行用水定额和节水标准，实施取水许可动态管理。

二是深入推进水权制度改革。逐步建立“规则清晰、流转顺畅、监管有力”的水权水市场交易平台。完善水权计量、确权、流转、交易制度，推动流域、地区、行业、用户间多种形式的水权交易，通过用水权流转促进用水效率和效益提升。

三是健全水价形成机制。建立健全合理反映供水成本、有利于节水和农田水利体制机制创新、与投融资体制相适应的农业水价形成机制。对高耗水特种行业从高确定水价和水资源税税额标准，倒逼用水主体主动节水。

四是建设节水型社会。充分运用新媒体平台，持续推进水情教育，增进全社会对水情的认知，增强全民水安全、水忧患、水道德意识，提高公众参与水资源节约保护和应对水旱灾害的能力，推动建立节水型社会。

（三）针对草原的生态产品价值实现制度建设重点

一是全面落实禁牧和草畜平衡制度。科学划定草原禁牧和草畜平衡区范围，实行动态管理，依法依规开展禁牧区优化调整。科学核定草原理论载畜量。推进季节性休牧和划区轮牧，加大草原禁牧和草畜平衡监管力度，杜绝超载过牧、违规放牧等行为。

二是推进草原生态修复。在草原退化严重地区，采取禁牧封育、补播种草、松土施肥、鼠虫害防治、黑土滩治理、草场灌溉等措施，促进草原植被恢复。有计划地对已经开垦的草原实行退耕还草。鼓励和支持水热条件适宜地区加强人工草原、优质饲草基地建设。

三是建立健全生态草业发展制度。发展一批生态草业户，以维护、培育天然草场和适度培植、发展人工草地为主业。打造一批以草原风光为主的旅游景区、旅游度假区和精品旅游线路，加快发展以草原文化、民族风情为特色的草原文旅产业和生态康养产业。

（四）针对沙区的生态产品价值实现制度建设重点

一是严格实施沙区生态保护制度。健全和完善沙化土地封禁保护区制度、沙区天然植被保护制度、自然资源资产产权制度、沙区开发建设项目环评制度、资源开发利用监管制度等保护制度。

二是科学推进沙化土地综合治理制度。采取“固、护、封、阻”相结合的荒漠化、沙化土地综合治理模式，积极探索治沙新材料、智能治沙机械、微生物治沙和防护林建设等新技术应用。根据各区沙化态势，因地制宜，推动河西走廊风沙带、中部沿黄沙化区、陇东毛乌素沙地前沿区、甘南沿黄沙化草原区分区治理。

三要积极探索沙区生态补偿机制。探索封禁保护区管理机制和补偿办法，制定沙区监测技术规范，定期组织开展沙区生态效益和社会经济效益监测核算，推动核算结果在生态保护补偿、生态损害赔偿、经营开发融资、生态资源权益交易等方面应用。

（五）针对矿区的生态产品价值实现制度建设重点

一是积极推进矿山生态修复治理。因地制宜开展矿山生态修复，注重生物多样性保护和恢复。谋划实施祁连山北麓、陇中—陇东南、河西走廊等历史遗留废弃矿山生态修复重点区域的生态保护修复工程。统筹推进平川、华亭、崇信新窑等采煤沉陷区综合治理。开展白银市、庆阳市、平凉市等采矿集中区矿区污染治理试点示范。

二是推进矿区生态修复与开发利用复合模式。积极引导社会资金、资源、资产要素投入矿山生态修复，合理开展修复后的生态化利用。允许获得修复后的土地等相关自然资源资产使用权或者特许经营权发展适宜产业，支持对修复形成的具有碳汇能力生态系统可以申请核证碳汇增量并进行交易。

三是全面推进绿色矿山建设。引导和督促企业采用环境友好、资源利用效率高、能耗低、排放少的开采方式、工艺和设备，形成科技含量高、资源消耗低、环境污染少的绿色矿业的发展模式。积极创建金昌等绿色矿业发展示范区。实行绿色矿山名录动态管理，将绿色矿山建设纳入矿产资源日常监管。

第五章
甘肃省生态产品价值实现机制的改革思路

甘肃省正处于经济社会发展全面绿色转型的重要节点。大力推进生态产品价值实现机制建设仍存在一些制度性障碍。为此，需要发扬勇于改革、敢于开放、善于创新的精神，探索具有甘肃省特色的生态产品价值实现机制。本章对甘肃省生态产品价值实现机制改革的总体方向进行了研判，在面向甘肃省2035年全面建立完善的生态产品价值实现机制总体目标的基础上，提出甘肃省生态产品价值实现机制改革的基本思路、具体目标与基本原则，提炼出甘肃省生态产品价值实现机制的改革路径、制度变迁模式和改革手段。

第一节　生态产品价值实现机制改革的基本思路

一、改革的目标设定

（一）战略目标

通过改革创新，建立起全面而完善的生态产品价值实现机制，实现生态产品优质化和品牌化，做到生态产品供给旺和需求旺，顺畅实现生态产品的生态价值转化为经济价值，把甘肃省打造成为我国西北地区生态产品生产中心、加工中心、交易中心和信息中心，建成全国生态产品价值实现机制试点示范省。

未来的阶段性目标如下：

到 2025 年，初步形成符合甘肃省省情的生态产品价值实现制度框架，建立较科学的生态产品价值核算体系，形成生态产品价值实现的政府考核评估机制，逐步完善生态保护补偿和生态环境损害赔偿政策制度，基本形成能够保护生态环境的利益导向机制，使生态产品"难度量、难抵押、难交易、难变现"等问题得到有效解决，使生态优势转化为经济优势的能力得到明显增强，形成一批各个层级的生态产品价值实现示范区和示范点。

到 2035 年，全方位建立完善的生态产品价值实现机制及其相应的基础设施，形成一支庞大的生态产品生产经营企业家队伍、一个活跃的生态产品交易市场、一套健全的生态产品价值转化制度体系，生态产品价值实现机制有力支撑乡村振兴和绿色共富，生态产品的价值实现为其他地区创造经验，为实现美丽中国建设目标提供甘肃方案。

（二）具体目标

1. 完善生态产权交易机制

在明晰生态要素产权基础上，通过建立由许可证、配额或其他产权形式构成的市场化的自然资源产权交易体系，如区域之间、企业之间碳排放权、用水权、排污权、用能权等自然资源资产产权公平分配与交易机制，湿地保护银行、栖息地银行和物种银行等新的资源产权交易机制等，开辟一条实现生态产品价值增值与收益、拓宽生态环境保护提供资金来源渠道的全新市场化路径。

2. 实现生态与产业融合发展

积极提升生态与产业的融合度，实现生态产业化、产业生态化目标。通过生态与产业的深度融合，实现生态修复与绿色产业的融合发展。如通过土地修复，将沙漠变良田、工业用地、商业用地后，又以土地入股的方式引入更多投资者，之后导入运营生态公园、生态城、生态旅游等生态产业。

3. 建立生态产品调查监测机制

以土地资源调查监测、生态环境质量监测、自然资源调查监测等各项网络化监测手段，加速构建生态产品综合调查监测网络体系，并依托各项自然资源的统一确权登记，明确各项生态产品的权责归属，根据全省自然资源禀赋与经济社会的特征，分区域开展多类型多层级生态产品信息调查，及时跟进生态产品动态监测，建立目录清单，以掌握生态产品的数量分布、质量等级、功能特点、权责归属、保护开发利用等信息，建立一个生态产品价值实现的信息共享云平台。

4. 创建生态产品价值评价机制

针对生态产品价值实现的不同路径，积极构建甘肃省内生态产品价值评价体系，根据各类生态产品的功能、属性、数量等信息，建立一套覆盖重点生态保护区市、县两级的生态系统生产总值（GEP）统计核算和报告制度，建立起具有地域特色和一定适用性、能够反映生态产品保护和开发成本的价值核算方式，并探索建立体现市场供需关系的生态产品价格形成机制，同时结合甘肃省区域特征、自然资源资产价值评估试点工作等，明确生态产品价值核算指标体系、具体算法、数据来源和统计口径的规范化。

5. 健全生态产品经营开发机制

依托甘肃省已有的资源交易平台，以及国家公园等具有生态功能性的地区，建立起绿色有机农林牧渔产品基地，以加快推动生态产品交易市场的建立，并建立起自然资源资产运营机制。根据各市各县生态资源与产品特征，组织开展博览会、线上云交易云招商等活动，提高生态产品的社会关注度，扩大经营开发收益与市场份额。与此同时，建立健全各项制度，推进生态产品供给方、需求方、资源方与投资方高效对接，实现生态产品的产业化经营的同时积极推进生态资源的权益交易。积极探索打造区域生态产品绿色品牌，设立基金运营机构，支持生态补偿、生态修复等“绿色”项目，提升生态产品的数量质量。

6. 优化生态环境保护补偿机制

在实现生态产品价值转化的过程中，对于生态环境的保护依然不可或缺，应尽快梳理生态空间已有的生态保护制度，系统谋划生态保护长期规划，将山、水、林、田、湖、湿、草、沙分类整理，依法稳步推进建立健全生态补偿制度，以及将不同渠道的生态保护补偿资金统筹使用，提高生态保护的整体效益。同时，参照生态产品价值核算的结果，逐步完善生态功能区的转移支付资金分配机制，同步完善纵向和横向的生态保护补偿机制，将生态产品价值核算结果纳入生态补偿考核内容，强化生态补偿绩效管理，开展省内流域上下游横向生态保护补偿。

7. 完善生态产品价值保障机制

鼓励金融机构创新绿色金融产品和服务，加大对生态产品经营开发主体的贷款、融资支持力度，鼓励保险公司创新生态环境责任险等各类绿色保险产品和服务，构建“绿色企业+融资+保证保险”模式，鼓励金融机构扩大绿色产业项目金融债券项目库与融资渠道，并鼓励以政府性融资担保机构为相关生态产品经营开发主体提供融资担保服务，以进一步加大绿色金融支持力度。同时，建立起生态环境保护利益导向机制，将生态领域财政转移支付额度、生态保护补偿额度与生态产品价值核算结果相挂钩的生态信用奖惩制度体系，通过奖励先进、惩罚落后，形成比学赶超的浓厚氛围。

二、改革的指导思想

（一）确立改革指导思想的基本依据

2017 年 10 月，党的十九大报告将习近平总书记提出的“树立和践行绿水青山就是金山银山的理念”写了进去，与“坚持节约资源和保护环境的基本国策”一并成为新时代中国特色社会主义生态文明建设的指导思想和基本方略。[①] 2019 年 8 月，习近平总书记视察甘肃时，首次提出黄河流域生态保护和高质量发展这一重大问题，首次确定“重在保护，要在治理”方略，首次明确“让黄河成为造福人民的幸福河”目标。在黄河流域生态保护和高质量发展座谈会上，习近平总书记指出，“上游要以三江源、祁连山、甘南黄河上游水源涵养区等为重点，推进实施一批重大生态保护修复和建设工程，提升水源涵养能力”[②]。2022 年 10 月，党的二十大报告再次强调“建立生态产品价值实现机制，完善生态保护补偿

① 韩步江．新时代中国特色社会主义生态文明建设的基本逻辑［J］．理论月刊，2023（01）：26－33.

② 黄爱宝．习近平长江黄河生态保护治理系列论述的科学思维［J］．南京大学学报（哲学·人文科学·社会科学），2022，59（01）：5－14.

制度"[①]。这是甘肃省生态产品价值实现机制建设的重要遵循。

2017 年 8 月，《中共中央国务院关于完善主体功能区战略和制度的若干意见》提出，"要建立健全生态产品价值实现机制，挖掘生态产品市场价值""科学评估生态产品价值，培育生态产品交易市场"[②]，首次对生态产品价值实现工作做出了具体部署。2019 年 4 月，《中共中央国务院关于建立健全城乡融合发展体制机制和政策体系的意见》强调指出，要建立一条政府主导、企业和社会各界参与、市场化运作、可持续的生态产品价值实现路径。[③] 2021 年 4 月，中共中央办公厅、国务院办公厅印发《关于建立健全生态产品价值实现机制的意见》提出了我国生态产品价值实现将于 2025 年形成生态产品价值实现的制度框架，2035 年全面建立完善的生态产品价值实现机制等目标。在此基础上，2021 年9 月，中共中央办公厅、国务院办公厅印发了《关于深化生态保护补偿制度改革的意见》。这些都为甘肃省生态产品价值实现机制建设提供了明确的制度和政策依据。

（二）改革指导思想的具体表述

甘肃省生态产品价值实现机制改革以习近平新时代中国特色社会主义思想为指导，全面贯彻党的十九大和二十大精神，贯彻落实习近平生态文明思想，按照党中央、国务院决策部署，统筹推进"五位一体"总体布局，协调推进"四个全面"战略布局，立足新发展阶段、贯彻新发展理念、构建新发展格局，实现市场机制导向、政府机制导向、社会机制导向的生态产品价值实现机制改革路径各得其所，推进自上而下的强制性制度变迁、自下而上的诱致性制度变迁、中间开花的混合性制度变迁在生态产品价值实现改革中美美与共，通过创新实践汇聚形成生态产品价值实现的"甘肃案例""甘肃模式""甘肃经验"。

---

① 王广华．深入学习宣传贯彻党的二十大精神 为全面推进中国式现代化贡献自然资源力量［N］．学习时报，2023－01－11（001）．

② 黎元生．生态产业化经营与生态产品价值实现［J］．中国特色社会主义研究，2018（04）：84－90.

③ 杜艳春，程翠云，何理，等．推动"两山"建设的环境经济政策着力点与建议［J］．环境科学研究，2018，31（09）：1489－1494.

三、改革的基本原则

（一）保护优先，合理利用

尊重自然、顺应自然、保护自然，坚守国家重要生态安全屏障、黄河上游重要水源涵养区的功能定位，彻底摒弃以牺牲生态环境来换取一时一地经济增长的做法，在保护好生态脆弱区、提升现有生态环境承载力和扩大生态产品供给的前提下，积极探索生态产品价值实现的有效路径，做到既能保障自然生态系统休养生息，又能增值自然资本，厚植生态产品价值。

（二）政府引导，市场主体

充分考虑生态产品共同的特殊性质与不同的价值实现路径，发挥政府在市场形成初期在制度设计、经济补偿、绩效考核和营造社会氛围等方面的引导、规范作用，通过建立使用者付费、供给者收益、损坏者赔偿等的关联制度体系，设立相应奖惩措施；发挥市场在资源配置中的决定性作用，加快形成多元主体参与的生态产品交易市场，促进生态产品价值的高效转化。

（三）系统谋划，稳步推进

坚持系统观念，搞好顶层设计，先建立甘肃省省级总体机制体系，再分市级县级试点推开，不同部门之间各司其职的同时又紧密合作，稳步推进各项生态产品价值实现的相关举措，再根据各种生态产品价值实现的难易程度，分类施策、因地制宜、循序渐进推进各项工作。

（四）创新驱动，制度保障

鼓励和支持各级政府、有关部门、科研院所、企业个人等积极参与到生态产品价值实现的探索创新方案改革中来，开展政策制度等的创新性试验，保护改革积极性，破解现行制度框架体系下深层次的瓶颈制约，及时总结推广典型案例和经验做法，形成以点带面的示范效应，持续完善试点相关政策措施，确保试点工作有序展开，并取得成效。

第二节　生态产品价值实现机制改革的路径选择

本节结合生态产品所拥有的公共性、经营性与准公共性三种属性特点①，总结出甘肃省生态产品价值实现的市场机制导向、政府机制导向、社会机制导向和混合机制导向的四种不同导向改革路径方案。

一、市场机制导向的改革路径

以市场为导向的生态产品价值实现改革路径，就是要充分发挥市场在资源配置中的决定性作用。从消费属性的角度来看，可将生态产品划分为公共生态产品、私人生态产品、混合生态产品等②。生态产品的私人产品属性为生态产品直接用于市场交易奠定了基础，且以市场机制为导向改革路径的行为主体是个体、企业和行业等。因此，改革的主要内容包括三个方面：一是生态产品的产业化经营机制；二是生态产品的市场化交易机制；三是生态产品的市场化补偿机制（见表5-1）。

表5-1　　市场机制导向的改革路径

序号	类型	机制特点	举例
1	生态产品的产业化经营机制	社会化、专业化、企业化	光伏发电、风力发电、大棚生态农业
2	生态产品的市场化交易机制	产权化、市场化、企业化	用水权、碳排放权交易
3	生态产品的市场化补偿机制	多元化、市场化、共赢性	行业与行业之间、企业与企业之间、农户与农户之间的生态补偿

① 张林波，虞慧怡，郝超志．生态产品概念再定义及其内涵辨析［J］．环境科学研究，2021，34（03）：655-660.

② 廖茂林，潘家华，孙博文．生态产品的内涵辨析及价值实现路径［J］．经济体制改革，2021（01）：12-18.

（一）生态产品的产业化经营机制

生态产品的产业化生产经营是通过可持续的方式开发和交易经营性的生态产品进而实现以市场机制为导向的价值实现改革路径的关键环节。生态产业化经营的实质则是企业借助政府所赋予的权利对生态资产进行开发和投资。甘肃省生态产业化经营需要充分与省内各地区的生态禀赋实际情况相结合，要充分发挥河西走廊、草食畜牧、高原夏菜、戈壁农业等这些甘肃所独有的生态资源和生态产品优势，在生态保护中引入生态企业，融入市场机制，实现甘肃省的生态保育、生物保护、休闲旅游和经济的一体化发展。

为此，甘肃省推进生态产业化经营需要从两个方面着力：一方面，可利用合同外包和特许经营两种合约模式将提供生态产品的职责以合约的形式，部分转让或全部转让给市场，以发挥企业在市场化机制中的灵活性和高效性。另一方面，生态资本产业化经营离不开与之匹配的金融支持，即需要在生态产品的交易市场形成以促进经济、能源、环境协调发展为目的而进行的信贷、融资等金融活动，也称为“绿色金融”①。

（二）生态产品的市场化交易机制

生态产品的市场交易机制一般包括三个方面：交易方式、交易内容、交易主体。②

第一，生态产品的交易方式包括生态产品的直接交易和产权交易。直接交易需要建立在甘肃省生态产品的产权明晰的基础上，产权的明晰界定有利于实现生态产品的资本化，可将其转化为私人产品，为直接交易提供基础；产权交易主要是将生态产品的所有权和使用权分离经营，对于甘肃省内难以清晰界定产权的生态产品可选择从碳排放、排污权、取水权、用能权等多元化的形式进行交易，如张掖丹霞地貌作为特殊的生态产品，在开发其旅游业时，可以以其环境承受能力为限，以排污许可证、经营许可证等形式向生态企业开展生态产品经营权的交易。

---

① 李肸，姚震，陈安国．自然资源生态产品价值实现机制［J］．中国金融，2021（01）：78－79.

② 蒋金荷，马露露，张建红．我国生态产品价值实现路径的选择［J］．价格理论与实践，2021（07）：24－27＋119.

第二，生态产品交易内容可以划分为三大类：①生态物质产品，如武都花椒、杨秸秆等农产品；②调节服务产品，如黄河上游水源涵养、沙区植被的防风固沙等；③生态文化服务产品，如戈壁、黄河源、河西走廊等休闲旅游项目。

第三，生态产品的交易主体要向多元化方向发展，推动甘肃省生态产品市场生产、交易、运输、储存等环节引入社会资本的进入，在确保生态功能的前提下，实现生态产品的价值最大化。

（三）生态产品的市场化补偿机制

生态产品的定价不同于普通产品，由于生态产品所具有外部性和公共性，使得生态产品所涉及的主体众多，产权界定模糊，核算方法不统一，难以直接定价用于市场交换，而生态产品的产权明晰和合法又是生态市场交易的前提和基础①。因此，以市场机制为导向改革的首要任务就是要优先解决甘肃省内生态产品的产权界定以及合法化的问题。具体路径如下：①建立生态补偿市场，就是要使保护区和受益区成为独立的市场主体，享有对等的市场地位。②赋予生态保护区内具有生态保护能力和资质的农场、林场等经营组织合法的生态补偿市场主体地位，允许其向市场供给优质的生态服务产品；也要赋予受益区内受益经营组织（如自来水公司、种植养殖专业户等）合法的生态补偿市场主体地位，规定其为生态服务产品购买付费。③按照“谁受益、谁补偿，谁保护、谁受偿”的原则，可采用现金补偿、对口支援、水权及碳汇交易、产业园区共建、社会捐赠等补偿手段，实现生态补偿方式的多元化。④结合全省生态产品交易的市场实际，构建甘肃省生态产品市场交易目录清单，全省范围内推行生态产品资源资本化进程，统筹考虑生态产品的外部环境、投资效益、市场业态等影响因素，合理评估甘肃全省生态产品的市场定价。

二、政府机制导向的改革路径

以政府机制为导向的生态产品价值实现机制的改革路径，则需要充分

① 孙博文，彭绪庶．生态产品价值实现模式、关键问题及制度保障体系［J］．生态经济，2021（06）：13－19.

发挥政府的宏观调控能力。由于生态产品所具有的公共性和外部性，部分产品难以直接进入市场交易，需要政府的介入才能实现使用价值和交换价值。[①] 该改革路径主体是政府，其改革内容主要包括：政府全额补偿、政府部分补偿、生态税费、政府购买（见表5－2）。

表5－2 政府机制导向的改革路径

序号	类型	产品特点	举例
1	政府全额生态补偿	纯粹公共生态产品	三江源保护、三杯防护林建设
2	政府部分生态补偿	混合生态产品	森林生态补偿、水源生态补偿
3	生态税费	稀缺性生态产品	行业与行业之间、企业与企业之间、农户与农户之间的生态补偿
4	政府购买	绿色低碳生态产品	绿色产品采购、政府赎买

（一）政府全额生态补偿

政府全额生态补偿主要针对提供重要生态服务功能的自然保护区、农用地，以及由于各方面原因遭到破坏却难以确定补偿主体的生态破坏或脆弱地区，如针对三江源保护、三北防护林建设的全额补偿。政府主导的全额生态补偿方式是生态补偿实践的主要组成部分。该补偿方式是基于行政力的强制保障，由政府通过财政转移支付、专项基金、政策倾斜等非市场途径对环境保护主体给予全额补偿的运行方式，包括纵向生态补偿、横向生态补偿、政府对单位或个人提供补偿三种类型。①纵向生态补偿，是指上一级政府对下一级政府为生态保护与修复而实施的财政转移支付。根据资金拨付形式可细分为一般转移支付和专项转移支付两种形式。②横向生态补偿，即流域上下游、各区域间的生态补偿。横向生态保护补偿的领域除流域上下游横向补偿外，还有受益地区与生态保护地区间的补偿。③政府对单位或个人的补偿，是指政府支付资金给具体实施生态保护和修复活动的单位或者个人，以补偿其为保护和修复生态环境所做出的努力和投入，是调动生态保护修复者积极性的重要手段。

---

① 马晓妍，何仁伟，洪军．生态产品价值实现路径探析——基于马克思主义价值论的新时代拓展［J］．载学习与实践，2020（03）：28－35.

（二）政府差额生态补偿

政府差额生态补偿的类型主要包括两大类：一类是对产权主体环境经济行为产生的生态环境效益进行适当补偿；另一类是对主体经济行为的机会成本进行适当补偿。参考浙江省对生态补偿的探索经验，如钱塘江源头水生态补偿机制、金华市异地开发财政扶持、浙江省排污权有偿使用等生态补偿办法，结合甘肃省生态产品特征，开展甘肃省生态补偿多元化试点工程。①建立健全符合甘肃省实际的生态补偿立法工作和监管体制。②加大甘肃省各级政府对生态补偿的支持，根据自身财政实力与其他地区形成优势互补，充分优化配置甘肃省各地区的生态资源。③学习浙江省长兴县BOT（建设—经营—转让）、BOO（建设—拥有—经营）、TOT（转让—运营—转让）、债券、信托等多渠道多元化融资经验，在甘肃省广泛吸纳社会和民间资金，构建多元化、多层次、多渠道的有效生态补偿机制。

（三）生态税费改革路径

生态税费包括了环境税和资源税费，是政府为了解决生态产品收益和成本不对等的将生态产品外部性问题内部化，从而刺激生态环境保护、减少环境污染和生态破坏，实现生态产品价值的重要手段。[①] 欧盟各国政府利用生态税、绿色环保税、碳税等多元化的税种来影响企业和个人的行为，用以保护生态系统的健康。生态税费的改革路径设计要做好下列工作：①要明确税收主体及原则，界定区分出生态资源的开发者、生产者及污染者，按照“谁开发、谁使用、谁负责”的原则征收生态税费，即要遵循“污染者负责”的原则。②简化生态税费种类，要完善生态税收制度，减少生态税收环节，从有助于生态资源配置的角度出发，推动甘肃省生态税费相关法律法规的制定和改革。③建立健全与生态税是相关的辅助系统，各级政府可结合自身生态资源的实际禀赋，制定科学、合理的生态税收政策，以及创新生态融资手段。④对于部分生态产品可借助提高生态税费等方式，增加生态产品消费者的使用成本，以此引导消费者对生态产品的节约和保护。甘肃全域的生态税收也为进一步推进生态建设提供资金

---

① 万军，张惠远，王金南，等．中国生态补偿政策评估与框架初探［J］．环境科学研究，2005（02）：1－8.

支持，从而实现生态产品的可持续供给和价值实现。

（四）政府购买

政府购买是指政府通过直接赎买、置换等方式转让生态产品的使用权。吉林省和福建省通过购买、置换等方式将生态区内禁止采伐的非国有商品林转化为生态公益林，再以合同外包的形式推进公益林建设。甘肃省推进政府赎买机制需要做好四项工作：①制定甘肃省专有的生态产品政府采购清单，完善政府购买机制。②创新政府的赎买方式，针对那些绿色、节能的生态产品引导各级政府优先购买，而对于黄河源之类的容易被人类活动干扰的生态脆弱区，甘肃省政府可直接出资实施大规模的生态修复工程。③推广以合约的方式外包给信誉良好的企业的政府购买服务的方式，而政府在这一过程中主要肩负监管责任，并向外包企业支付相应的费用，用以保证生态产品的稳定供给。④为了使政府切实履行监管责任，需要建立健全生态产品的调查检测与评估机制，精准掌握甘肃全域自然资源的数量、空间分布、权益归属等情况，促进生态产品的价值实现。

三、社会机制导向的改革路径

社会机制导向的改革路径旨在充分发挥社会民众和组织的主观能动性，提升民众的广泛参与性。社会机制导向的改革路径主要解决纯公共生态产品的受益主体与产权模糊、准公共生态产品规模、受益范围有限等问题，通过民间自发组织或社会组织的带领增进社会互信从而实现生态产品的价值。① 其改革内容主要从三个方面开展：自治组织建设、居民协商机制、生态基金制度和公众参与决策等（见表5-3）。

表5-3　社会机制导向的改革路径

序号	类型	产品/组织特点	举例
1	自治组织建设	自发性	甘肃农民用水户协会、中国光伏行业协会、中国林产工业协会

① 丘水林，靳乐山．生态产品价值实现：理论基础、基本逻辑与主要模式［J］．农业经济，2021（04）：106-108.

续表

序号	类型	产品/组织特点	举例
2	居民协商机制	非排他性和竞争性	地下水使用、牧区资源使用、灌溉渠道使用
3	生态基金制度	社会资源参与	中国生物多样性保护基金会、世界自然基金会、中华环境保护基金
4	公众参与决策	群众意见征询	法律修订公众听证会、规章制度修订群众征求意见

（一）自治组织建设

居民或行业自治组织是在生态产品或相关资源利益分化和利益冲突过程中形成的具有不同利益诉求的阶层群体，由于涉及的利益整合难以靠政府正式组织或个体的单一力量完成，必然需要能够代表不同阶层群体利益的组织来表达、维护该行业内的个体合法利益。[①] 在传统权力性组织之外生长着各类服务性社会组织、经济性社会组织、邻里互助性社会组织以及文体娱乐性社会组织等。自治组织再造经历了“自上而下”建构式再造路径与“自下而上”自发式再造路径，能够充分发挥自治组织的主观能动性，为生态产品价值的实现提供新的路径。典型的代表有甘肃省农民用水户协会、中国光伏行业协会、中国林产工业协会等，其中甘肃省河西灌区的“农民用水户协会”自治组织是在面临用水管理困境时所作出的制度尝试，该组织成立之前，是以“电灌站+社长”的管理模式下，灌溉的整个过程发生在供水的电灌站和管水的社长之间。[②] 农民在灌溉中完全受制于两个主体的自利行为，电灌站通过供水收费来获得部门利益，社长通过提取剩余来获得个人收入，最终将管理的成本转嫁到了用水户身上，而由农民参与的协会在很大程度上解决了上述用水管理的困境，提升了农民的用水管理话语权，极大地保障了农民用水权益。

（二）居民协商机制

居民协商机制为多元主体共建共治提供了合理途径，在平等的公共资

① 李波．农村环境治理——从管控式治理向参与式治理的转变［D］．南京：南京农业大学，2018.

② 陈靖．灌区参与式管理改革的双向互动：甘肃个案［J］．重庆社会科学，2011（10）：39－40.

源使用环境中各主体通过理性协商有效化解矛盾和冲突，最终形成合作共识。具体而言，作为生态产品价值实现的社会机制改革方式之一，生态产品协商主要考虑的是选择一种多元价值理念的沟通与协调，根据个体的多元化价值取向，让公众及各种利益组织积极参与集体决定，对公共生态资源的使用和开发问题进行民主协商。最终在处理生态资源使用冲突和矛盾的过程中，注重自然规律、生态环境，追求人与自然和谐共生的境界，使得多元价值主体的意见在协商中得到统一。典型的代表有地下水使用、牧区资源使用、灌溉渠道使用等居民协商机制，其中，内蒙古自治区克什克腾旗的村民民主协商草场管理经验是典型的居民协商机制，以休牧禁牧为主要内容的草原环境保护措施实施以后，村民为了躲避罚款，就经常在村庄周边地区放牧，反而造成了村庄周边地区草原的严重破坏。而后期通过村民参与协商的草原管理规划，克服政策上的“一刀切”的问题，制定符合当地实际的草场利用规划。

（三）生态基金制度

生态基金一般包括生态修复、生态补偿或用于生态经营与开发的专项基金，可以由政府部门设置，也可以由社会组织或个人设立。[①] 建立生态基金，可以为生态环境修复、补偿或其经营生产提供一定资金保障。同时也可整合既有生态环境保护的资金链条，引入多元主体共治，成为鼓励社会主体参与维护生态环境的相关辅助支持。[②] 此外，建立生态环境修复基金可以增加责任承担与履行之间的粘合度，当生态环境赔偿责任人无力承担赔偿责任时，修复责任人可以向生态环境修复基金申请修复费用，保障生态环境修复工作的有效开展。典型的生态基金代表有中国生物多样性保护基金会、世界自然基金会、中华环境保护基金等。

（四）公众参与决策制度

生态保护的公众参与是指公民、法人和其他组织自觉自愿参与环境立法、执法、司法、守法等事务以及与环境相关的开发、利用、保护和改善

---

① 曾丹．我国生态环境修复基金制度研究［D］．重庆：重庆大学，2021.

② 孟庆瑜，徐艺霄．生态环境修复基金制度构建的实证分析与理论设想［J］．河北学刊，2021，41（02）：163－169.

等活动。按照参与内容的不同，可划分为知情参与、立法参与、行政参与和司法参与，生态产品的价值实现离不开社会民众的积极参与和信息互通，因此推进公众参与可从以下几点着力：

一是政府要及时公开相关信息，推行行政透明化，保障公众知情权利。及时公布与甘肃省生态产品相关的行政法规、项目规划和实施进展等政府信息，以及企业主要污染源、重点污染物排放等信息。

二是政府在项目推进制定相关法律法规过程中，及时向社会通过座谈会、论证会、问卷调查等多种方式公开征集项目属地民众意见。甘肃省在黄河源、丹霞地貌等自然资源的重大开发立项中，省政府与项目属地政府应当搭建如“市长专线”“网上听证会”等信息反馈平台，方便及时掌握公众诉求，从而促进生态资源开发政策的科学性和有效性。

三是鼓励民众及社会组织积极参与生态产品质量监督、影响评价、执行监督、污染举报等生态保护环节。此外，政府还要确保维权渠道的通畅，设置生态公益诉讼专线保障民众的生态权益。

四、生态产品价值实现路径的优化选择

生态产品本身就兼具社会和经济效应两种属性，它既是自然生产的产物，也是社会生产的结果，又同时包含了生态、经济和历史文化等多种价值。因此不论是市场导向、政府导向、社会导向或是混合机制的改革路径在具体实施过程中都各有差异和侧重。三种路径的相同之处在于，不论是哪一种路径都离不开政府、市场、社会的相互作用与合作，然而由于生态产品种类的差异，也使得不同路径各有优劣，具体差异体现在以下几个方面：

（一）市场机制导向的优劣势

市场机制导向的生态产品价值实现路径虽然可以凭借要素的市场化配置，可将私人产品型的生态产品直接转化为市场交易指标，充分利用企业和市场的优势实现生态资源的有效配置，进而实现生态产品的价值。但由于市场本身存在的局限性，以及部分生态产品的非市场性，难以用统一的市场价格去反映生态产品的价值，使得市场导向的价值实现路径面对此类产品难以发挥作用。此外，过分强调市场的决定性作用，容易造成资本的偏移，不利于生态产品的可持续供给。

（二）政府机制导向的优劣势

政府机制为导向的价值实现路径可以通过鼓励性的财政支持政策，或是生态补偿手段调控纯公共产品属性的生态产品，并通过引导企业参与和监管可有效实现生态产品价值的保值和增值，也可在一定程度上降低生态产品的交易成本。然而政府的过分干预，不仅不能有效配给私人产品型的生态产品，更会由于较多的资金支持以及监管工作的执行则会导致政府财政负担加剧。

（三）社会机制导向的优劣势

社会机制导向的价值实现路径可弥补政府和市场的不足，共同作用于兼顾市场价值和非市场价值的准公共性的生态产品，引入社会民间资本的进入和参与，有利于提升政府生态政策的科学性和有效性。完善的公众参与制度可提升社会力量的参与积极性，激发公众行使监督权的热情，有利于在全省营造生态保护的社会氛围。但是社会导向的价值实现路径在广泛听取民众意见进行重大生态项目的决策时，容易众口难调，增加民众和政府的时间成本。

第三节　生态产品价值实现机制改革的模式比较

本节从生态产品价值实现机制改革入手，通过“自上而下的强制性制度变迁模式”“自下而上的诱致性制度变迁模式”和“中间开花的混合型制度变迁模式”三类模式探究甘肃省生态产品价值实现机制改革方向，结合中央的文件精神和甘肃省的实际情况，提炼出可供甘肃省参考借鉴的改革模式。

一、自上而下的强制性制度变迁模式

自上而下的强制性制度变迁模式指由政府命令和法令引入和实现，以政府为主体（包括中央政府和地方政府），程序是自上而下的。由于政府制度安排的力量较大，因此，该模式具有制度出台的时间短、实施的推动力度大，政府的权威能保证制度安排较好的运行的特征。适用于“公共性生态产品”，即产权难以明晰，生产、消费和受益关系难以明确的公共物品。具体实践模式包含生态补偿模式、生态修复模式和环境保护税三种①：

（一）生态补偿模式

生态补偿模式是政府或相关组织从社会公共利益出发，向生产供给公共性生态产品的区域或生态资源产权人支付的生态保护价值或限制发展机会成本的行为。主要有政府主导制定生态补偿的具体政策并负责实施和监督生态补偿计划的特征。内容包括跨区域（横向）协调补偿、保护性（纵向）补偿等，是公共性生态产品最基本、最基础的经济价值实现手段，参见以下两个典型案例。

1. 长江经济带生态补偿机制

（1）合理配置生态补偿资金，提高长江流域生态保护能力。综合考虑各地的生态保护成本、发展机会成本和生态服务价值等多重因素，更加科学合理地进行分配。

（2）统筹各类补偿资金和政策，建立长江流域综合性补偿办法。长江经济带生态保护补偿资金的分配和使用分散，导致补偿规模小、专用受限和效率低下。为此，浙江省首先发挥示范作用，通过建立“绿色发展财政奖补机制”，优化了资金的分配，提高了资金效率。

（3）建立奖惩分明的激励约束机制，实现生态保护成效与资金分配挂钩。建立生态补偿绩效考核指标体系，倒逼各地区更加注重绩效结果。将生态补偿资金与考核结果挂钩，提高各级政府加强生态保护的责任心和紧迫感。

2. 鄂州市统一生态产品价值核算方法

（1）开展自然资源调查与确权登记。鄂州市以自然资源调查评价为基础，制定了自然资源确权登记试点办法，建立了统一的确权登记数据库

① 孙博文，彭绪庶．生态产品价值实现模式、关键问题及制度保障体系［J］．生态经济，2021（06）：13－19.

和登记簿，摸清家底、夯实生态价值实现的基础。

(2) 采用当量因子法开展生态价值核算。鄂州市与华中科技大学合作，将自然生态系统提供的各类服务和贡献，统一计量为无差别的货币单位。

(3) 推动生态补偿和生态价值显化。将价值计量的结果运用于各区之间的生态补偿，最后开展考核，推动生态责任制度化。总体而言，自然资源确权登记也不同于行政调查统计登记。自然资源基础调查和专项调查是自然资源确权登记的基础，但调查的结果主要是对自然资源现状的记载，而非对自然资源物权归属的登记，只有经过确权登记后，才能产生物权确认的法律效力。

(二) 生态修复模式

生态修复模式是在自然生态系统被破坏或生态功能缺失地区，通过生态修复、系统治理和综合开发，恢复自然生态系统的功能，增加生态产品的供给。主要有外部性强、周期长、投入资金大等特征，往往依赖于政府主导下的资金支持。包含以下两个典型案例。

1. 徐州市贾汪区生态修复模式

(1) 大力推进采煤塌陷地复垦和生态修复再造。贾汪区全国首创“基本农田整理、采煤塌陷地复垦、生态环境修复、湿地景观开发”四位一体采煤塌陷地治理模式。

(2) 因地制宜，构建田间生态廊道。贾汪区开展梯田整治及水土保持综合治理，同时持续推进荒山造林工程，截至2022年，已累计完成绿化造林13.2万亩、荒山绿化2.7万亩。

(3) 坚定“生态+”，推动生态经济化、经济生态化。成功创建国家4A级旅游景区、国家湿地公园、国家水利风景区、全国首批十大湿地旅游示范基地。

2. 广东省南澳县“生态立岛”模式

(1) 蓝色海湾整治。治理、保护和修复多管齐下，采取综合整治、水生态修复和海洋环境监测等。

(2) 陆源污染减排。实施水资源创新化利用，建成垃圾收集转运和出岛集中处理系统，减少陆源污染点。

(3) 生物多样性保护。通过建成环岛生态养殖带、严厉打击滥捕野生动物行为和普及生物多样性知识，提升了海洋生态系统的质量，增强了优质生态产品的供给。

（三）环境保护税

环境保护税是指为维护生态环境，针对污水、废气、噪声和废弃物等突出的“显性污染”进行强制征税。主要有强制性、强约束性、公平性等特征。内容包括专门性的环境污染税、资源税和其他与自然环境、环境保护相关的税种。经济合作与发展组织（OECD）国家较早实施环境保护税，税款主要用于生态保护和环境治理。法国早在1969年设立森林砍伐税；波兰从1970年开始征收环境保护税和资源税；美国自1972年以来，将二氧化硫税和排污权制度捆绑实施，以解决单一税种难以有效规制污染源。中国也自2018年1月1日起开征环境保护税以替代长期实施的排污费政策。

总体而言，上述三重模式均属政府主导的自上而下强制性制度变迁模式。但生态补偿和生态修复可归为“激励性机制”，适用于流域、矿区等，以政府供给为主，更接近生态服务价值的上限。生态补偿和修复大多采用普惠式的、单方向的生态产品价值实现机制，优势在于：能够对受补偿的一方附加一定的生态保护要求和条件，是一种保底的生态产品价值。该制度在我国已有多年实践基础，具有成熟经验。其劣势在于：往往是单方向的给予或补贴，价值实现的市场化、多元化程度相对较低；补偿金额一般低于生态产品的实际价值，多是以政府为主的无偿式补偿、被动性补贴，难以充分调动起生态产品生产主体主动参与生态保护的积极性；生态修复中缺乏对社会资本参与的激励从而导致资金筹措困难等问题。环境保护税属于“惩罚性机制”，适用于企业，更趋向生态服务价值的下限。环境保护税的优势在于：强制性减少污染；倒逼企业转型升级；增加政府财政收入。其劣势在于：税额核定难；申报难度大；监测费用高。

二、自下而上的诱致性制度变迁模式

自下而上的诱致性制度变迁模式是指由民间力量等内生因素的自发作用，以微观经济行为主体（如农民、居民、企业等）为主体，影响决策部门政策实施的过程。由于处于基层的行为主体发现潜在获利机会而先有制度需求，然后自下而上产生对制度的需求或认可，直至影响决策者安排更好的制度。适用于“经营性生态产品”，即产权明确、能直接进行市场交易的私人物品，如生态农产品、旅游产品等。具体实践模式包含生态产业化经营、生态载体溢价两种。

（一）生态产业化经营

生态产业化经营是指经营性生态产品通过市场机制实现交换价值的模式，是生态资源作为生产要素投入经济生产活动的生态产业化过程，是市场化程度最高的实现方式。主要有市场交易、企业主导等特征。[①] 内容包括物质原料开发和精神文化服务，具体参见以下两个典型案例。

1. 银川市贺兰县“稻渔空间”模式

（1）立体种养，增加生态产品。2020 年，种植区内的稻鱼综合种养亩均净收益达到 3000 元，是普通水稻种植的 2 倍多。

（2）三产融合，促进价值转化。通过提升一产、做优二产、拓展三产，实现跨业融合，成功打造“生态农工旅”聚集区。

（3）创新机制，联农带农增。龙头公司牵头成立优质水稻产业发展联合体，带动农户持续增收。

2. 吉林省抚松县特色生态发展模式

（1）创优“矿泉水品牌”。集聚产业，打造矿泉水资源产业集群，实现规模化发展优势。并以地理标志品牌为基础，提升矿泉水产品的附加值和品牌竞争力。

（2）壮大“人参产业”。第一步，创新人参种植方式，锁住绿色生态。第二步，推动标准化生产，提升产品质量。第三步，延伸产业链条，打造精品品牌。第四步，创建交易平台，形成规模效益。

（3）做好“旅游文章”。依托林海、矿泉和温泉等自然禀赋，做大做强生态旅游产业，将“看不见摸不着”的优质生态产品转变为“看得见摸得着”的真金白银。

（二）生态载体溢价

生态载体溢价是指将无法直接进行交易的生态产品的价值附加在工

---

① 曾贤刚，虞慧怡，谢芳．生态产品的概念、分类及其市场化供给机制［J］．中国人口·资源与环境，2014（07）：12－17.

业、农业或服务业产品上通过市场溢价销售实现价值的模式。主要有二次分配的特征。内容包括直接载体溢价、间接载体溢价[①]，参见以下两个典型案例。

1. 福建省厦门市五缘湾直接载体溢价模式

福建省厦门市五缘湾在实施生态修复与综合开发工程基础上，主要通过带动周边土地溢价，以土地为直接载体实现生态产品价值。

（1）生态产品供给能力持续增强。截至2020年，片区生态用地面积比开发前增加2.3倍，城市绿地率从5.4%升至13.8%，区域内生物多样性大大提高。

（2）生态产品的价值逐步显化。2005—2019年，15年来五缘湾片区的地价实现了稳步增长，区域综合开发的总收益达到100.7亿元，实现了财政资金平衡和区域协调发展。

（3）民生福祉日益改善。随着五缘湾自然生态系统的建立和各类配套设施的落地，片区内的人居环境得到显著改善。

2. 法国国家公园、浙江省龙泉市间接载体溢价模式

（1）法国国家公园以打造品牌产品增值体系为核心，推动当地农产品、民宿旅游、旅游纪念品等特许经营，使国家公园公共性生态产品价值附着在国家公园品牌产品上实现间接载体溢价。

（2）浙江省龙泉市当地良好的生态环境质量可以有效降低药业生产用水处理和空气过滤的成本，优质的生态资源成为企业发展不可替代的竞争优势，成功吸引国镜药业在当地投资生产，刺激产业发展实现了生态产品价值的间接载体溢价模式。

总体而言，上述两种模式均属市场主导的自下而上诱致性制度变迁模式。但生态产业化经营的关键是如何认识和发现生态资源的独特经济价值，并开发经营性生态产品，适用于企业和社会资本供给为主。优势在于：具有丰富多样的开发经营模式；其价值容易直接通过市场机制实现。劣势在于：双向要求高，既需要优质生态环境作为依托，又需要特色产业发展作为支撑，否则生态产业化经营就缺乏优势，难以持久；需要自然资本、人造资本、人力资本三要素的有机结

---

① 张林波，虞慧怡，郝超志．生态产品概念再定义及其内涵辨析［J］．环境科学研究，2021，34（03）：1407－1416.

合，其中后天的人力资本投入，包括统筹规划、品牌策划、市场营销，增强经营管理能力①，较其他模式难度大。而生态载体溢价适用于产权不明确的、“无形”的产品或服务。优势在于：可解决难以将产权明确到个人或团体组织的生态产品的价值实现问题；溢价的载体除了经营性生态产品之外，主要包括土地、水力发电等，适用范围较广，实施条件相对没有那么苛刻。劣势在于：载体难以确定；投资风险大。

三、中间开花的混合型制度变迁模式

中间开花的混合型制度变迁模式指政府和市场共同发挥作用，形成生态产品价值实现机制的综合改革模式，该类模式适用于“准公共性生态产品”，即具有公共特征，但通过法律或政府规制的约束，能够满足交易需求、开展市场交易的产品。具体实践模式以生态资源指标及产权交易和生态资本收益为主。

（一）生态资源指标及产权交易

生态资源指标及产权交易是指资源配额指标交易和资源产权流转变更的模式。该模式主要特征为结合政府和市场共同作用，以自然资源产权交易和政府管控下的指标限额交易为核心。② 内容包括生态资源存量的交易和具有明确产权的生态资源产权的交易两类。包含以下两个典型案例。

1. 福建省南平市“森林生态银行”

按照“政府主导、农户参与、市场运作、企业主体”的原则，摸清森林资源底数、推进森林资源流转。

（1）搭建了资源向资产和资本转化的平台。对零散的生态资源进行整合和提升，并引入社会资本和专业运营商，从而将资源转变成资产和资本，使生态产品有了价值实现的基础和渠道。

（2）提高了资源价值和生态产品的供给能力。出材量比林农分散经营提高 25% 左右，部分林区每亩林地的产值增加 2000 元以上，单产价值

① 石敏俊．生态产品价值的实现路径与机制设计［J］．环境经济研究，2021（02）：1－6.

② 靳诚，陆玉麒．我国生态产品价值实现研究的回顾与展望［J］．经济地理，2021（10）：207－213.

是普通山林的四倍以上。

（3）打通生态产品价值实现的渠道。推动生态产业化、出口国际市场、成功交易福建省第一笔林业碳汇项目。

2. 广东省广州市花都区公益林碳普惠项目

碳普惠项目是政府与市场双向发力、共同促进生态产品价值实现，实现了“政府＋市场”模式下的多方共赢。

（1）政府提供基础数据和制度保障。政府作为监管方和制度供给方，制定符合广东实际的林业碳普惠方法学和林业碳普惠交易规则。

（2）市场化手段盘活自然资源资产。森林经营部门作为销售方，借助碳交易市场获得收益，促进质量提升，进而激发森林经营主体保护自然、修复生态等方面的积极性。

（3）形成良好示范效应。截至 2020 年 8 月，广州碳排放权交易所林业碳普惠项目成交总量超过 300 万吨，总成交额超过 2000 万元，实现了碳普惠制度与碳排放权交易体系的有机结合，形成了生态保护和价值实现的良性循环。

（二）生态资本收益

生态资本收益模式是指生态资源资产通过金融方式融入社会资本，盘活生态资源实现存量资本经济收益的模式。其特征在于生态资本通过其他经济活动实现价值增值。内容包括资源产权融资、补偿收益融资等。如福建省三明市林权改革，其主要改革途径如下：

（1）推进集体林权制度改革。通过规范林权类不动产登记、探索林权“三权分置”改革，从而推动林业多元经营，调动社会资本推动林业领域金融创新，创新推出林权按揭贷和“福林贷”等普惠林业金融产品，拓宽林业多元化投融资渠道。

（2）推动“林票”制度改革，激发林农生产积极性。对现有林采用出让经营、委托经营模式，对采伐迹地采用合资造林、林地入股模式，实现政府与市场的结合，控制风险的同时，也能保障林农利益。

总体而言，上述两种模式均属中间开花的混合型制度变迁模式。但生态资源指标及产权交易模式是政府可以通过宏观管控政策，制定管控配额指标，适用于具有明确产权的生态资源或纯粹的资源配额交易。优势在于：通过产权明晰，可精确定量的生态资源具有稀缺性，建立起市场交易机制；资源配额交易可逐步推广到各类资源和生态产品，并在全国较大范围内推广，且有耕地增减挂钩等良好的经验和工作基础。劣势在于：产权制度是涉及国民经济的重大政策，常常受到意识形态的约束；资源指标的分配不合理易引发严重的社会、经济问题。而生态资本收益实际上也存在政府和市场的影子，其优势在于：通过生态资本收益模式可将其变成可以进行投资收益的生态资本，由此可以鼓励社会资本参与生态产品生产；多种经济活动的融合，实现方式更加灵活。其劣势在于：产权抵押困难；缺乏稳定（还款）收益。

四、不同模式的比较分析

强制性制度模式、诱致性制度模式和混合型制度模式各有其适用范围和局限。强制性变迁保证了生态产品价值实现之初的效率，随着改革的不断深入，政府权威慢慢从市场中淡化，甚至退出，微观主体获得越来越多的自发创新空间。依靠政府权威设计一个新制度并强制推行已不能满足微观主体的制度需求，即使它能在较短的时间内完成某一制度变迁，也可能会留下漏洞：①制度变迁方式不是相关利益主体通过重复博弈形成的，决策者或影响决策的利益集团会利用制度供给的机会为自身牟利；②信息不对称下的“搭便车”行为不可避免；③政府的制度安排基于经验而有可能不是根据现实的需要，不适应制度环境而出现低效率的现象不可避免。诱致性制度变迁在一定程度上弥补了强制性制度变迁的缺陷，但其改革成本较大，各利益集团反复博弈会浪费较多交易成本。混合型制度变迁虽已取得一定成效，但仍处于探索阶段。

总之，由于生态产品区别于工农业产品和服务产品的特殊性，强制性制度变迁模式仍是生态产品价值实现的主要模式。但随着越来越多的生态产品逐步被商品化和货币化，诱致性制度变迁模式在生态产品价值实现中的作用将愈发凸显，并成为生态文明体制改革的未来趋向。混合型制度变迁模式是政府和市场双重失灵的有效补充，尚不完善，只能在局部领域发挥作用。因此，推进生态产品价值有效实现，需要基于甘肃本地生态产品的优势特色，有针对性地配合使用三种模式。鼓励地方通过积极探索生态产品价值实现模式的创新实践，汇聚形成生态产品价值实现的“甘肃经验”，再由“甘肃经验”形成生态产品价值实现的“甘肃模式”。

第四节 生态产品价值实现机制改革的“四化”手段

一、由政府包办转向市场化改革手段

从甘肃省实践看，在生态产品价值实现的机制中，政府这只“有形之手”的作用发挥较好，但市场这只“无形之手”的作用发挥还不够，因地制宜探索甘肃省生态产品价值实现的市场化转化模式是时代的必然要求。

（一）创新生态补偿的市场化手段

通过金融工具设立水基金，推动排污权、碳排放权交易市场发展，达到减排有收益的目的。根据跨流域生态补偿有价可询，探索建立可量化可计算的上下游生态保护补偿办法和标准，充分调动市场的各方主体加强生态环境保护的积极性，为建立健全跨区域“共抓大保护”机制探索经验。

（二）推动生态环境治理与产业开发相融合

将生态环境导向的开发（EOD）模式作为生态产品价值实现市场化路径的重要组成部分，探索将生态环境治理与产业开发融合共生，在项目时空范围内实现生态产品价值高效转化。

（三）夯实自然资源调查确权基础

落实好农业农村部门牵头开展的村集体资产清产核资、自然资源部门负责的农村房屋权籍调查与国土三调、各部门分散管理的政府投资资产的清查等工作，其标准是要达到可发证级别。

（四）完善自然资源作价方法

建立健全林地、耕地、茶山等资源评估核算，规范评估流程。加快研

究制定基准水价，分类建立水价计算评估模型；探索推广资源整体资本化，统筹考虑资源外部环境、项目业态、投资效益等因素，系统评估区域资源整体价值。

（五）构建支持自然资源资产运营的金融体系

引导财政和金融政策配合，在贴息、税收、担保、上市等方面建立金融进入绿色产业的激励机制，发挥好绿色债券、绿色基金及生态资源产权市场等直接融资渠道的作用。

二、由传统核算转向数字化改革手段

生态产品价值实现伴随着生态资源转化为生态资产，再朝着生态资本转化的动态演进过程。在这一过程中，数字技术可以有效破解制约生态产品价值实现的“度量难、交易难、抵押难、变现难”等突出难题，提高“绿水青山”向“金山银山”转化的效率。因此，需积极应用数字化平台促进甘肃省生态产品价值实现，同时建立成体系的数字化制度规范加以保障运行。

（一）建立国内国际互联互通的数字化交易规则

运用区块链 NFT + NFR（非同质化权益凭证）等新技术，实现碳市场核查核算体系与国际规则体系对标，促进生态产品价值数字化并实现跨区域跨平台上链流通，推进甘肃省生态产品的信息与买方市场，特别是与国际碳汇市场上的无缝对接。

（二）建立生态产品价值实现数字平台监督制度

在积极运用数字化推进甘肃生态产品价值实现的同时，更需要充分认识和评估数据互联互通可能带来的风险和问题，加强对相应产品交易数据和国土安全数据的保护，规范相关数据采集的合理、合法性，避免无序信息采集的风险。

（三）依靠数字技术开展污染精准治理

利用底层物联感知体系的实时数据，构建包括治水数据中心、污染治理模型云中心以及三维虚拟仿真平台在内的系统平台支撑体系。

（四）依靠数字技术实现 GEP 精准计算

鼓励各设区市利用城市数字大脑和大数据、云计算等先进技术，系统反映各类生态资源数量、质量、分布、价格、权属等信息，绘制市域“生态产品价值地图”，构建生态产品空间信息数据资源库，形成可视化、可触摸的基础核算数据。

（五）建立数字化融媒体宣传体系

通过数字新闻媒体、互联网、国际线上交流活动等渠道，对生态产品价值实现的成功案例加大宣传推介，提升甘肃省创新生态产品价值实现领先技术的社会关注度，助力甘肃数字生态产品品牌走向世界。

三、由地域特产转向品牌化改革手段

品牌是现代生态产业发展的核心标志，在打通生态产品由“绿水青山”到“金山银山”的过程中，品牌化发挥着至关重要的功能，成为生态产品价值实现的一把密钥。

（一）要编制出台扶持生态产业品牌化的指导文件

如编制《甘肃省生态产品品牌战略规划》，以传统特色生态产品为重点，探索“标准化生产、品牌化经营、平台化运作、电商化营销”的发展模式。构建网商、电商、微商相融合的营销体系和品牌推介平台，探索生态产品加盟制度。

（二）构建以“健康”为核心内涵的区域公用品牌体系

成立甘肃省域生态产品品牌运营机构，提供生态农林产品、健康旅游产品等品牌综合服务，通过实施绿色品牌支撑战略，培育一批区域特色明显、市场知名度高、带动能力强的健康品牌，培育一批健康品牌示范企业。

（三）建立生态产品标准体系

围绕甘肃省生态产品核心品牌，引导示范企业、行业协会参与标准制定，组织一批质量标准提升示范项目。同时开展生态产品质量认证，制定认证管理办法，提高结果互认水平，从而多渠道提升甘肃省生态产品品牌附加值。

（四）创新品牌发展的金融支撑模式

可适时成立“甘肃省生态资产管理公司”，为经营主体的品牌打造提供金融服务，如向银行贷款提供担保，帮助经营获得银行贷款，其业务领域可涵盖农业产业股权投资、供应链金融、产权直抵、资产收集、融资贴息等一系列金融服务。

（五）构建生态产品品牌发展的制度保障

需构建全产业链一体化的功能服务体系，比如标准化生产体系、质量安全追溯体系、信息化服务平台等。还需要专门出台一系列政策和制度为品牌建设的每一个环节提供保障，比如为约束企业行为的保证金制度、为保障品牌质量的监管机制、政府采购等项目中优先采购、建立品牌建设绩效评估制度并进行考核等。

四、由行政干预转向制度化改革手段

生态产品价值实现需要建立完善的体制机制和健全的制度保障，从制度化改革入手，不断优化顶层设计是实现经济发展与保护生态环境并重的可持续发展之路。

（一）建立生态环境保护多维利益补偿制度

应建立纵向生态环境保护利益补偿制度，设立中央补偿资金和地方补偿资金项目，形成不同层级的互动机制。

（二）建立地域特色的生态产品价值考核制度

要摸清甘肃省特色生态产品目录清单，明确生态产品的权责归属。根据生态产品的分定的等级和价值考核结果，将生态产品开发适宜性等级进行合理划分，同时开展生态产品价值考核试点示范，先在甘肃省不同功能区，选取若干个市、县开展生态价值考核试点示范，建立包含生态物质产品、调节服务产品和文化服务产品在内的科学的完整的指标体系。

（三）完善生态环境保护公共服务制度体系

针对甘肃省生态产品较为丰富但公共基础设施较为薄弱的地区，需制定相应基础设施建设规划。针对重大生态建设项目，需要完善生态环保项目信用风险分担制度和绿色信用风险监测评价体系。针对生态环境公共服务建设的职能部门，应将公共服务建设绩效纳入考核体系，作为生态管理体系和治理能力现代化的重要内容。

（四）强化生态产品价值实现的统筹协调机制

强化并细化甘肃省生态产品价值实现的统筹协调机制，强化区域间、主体间和部门间的分工与配合；制定专门的生态产品价值实现统筹协调政策条例，形成更强的约束手段；建立甘肃省省本级、地市、县三级生态产品价值实现统筹协调专班制度，以主要负责部门的一把手作为专班负责人抓生态产品价值实现统筹协调工作。

第六章

甘肃省生态产品价值实现机制的保障措施

生态产品价值实现机制的构建和顺畅运行需要思想、组织、金融、财政、智力、信息等一系列保障措施。保障措施完善，生态产品价值实现机制的运行就顺畅，生态产品价值实现的程度就高。因此，在建设生态产品价值实现机制时就要高度重视保障措施的设计。

第一节　生态产品价值实现的思想保障

一、树立生态资源观

生态资源是重要的公共资源，是普惠的民生福祉，也是稀缺的公共产品，通常具有生态价值，包括调节价值、平衡价值、支持价值、修复价值等。从总体上看，甘肃省的生态资源意识不够强，存在“捧着金饭碗讨饭”的现象。为此，要推进下列工作：

（一）推进自然资源确权登记

健全自然资源确权登记制度规范，查清全省自然资源状况。清晰界定自然资源资产产权主体，划清所有权和使用权边界。丰富自然资源资产使用权类型，合理界定出让、转让、出租、抵押、入股等权责归属，依托自然资源统一确权登记明确生态产品权责归属。

（二）开展生态资源调查监测

精准识别甘肃供给服务类、调节服务类和文化服务类特色生态产品，依托甘肃省自然资源和生态环境调查监测体系，在查清全省自然资源的现状及其变化情况的基础上，开展全生态产品调查监测，摸清甘肃生态产品数量分布、质量等级、功能特点、权益归属、保护和开发利用情况等，形成生态产品目录清单，建立生态产品动态监测制度，及时跟踪掌握生态产品信息变化情况。[①]

（三）持续优化产业布局

以甘肃省资源环境承载力为前提，立足产业基础和资源禀赋，衔接“三线一单”生态环境分区管控要求，依法依规开展区域、流域、行业和产业环境影响评价，调整优化不符合生态环境功能定位的产业布局、规模和结构，坚决遏制高耗能高排放项目盲目建设，推动生产空间集约高效、生活空间宜居适度、生态空间山清水秀。

二、树立生态系统观

甘肃省是黄河、长江上游以及西北内陆河流域重要的水源涵养区，是《全国主体功能区规划》确定的“两屏三带”全国生态安全战略格局中“青藏高原生态屏障”“黄土高原—川滇生态屏障”和“北方防沙带”的重要组成部分，是西北地区乃至全国重要的生态安全屏障，在保障国家生态安全方面具有不可替代的重要作用。但同时，甘肃省生态系统承载能力

① 海南省人民政府．海南省建立健全生态产品价值实现机制实施方案［EB/OL］．https：//www.hainan.gov.cn/hainan/swygwj/202201/2022.01.

低，生态极为脆弱。因此，要树立整体生态系统观，整体系统观作为一种凝萃于政策、文化与哲学的全景化研究视角，将科学基础与法律原理有机统合，与生态产品价值实现目标高度契合。

（一）优化甘肃省生态安全格局

甘肃省要以祁连山生态保护和治理、黄河流域生态保护为重点，坚持山水林田湖草沙冰系统治理、整体保护，着力提高生态系统自我修复能力和稳定性，守住自然生态安全边界，促进自然生态系统质量整体改善，筑牢国家西部生态安全屏障。严格落实国家相关规划，构建甘肃省黄河流域生态保护和高质量发展规划为统领，以省级黄河流域国土空间规划为基础，以专项规划为支撑的黄河流域规划体系，以生态保护为前提优化调整区域经济和生产力布局。

（二）促进生态系统服务价值实现

合理设计省级行政区域间横向生态补偿机制，平衡区域间经济和社会发展；拓展生态补偿范围，提高区域生态产品与服务供给能力；加强生态综合检测，多部门联合强化生态补偿效果的监督与评价。要建立健全黄河流域生态保护和高质量发展议事协调、联合会商和应急联动等机制，在黄河流域开展联合执法。

（三）建立健全横向生态补偿机制

积极开展试点示范，建立健全黄河流域生态保护补偿制度。鼓励生态利益相关方协商合作，实现省际、区域间合作共赢。将生态补偿的相关政策和资源，转化成为技术或产业项目，持续提升生态产品产区、补偿区的造血和自我发展能力。推进与宁夏回族自治区、四川省、重庆市等周边省区建立流域上下游生态补偿机制，以甘肃省提供优质优量的生态产品为前提，采取产业园区合作、对口协作等方式，来实现双方经济、技术和产能合作。

（四）塑造城乡区域协调发展新格局

推动生态产品供需有效对接，带动农村人口就近就地致富，把握生态系统原则，塑造宜水则水、宜山则山，宜粮则粮、宜农则农，宜工则工、宜商则商的城乡区域发展新格局，按照人口资源环境相均衡、经济社会生态效益相统一的原则，整体谋划国土空间开发，科学布局生产空间、生活空间、生态空间，给自然留下更多修复空间。

三、树立生态价值观

生态价值是生态系统为人类福祉和经济社会可持续发展提供的最终产品与服务价值的总和，生态价值包括物质产品价值、调节服务价值和文化服务价值三类。生态产品价值实现的基本手段有两种，包括生态补偿、循环补助、低碳补贴等在内的绿色财政制度，以及以用水权、用能权、排污权、碳排放权为主要内容的绿色产权制度。[①] 从整体上看，甘肃省尚存在着“重经济、轻生态”及“不惜代价搞环保”的现象。针对上述问题，甘肃省更需要树立生态价值观。

（一）强化政策整合与协同发力

将生态产品价值的实现需要与各地的产业政策、乡村振兴战略等相结合，注重形成合力，让生态产品价值实现成为促进区域经济协调发展的推进器，成为引导乡村居民绿色共富的稳定器。甘肃省定西市加强生态建设与乡村振兴政策整合，通过种植牧草、治贫致富，不仅实现了“泥不出沟、水不下山”，大幅度减少了黄河上游泥沙入河，更是通过牧草种植带动周边牛羊养殖和肉制品加工等产业发展，形成了种养加一体的循环发展模式，实现了生态价值与经济社会价值的统一。

（二）构建生态产品交易机制平台

将具备条件的生态资产交易纳入省级公共资源交易平台，鼓励国内大型平台企业，利用自身优势，整合省内现有交易平台，系统打造集生态产品品牌推介和产品交易为一体的综合管理平台。

（三）建立生态产品价值评价体系

针对生态产品价值实现的不同路径，探索构建行政区域单元生态产品

---

① 自然资源部办公厅，财政部办公厅，生态环境部办公厅．山水林田湖草生态保护修复工程指南（试行）．[EB/OL]．http：//www.gov.cn/xinwen/2020-09/11/content_5542550.htm，2020.09.

总值和特定地域单元生态产品价值评价体系。在框架设计上，坚持系统观念；在核算体系上，突出甘肃生态特色；在数据获取上，保障科学性、实用性。

四、树立生态经营观

甘肃省在生态产品价值转化中存在市场意识淡薄的现象，“醒得早，起得迟”，品牌化意识淡薄。树立生态经营观，不仅能够降低企业生产成本，增加企业经济效益，而且可以有效减少污染，促进生态平衡，塑造良好的企业形象，进一步扩大生产规模，降低组织成本，实现企业生产经营的良性循环。树立生态经营观，鼓励采取多样化模式和路径，在严格保护生态环境前提下，科学合理推动生态产品价值实现。

（一）发展优质生态农业

积极贯彻《“十四五”推进农业农村现代化规划》，大力发展绿色循环农业，壮大特色农业产业，探索采取人放天养、自繁自养等原生态模式发展畜禽水产养殖，打造一批国家级绿色有机农产品供应基地，建设一批绿色生态农产品出口安全示范区。

（二）发展绿色低碳工业

积极贯彻《工业领域碳达峰实施方案》，推动工业绿色转型，加快制造业数字化、智能化改造，深入推进现代服务业和先进制造业深度融合，培育壮大低碳、零碳、负碳产业。

（三）发展生态文化旅游

积极贯彻《“十四五”文化和旅游发展规划》《“十四五”旅游业发展规划》等，科学利用甘肃省生态文化资源品牌，挖掘生态文化和生态旅游资源，实施“生态＋文旅”行动，推进旅游、文化、体育、康养等产业深度融合发展。[①] 打造具有甘肃特色的历史文化旅游、自然风光和民

① 中共中央办公厅，国务院办公厅．关于建立健全生态产品价值实现机制的意见．[EB/OL]．http://www.gov.cn/zhengce/2021-04/26/content_5602763.htm，2021.04.

族风情旅游、红色文化旅游、康养研学旅游、乡村旅游为主的生态精品文旅产业链条。

五、树立绿色发展观

甘肃省在实际发展过程中存在着绿色发展不平衡的问题，其新能源十分领先，但产业生态化和生态产业化均相对不足。绿色发展观以高质量发展为主线，以人与自然和谐为价值取向，以绿色低碳循环为主要原则，以生态文明建设为基本抓手，树立绿色低碳发展发展观。

（一）持续推进生态环境保护

甘肃省要以筑牢国家西部重要生态安全屏障为总目标，以推进山水林田湖草沙冰一体化保护和系统治理为总方向，以落实黄河国家战略、主体功能区战略、“双碳”战略、“三北”工程战略为总牵引，以实施重要生态系统保护和修复重大工程为总抓手。严格落实生态保护红线管控要求，强化“三线一单”刚性约束，加强自然保护地保护，配合推进国家公园创建，加强重要生态系统保护修复，建立完善典型生态系统和典型物种保护机制，建立健全生态环境与自然资源保护监管体系。

（二）全面建立资源高效利用制度

推进自然资源统一确权登记法治化、规范化、标准化、信息化，健全自然资源产权制度，落实资源有偿使用制度，实行资源总量管理和全面节约制度，健全资源节约集约循环利用政策体系，普遍实行垃圾分类和资源化利用制度，推进能源革命，构建清洁低碳、安全高效的能源体系。健全河湖资源开发保护制度。加快建立自然资源统一调查、评价、监测制度，健全自然资源监管体制。

（三）积极应对气候变化

加强气候变化背景下极端天气气候事件的监测预警，提升生态系统和经济社会系统对气候变化的适应能力，监测评估适应措施的实施效果，完善多部门、跨领域的适应气候变化合作机制，强化适应气候变化科技和资金的支持力度，加大培养适应气候变化领域的人才雁阵，积极参与全球气候治理，为应对气候变化提供“甘肃样本”和“甘肃经验”。

第二节　生态产品价值实现的组织保障

一、建立领导决策机制

（一）成立领导小组

建议成立由省委或省政府主要领导任组长、分管领导任副组长，发展改革、自然资源、生态环境、农业农村、经信、文旅、水利、林草、财政等部门为成员的甘肃省生态产品价值实现工作领导小组，统筹推进工作开展，对重大问题及重要事项进行决策。领导小组办公室设在省发展改革委，强化对国家政策的衔接力度，健全完善相关配套政策制度，出台《甘肃省生态产品价值实现工作任务分工方案》，进一步细化各单位职责分工，协调各项工作任务如期落实，并对完成情况进行分类考核，定期向领导小组汇报进展情况。

（二）成立专项工作专班

围绕生态补偿机制建立、水权交易机制建立、生态产品价值核算等重点工作成立专项工作专班，各专班在省生态产品价值实现工作领导小组统一领导下，对标对表、压实责任、密切配合、齐头并进，定期向省生态产品价值工作领导小组汇报工作进展。各专班之间要加强沟通对接，建立定期联席会议机制，形成大专班工作模式，及时解决工作推进中的问题。

（三）成立专门工作机构

指导地方各级党委和政府充分认识生态产品价值实现工作的重要意

义，建立相应工作机构，做好政策制度的衔接执行，因地制宜、因事制宜、因时制宜，确保各项政策制度落实落地落细。

（四）建立省市县“三级联动”工作机制

按照省联系市（州）、市联系县（区）的原则，通过加强工作平台和载体建设，完善上下贯通的工作体系，对工作过程中遇到的重大问题给予组织协调与及时指导。

二、建立组织协调机制

（一）制定工作事项清单

建议由省生态产品价值实现工作领导小组办公室统筹，对全省跨区域（流域）、跨层级、跨部门等亟须协调解决的现实问题进行梳理，明确任务目标、责任分工等形成工作事项清单。

（二）建立横向协调机制

围绕清单内容和重点工作，建立定期联席会议制度，逐步形成区域（流域）内协同治理的横向协调机制。联席会议由领导小组办公室主任主持召开，会议从不同区域的整体统筹考虑，根据实际需求制定并实施符合各区域生态产品价值特点的政策措施，分析研判不同区域、不同领域存在的共性及个性问题，同时对基本工作落实情况进行督促提醒，安排部署阶段性重点工作。

（三）成立实体性组织协调机构

对于区域（流域）范围相对具化、生态产品相对集中、属地权责基本明确的地方，还可以考虑成立实体性组织协调机构，如相关区域管委会等，通过定编、定岗、定职、定责以及地方领导兼任管委会主任等体制办法，强化管委会在跨区域（流域）组织协调工作中的重要作用。①

---

① 沈满洪，谢慧明．绿水青山的价值实现［M］．北京：中国财政经济出版社，2019：5－100.

三、建立专家咨询机制

（一）建立专家库

依托中国科学院、兰州大学、兰州财经大学、浙江农林大学、浙江省生态文明智库联盟等省内外科研院所、相关企业技术力量和人才优势，建立甘肃省生态产品价值实现专家库，对专家信息进行精细化管理，详细记录咨询专家的研究领域、工作经历、社会关系以及其他可能影响咨询质量的相关事项。

（二）开展决策专项研究

完善生态产品价值实现重大决策课题委托专家研究制度，省委省政府拟定的相关方面重大决策事项，可委托省生态产品价值实现专家库中的相关领域专家或专家技术团队，开展深入研究，也可由主要牵头部门向社会进行公开招标、揭榜挂帅。对于专业性较强、问题较复杂或时间较为紧迫的课题，可以实行委托制，直接委托专家决策咨询机构或相关单位开展课题研究。

（三）举办专业学术交流

积极承办全国生态产品价值实现机制试点示范现场会等国内高级别会议，或定期组织召开相关学术交流会议，邀请上级单位、央企、国内部分重点地区负责人以及业内专家学者赴甘，现场交流生态产品价值实现机制探索中的亮点特色、经验成果和典型做法，为全省生态产品价值实现工作问诊把脉。

四、支持中介组织发展机制

（一）给予政策优惠

对生态环境监测、生态科技成果转化、法律咨询服务、产权交易平台等中介机构，给予一定的人才、税费、信息等方面的政策优惠，比如对中介组织开展的服务生态产品价值转化工作的各类活动，实行税费减免或优惠政策；对其他与此类业务无关的经营性活动，按照服务业或低于服务业的征税标准征收营业税。

（二）健全组织规范

建立健全中介组织的准则和规范，可以通过授权行业自律性组织，指导其开展本行业内的标准和准则制定，专业对专业，行业对行业，归口管理，科学统筹，完善各项制度建设，不断提高中介组织的服务水平和服务质量。

（三）强化互动交流

强化中介组织与政府相关部门的交流互动。一方面，对涉及专业性、技术性的公共服务事项，可以通过政府购买服务等形式委托给相关中介组织承担。另一方面，可以聘请中介组织中的专业人士担任顾问，在相关事务决策过程中，充分听取并科学采纳其服务成果和专业意见。[①]

第三节 生态产品价值实现的财政保障

一、加大财政保障力度

（一）着力提供政策支持

根据甘肃省“十四五”生态产品价值实现工作需要，统筹安排财政资金，优化预算政策、公共支出政策，优先保障生态产品价值实现重点项目，确保财政投入与生态产品价值实现目标相适应。落实税收减免等优惠政策，为生态产品价值实现相关主体提供政策支持。加大地方政府债券支持生态产品价值实现的力度，推动符合条件的重点领域建设项目实施。

① 肖文涛．社会治理创新：面临挑战与政策选择［J］．中国行政管理，2007（10）：105－109．

（二）完善财政补贴政策

设立省级绿色发展财政奖补资金，拓展绿水青山向金山银山转化通道。开展省对县（市、区）地方政府开展生态保护、污染治理、控制减少排放等带来的财政减收增支的财力补偿。统筹利用林业改革发展资金、林业生态保护恢复资金、节能减排补助资金等财政资金，加大财政资金对生态产品价值实现的支持力度。探索实施高质量绿色发展产业财政补贴，并设立生态产品价值实现专项财政贴补，支持和引导生态产业化、产业生态化、产业高效化等生态产品价值实现重点项目。[①]

（三）优化生态补偿政策

创新探索省内各类生态保护主体的生态补偿方式，设立生态管护员、巡护员等生态公益岗位，提高生态补偿标准。创新生态公益林补偿机制，使生态补偿与生态产品贡献度相符合。拓宽黄河流域上下游生态补偿方式，探索资金补偿、对口协作、产业转移、技术援助、人才支持、共建园区、购买生态产品和服务等多元化方式。探索建立基于生态产品价值核算的生态占补平衡机制，将开发建设活动的生态负外部性纳入开发经营成本，明确损害赔偿范围、责任主体、解决途径，推进生态环境损害成本内部化。

二、积极争取国家支持

（一）争取上级财政支持

甘肃省是西北地区乃至全国重要的生态安全屏障，生态产品具有显著的公共性特征，生态产品价值的实现，可以积极争取上级政府纵向生态补偿、财政转移支付、税收返还等政策支持，扶持生态产品价值实现项目。进一步加大针对中央资金的申报争取力度，争取国家支持生态移民和地质灾害避险搬迁。健全草原生态系统保护补偿机制，争取将甘肃省草原、湿

---

① 甘肃省人民政府．甘肃省农业农村现代化“十四五”规划［EB/OL］．http：//www.moa.gov.cn/xw/qg/202203/t20220303_6390442.htm.

地全部纳入补助范围①。完善森林生态系统保护补偿机制，争取将甘肃省生态脆弱区域纳入中央财政森林生态效益补偿基金范围。

（二）争取批准试点示范

甘肃省的生态产品独特性也很显著，生态产品类型多、品质好。而且长期以来，甘肃省坚持绿色发展理念，积极发展十大绿色生态产业，深入探索生态产品价值实现路径，向全省乃至全国人民提供了大量优质的生态产品，已经取得了良好的生态价值和社会价值。有基础有条件争取国家来支持甘肃省开展生态产品价值实现试点示范，创建全国生态价值转化试点示范省份，争取政策、资金、项目等方面的支持。争取制定国家生态产品价值核算技术规范，开展生态产品价值核算，建立生态产品价值核算统计制度与发布制度。

（三）争取项目立项建设

积极争取国家统筹考虑甘肃省极端重要的生态地位，加大对甘肃省重大基础设施项目建设的支持力度，让生态环境的守护者得到应有补偿。支持甘肃省生态屏障区建设，给予探索生态产品价值实现机制支持，促进生态屏障区生态产品持续、高质量供给，以推动甘肃省经济社会发展全面绿色转型、进一步提高人民生活水平，促进共同富裕。

第四节　生态产品价值实现的金融保障

一、用足绿色信贷政策

（一）提高金融服务水平

要加速地区绿色金融体系建设，实现绿色资产资本融通。鼓励金融机

① 甘肃省人民政府．甘肃省国民经济和社会发展第十四个五年规划和二〇三五年远景目标纲要［EB/OL］．http：//www.gansu.gov.cn/gsszf/c100061/202103/1365953.shtml.

构设立生态金融专营机构。发展生态信贷、生态债券、生态股票、生态产业基金、生态信托、生态融资担保、生态融资租赁、生态保险、碳金融、生态金融衍生品、生态资产证券化等多元化产品和服务，加大对重点行业、重点领域生态产品价值实现的融资支持。积极争取央行碳减排信贷支持计划等政策工具支持，重点支持优势传统产业改造和绿色产业、企业发展及园区、基地建设，扩大绿色贷款规模。

（二）推进绿色信贷业务

充分利用基金、信托、租赁、保险等新型投融资工具，运用贴息、担保、保费补贴、风险补偿、增量奖励等方式，引导金融机构加大生态产业贷款力度，扩大投放范围、延长还贷期限、降低贷款成本。扩大生态资产抵押担保融资范围，提高生态信贷担保规模，推动鼓励企业和个人依法依规开展水权和林权等使用权抵押、产品订单抵押等绿色信贷业务。鼓励银行机构推广新型数字金融产品，满足生态产品价值实现参与方差异化金融需求。

（三）强化金融政策协同

大力发展绿色金融，鼓励符合条件的金融机构和有关部门发行绿色金融债券，为符合条件的企业提供绿色信贷支持、基金支持和融资对接服务。用足用好十大生态产业发展基金。积极探索金融服务生态产品价值实现的有效模式。用好政府基金，撬动社会投资，利用财政资金，通过融资担保、绿色债券融资工具承销奖励等手段，引导社会资本开展绿色投融资。发挥政策性、开发性金融机构的作用，加大对符合条件的生态保护建设项目的支持力度。加强与开发性政策性银行、国际金融组织合作，积极争取政策性贷款、国际贷款等低息资金，支持生态产品价值实现项目建设。鼓励省内社会资本与国家绿色发展基金合作，设立生态产品价值实现基金。规范有序推进政府和社会资本合作（PPP）。

二、开发绿色金融产品

（一）推行数字信贷产品

争取中央金融监管部门、各金融机构总部差别化支持政策，支持甘肃在金融改革创新方面先行先试，在生态产品价值实现授信政策、审批权限、贷款配置、产品创新等方面给予政策倾斜和支持。实施数字普惠金融创新工程，运用大数据、区块链等技术，创新交易结算数据、存货、仓单和订单融资等绿色数字信贷产品。

（二）创新碳金融产品

进一步完善绿色金融政策体系，鼓励各类金融机构创新绿色金融产品。深化以生态资产产权、收益权和碳汇权益等为抵押物的“生态贷”模式，探索“生态资产权益抵押+项目贷”模式，支持生态环境提升及绿色产业发展。健全“生态信用”评价管理制度，探索有甘肃特色的生态产品价值实现诚信信用贷模式。开展碳排放权质押、碳汇质押、碳账户、碳期货、碳期权等碳金融创新。

（三）推进生态资产证券化

鼓励政府性融资担保机构为符合条件的生态产品经营开发主体提供融资担保服务。探索生态产品资产证券化路径和模式。支持从事优质生态农产品供给、生态旅游发展、生态文化创意产业等企业发行绿色债券，到“新三板”市场和区域性股权市场绿色板块挂牌融资。加快资产证券化产品落地，引导生态农林牧渔业、生态旅游、生态环境整治等行业周期较长、可形成稳定现金流的企业发行资产支持证券。

三、支持绿色保险创新

（一）强化保险服务

生态产品的供销要通过完善保险制度来防范生态产品生产、储存和运输过程中自然和人为的灾害风险。① 强化保险支撑，完善生态产品保险服务体系，扩大政策性保险覆盖面。推进政策性生态类保险扩面、提标、增品，探索开展生态类保险与信贷、担保等金融工具联动。鼓励国有融资担保机构为符合条件的生态产品经营开发主体提供融资担保服务。

---

① 沈满洪．生态文明视角下的共同富裕观［J］．治理研究，2021（05）：5－13＋2．

（二）创新保险产品

鼓励保险公司按照“保费低廉、保障全面”的原则，不断完善保险体系，开发适合生态产品价值实现的保险产品，精准对接生态产品价值实现多元化保险需求。探索开展由政府与社会资本共同发起的生态产品价值实现专项试点工作。创新探索基于水权、排污权、碳排放权等各类资源环境权益的保险工具。争取建设绿色金融改革创新试验区，探索推出生态产业链保险产品。

（三）扩大保险覆盖面

深入推进“险资入甘”，引导保险资金支持生态产品价值实现。不断扩大保险品种和覆盖面。适时依规提高政策性保险保额，在具备条件的县（市、区）开展生态产品收益保险、绿色产品质量安全保险等金融服务。创新生态环境责任类保险产品，在全省环境高风险领域依法实施环境污染强制责任保险。完善利益联结机制，通过“资源变资产、资金变股金、农民变股东”，形成企业和农户优势互补、分工合作的格局。[①]

第五节　生态产品价值实现的智力保障

一、加强创新平台建设

（一）强化智力支撑合作

加强对生态产品价值实现机制改革创新的研究，鼓励开展生态监管、生态保护、生态修复等方面研究以及新产品、新技术研发。依托国内有较

---

① 甘肃省人民政府．甘肃省国民经济和社会发展第十四个五年规划和二〇三五年远景目标纲要［EB/OL］．http：//www.gansu.gov.cn/gsszf/c100061/202103/1365953.shtml.

高知名度的高校和科研院所，加强对生态产品价值实现机制改革创新的研究，加强相关专业建设和人才培养，建立创新型复合人才培养基地，搭建跨领域跨学科的高端智库。组织召开国际研讨会、经验交流论坛，打造生态产品价值实现的国际合作高地。

（二）增强成果转化应用

深入推动创新驱动战略，加强创新平台建设，大力开展科技成果转化应用，推进数字生态、智慧环保建设，着力解决甘肃地区生态产品价值实现问题，提升技术装备水平和生态保护能力，努力将绿水青山、生态资源转化为产业优势、经济优势。①

（三）推动生态数字转型

完善甘肃远程网络观测系统，加快构建“天地一体、上下协同、信息共享”生态环境监测网络和综合信息平台，提升污染源自动监控水平，建立覆盖全要素信息的生态环境物联感知网络，实现全省生态环境状况、污染物排放、环境风险等要素的实时监控、趋势分析和信息共享。依托数字社会、数字政府建设，优化建立基于山水林田湖草一体化生态环境监测体系的全省生态环境监测大数据管理平台，提升数据规范化、标准化管理能力，构建生态环境“一张图”，加快推动大数据分析应用。②

（四）成立甘肃省生态文明智库联盟

与浙江省生态文明智库联盟结对，实现联盟成员单位间的信息共享共建、资源对接，彼此支撑，互利发展，推动开展甘肃省经济社会全面绿色转型等重大理论与实践问题应用对策研究，以期从浙江省等省份的生态文明建设实践提取成功经验和理论成果，为甘肃省生态产品价值实现提供理论支撑与智力支持。

---

① 青海省人民政府．青海省“十四五”生态环境保护规划［EB/OL］．http：//fgw. qinghai. gov. cn/ztzl/zt2022/sswgh/zxgh/202202/t20220225_80427. html

② 山东省人民政府．山东省“十四五”生态环境保护规划［EB/OL］．http：//www. shandong. gov. cn/art/2021/9/27/art_100623_39194. html

二、突出人才队伍建设

（一）多措并举育才引才

促进产业的发展，努力打造人才集聚的生态产品价值实现强省，必须多措施并举育才引才。通过政策引导、多方合作，定向培养高层次企业经营管理人才，全面提升产业管理人员素质。强化技术人才队伍建设，切实做好生态产业执业人员的知识更新工作与高级人才的引进工作，努力建立一支结构合理、素质优良的注册执业队伍。发挥甘肃省资源优势和产业基础，将生态产业人才引进到甘肃省，为生态产业发展作出贡献。①

（二）鼓励多元主体参与

生态产品价值实现必须充分调动全社会的积极性，形成政府、企业、农民专业合作社、个人、金融资本和社会组织等多元主体参与的价值实现体系。政府主要通过加大资金投入和制度供给推动价值实现；企业是生态产业经营和资源环境权益交易的重要主体，是市场化价值实现途径的主要参与者；农民专业合作社和村集体等通过开展社会化服务，将生产、销售、金融有机融合，是乡村生态产品价值实现的主力军；个人既可以参与保护生态环境获得收益和补偿，也可以通过资源使用权流转和自身经营参与价值实现；金融机构通过提供绿色金融服务，有效提高资源环境权益交易和生态产业发展的规模和效率；社会组织通过公益基金等方式开展生态保护公益性活动和环保宣传，参与生态产品市场化经营开发。②

（三）壮大专业人才队伍

生态产品价值实现涉及生态环境、自然资源、产业发展、农业农村、绿色金融等多个领域，要取得突破性的机制改革创新成果，需要多个学科及专业领域的智力支持。在智库和人才建设方面，依托大学和国内知名科

① 沈满洪，熊立春，钱志权，等．东阳打造经济强市产业发展布局研究［M］．北京：中国财政经济出版社，2023：50－120.

② 李忠，刘峥延．推动生态产品价值实现机制落地见效［J］．中国经贸导刊，2021（11）：41－44.

研院所，加强对生态产品价值实现理论研究。在有条件的省内大学设立生态学院或生态经济学院，重点围绕生态产品理论基础、生态产品价值核算、生态产品价值实现路径等重点问题，开展绿水青山就是金山银山理念的基础理论研究，培养一批既懂经济学、又懂生态学的复合型专业人才，在实践中发现和培养一批在生态产品价值实现研究领域具有国际先进水平的专家学者，发现和培养一批政治强、懂业务、重实干的生态产品价值实现的干部队伍，发现和培养一批重环保、懂经济、能干事创业的企业家、金融从业者、环保志愿者队伍，为甘肃乃至全国生态产品价值实现工作储备力量。

三、注重技术研发推广

（一）强化研发推广力度

依托省内科研平台，联合国内外高校、科研院所共建高端智库，组建省级生态产品价值实现机制研究中心。推动应用数字技术，为生态产品信息普查、价值评估、市场交易、产业化发展提供技术支撑。壮大新能源、新材料、环保等产业，推进5G、物联网、云计算、大数据、区块链、人工智能等新一代信息技术与战略性新兴产业的深度融合创新。[①]

（二）推进供需精准对接

推动生态产品交易中心建设，定期举办生态产品推介博览会，组织开展生态产品线上云交易、云招商，推进生态产品供给方与需求方、资源方与投资方高效对接。通过新闻媒体和互联网等渠道，加大生态产品宣传推介力度，提升生态产品的社会关注度，扩大经营开发收益和市场份额。加强和规范平台管理，发挥电商平台资源、渠道优势，推进更多优质生态产品以便捷的渠道和方式开展交易。

（三）创新生态环保科技

统筹实施生态领域重大科技专项，强化生态技术推广应用，增强生态

---

① 中共中央办公厅，国务院办公厅．关于建立健全生态产品价值实现机制的意见［EB/OL］．http：//www.gov.cn/zhengce/2021－04/26/content_5602763.htm，2021.04.

环境保护与修复技术创新供给。实施水资源保护与利用科技专项，围绕生态保育、径流变化、水环境改善、水生态修复和荒漠化治理等重点技术进行系统研究，开展生态系统维护及修复、生物多样性保护、应对气候变化等重点领域科研攻关，实施退化生态系统综合修复、功能提升及绿色可持续发展关键技术集成与示范。强化重点领域绿色技术创新支持，鼓励和支持各类创新主体在新能源、节水节能、污染减排、绿色建筑、绿色交通、绿色包装、废弃物回收处理等领域开展以应用为导向的研发。

四、强化数字技术保障

（一）加强数字系统建设

建议在甘肃省促进数字化转型工作领导小组统一领导下，以全省一体化大数据中心协同创新体系为依托，专班化推进生态产业数字大脑建设工作，对省内现有生态产品数据库、涉农相关业务数据系统等进行整体规划、协同建设，规范系统建设和系统运维。

（二）提升数字集约程度

充分利用鲲鹏生态创新中心和鲲鹏计算产业项目等基础设施资源，构建统一的生态产品管理体系，充分考虑开放性和可扩展性的要素，建设集约化的生态产品数字化发展体系的软硬件环境，实现信息资源充分共享及建设、运营、维护等成本的最低化。

（三）构建培育服务系统

构建生态产业发展品牌化培育及服务系统，以形象提升、价值重构、数字升级、产业提效、农旅融合等工作目标，利用“互联网+”和“数字+”等手段，建立健全适应生态产品网络营销的供应链机制、运营服务和支撑保障机制，构建起区域品牌发展的“产品升级—产业提效—品牌经济”三级战略模式。

（四）打造数字大脑安全屏障

数字大脑的安全是保障各项工作顺利实施的基础条件，建设工作启动之初就要做好系统的安全设计，防范各种安全风险，确保平台能够安全可靠地运行。数字大脑建设要采用成熟的技术和体系结构，采购高质量、有运行经验的产品，并且要具有一定的容灾功能，在应用中不断积累经验，逐步提升数字大脑建设的安全系数。①

五、强化生态法治保障

（一）加强生态产品价值实现的科学立法

加快生态产品价值实现机制的地方立法步伐与制度体系化，通过立法规制引领甘肃生态产品价值实现，从问题导向出发，破解实践中生态产品价值实现政策雷声大、雨点小的问题，以生态产品难度量、难抵押、难交易、难变现等现实问题作为切入点、着力点。针对立法进程落后于实践的问题，建议在整体主义指导下破解立法分散等问题，及时总结试点经验，明确生态产品的定义、评价标准和市场准入标准，确立各类生态环境资源权属交易、交易功能定位及相关保障机制，制定专门立法予以规制监管，把法律规范和制度体系化作为重要路径，妥善处理生态环境保护与经济开发的矛盾。

（二）加强生态产品价值实现的严格执法

生态产品价值实现不仅仅是一项政治任务，而且要构建以巩固提升生态环境质量为重点、与生态产品价值实现相适应的生态文明制度体系，科学配置机构职责和机构编制资源。建议整合生态环境与自然资源领域的行政执法职责、队伍，组建跨部门的综合行政执法队伍，加强“大综合一体化执法改革”，完善生态环境与自然资源监管执法体系，实行省以下生态环境机构监测监察执法垂直管理。行政机关应当依法严惩各类生态环境的违法行为，推动生态空间及其产品的调查监测、确权登记、空间规划、用途管制、修复保护、权益实现和监管、开发利用、督察和执法等职能的全流程再造。省人民代表大会可以定期组织开展与生态产品价值实现与欧冠的专项执法检查。

---

① 吕小刚．数字农业推动农业高质量发展的思路和对策［J］．农业经济，2020（09）：15－16.

（三）加强生态产品价值实现的公正司法

各级法院应当充分发挥能动司法作用，积极践行绿水青山就是金山银山理念，围绕生态产业化和产业生态化的要求，深化环境资源审判改革，推进环境资源审判专门化建设，完善司法机关环境资源司法职能和机构配置，探索以生态功能区为单位的跨行政区划集中管辖机制。坚持以司法保护促进经济发展与生态保护并重，各级法院应当把能动司法贯穿在审判工作全过程，探索研究各类资源权益交易机制和审判规则，完善司法程序、健全公益诉讼制度和生态环境损害赔偿制度等诉讼制度，推行生态恢复性司法机制，依法公正、高效审理涉生态环境与自然资源等案件，从而构建促进生态产品价值实现以及山水林田湖草沙冰的一体化保护与系统治理的司法保障体系。

（四）加强生态产品价值实现的全面守法

生态产品价值的实现可以使社会全体成员无差别地享受生态红利，推动社会多元主体共建共治生态环境，应当根据政府、企业和公众的主体特性，类型化地设置促进多元主体守法的途径，及时总结政策实施经验，将促进社会主体生态守法的要求进一步规范化、制度化、法治化。法治的关键在于政府守法，要求政府对外行使权力时严格遵守法律规定，确保公权力运行的程序化，建立保护优先、绿色发展为导向的发展考核评价体系，提升政府的守法动力。企业是生态产品价值实现的主要参与者，应当保障企业开发利用生态资源从事生态经营的权利，促进企业通过创新和运用技术、经营管理方式等积极参与生态产品价值实现实践，为企业提供更多及时的守法服务。公众是生态产品价值实现的普遍参与者，可以通过创新宣传方式、采用多种宣传形式，向社会公众、企业普及生态文明知识，弘扬生态文化，将生态法治意识和生态价值理念融入公众心中并体现在日常行为中。

（五）加强生态产品价值实现过程中党规国法的多元规范协同

党内法规既是管党治党的重要依据，也是建设社会主义法治国家的有力保障，是中国特色社会主义法治体系的基本构成。党内法规在推进生态环境治理体系、治理能力与治理效能现代化中具有重要意义，也是中国共产党领导生态文明建设的基本经验和重要措施。党内法规对法律法规具有重要的引领、补充、支持作用。要增强环境保护党内法规的规范性，加强环境保护党内法规体系化和长效化建设，以党内法规填补环境保护法律漏洞，强化党内法规与国家法律法规的协同实施。同时，要充分发挥环境法律法规和党内法规的互补性作用，注重党内法规同国家法律的衔接和协调，形成党内法规和国家法律相辅相成、相互促进、相互保障的格局。要通过立法协调来加强党内法规与常规环境治理制度之间的关系。要健全生态环境保护责任追究制度和环境损害赔偿制度，强化制度约束作用，严格落实政府和党委的领导职责，从规范层面落实“党政同责”“一岗双责”“终身追责”，健全领导干部自然资源离任审计制度，把与生态产品价值实现机制纳入地方政府的生态文明有关考核体系。地方党政系统的评价考核可以分为年度、中期和离任评价考核，评价考核结果要能引起党委特别是组织和纪检监察机关的重视。[①]

① 常纪文．生态文明建设评价考核的党政同责问题［J］．中国环境管理，2016（02）：16－23.

分论篇

分论篇以中共中央办公厅、国务院办公厅印发的《关于建立健全生态产品价值实现机制的意见》作为主要依据设立九个专题（章）：甘肃省生态产品监测监管体系研究、甘肃省生态产品投资经营机制研究、甘肃省生态产品价值评价机制研究、甘肃省生态保护补偿与损害赔偿机制研究、甘肃省生态产权交易机制研究、甘肃省生态产业发展研究、甘肃省自然资源生产率考核评价体系研究、甘肃省生态产品价值实现法治机制研究、甘肃省生态产品价值实现机制的实施策略研究。

生态产品监测监管体系构建是保证生态产品价值实现科学化、规范化、有序化的前提。甘肃省在持续推动完善生态环境监测网络构架的基础上，真正明确自然资源产权和生态产品权益归属，制定生态产品基础信息和产品目录、实施动态监测，构建一体化的生态产品监测体系，为生态产品价值实现提供支撑。依托第三次全国国土调查数据、自然资源确权登记、生态产品基础信息摸查成果，建立甘肃省生态产品数据库，建立生态产品信息数据共享云平台。充分利用云计算、数据库技术、系统集成技术等数字技术手段对生态产品区内各项数据指标进行标准化监测。推动地方党委政府履行生态产品保护主体责任，落实“党政同责、一岗双责”，解决突出生态产品安全问题。在完善生态产品法律法规体系建设工作的基础上，还需不断探索和推进生态产品监管的督察执法制度工作。

生态产品投资经营可促进生态资本增量形成，提升生态产品的数量、质量和价值。生态产品分为纯公共性生态产品、准公共性生态产品和经营性生态产品等三种类型。甘肃省生态产品投资经营已经积累一定的基础，但是依然存在市场机制尚未发挥作用、社会资本参与严重不足、民营企业发展较为滞后、品牌开拓意识不强、绿色金融支撑机制尚不健全等问题。在“资源—资产—资本”理论视角下，从生态资源到生态产品的演化路径为：生态资源→（认识）→生态资产→（投资）→生态资本→（运营）→生态产品。从生态资源到生态资产的阶段，加快生态修复、整治和维护，加快生态资源整合和储备，加快生态资源产权确立；从生态资产到生态资本的阶段，扩展生态产权交易内容和方式，拓展金融工具创新；从生态资本到生态产品的阶段，积极开拓经营性生态产业，充分挖掘纯公共性和准公共性生态产品的私人产品属性。

生态经济价值核算体系中影响较大的有绿色 GDP——对 GDP 的矫正、生态系统生产总值（GEP）——生态产品总体价值的核算和经济生态生产总值（GEEP）——综合考虑经济和生态价值的核算。绿色 GDP、GEP 和 GEEP 可以衡量生态环境价值或生态经济价值，作为宏观经济指标的核算均是由国家层面来统筹。而且，这些宏观指标难以作为市场交易的价值测算依据，而市场定价法、替代市场法及假想市场法等生态环境价值评估方法则可以针对不同情景作出相对比较准确的测算。经营性生态产品完全可以使用市场定价法进行定价，由生态产品的供求关系决定其价格。纯公共性生态产品在没有市场创新的情况下，可以使用替代市场法和假想市场法，如国家公园的价值；在有了市场创新的情况下，可以使用市场交易方法，如排污权、用水权的价格等。准公共性生态产品介于经营性生态产品和纯公共性生态产品之间，特定条件下也可以采取市场交易法定价。

生态补偿机制是生态产品价值实现的主要手段之一，我国已经有20多年的实践探索并取得了显著成效。狭义的生态补偿机制就是对生态保护的正外部性行为进行补偿，广义的生态补偿既包括对正外部性的“正补偿”，也包括对负外部性的“负补偿”；广义的生态补偿不仅包括绿色财政制度，而且包括生态产权制度。生态补偿正在经历从单一性的补偿转向综合性的补偿，从绿色财政制度转向绿色财政制度和生态产权制度的结合。生态补偿包括纵向生态补偿和横向生态补偿，前者是指上下级政府之间的财政转移支付，后者是指区域政府或微观主体之间的补偿或交易。甘肃省生态补偿机制建设就是要构建起纵横交错的生态补偿体系。对外而言，基于甘肃省生态屏障建设的公共性，努力争取中央政府的财政转移支付补偿；基于甘肃省与其他省市自治区生态系统的关联性，努力构建省际生态保护补偿和环境损害赔偿的耦合机制。对内而言，既要用好绿色财政转移支付手段，又要用好生态产权市场交易手段。

生态产权交易机制是生态产品价值实现的重大突破，通过创建市场把传统理论认为“市场失灵”的生态产品变得可以交易。生态产权交易的对象包括用地权、用水权、采矿权、林权等狭义的自然资源产权，排污权、生态权等环境资源产权，碳排放权、碳汇、用能权等气候资源产权。甘肃省生态产权交易拥有不少成功案例，但是，存在“醒来早，起来迟”的现象，突出的问题是市场机制不健全、制度体系不完善。为此，着力从市场意识这一非正式制度和制度创新这一正式制度两个方面推进，形成以总量控制为前提、有偿使用为抓手、市场交易为核心、制度完善为保障的生态产权交易框架。基于甘肃省与东部发达省份存在巨大的优势互补性，可以大力推进土地使用权、用能权、碳排放权等方面的市场合作和政府合作，实现合作双赢。

利用生态优势发展生态产业是对生态产品这一初级产品的“深加工”，是生态产品价值实现的重要渠道甚至是主要渠道。

中共甘肃省委、省人民政府早在2018年就制定印发《构建生态产业体系推动绿色发展崛起》和《甘肃省推进绿色生态产业发展规划》。从甘肃省的自然资源和规划制度基础看，从2020年至2035年，甘肃省生态产业增加值可以实现“翻两番”的目标。生态产业发展可以选择或组合市场主导型模式、政府主导型模式和混合推进型模式，构建以中部生态产业创新核心区为引领、以河西走廊和陇东南生态产业经济带为两翼的生态产业“一区两带”绿色创新差异化空间发展格局。其中，兰白都市圈、兰州新区、兰白国家自主创新示范区共同打造中部生态产业创新核心区；河西走廊五市合作打造河西走廊干旱区生态产业经济带；陇东南区域奋力打造陇东南开放型生态产业区域合作经济带。

自然资源生产率是指每个单位自然资源所带来的产出或价值。在自然资源日趋短缺的背景下必须通过“资源革命”推进自然资源生产率提升，例如通过“能源结构革命”和“能源效率革命”实现能源的低碳化和可持续供给。甘肃省大部分自然资源效率处于全国后进的位置，亟须推进自然资源生产率的提升。为此，甘肃全省范围内建立“自然资源生产率领跑者”制度。首先，以区域、园区、行业、企业为单元评价自然资源生产率；其次，由政府考评机构遴选自然资源生产率“领跑者”和“末位者”；再次，对于自然资源生产率“领跑者”予以激励，对于自然资源生产率“末位者”给以约束甚至淘汰。这样，就可以形成自然资源生产率比学赶超的竞争氛围，良性循环促进自然资源生产率大提升。

甘肃省生态产品价值实现机制构建需要上位法的保障。但是，国家层面的立法往往是建立在足够的“问题暴露”基础之上。在设区市拥有地方立法权的背景下，甘肃省可以充分利用省市两级的地方立法权，坚持问题导向和对症下药。针对“制度拥挤”问题，加强制度整合，归并简化、及时废止有关法律制度；针对“制度冲突”问题，加强制度协调，增强地方制度的上下和左右的相互衔接，促进正式制度及非正式制度的协同配合；针对“制度缺失”问题，加强制度补充，重点加强生态产品价值实现的数字化制度和市场化制度建设；针对“制度含糊”问题，加强制度解释，通过制度的精细化来加强生态产品价值实现的专业化，发挥司法保障功能以促进生态产品价值实现的全面化；针对“制度短板”问题，加强制度评价，通过立法前评估与后评估，改革完善法律制度，提升制度绩效。

基于甘肃省生态产品价值实现机制构建的优势、劣势、机遇和挑战的排列组合可以形成策略矩阵。据此，可以形成四种组合的策略：一是优势与机遇的组合，有“因需利导”强化供需精准对接策略、“好中选优”做强生态产业链策略、“攀峰造极”打造区域生态产权交易中心策略、“优质优价”作响“甘”字生态产品品牌策略；二是劣势与机遇的组合，有“因地制宜”优化生态产业布局策略、“取长补短”完善生态产品价值实现制度策略、“特色取胜”拓展甘肃生态产品市场策略；三是优势与挑战的组合，有“跑步进京”争取最大生态保护补偿策略、“创新驱动”注重绿色科技应用策略、“他山之石”健全价值评价机制策略；四是劣势与挑战的组合，有“解放思想”营造市场环境策略、“共建共享”构建生态飞地策略、“由点带面”注重示范推广策略、“保驾护航”做好保障协同策略。结合甘肃省中部生态产业创新核心区、河西走廊干旱区生态产业经济带和陇东南开放型生态产业区域合作经济带等三大区域实际，根据“轻重缓急”原则，优化选择不同生态产品价值实现策略，实现打响甘肃生态产品品牌的目标。

第七章
甘肃省生态产品监测监管体系研究

生态产品监测是保障生态产品价值实现的前提和基础。党中央、国务院高度重视生态产品监测工作，2021 年 4 月中共中央办公厅、国务院办公厅印发的《关于建立健全生态产品价值实现机制的意见》明确提出要建立生态产品调查监测机制和动态监测机制。甘肃作为全国生态产品最为丰富的省份之一，构建生态产品价值实现的监测体系是当务之急。本章结合甘肃省省情并适当参考国内外先进做法，对甘肃省建设什么样的生态产品监测体系进行了系统分析、怎样建设生态产品监测体系提出了思路和方案。

第一节　“整体智治”的生态产品监测体系

在生态文明建设与数字经济时代双重背景下，从传统物理生态产品监测向数字化智慧监测转型是时代的必然要求，作为生态产品价值实现的重要保障，建设“整体智治”的生态产品监测体系刻不容缓。

一、构建一体化的生态产品监测体系

自2016年以来，甘肃省不断优化完善生态环境监测网络、强化监测数据质量管理，推动全省生态环境监测体系和能力建设取得新进展，已初步建立起覆盖气、水、土、声、生态、辐射等要素的“天地空”一体化生态环境质量监测网络。下一步，甘肃省在持续推动完善生态环境监测网络构架的基础上，可结合生态产品实际分布情况，明确自然资源产权和生态产品权益归属，制订生态产品基础信息和产品目录、实施动态监测，构建一体化的生态产品监测体系，为生态产品价值实现提供支撑。具体可分为以下五个模块：

（一）健全自然资源资产产权体系

在自然资源所有权和集体所有权不变前提下，健全自然资源资产产权体系的重点任务主要包括：丰富甘肃省自然资源资产使用权类型，明确山、水、林、田、湖、草、沙的产权，并依照产权保护的法律以及生态环境保护的要求，合理界定出让、转让、出租、抵押、入股等权责归属，构建市场化的自然资源资产产权交易体系。参考浙江“两山云交易”平台建设经验，该平台是全国首个省级生态资源（产品）资产运营管理数字化应用，主要服务于农户、农民专业合作社、村集体经济组织、企业、乡镇、地方两山合作社等多方群体，帮助闲置低效分散的生态资源资产进行流转、整合、开发、经营、管理，促进供需精准对接。明晰森林、耕地、湿地和重点生态功能区自然资源要素产权的贡献和损害界定，完善自然资源要素产权权能，维护和发展生态产品的资源属性，构建与之相适应的价格机制或生态补偿机制，畅通生态产品价值实现的路径。

（二）打造生态产品监测网络技术体系

加强生态产品监测网络建设，打造甘肃省统一的空气、水、土壤、声、生态、辐射等生态产品监测网络，健全覆盖重点排污单位的污染源监测网络，建成以自然保护区为重点的典型生态功能区生态状况监测网络。坚持信息互通，建立各级各类监测数据系统集成共享机制，完善甘肃省生态产品监测大数据平台，实现生态产品监测信息集成共享。健全生态产品监测技术体系，促进和鼓励高科技产品与技术手段在生态产品监测领域的推广应用，提升监测科技创新能力。

（三）完善生态产品质量督查与市场监测体系

深化生态产品监测改革，构建系统的质量监管责任体系，创新管理制度，强化监管能力和行政处罚力度，保障生态产品监测数据质量，生态产品质量、生态环境质量和基础设施建设质量稳步提升。处理好政府和市场关系，积极培育生态产品监测市场，使市场在监测资源配置中起决定性作用。制定相关政策和办法，加强生态产品监测机构监管，有序推进监测服务社会化、制度化、规范化。围绕生态环境保护核心业务和痛点堵点难点，开发生态产品“在线督查”等系列应用，实现生态产品督查与监测核心业务“一体集成、一屏统揽、一网通办”，推动形成整体智治、协同高效的工作格局。

（四）建设生态产品社会监督与综合保障体系

建立一套完整、科学、系统的监测标准规范体系，为提高监测法治化水平提供法律保障。建立现代监测政策制度，健全社会诚信体系，加强系统谋划、前瞻设计、整体重塑，营造约束有力、激励有效的制度环境。形成统一指挥、规范管理、部门协调、测管联动、上下联合、运转高效的生态产品监测决策指挥体系，打通全系统、全流程的科学决策指挥链路，提升生态产品监测管理的系统性、整体性、协同性，以适应新时代生态产品监测事业发展需要。加快构建由资金投入、仪器装备、人才培养、技能培训、网络安全、应急预警、政企融合等组成的综合保障体系，推进甘肃省生态产品监测能力和水平整体提升。①

二、完善生态产品科学监测管理体系

为了建立健全条块结合、各司其职、权责明确、保障有力、权威高效的地方生态产品管理机制，确保生态产品监测、监察的独立性、权威性、

① 郭从容，粟俊杰．构建新时代生态生态环境监测体系的思考［J］．环境保护，2019（Z1）：71－76.

有效性，实现对生态产品的科学有效监测，甘肃省对自然资源和环境保护机构监测执法垂直管理制度的改革必不可少。

（一）省级主管部门统筹管理

省级自然资源与环境保护主管部门内设机构统一管理省级及驻市生态产品监测机构。在现有省级环保厅（局）监测处的基础上，整合省级生态产品监测机构的业务及行政管理人员，成立副厅（局）级监测局，统一管理省级及驻市生态产品监测机构的人事、财务工作，并由其承担省级生态产品监测行政管理职能。具体包括：省级生态产品监测法规、政府规章和管理制度的起草和组织实施；建设、管理省级生态环境质量监测网，并组织对辖区内各市县的生态环境质量进行监测、调查评价和考核，统一发布生态产品监测信息等。省级及各驻市监测机构在监测局的领导下，具体承担辖区内各市县及跨区域、流域的生态环境质量监测工作，并对县级生态产品监测机构进行技术指导，对辖区内社会化检测及运营维护机构进行质量抽查。

（二）省级主管部门直接管理

甘肃省自然资源与环境保护主管部门直接对省级及驻市监测机构进行管理，省级生态产品监测机构维持现有隶属关系及工作职能不变。市级监测机构作为省级环保部门的直属单位，由其直接管理，单位级别提升至副处级或处级，领导班子成员由省级环保厅（局）任命，人事权归其统一管理，人员和工作经费纳入部门预算，由省级财政统一承担。驻市监测机构作为省级环保厅（局）的派驻机构，接受其统一领导，履行对所驻城市的生态环境质量监测、调查评价及考核职责，并承担相关监测工作任务，同时对市县环境执法监测进行技术指导，必要时或发生重大突发环境事件时为属地政府提供监测技术支持。

（三）省级主管部门授权管理

省级自然资源与环境保护主管部门直接管理省级生态产品监测机构，并授权其代为管理驻市监测机构。在组织隶属关系上，驻市生态产品监测机构的人事及财务由省级生态产品监测机构统一代为管理，其他与模式一相同。在工作职能上，驻市监测机构接受省级生态产品监测机构的统一协调管理，除负责所驻城市的生态环境质量监测、调查评价及考核相关监测工作外，还应配合省级监测机构开展跨区域、跨流域生态环境质量监测工作，并按照监测质量核查制度，配合省级监测机构对县级监测机构、社会化检测机构以及自动监测设备运营维护机构进行监测质控情况检查和监测能力考核，并及时通报结果。

（四）市县级主管部门统筹管理

市级生态产品监测管理体系在现有市级监测机构上收到省级后，主要依托随县级环保局一并上收的县级生态产品监测机构来组建。县级监测机构仍接受县级环保分局管理，隶属关系变动不大，仅需要对其职能加以调整。在管理体系上，可由市级自然资源与环境保护主管部门单独设立生态产品监测管理科室（处室）或依靠现有承担生态产品监测管理职能的业务科室（处室），对辖区内的生态产品监测工作进行统一规划、协调。会同同级环境执法机构建立生态产品监测与执法快速响应机制，制定执法监测计划，指导辖区内各县级环保分局同步开展属地内的环境执法监测工作。由县级生态产品监测机构配合环境执法机构具体实施，形成生态产品监测与环境执法的有效联动、快速响应。同时根据属地环境管理需求，在县级环保分局的领导下，开展突发环境事件应急监测及其他监测工作。[①]

上述四种模式均是可能的选择。一旦选定一种模式就要想方设法完善这种模式，使之能够顺畅运行。

三、强化数字监测与预警服务

完善在线监控和预警监测体系，运用卫星遥感、无人机航摄等技术装备和云计算、物联网、大数据、移动互联网、人工智能等新一代信息技术，高效智能感知生态环境，通过提升数据挖掘和应用水平，满足甘肃省生态产品监测的需求，实现生态环境管理和生态产品监测业务的深度融合，更加精准、智能地支撑生态产品管理和决策。[②] 以“监测先行、监测

---

① 邢树威．省以下环保机构监测监察执法垂直管理制度下的监测管理体系构建模式探讨［J］．环境保护，2017（06）：69－71.

② 吴季友，陈传忠，阎路宇，胡天洋．构建生态环境智慧监测体系的举措与建议［J］．环境保护，2022（Z2）：17－21.

灵敏、监测准确”为总体思路，全面推进生态产品监测从数量规模型向质量效能型跨越，提高生态产品监测现代化水平，实现监测质量智慧监管，为生态产品价值实现奠定坚实基础。

（一）监测结果准确可靠

推进生态环境数据采集和整合集成，建设统一的生态环境质量、污染源、生态保护、政务管理等基础数据库，逐步实现生态环境信息“一张图”。依托生态产品监测网络、生态保护红线监管平台和大数据，运用物联网、云计算等信息化手段，加强监测数据集成分析和综合应用。在运用数字化技术手段的基础上，可以通过物联网数据和系统数据自动化汇集，全面、及时、有效地获取与生态产品相关的气象信息、传感信息、位置信息、流通信息、市场信息和消费信息，全方位扫描生态产品全产业链过程。

（二）监测网络先行全覆盖

按照“陆河统筹、天地一体、上下协同、信息共享”总体思路，推动完善甘肃省“天地空”一体化生态环境质量监测网络，进一步组织优化调整监测点位布设。组织开展国控环境空气自动站设备更新，稳步推动乡镇环境空气质量自动站建设。启动建设祁连山国家公园生态地面观测站，加强区域生态质量监测与评估。推进人工智能、5G通信、生物科技、精密制造等高新技术在生态产品监测领域的应用，加大集成化、自动化、智能化、小型化监测装备研发与推广力度，加强遥感遥测、便携式现场快速监测、全自动实验室等设备技术验证。推动开展颗粒物、VOCs、氨等直读式监测设备，重金属大气污染物排放监测设备，土壤监测设备的研发，推动便携式监测仪器应用于生态环境执法监管。强化生态环境与产品监测技术装备示范应用，加快形成一批拥有自主知识产权的高端精密监测装备和关键核心部件。参考江苏省数字技术赋能生物多样性保护经验。将5G、AI、遥感技术等数字技术运用到生物多样性保护领域，通过构建高效多组织协同的扁平化监测预警机制，打造全面感知、反应灵敏的监测预警平台，高标准抓好生物多样性保护工作。

（三）监测预警灵敏度提升

依托甘肃省生态环境监测大数据管理平台，对生态产品监测机构开展各类生态产品监测过程进行实时化、网络化、自动化和可视化的质控管理。融合应用自动在线监测、移动监测、遥感监测等天地一体技术手段，强化高光谱、高分辨质谱、微型传感器等新型感知装备应用，提升发现生态产品安全问题的及时性和敏锐性。追踪灵敏，强化对环境质量、生态质量、污染源等多源监测数据的关联分析，及时研判污染成因，快速锁定污染源头，开展重点敏感环境问题研究性监测，筛查并识别区域特征污染物，为各级职能部门破解突出生态产品安全问题、改善生态环境质量提供参考。

（四）监测预警管控风险有效

加强甘肃省涉危涉重企业、化工园区、集中式饮用水水源地环境风险调查评估，全面推进黄河流域等沿河沿湖园区（集聚区）环境风险隐患排查，实施分类分级风险管控，协同推进重点区域流域生态环境污染综合防治、风险防控与生态修复。强化新化学物质环境管理和化学品环境风险防控，严密防范持久性有机污染物等化学物质的环境风险，督促有条件的化工园区建设完善有毒有害气体环境风险预警体系，提升园区内和周边特征污染物监测预警能力。根据国家生态产品和服务的宏观政策的调整，以及各类生态产品市场的价格监测情况，及时发布相应生态产品市场供需预警信息，引导经营者合理生产和提供生态产品服务，最大限度稳定产品市场，保护经营者经营利益。

四、建立生态产品溯源监督机制

生态产品溯源，是保障产品质量安全的关键环节之一，因此，要在进行生态产品认证溯源工作的基础上，不断强化生态产品质量安全监管，发挥溯源监督系统在生态产品质量安全中的监督和管理作用。

（一）建立生态产品监管追溯机制

鼓励和支持企业使用全域生态产品质量可追溯体系，建立注册使用全域生态产品质量可追溯体系企业的常态监管机制，由行业主管部门和质量监管部门对纳入追溯体系的企业进行日常监管。加强生态产品监督抽检队伍建设，为落实生态产品监督抽检工作，各市应按照各类生态产品，由各部门综合行政执法队伍成立产品监督抽检工作领导小组，明确专人负责抽检工作。按照有机食品、绿色农产品、生态工业品等领域科学设置和固定执法抽样人员，加强生态产品监督抽检工作力量的建设。

（二）加大生态产品监督抽检执法力度

按照甘肃省生态产品质量安全重点工作部署，坚持“抽检分离”“检打联动”原则，针对主要风险点加大监督抽检力度，确保监督抽检品种和范围全覆盖。强化监督抽检与检验检测的衔接，充分利用检测结果，实施精准执法，对监督抽检中发现的问题，用足用好行政处罚手段，追根溯源处罚到人。对查实在生态产品中使用违禁物质或者其他有害物的案件，及时移送司法机关，严厉打击生态产品质量安全违法犯罪行为。

（三）完善生态产品数字监督执法多元化机制

参考浙江省“环保e企管”平台建设经验，通过对生态产品加工和生产企业的各类监管数据和日常管理数据进行实时分析，动态反映企业环境管理水平和环境风险状况，赋予企业“红黄绿”码并动态更新，为查处生态产品安全问题、分级分类监管提供支撑。健全追溯管理激励、惩戒机制，建立生产经营主体信用档案和“黑名单”制度，对不履行追溯义务、填报信息不真实的生产经营主体，加大惩戒力度。强化群众的监督作用，设立公开透明的生态产品质量信息反馈平台，相关监管部门及时更新问题生态产品召回和惩处的信息，真正落实溯源系统在生态产品质量安全中发挥的监督和管理作用，建立起良好的信誉机制。

第二节 “数据共享”的生态产品数据库建设

生态产品数据库的建设是甘肃省生态产品动态监测体系的重要内容，其作用是实现不同指标体系下数据信息的处理和共享。依据甘肃省生态系统类型以及生态产品不同的价值和功能，编制统一的生态产品清单。基于甘肃省数字政府平台，充分利用 ArcGIS Geodatabase 技术、ArcGIS Engine 技术、系统集成技术等信息化手段，搭建甘肃省生态产品动态监测评价“一张图”和数字国土空间系统，构建以 GIS 为核心的生态产品数据库及自动更新系统。同时以数据库及空间信息技术为主要技术手段，构建甘肃省生态空间数据库和水文生态环境数据库，建立生态产品信息数据共享云平台。最后落实好甘肃生态产品数据生成登记制度，完善生态产品数据信息公开渠道，进而建立甘肃省生态产品监测结果数据信息公开反馈和处理机制。

一、基于 GEP 核算的生态产品多类型目录清单

根据生态系统类型及生态产品的用途，如生态效益评估、生态补偿、生态保护成效评估、考核、离任审计、生态产品交易，调查核算范围内生态产品的种类，编制生态产品清单，同时清晰界定自然资源资产的产权主体和边界。在此基础上开展生态产品基础信息摸查，摸清各类生态产品数量、质量等底数，探索建立生态产品分类体系，编制甘肃省生态产品目录清单，做好供给服务类、调节服务类及文化服务类等各类生态产品的划分。

生态产品按照其价值贡献主要可分为物质产品、调节服务、文化服务。其中物质产品指人类从生态系统获取的可在市场交换的各种物质，如食物、木材、药材、装饰材料与其他物质材料，主要包括农业产品、林业产品、畜牧业产品、渔业产品、淡水资源和生态能源；调节服务指生态系统提供改善人类生存与生活环境的惠益，如调节气候、涵养水源、保持土壤、调蓄洪水、降解污染物、固定二氧化碳、提供氧气等，主要包括水源涵养、土壤保持、防风固沙、海岸带防护、洪水调蓄、碳固定、氧气提供、空气净化、水质净化、气候调节和授粉服务；文化服务人类通过精神感受、知识获取、休闲娱乐和美学体验从生态系统获得的非物质惠益，主要包括休闲旅游和景观价值。根据生态系统类型及甘肃省生态产品不同的功能和价值，可编制相应的生态产品清单。具体生态产品类别目录见表 7-1。

表 7－1　　　　生态产品类别目录

序号	一级指标	二级指标		指标说明
1	物质产品	农业产品	野生农业产品	从自然生态系统中获得的野生初级农业产品，如稻谷、玉米、豆类、薯类、油料、棉花、麻类、糖料作物、烟叶、茶叶、药材、蔬菜、水果等
			集约化种植的农业产品	集约化种植的生态系统生产的初级农业产品，如稻谷、玉米、豆类、薯类、油料、棉花、麻类、糖料作物、烟叶、茶叶、药材、蔬菜、水果等
2		林业产品	野生林业产品	从自然生态系统中获得的林木产品、林产品以及与森林资源相关的初级产品，如木材、竹材、松脂、生漆、油桐籽等
			集约化种植的林业产品[a]	从集约化管理的森林生态系统中获得的林木产品、林产品以及与森林资源相关的初级产品，如木材、竹材、松脂、生漆、油桐籽等
3		畜牧业产品	放牧畜牧业产品	利用放牧获得的畜牧产品，如牛、羊、猪、家禽、奶类、禽蛋、蜂蜜等
			集约化养殖的畜牧业产品[a]	利用圈养方式，饲养禽畜获得的畜牧产品，如牛、羊、猪、家禽、奶类、禽蛋、蜂蜜等
4		渔业产品	野生渔业产品	在自然水域中通过捕捞获取的水产品，如鱼类、贝类、其他水生动物等
			集约化养殖的渔业产品[a]	在人工管理的水生态系统中，养殖生产的水产品，如鱼类、贝类、其他水生动物等
5		淡水资源		生态系统为人类提供的用于工农业生产、居民生活等使用的淡水资源
6		生态资源		来自自然生态系统的水电、秸秆、薪柴和潮汐能等
7		其他物质产品		从自然生态系统获得的一些其他装饰产品和花卉、苗木等
				从集约化管理的生态系统获得的一些其他装饰产品和花卉、苗木等

续表

序号	一级指标	二级指标	指标说明
8	调节服务	水源涵养	生态系统通过其结构和过程拦截滞蓄降水，增强土壤下渗，涵养土壤水分和补充地下水、调节河川流量，增加可利用水资源量的功能
9		土壤保持	生态系统通过其结构与过程保护土壤、降低雨水的侵蚀能力，减少土壤流失的功能
10		防风固沙	生态系统通过增加土壤抗风能力，降低风力侵蚀和风沙危害的功能
11		海岸带防护[b]	生态系统减低海浪，避免或减小海堤或海岸侵蚀的功能
12		洪水调蓄[b]	生态系统通过调节暴雨径流、削减洪峰，减轻洪水危害的功能
13		碳固定	生态系统吸收二氧化碳合成有机物质，将碳固定在植物和土壤中，降低大气中二氧化碳浓度的功能
14		氧气提供	生态系统通过光合作用释放出氧气，维持大气氧气浓度稳定的功能
15		空气净化	生态系统吸收、阻滤大气中的污染物，如 SO_2、NOx、粉尘等，降低空气污染浓度，改善空气环境的功能
16		水质净化	生态系统通过物理和生化过程对水体污染物吸附、降解以及生物吸收等，降低水体污染物浓度、净化水环境的功能
17		气候调节	生态系统通过植被蒸腾作用和水面蒸发过程吸收能量、降低气温、提高湿度的功能
18		病虫害控制[b]	生态系统通过提高物种多样性水平增加天敌而降低病虫害危害的功能
19		授粉服务[c]	通过昆虫的授粉服务，提高作物的座果率、结实率和结籽率，增加产量、改善品质
20	文化服务	休闲旅游	人类通过精神感受、知识获取、休闲娱乐和美学体验等旅游方式，从生态系统获得的非物质惠益
21		景观价值[b]	生态系统为人类提供美学体验、精神愉悦，从而提高周边土地、房产价值的功能

续表

序号	一级指标	二级指标	指标说明
a 表示可选项，核算自然生态系统对人类福祉和经济社会发展支撑作用时，不应核算集约化种养殖的物质产品价值。 b 表示可选项，根据核算区生态系统特征和生态产品供给情况进行核算。 c 表示可选项，根据实际情况和核算目的选择核算，核算生态系统支撑人类福祉和经济社会发展所提供的最终产品与服务时，不应核算授粉服务价值。			

二、打造生态产品信息自动更新系统

依托第三次全国国土调查数据、自然资源确权登记、生态产品基础信息摸查成果，建立甘肃省生态产品数据库，对生态产品信息实行信息化管理。搭建甘肃省生态产品动态监测评价“一张图”系统，为生态产品价值实现提供技术支撑，构建以 GIS 为核心的生态产品数据库及管理系统。① 通过对甘肃省生态产品数据和空间数据自动化、标准化和可视化的数据存储和统一管理，增强甘肃省全境生态产品信息的数据管理与分析能力，提高政府与平台对生态产品信息管理与统计的工作效率②，同时打造实时更新的甘肃省生态产品的主要生态环境载体信息系统，保障生态产品价值有效有序实现。

（一）建立生态物质产品信息自动更新系统

对甘肃省生态产品中的物质产品按照产品类别和功能建立物质产品信息数据库，利用数据库技术、系统集成技术对甘肃全境生态产品信息进行实时更新。信息数据采集与更新内容不仅包括农业、林业、畜牧业、渔业等产业的产品、产量、产值信息还包括土地覆被类型、生物量、植被覆盖度等植被信息以及与生态环境相关的参数类指标，如水土保持、水源涵养等相关参数指标，确保对上述生态物质产品信息做到实时精准的数据采

① 徐斌，张艳．基于 GIS 的水文生态空间数据库及管理系统研发［J］．水生态学杂志，2018（05）：7－12.

② 李维明，俞敏．关于构建我国生态产品价值实现路径和机制的总体构想［J］．发展研究，2020（03）：70－71.

集。在甘肃省人民政府的指导下各级人民政府分别构建生态物质产品信息数据库，对甘肃省全境各品类生态产品按照生态产品清单的划分标准进行统一归类，进一步完善生态物质产品信息自动更新系统。

（二）建立生态服务产品信息自动更新系统

构建基于 ArcGIS Geodatabase 技术的生态空间数据库管理系统和基于 ArcGIS Engine 技术的生态服务产品数据库管理系统。对生态空间信息数据系统而言，以甘肃省生态产品保护区为主体，针对甘肃全省的基础空间专题数据，从数据的分类组织、数据库系统的总体结构、建库技术流程和数据集成方法等方面，搜集甘肃省生态服务产品的空间数据信息。对生态服务产品数据库管理系统而言，以甘肃省生态服务产品的经营和空间数据为基础，做好系统内数据管理、数据预处理、数据浏览、数据服务和安全维护功能，为甘肃省生态服务产品的经营服务和社会公众评价提供一体化的数据支撑。①

（三）建立生态环境数据信息自动分析系统

利用 GIS 技术对甘肃省生态产品的主要载体，即各类生态环境系统中的地理空间信息以及水文生态环境信息进行收集、监测、存储，并对海量数据进行统一化处理，实时监控地理空间信息以及水文生态环境信息。依据采集到的不同环境数据源头、类别，需要利用监测系统进行自动分类分析，提取出有用的分类数据进行显示和更新，从而提高环境数据追踪的可靠性。生态环境数据信息自动分析系统确保监管人员实时掌握甘肃省生态环境状况及变化趋势，防范生态环境质量恶化等重大风险对生态产品造成的次生危害，保障生态产品价值健康有序实现。参照浙江省数字国土空间建设经验，积极探索空间码应用、空间治理数字化平台、地灾智治、三维地质空间组件等规范化综合应用场景建设。

三、搭建生态产品多维数据共享云平台

生态产品信息数据共享平台分为空间数据库和非空间数据库。以数据库

---

① 闾国年，袁林旺，俞肇元．地理学视角下测绘地理信息再透视［J］．测绘学报，2017，46（10）：1549－1556.

及空间信息技术为主要技术手段，在统一的规范和标准下，设计合理的存储结构，建立生态产品信息数据共享云平台。生态产品信息数据共享云平台面向主要群体可分为其他各大信息数据企业平台、政府机构和普通大众用户。

（一）统一各生态产品数据平台标准体系

一是根据统一的规范要求，建立各数据平台的数据搜集和存储的统一标准制度。二是通过整合各种环境业务数据标准，如环境质量数据、污染源监管数据、安全防控数据、实验室监测数据、排污许可数据、总量控制数据、辐射信息数据、危废数据、信访数据、建设项目管理数据、地理数据、行政管理数据和基础支撑数据。三是构建环境信息资源数据的存储中心，创造一个环境信息资源的标准“云”系统，为环境综合管理提供查询、统计、分析等服务。

（二）建设全域生态产品集成产业大脑

对于不同信息数据的平台而言，各大生态产品数据平台应构建统一的数据标准、数据管理流程及可靠的“数字管理大脑”。甘肃省生态产品数据共享云各平台可以与水利、农业、林业、卫生、气象、海洋等各政府部门数据库进行集成，打通甘肃省环境管理业务各环节、全流程数据，打造全域数字化“生态产品地图”，建设生态产品保护综合协同管理平台，全面提升生态产品管理综合决策能力。建立能够完成不同数据库之间的统一数据调度平台，编织“监测、监控、执法、执纪”四张网，集成各类环境监测、监控、监管数据，从而实现不同平台下生态产品内部数据库资源的共享。[①] 加强数据归集，开展数据治理，完善数据仓；打通与相关部门的业务壁垒，实现部门联动；迭代升级场景应用，拓展场景功能，实现应用场景的全面顺畅运行。

（三）打造开放式阳光数据库

对于不同大众用户而言，可利用生态产品多维数据共享云平台对甘肃省生态物质产品详细信息进行查询，如农特产品的产地环境、生产流程、

① 靳诚，陆玉麒．我国生态产品价值实现研究的回顾与展望［J］．经济地理，2021（10）：207－213.

病虫害防治、质量检测、品牌建设等信息进行查询，进一步完善甘肃省生态物质产品的可追溯体系。对出于研究或商业目的获取更多甘肃省各地区多维度的生态产品信息的个体用户，采取租客模式适当放开权限，生态产品多维数据共享云平台可提供原生的多租户属性，把平台权限映射为云平台上的每个租户用户，每个个体租户之间完全隔离，默认各自只能访问到内部所属数据。个体租户权限管控和数据管理分别由统一的权限与管理服务以及统一的数据服务提供，同时数据共享过程通过租户主动发出共享申请以及申请订阅来实现。

四、建设生态产品大数据分析平台

大数据的核心是数据资源，前提条件是甘肃省内自然资源、国土、水利、农业、林业、卫生、气象、海洋等各政府部门内部数据的全面整合共享和外部数据的充分开放利用。要实现甘肃省全境大数据在生态产品领域中的真正应用，就必须建立全省统一的大数据分析平台，建议依托甘肃省数字政府平台提供统一的基础设施、计算、网络、存储、安全等服务，有效提升甘肃省各类生态系统提供的生态产品调节服务功能，进而提高生态产品价值。

（一）建立生态产品大数据分析平台

对于甘肃省生态产品而言，建议充分利用甘肃省数字政府平台为基础，精准监控农业产业的种植面，分析畜牧业动态草畜平衡，监管工业产业污染，监测流域实时生态、环境情况等。创新运用“网格化”“星地一体化”“三维化”等新技术手段，开展生态产品基础信息调查统计，统筹山、水、林、田、湖、草、沙、矿、气象、土壤、生物资源等生态本底数据，摸清省域全境各类生态产品数量、质量等。甘肃省数字政府平台可以与市面上成熟的数据平台进行合作，建立一整套生态产品指标、指数体系，形成甘肃省生态产业一张图。实时保持对生态产品数据信息的获取与分析，以掌握甘肃省生态物质产品的分布规律和价值创造的动态信息。[1]

---

① 丘水林，靳乐山．生态产品价值实现的政策缺陷及国际经验启示［J］．经济体制改革，2019（03）：158.

（二）建立生态环境质量大数据分析平台

对甘肃省全境生态服务产品数据的精准监测的同时，基于“5G＋物联网＋大数据”技术，依托大数据和大地图数据资源池建设生态环境质量大数据管理系统和环境大数据分析应用系统，实现对海量生态环境数据“多流汇聚”、交互共享以及监控管理。基于大数据分析平台加强监测甘肃省各地区自然资源状况，面向生态环境质量业务需求构建场景模拟分析模型、支撑环境形势综合研判、环境风险预测预警、环境舆情引导等，做到“用数据说话，用数据管理，用数据决策”。结合可视化技术，将生态资源以动态图表形式进行呈现，实现生态资源大数据的可视化应用。如借鉴浙江省”绿矿智用“应用场景，数字化管理矿产资源，提升矿产资源管理和治理能力现代化、智慧化水平。

（三）构建生态系统虚拟仿真分析平台

基于数字化虚拟仿真技术建立生态系统虚拟仿真平台，针对甘肃省不同环境条件计算出相应的场景仿真参数，采用环境、主体和行为三部分组成的模拟模型对生态产品实施模拟监测，帮助论证既有监测政策的有效性。结合甘肃省生态产品和生态环境大数据平台，模拟仿真生态产品开发需求与生态环境保护的平衡场景，得出两者平衡的可能性约束条件。从多源数据汇交、统一存储管理、数据加工与挖掘分析、服务与展现四个层次模拟仿真生态系统在各类约束条件下或外部冲击下的模拟场景，从而准确评估不同冲击条件下对生态产品的供给数量以及质量的影响。

五、生态产品监测结果公开化制度建设

数据监测平台以及甘肃省各级政府监测部门应加快生态产品数据开放平台建设，充分利用云计算、数据库技术、系统集成技术等数字技术手段对生态产品区内各项数据指标进行标准化监测，建立甘肃省生态产品数据信息公开反馈和处理机制，完善甘肃省生态产品数据阳光法治建设。[①]

---

① 靳乐山．中国生态保护补偿机制政策框架的新扩展——建立市场化、多元化生态保护补偿机制行动计划的解读［J］．环境保护，2019（02）：29.

（一）落实甘肃省生态产品数据登记制度

甘肃省各级职能部门逐级做好各地区生态产品信息数据的登记工作，并建立专班小组负责数据核查。各级职能部门把不同时期、不同类别生态产品的数据信息统计逐步流程化、透明化和数字化，为后续生态产品数据的分析与预测提供依据。实行环境影响评价登记表备案制度，所有环境影响登记表项目均可在网上完成备案，提高生态产品数据公信力。① 落实生态产品监测行政执法公示制度、执法全过程记录制度、重大执法决定法制审核制度，推动生态产品监测的规范公正执法。

（二）建立数据信息公开反馈和处理机制

及时登记生态产品数据台账，建立分类档案，及时补充和更新，确保基础数据完整、真实、准确。围绕部门动态、领导分工、公示公告、生态产品统计快报、权责清单等涉及社会公众需要广泛知晓的内容，做到应公开、尽公开。认真贯彻落实《国务院办公厅关于做好政府信息依申请公开工作的意见》，妥善处理生态环境相关新情况、新问题，各级职能部门应加强与上下级职能部门的主动沟通，做到依法有据、严谨规范。甘肃省生态产品数据信息公开制度的建立，必须充分考虑各企业和普通民众的监督权利，如在甘肃省生态产品认证中，对于生态物质产品及文化服务产品的质量与环境认证，生产商通过认证机构的一系列标准认证应在遵从政府相关法律政策的同时，积极听取各专家、学者以及普通群众建议，提升生态产品信息监测结果的科学性与普适性。②

（三）加强甘肃省生态产品数据公开与法治建设

甘肃省各级政府要高度重视对生态产品数据资源的公开化作用，明确生态产品数据资源公开的主体及权利义务。将生态产品数据资源知识产权归属明确化，制定规章条例合理划分甘肃省生态产品数据资源和再开发形成的数据资源产品的边界。进一步完善生态环境内各地区排污权、碳排放

---

① 黎元生．基于生命共同体的流域生态补偿机制改革——以闽江流域为例［J］．中国行政管理，2019（03）：95.

② 任世丹．重点生态功能保护区生态补偿法律关系研究［J］．生态经济，2013（08）：152－153.

权、用能权、水权等交易制度，完善甘肃省生态保护补偿和生态环境损害赔偿政策，形成生态环境保护者受益、使用者付费、破坏者赔偿的利益导向机制，构建具有甘肃省特色的生态文明治理体系，有力促进经济社会发展全面绿色转型，根本性提升生态产品的地位和价值。

第三节 “赏罚分明”的生态产品监管制度

一、完善生态产品监管的督察执法制度

在中央环境保护督察制度的基础上，甘肃省级层面的生态产品督察的实践，是对中央生态环保督察的有力延伸，并与之紧密衔接，对于推动地方党委政府履行生态产品保护主体责任，落实“党政同责、一岗双责”，解决突出生态产品安全问题，具有重要作用，因此在完善生态产品法律法规体系建设工作的基础上，还需不断探索和推进生态产品监管的督察执法制度工作。

（一）落实督察执法实事求是原则

中央环保督察和省级生态产品督察都是督察制度体系的组成部分，两者是互补、衔接、配套的有机体。甘肃省级生态产品督察要树立求真务实、实事求是的态度，结合地方实际情况，把重点放到发现和解决突出生态产品安全问题上来，强化各级党委政府及有关职能部门的决策和监管责任。通过发现的问题找到内在的根源，进而推动突出生态产品安全问题的破解，挖掘出相应问题的内外因，依据相应问题根源的多元性与复杂性，实施追踪式督察制度。不能只将督察目的放在覆盖多少市县、问责多少官员等问题上，切实查清生态产品安全问题背后党委、政府和有关职能部门干部可能存在的渎职、失职等问题。

（二）积极创新督察工作方式与方法

根据现有督察制度基础，可研究制定省级生态产品督察地方性法规，

同时严禁“一刀切”，力戒形式主义、官僚主义，健全督察权力运行监控机制，严格审核把关，让督察工作在受监督约束条件下开展。各级生态环境和生态产品督察机构应该与时俱进，勇于打破传统思维定式，善于在制度框架内创新工作思路和方法，强化卫星遥感、无人机等各种新技术实战应用，以及生态环境部相关司局及部属单位开放共享的信息系统和应用APP的数据资源应用，提高督察工作的针对性和有效性。在督察一线监督检查中应用实时移动督察信息系统，实现督察信息数据当场采集、即刻网上传输入库，督察数据实时传输，部分督察数据实时公开的流水线式督察过程。充分运用数字化手段提高监管效率，各级政府和有关部门应当通过报纸、电视、互联网、手机客户端等方式，健全举报奖励制度。同时，省生态环境主管部门和自然资源部门应合作建设全省统一的生态产品监督管理系统，推动生态产品监测智能化、闭环化管理。

（三）完善生态环保与生态产品督察配套制度

在既有生态环保督察工作上，从进驻、展开、反馈到整改、销号，包括整改期间的约谈、通报，再到问责、“回头看”，基本建立起涵盖全过程全链条、较为完整配套的生态产品督察整改制度体系。在督察进驻、展开到反馈以及开展“回头看”过程中形成一套科学的督察反馈流程，针对整改落实环节配套制度建设还相对零散问题，需建立配套的整改销号制度，制定贴签挂牌亮灯细则以及督察约谈制度，在此基础上，完善落实督导督办、主体责任、核查验收等环节有效衔接的督察制度。建立舆情追踪调查制度，督察工作中应充分挖掘群众信访举报和媒体反映问题这座有价值的“金矿”，既增强督察工作针对性，又推动地方切实解决人民群众关心的突出生态产品安全问题。

二、建立部门互补的生态产品监管机制

生态产品是否生态安全，较大程度上取决于监管部门是否在全过程中落实监管职能。但由于生态产品监管贯穿生态产品价值实现相关的各个部门，因此需要优化监管机制，形成部门间互补合作，通过整合各部门各地区职能资源，形成有序统一体，才能提高监管效率，保障监管机制有序高效运转。

（一）建立统一的生态环境监管管理制度

强化省、市、县生态环境监管统一管理制度。统一执法程序，编制统一的生态环境执法工作规程和操作手册，进一步细化明确生态环境执法事项的工作程序、适用文书、履职要求、办理时限、行为规范、证据收集等内容。各级生态环境主管部门按照统一组织领导、统一标准规范、统一网络布局、统一数据管理、统一信息发布的要求，落实统一监管评估职责。推动建立部门合作、资源共享工作机制，加大对有关行业部门监管工作的统筹力度，并积极开展各自职责范围内的监管工作。合理划分中央和地方生态环境监管事权，按照“谁考核、谁监管”的原则，国家生态环境质量评价与考核监管、支撑国家本级生态环境执法、应急等监管工作为国家事权，其他服务于地方环境管理和污染治理的监管事项为地方事权。

（二）成立生态环境监管领导小组

领导小组负责贯彻落实国家和省生态环境监管网络建设工作的决策部署，统筹协调推进全省生态环境监管网络建设工作，研究解决相关重大事项，指导、监督有关工作措施的落实。可由上一级政府组织并成立专业的环境监管领导小组，上级政府主管领导担任组长，领导下属各部门开展统一管理，并建立相应的监管体系，避免各部门重复性工作。基于领导小组的协调作用，建立良好的沟通机制，实现多部门的生态环境监管网络融合，同时借助大数据平台，提升监管结果的统一管理。为提升环境监管质量，领导小组可要按照生态环境监管网络的布局要求，丰富现有监管点，提升监管点位覆盖的全面性，并实现各监管点的互联互通。

（三）建立部门间监管数据共享机制

按照“统一领导、分工协作”的原则，明确相关监管单位的职责和任务，共同做好保护区的生态环境监管与评估工作。建立统一的省级数据开放平台，加快省、市、县三级的生态产品监管数据中心和电子文档等相关共享设施的建设。完成对相关监管电子文件、数据的办理、归档保存和利用等关键环节的规范管理，有效联通各级主管部门监管数据的共享，实现数据共享跨部门全覆盖。强化政府数据开放共享的管理机制的建立，丰富数据开放的实质和深刻内涵，在监管数据搜集和利用方面提升内在推动力，统一技术规范，打破数据壁垒，让生态产品监管数据发挥应有的作用。

（四）借鉴全国市场监管数字化试验区建设经验

参考浙江省打造全国市场监管数字化试验区经验，做好生态产品监管机制。突出“关键少数”，确保生态产品监管责任到人。地方党委、政府主要负责人是属地生态产品安全工作第一责任人，经营主体主要负责人是生态产品安全第一执行人，将生态产品安全“第一责任”有效分解落实。实行清单管理，确保履责到位。充分利用基层自然资源部门建设专管员、网格员、协管员等基层力量开展工作，重点落实好关键生态产品安全控制点风险管理制度和生产经营质量管理制度。坚持系统推进，确保落地见效。通过系统学习、系统落实、系统监管，把企业主体责任和地方属地管理责任有机统一起来，确保生态产品监管的各项政策与制度在基层落地。

三、提升执法与应急监管保障能力

执法与应急监管是推进生态产品价值实现的重要保障，着力提升甘肃省生态环境执法与应急监管能力是维护区域生态环境安全，改善环境质量，提升生态产品价值实现能力的现实要求，具体可从提升执法力度、提升应急监管保障能力和建立执法和监管部门联动机制等方面实施。

（一）提升甘肃省生态环境执法力度

严格落实入河排污口排查整治。对生态环境部交办兰州、白银、定西3个试点城市的4475个排污口，要按照“一口一策”“一口一档”扎实推进整治。相应执法部门应认真落实《甘肃省黄河流域入河排污口排查整治工作方案》的要求，周密组织相关职能部门，明确职责分工，推动形成工作合力，通过政府牵头、部门协同的方式，提升执法强度。按照“边查边治”原则，对存在环境污染隐患的问题要立行立改，对非法排污口要坚决取缔，对需要依托工程项目等手段进行整治的，要科学制定方案并推进整改。加大生态破坏问题执法和查处力度。加强对破坏湿地、林地、草地、河湖缓冲带等生态敏感区的开矿、筑坝、修路、建设等违法行为的监督和执法，根据环境违法犯罪案件性质、影响范围等，视情组织提级查办。强化生态保护综合执法与相关执法队伍的协同联动，形成执法合力，重点开展土地和矿产资源开发生态保护、流域水生态保护执法，可联合公安、检察机关督办。加大对未批先建、无证排污、超标排污、逃避监管、污染环境犯罪等行为的打击力度，以高压的态势、严格的手段打击各类环境违法犯罪行为，全力消除生态环境隐患，确保甘肃省生态环境安全，以严格的执法、优质的执法服务为生态产品价值实现提供坚实法律保障。不定时开展排污许可专项执法。聚焦甘肃省重点行业、重点区域，组织开展排污许可专项执法，重点检查排污点的排污设施规范化建设、污染物达标排放、污染防治设施正常运行情况，以及自行监管、台账记录、执行报告等例行任务落实情况。此外，各级监管部门还应从持证排污、排污口规范化建设、污染物排放等方面进行逐一核查。重点对无证排污、整改情况、违反排污许可证情况、违反自行监管要求的情况、违反其他环境管理要求等行为进行检查，同时对持证企业开展执法帮扶。与此同时，监管部门应及时曝光排污许可违法典型案件，形成警示教育作用。

（二）提升甘肃省生态环境应急监管保障能力

完善突发环境事件应急预案体系，修订《甘肃省突发环境事件应急预案》，督促县级及以上政府自然资源与环境保护主管部门全面完成突发环境事件应急预案修编，实施企业环境应急预案电子化备案，推动涉危涉重企业电子化备案全覆盖。加强重点流域环境风险综合管控，系统构建流域应急响应“一河一策一图”，选择跨界典型河流建立完善应急响应方案。在黄河流域部署建设省界水质自动预警站，提升突发环境事件应急监管响应时效等。充分储备各级应急监管保障物资。健全甘肃省、市、县三级联动应急响应机制，秉承“此时此刻就会有应急监管”的工作标准，按照甘肃省生态产品监管中心站突发环境事件应急监管预案和值班安排，严格落实应急监管值班，做到人员到位、责任到人。定期运行维护应急监管设备，保障设备运转正常，定时对应急监管车辆进行维护，检查油料、车况、UPS 电源等情况。按期对应急设备进行性能检验，及时补充和更新应急监管试剂及耗材等。加强交流与演练提高应急监管实战水平。采取“走出去，请进来”方式，加强生态产品监管人员和兄弟省市生态监管中心进行监管技术交流，调研其他省区先进装备和新型应急监管技术使用情况。积极参加省（市）直管部门组织的应急演练，在演练中检验装备及监管方案的可行性和可操作性，在演练过程中邀请优秀国内应急监管专家亲自指导，提升应急监管与管理的实战能力。

（三）建立执法和监管部门联动机制

一是主要职能部门各司其职。环境执法机构负责案件的现场调查，包括现场采样布点、收集固定证据材料、封存保管、制作现场调查笔录等。生态产品监管机构配合环境执法机构，开展现场采样工作，全程做好样品采集、保存、运输、交接、分析等证据保存和数据质量控制工作。

二是执法监管工作组织有效。执法监管工作一般由生态产品监管机构承担，对不具备监管能力的项目，可委托有资质的社会生态产品监管机构实施。同时推动执法和监管机构联合培训常态化，实现全员持证上岗，注重人才培养，推动执法人员和监管人员同时具备行政执法和现场监管专业知识。

三是成立执法监管工作专班。由甘肃省自然资源厅和生态环境厅成立联合工作专班，解决执法和监管协调联动中存在的问题，支持执法和监管队伍建设，完善计划管理机制，结合环境信用等指标，制定辖区内年度执法工作计划和执法监管实施计划，开展联合行动。健全完善联动响应机制，明确日常联络员，做好对接工作。

四、落实统分结合的生态产品监管责任制度

鉴于生态产品具有复杂性、广泛性、公益性等特点，实现生态产品监管责任制度，需要政府、企业、社会各界的统筹合作。其中，在政府与社会各界的通力合作下，加快形成以政府为主导、企业和社会各界积极参与的统分结合的监管体系。

（一）建立总体分级负责制

按照中央统筹、省级负总责、市县抓落实的总体要求，完善由甘肃省政府牵头的分级自然资源调查监管评估体系，分部门贯彻落实到不同区域不同生态行业的生态产品监管任务体系中。甘肃省级党委和政府对生态产品监管工作负总责，需要结合省情，抓好目标确定、项目下达、资金投放、组织动员、监管考核等工作。市级党委和政府的主要职责在于做好上

下衔接、域内协调、督促检查工作，把精力集中在域内重点生态县的生产产品监管指导工作上。县级党委和政府承担主体责任，书记和县长是第一责任人，需要结合县域实际，做好进度安排、项目落地、资金使用、人力调配等推进实施生态产品监管等实际工作。

（二）建立多主体协同监管机制

坚持多方共治机制，明晰政府、企业、公众等各类主体监管权责，畅通参与渠道，形成全社会共同推进生态产品监管的良好格局。针对政府应合理设定监管约束性和预期性目标，纳入国民经济和社会发展规划、国土空间规划以及相关专项规划。针对企业应加强生态产品监管责任制度建设，督促企业严格执行法律法规，接受社会监督，重点排污企业要安装使用监管设备并确保正常运行，坚决杜绝治理效果和监管数据造假。完善公众监督和举报反馈机制，充分发挥“12369”环保举报热线作用，畅通监督渠道，加强舆论监督，鼓励新闻媒体对各类破坏生态产品安全问题、突发环境事件、环境违法行为进行曝光。

（三）建立县乡镇基层两张责任清单

在县级与乡镇层面分别建立责任清单，明确县级和乡镇党委、政府等各职能部门的监管责任与属地责任，将各类生态产品监管工作落实到相关责任部门分管。通过“放管服”改革协调小组办公室牵头梳理县本级生态产品监管权责清单，以及乡镇层面生态产品监管权责清单，明晰县、乡镇主体责任和配合责任，建立边界清晰、分工合理、权责一致、运行高效、依法保障的基层生态产品监管管理体制。通过县、乡镇两级职能部门签订生态产品监管责任书，把任务逐条逐项落实到具体责任人，同时制定双向责任落实情况考核办法，并将考核结果作为评价县、乡镇等基层领导干部政务工作绩效的重要依据。

（四）构建科学的生态产品监管绩效评价制度

探索构建行政区域单元生态产品总值或特定地域单元生态产品监管绩效的评价体系，考虑不同类型生态系统功能属性，体现生态产品数量和质量，加快建立覆盖省、市、县三级生态产品监管绩效的评价制度和报告制度。结合自然资源平衡表编制试点，探索将生态产品监管绩效的评价制度纳入考核体系。在生态环境部印发《生态环境标准管理办法》的基础上，加快甘肃省生态产品监管标准的制定，从省级层面设置各类生态保护和管理维护的政策条例。明确配套的污染防治、监管、执法等方面的指南、标准、规范及相关制定或者修改计划，以及标准宣传培训方案，确保标准有效实施。各级政府应当根据本行政区域生态环境质量改善需求和经济、技术条件，进行全面评估论证，并充分听取各方意见，制定科学合理的生态产品监管标准。

五、确立生态产品监管失职的责任追究制度

责任能否落实是生态产品价值实现的关键。构筑生态产品建设责任链条，需要实现最严格的生态保护制度。2015 年 8 月，由中央组织部、监察部牵头，制定了《党政领导干部生态环境责任追究办法》，提出党政同责、差别追责、联动追责、主体追责、终身追责，明确了责任追究原则，但相关细则根据甘肃省的省情仍可进一步细化。

（一）党政同责与主体追责

建立专门的生态环境法庭，对于生态监管主体的权责行为进行专业性判断。在履行生态产品的监管责任时，要遵循“谁决策，谁负责”“谁主体，谁负责”“谁监管，谁负责”“谁污染，谁治理”“谁破坏、谁恢复”的工作原则，并对于在生态产品中的监管失职进行依法追责。生态产品监管失职责任追究制度的实施对象不能仅限于各级党政领导干部，要将范围扩大到社会企业层面，尤其是对于自身企业生态产品监管不力而造成环境污染和生态破坏的企业，也应当追究其终身的责任。

（二）联动追责

严格落实问责制度，对生态产品监管责任不落实、不担当等问题严肃问责并对典型案件严肃通报曝光，同时发文至对口职能部门加以警示教育。对中央和省级督察移交问责案件须高度重视，应专门成立问责工作领导小组，确保及时处理与问责到位。制定问责依据与法律法规，加紧制定甘肃省贯彻《中国共产党问责条例》实施办法、甘肃省生态环境损害党政领导干部问责办法等制度，以清单方式明确各级党委和政府及有关职能

部门生态环境和资源保护职责，为开展问责提供细化依据。健全生态产品监管问题线索移送机制，督促职能部门及时将工作中发现的监管问题线索移送纪检监察机关，必要时开展联合调查，把纪检监察机关的专责监督作用和相关部门的专业优势充分发挥出来。

（三）终身追责与差别追责

完善生态环境损害责任终身追究制，尽快出台甘肃省党政领导干部生态环境损害责任追究实施细则，对违背科学发展要求、造成资源环境生态严重破坏的要记录在案，实行终身追责，不得转任重要职务或提拔使用，已经调离的也要追责。紧盯党委、政府特别是第一责任人，对出现环境污染问题的，坚持“一案双查”，既问直接责任，也问领导责任；对长时间“零问责”但被上级部门发现问题的，从严从重追究一把手和有关领导责任。坚持“三个区分开来”，把惩戒追责与保护激励统一起来，对依法履行职责并及时查处仍不能避免对生态环境和资源造成损害等情形，依纪依法从轻、减轻或免于追责，在职能干部队伍中营造敢于担当、干事创业的浓厚氛围。建立完善纪检监察机关和组织人事部门、生态产品监管部门及司法机关常态化协作机制，把生态产品损害评估和干部离任审计进行挂钩。

第八章

甘肃省生态产品投资经营机制研究

积极进行生态产品投资以提高生态产品的有效供给能力，创新甘肃省生态产品经营机制以拓展生态产品的转化、交易渠道和途径，是甘肃省生态产品价值实现的两个重要方面。本章界定了生态产品投资经营的概念，系统梳理了甘肃省生态产品投资经营分类，指出了甘肃省不同生态产品具有不同市场属性和投资经营方式；对甘肃省生态产品投资经营的实践现状进行了评价，介绍了甘肃省的实践进展和取得的良好成效，并分析了存在的问题；分别针对甘肃省公共性和经营性生态产品投资经营提出了系统全面的机制构建建议。

第一节　甘肃省生态产品投资经营范围分析

一、生态产品分类及投资经营概念

（一）生态产品投资经营概念界定

在生态需求日益递增的背景下，生态资源变得日益稀缺，体现了越来越大的经济价值。通过将物质资本、人力资本和制度资本转化为生态资本，能够促进生态资本增量形成，提升生态产品的数量、质量和价值，实现对需求者更好的满足，从而创造更高的价值。

生态产品投资是指生态产品投资主体通过一系列有目的、有计划的生态建设、环境治理、资源修复、环保投资、生态技术研发和制度建设等活动，对特定范围内的生态资源进行一定的认识和投入（包括人力资本、实物资本与制度投入），经过与生态资本投资客体的有机结合，使生态资源质量及数量指标有所改善和提升的投资行为，这种改善和提升最终反映为生态资本和生态产品存量的增加和质量的提高。

生态产品经营是指产业运营方等市场主体通过人力、技术等要素投入开展生态产品的开发管理、市场化经营，最终形成面向终端消费者或可在生态市场实现交易的生态产品和服务，并通过对价支付形成可持续的现金流收入，以实现生态资产的增值和主体投资的退出。

（二）生态产品投资经营分类梳理

广义而言，生态产品包括三类：第一，吸收二氧化碳、涵养水源、防风固沙、调节气候等生态系统调节服务的产品；第二，良好生态系统直接带来的清洁水源、干净空气、可再生能源、公共湿地等优质物质供给；第三，“生态 +”产品，如利用优质生态环境生产的生态农产品，利用历史和自然风光发展的观光、休闲等文化旅游服务，以及利用独特生态资源生产的绿色深加工产品、绿色工业产品等。

这些生态产品作用各异、公共属性和外部溢出性程度不同、外部性内部化的成本也各不相同，具有不同的投资经营主体和方式。借鉴现有研究①，本章将生态产品分为纯公共性生态产品、准公共性生态产品和经营性生态产品等三种类型，其投资经营关系如图 8 - 1 所示。

第一类，纯公共性生态产品。这类生态产品具有纯公共物品特征，既具有非竞争性，又具有非排他性，如具有全国性和跨区域性的气候资源、生态脆弱区保护、社会收益大但经济回报性差的生态修复和生态工程建设等。这类生态产品消费共享均等无法排他或排他成本很高、效用不可分割

① 王金南，王志凯，刘桂环，等．生态产品第四产业理论与发展框架研究［J］．中国环境管理，2021（04）：4 - 13.

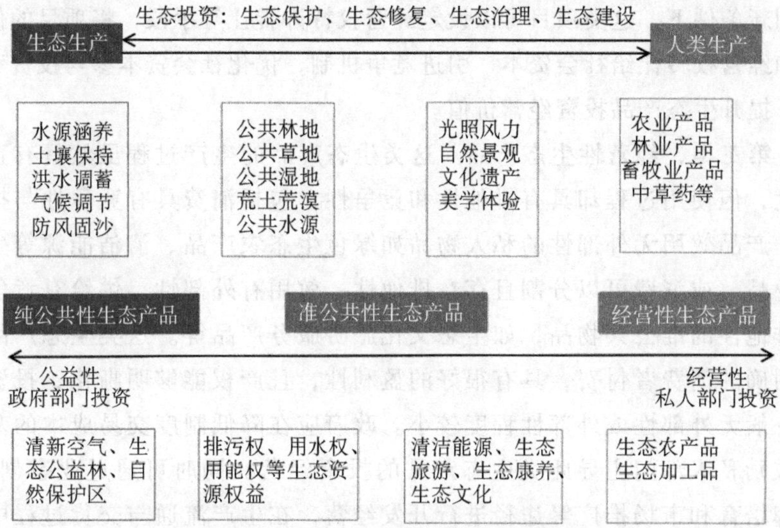

图 8－1　生态投资和生态产品类型

且有很强的外部性、供给无竞争性、一般投资盈利能力较弱、但具有很强的社会效益和生态效益，项目产品的主要功能为社会福利功能，不符合私人资本投资经营的本质，主要由政府财政拨款或政策性投资。但为了提高生态产品投资效率，除由政府成立专项公司进行投资经营外，还可以积极引入市场化运作方式，通过政府购买的方式，将项目外包给具有相应资质的专业公司，利用专业化生产提高投资经营效应。

第二类，准公共性生态产品。这类生态产品具有公共资源特征，没有排他性，但具有竞争性，一个人使用这类公共资源就会减少其他人对它的享用。这类生态产品可分为两种：一种是能源、清洁的空气和水等环境容量资源，需要在政府管制下通过制度设计如征收税费、构建生态资源权益交易市场、实现生态资源产权流转等方式实现价值；另一种是生态修复和区域性生态产品项目经营等，如以国家公园为主体的自然保护区、风景名胜区、自然历史文化及其蕴含的休闲旅游、美学体验、自然景观等。这类项目具有一定的营利性，但投资规模大，运行周期长，资金需求高，涉及主体广泛，强调多方参与、协同治理和协商共识，实现利益最大化。[①] 可采用“政府授权＋市场经营机制”进行投资经营。在市场经济体制与金

① 李宏伟，薄凡，崔莉．生态产品价值实现机制的理论创新与实践探索［J］．治理研究，2020，(04)：34－42.

融创新条件下，这类项目可以设定经营权特许转让等手段，将项目的使用权和经营权转让给社会资本，引进竞争机制，优化社会资本参与投资和经营，提升生态产品投资经营价值。

第三类，经营性生态产品。这类生态产品的生产过程虽然具有正外部性，但使用过程却具有排他性和竞争性，包括消费具有竞争性与排他性、产品效用无外部性的私人物品如绿色生态农产品、清洁能源等生态工业品，或消费可以分割且存在排他性、效用有外部性、供给有竞争性与排他性的准公共物品，如生态文化旅游服务产品等。这类生态产品可由明确的消费者付费，具有很好的盈利性，且产权能够明晰化，投资收益一般无外部性或外部性程度较小。政府应在降低制度交易成本的基础上鼓励私人部门主导此类生态产品的投资经营。同时可通过业态创新、品牌培育和市场推广等途径进行开发经营，在生产流通与交货过程中实现生态价值。

二、甘肃省生态产品投资经营分类

甘肃省地处西北，地域辽阔，拥有宝贵的“生态资源富矿”。除海洋和岛礁以外，甘肃省具备所有的地貌类型，黄土高原、广袤草原、茫茫戈壁、洁白冰川、光照风力让甘肃省获得了“生态奇观的博物馆”“自然风貌的大观园”的美称。再加上悠久厚重的历史，得天独厚的光照、风力和昼夜温差等气候条件，为甘肃省带来了极为丰富的生态产品。这些生态产品经过开发经营进行价值转化后，能够实现丰厚的经济效益。同时，甘肃省气候干旱、水土流失严重、生态环境脆弱、地质环境历史遗留问题多，需要进行生态产品投资，投入物质资本、人力资本、制度资本进行保护、修复、治理。根据以上对生态产品的分类，本节全面梳理了甘肃省生态产品投资经营典型代表及其生态产品的市场属性，如表 8 - 1 所示。

第一，纯公共性生态产品投资。主要集中于对生态调节服务产品的投资，包括祁连山生态保护与建设综合治理、甘南黄河重要水源补给生态功能区生态保护与建设、“两江一水”区域综合治理、定西渭河源区生态保护与综合治理、祁连山地区山水林田湖草生态保护修复、祁连山北麓、陇中—陇东南、河西走廊等历史遗留废弃矿山生态修复重点区域的生态保护修复工程，平川、华亭、崇信新窑等采煤沉陷区综合治理，等等。

表 8-1　　甘肃省生态产品投资经营分类

生态产品投资经营分类			甘肃案例	市场属性
生态调节服务产品	生态调节服务投资	水源涵养	祁连山地区山水林田湖草生态保护修复；河西走廊废弃矿山生态修复	纯公共性生态产品
		土壤保持		
		气候调节		
		空气净化		
	衍生性生态调节服务交易经营	用水权	用水权	准公共性生态产品
		排污权	排污权	
		用能权	用能权	
		碳排放权	碳排放权	
		土地经营权开发	农村土地流转	
		集体林权开发	林权交易	
生态文化服务产品	历史地理景观开发经营	生态旅游	七彩丹霞景区运营	准公共性生态产品
		生态康养	生态康养谷	
		农业休闲观光	农村亲子观光	经营性生态产品
		自然教育	青少年自然教育营	
		生态美学服务	瓜州石窟美学文化	
		生态文化资源开发	河西走廊游学	
生态物质产品	生态农林牧渔业开发经营	生态农业	大棚农业	经营性生态产品
		生态林业	林间种植业	
		生态畜牧业	生态畜牧养殖	
		中草药业	中药加工	
	衍生生态物质产品产业开发经营	生态农产品加工	杏仁等深加工	经营性生态产品
		生态食品饮料加工	敦煌杏皮茶	
		风能发电	酒泉风电项目	
		光伏发电	武威光伏基地	

第二，准公共性生态产品的交易和经营。主要包括两类产品：一类是生态资源产权交易，如碳排放权、排污权、用水权、用能权的交易和土地经营权开发流转、集体林权开发流转等；另一类是部分生态项目的开发经营，如祁连山国家公园、大熊猫国家公园、七彩丹霞景区投资经营；旅游业配套功能建设；尕海、首曲、黑河、盐池湾等国际重要湿地空间的保护和开发等。

第三，经营性生态产品投资经营。主要包括：历史地理景观开发经营、生态农林牧渔业开发经营和衍生生态物质产品产业的开发经营。如酒泉市、通渭县等风电基地建设；白银市、平川市、武威市等光伏领跑技术基地；敦煌市、玉门市等太阳能光热发电；定西市、张掖市、庆阳市等农林生物质发电；当归、肉苁蓉、百合、马铃薯等产业加工、制药、丝路旅游等文化旅游项目开发经营等。

三、甘肃省生态产品投资经营特征

从生态资本特征和投资经营理论基础来看，包括甘肃省在内的我国生态产品投资经营具有以下几点突出特性：

（一）制度依赖性

制度依赖性是指生态产品投资经营收益的实现需要一系列制度保障。生态产品投资经营收益实现蕴含于生态产品价值实现之中，有的生态产品价值实现在普通产品的制度安排下难以保证，从而可能导致交易无法完成或挫伤市场主体的积极性。由于生态产品的公共物品属性，其正外部性可能使得投资行为因未能获得足够收益或合理补偿从而供给不足。因此需要对产生正外部性的行为主体进行补贴，或明晰产权，通过产权的适当界定和实施来实现外部性内部化等，或采用制度人为设计交易需求和交易市场等。

（二）收益长期性

生态产品投资可带来长期价值收益，但投资项目往往较为复杂，投资周期较长，生态产品投资收益长期性的同时伴随着收益的滞后性，中短期生态投资目的与生态收益长期的矛盾使得生态投资短缺问题十分突出。如何解决投资资金的长期持续性与稳定性是需要格外关注的问题。

（三）方式多样性

生态产品投资可通过多种投资渠道和多投资主体来实现。由于生态产品的公共物品和准公共物品特性，政府需在“山水林田湖草沙”生态系统建设、土地沙化石漠化治理及其他生态修复和治理等投资周期长、收益回报性差且外部性强的生态领域起到主导投资的作用，而外部性较小或没有外部性的生态产品投资可由企业主导进行。相关非政府组织和个人也可进行生态产品投资，通过开展生态保护、修复和宣传等公益性活动，促进生态产品供给增加。

第二节　甘肃省生态产品投资经营实践评析

一、甘肃省生态产品投资经营的实践进展

（一）生态保护修复和环境治理实践进展

2012—2022 年，甘肃省在生态保护修复和环境治理方面相继发布了相关规定，部分文件及发布时间如表 8－2 所示，累计下达各类中央环保专项资金和省级生态环境保护专项资金共 168.67 亿元，其中，2016—2021 年不同来源资金数量如图 8－2 所示。

表 8－2　　甘肃省生态保护修复和环境治理相关文件

文件名称	发布时间
《甘肃省“十四五”节能减排综合工作方案》（甘政发〔2022〕41 号）	2022.06.24
《甘肃省人民政府办公厅关于鼓励和支持社会资本参与生态保护修复的实施意见》（甘政办发〔2022〕75 号）	2022.06.22
《甘肃省“十四五”生态环境保护规划》（甘政办发〔2021〕105 号）	2021.11.27
《甘肃省人民政府办公厅关于加强草原保护修复的实施意见》（甘政办发〔2021〕81 号）	2021.09.02
《甘肃省人民政府关于实施“三线一单”生态环境分区管控的意见》（甘政发〔2020〕68 号）	2020.12.29
《甘肃省环境保护条例（2019）》	2019.09.26
《甘肃省城市（县城）污水处理提质增效三年行动实施方案（2019—2021 年）》（甘建城〔2019〕212 号）	2019.06.06
《甘肃省人民政府办公厅关于水电站生态环境问题整治工作的意见》（甘政办发〔2019〕39 号）	2019.03.31

续表

文件名称	发布时间
《甘肃省涉重金属重点行业污染防控工作方案》（甘环发〔2018〕13 号）	2018. 11. 07
《甘肃省湿地保护修复制度实施方案》（甘政办发〔2017〕202 号）	2017. 12. 27
《甘肃省“十三五”节能减排综合工作方案》（甘政发〔2017〕54 号）	2017. 07. 09
《甘肃省控制污染物排放许可制实施计划》（甘政办发〔2017〕18 号）	2017. 06. 19
《甘肃省“十三五”控制温室气体排放工作实施方案》（甘政发〔2017〕15 号）	2017. 02. 07
《甘肃省人民政府关于划定省级水土流失重点预防区和重点治理区的公告》（甘政发〔2016〕59 号）	2016. 06. 23
《甘肃省人民政府办公厅关于推进海绵城市建设的实施意见》（甘政办发〔2015〕180 号）	2015. 12. 31
《甘肃省人民政府办公厅关于推行环境污染第三方治理的实施意见》（甘政办发〔2015〕147 号）	2015. 10. 13
《甘肃省人民政府办公厅关于加快推进全省城市地下综合管廊建设的实施意见》（甘政办发〔2015〕139 号）	2015. 09. 24
《甘肃省建设国家生态安全屏障综合试验区 2014 年实施方案》（甘政办发〔2014〕81 号）	2014. 05. 01
《甘肃省 2013 年主要污染物总量减排监测体系建设计划实施方案》（甘环发〔2013〕22 号）	2013. 02. 05
《2013 年甘肃省环境监测工作要点》（甘环监测发〔2013〕3 号）	2013. 01. 28
《2012 年度全省主要污染物减排计划项目表》（甘环总量发〔2012〕11 号）	2012. 04. 23
《2012 年度甘肃省固体废物管理工作要点》（甘环污防发〔2012〕2 号）	2012. 03. 14

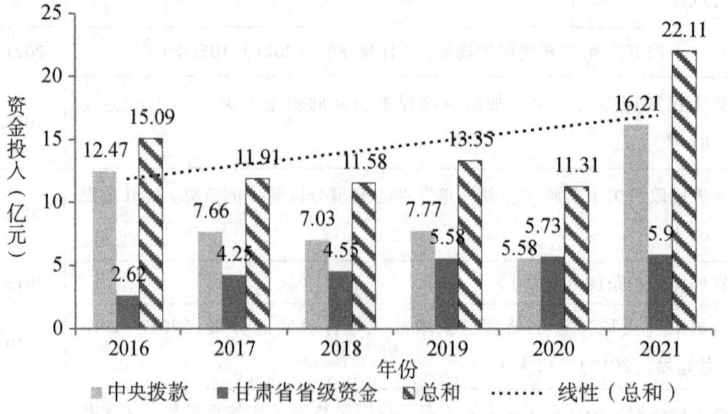

图 8－2　2016—2021 年甘肃省生态环境保护专项资金投入

1. 国家公园建设

国家公园是被全世界普遍接受的一种自然保护通用模式，也是推动绿色发展、促进人与自然和谐共生的有效实践，甘肃省重点布局高质量推进国家公园建设，出台《甘肃省国家公园管理办法（暂行）》。2021年甘肃省与四川、陕西两省共同编制完成了《大熊猫国家公园总体规划（2022—2030年）》。2022年甘肃省开始与四川省共同开展若尔盖国家公园创建工作。2022年开展了《祁连山国家公园甘肃省片区总体规划》修编工作，退出国家公园范围内15宗矿业权，会同青海省编制完成《祁连山国家公园范围和分区认证报告》等申报材料，并共同申请正式设立国家公园，着力将祁连山国家公园建设成生态文明体制改革的先行区、水源涵养和生物多样性保护的示范区、生态系统修复的样板区。

2. 生态保护修复

实施国家生态安全屏障综合试验区重大生态工程建设，敦煌、祁连山、黑河、石羊河、“两江一水”、渭河源区、黄河上游流域等重大生态保护规划获批，并加快实施。开展祁连山生态保护与建设综合治理规划，全面实施林地保护、草地保护、湿地保护、水土保持、冰川保护、生态保护支撑和科技支撑等7大类建设任务。

大力推进矿山生态修复与治理。建设国家级绿色矿山，实施历史遗留无主矿山地质环境恢复治理工程。祁连山保护区内144宗矿业权全部退出并完成补偿工作。实施陇中地区生态保护修复和水土流失综合治理、祁连山北麓水源涵养与生态保护修复、秦岭西段水源涵养与生物多样性保护恢复、石羊河中下游防沙治沙林草综合治理等项目。积极推进大规模国土绿化行动，重点实施天然林保护、退耕还林、三北防护林等工程，实施人工造林、封山育林、退化林修复、草原改良、工程固沙等各项项目。出台《甘肃省自然资源统一确权登记总体方案》，有序推进自然资源统一确权登记。印发《关于鼓励和支持社会资本参与生态保护修复的实施意见》。

积极推进黄河流域生态保护和污染防治。在沿黄省区率先印发《甘肃省黄河流域生态保护与高质量发展规划》，重点强调做好“生态修复、文化复兴、产业转型”三大任务。印发实施《甘肃省黄河流域生态保护和修复专项实施方案》，率先启动开展黄河流域生态环境和污染现状调查，全面完成沿黄河流域30个省级及以上工业园区污水集中处理设施建设，建立黄河流域生态环境基础数据库。全面启动甘南等地水源涵养、陇中陇东水土保持及全流域生态修复治理规划编制和项目谋划实施工作。黄河首曲湿地保护修复和退化草原治理改良、陇中陇东黄土高原区水土流失治理等一批重大带动性项目启动实施。

3. 环境治理

2015—2021年期间，甘肃省累计完成1582.5万千瓦火电机组超低排放改造，整治"散乱污"企业1072家，完成小火炉炕、土灶清洁能源改造120余万户。水污染防治方面，完成45个地级和111个县级地表水型饮用水水环境问题整治，划定203个乡镇"千吨万人"集中式饮用水水源保护区，18条地级城市建成区黑臭水体全部完成整治并达到"无黑臭"等级，142个国家重点镇已初步具备污水收集处理能力，全省城市、县城污水处理率及城市污泥无害化处理处置率明显提升。土地污染防治方面，完成全省耕地质量类别划分，实施农用地分类，安全利用受污染耕地17.33万亩，严格管控受污染耕地1.24万亩。

4. 监测监管体系

制定《甘肃省环境保护督察（试行）》，开展省级环境保护督察，实现14个市州全覆盖。制定实施《甘肃省国家重点生态功能区产业准入负面清单》。出台《甘肃省领导干部自然资源资产离任审计的实施意见》，推动干部切实履行自然资源资产管理和生态环境保护责任。出台《甘肃省党政领导生态环境损害责任追究实施办法（试行）》和《甘肃省生态环境损害赔偿制度改革实施方案》。修订《甘肃省环境质量自动监测管理办法》，自2017年起，连续对祁连山地区生态环境进行监测，形成了完整、系统的监测数据。2021年，优化完善生态环境监测站点布设，持续推动"9网1质控1平台"生态环境监测网络建设，"甘肃省生态环境监测大数据管理平台"建设完成并进入试运行阶段。完成重点行业企业用地土壤污染状况调查，建成全省土壤环境监测网络，实现所有县市区全覆盖。

（二）生态产业开发经营实践进展

1. 生态农业投资经营

推出"甘味"农产品区域公共品牌，聚焦畜牧大县、粮食和果菜主产区、生态保护重点区域，扎实推进绿色种养循环农业试点工作，大力发展循环农业、戈壁农业。启动现代丝路寒旱农业优势特色产业三年倍增行动。制定种业振兴实施方案。推进国家级现代农业产业园、省级现代农业产业园、绿色生态产业园、农村产业融合发展示范园建设。2022年获批国家首个全省域道地中药材产地加工试点，并建设了陇西中药材、安定马铃薯、民乐现代设施戈壁生态农业、环县肉羊、静宁苹果和武威生态奶等现代农业产业园。在张掖市、定西市等地发展设施农业，形成科学育苗、绿色定植、分拣包装、冷链物流、订单销售于一体的产业链。

2. 生态工业投资经营

2018 年出台《甘肃省推进绿色生态产业发展规划》，提出立足产业基础和资源禀赋，着力培育节能环保产业、清洁生产产业、清洁能源产业、循环农业、中医中药产业、文化旅游产业、通道物流产业、数据信息产业、航天航空、特种化工、军工电子等新材料产业和其他先进制造业产业十大生态产业。清洁能源是甘肃省得天独厚的产业，统筹解决新能源的消纳、外送、调峰、并网、产业等相关问题，着力延链补链强链。在持续提升“酒湖特高压”工程外送能力的基础上，推进实施“陇电入鲁”“陇电入浙”“陇电入沪”工程。推动金昌新能源锂电、平凉智能光电、张掖智能制造等产业集聚发展。增强酒泉、武威、定西等新能源和农机装备产业基地实力，加快陇东能源基地煤电化一体开发，壮大金昌、兰州、天水等新材料产业基地等。

3. 生态旅游业投资经营

独特的自然地理环境和厚重的历史文化底蕴造就了甘肃省独特的生态文化旅游资源。甘肃省在大力推动祁连山国家公园、大熊猫国家公园、若尔盖国家公园建设工作的同时，坚持以文塑旅、以旅彰文，推出“交响丝路·如意甘肃”的文旅主题宣传口号和形象品牌，启动建设黄河上游大草原生态旅游经济圈、陇东南始祖文化旅游经济圈，加快大敦煌文化旅游经济圈建设，创建张掖芦水湾国家级旅游度假区，争取铜奔马文化旅游景区、岐黄周祖文化旅游景区、黄河石林景区申报创建5A级景区，建设临夏世界地质公园，促进各大景区提质扩容等。

二、甘肃省生态产品投资经营的成效评估

(一) 生态效益

1. 环境修复与保护成效显著

一是自然保护区大幅增加。2011—2021 年，全省自然保护区从 60 个增加到 233 个，总面积从 976.34 万公顷增加到 1475.2 万公顷，占全省国土面积比重从 23% 上升到 34.75%。截至 2021 年底，建立祁连山、大熊猫国家公园体制试点区 2 处，占全省陆域国土面积的 8.69%。至 2020 年，全省森林覆盖率、森林蓄积量分别达到 11.33% 和 2.52 亿立方米以上，草原植被盖度达到 53% 以上。其中，祁连山国家自然保护区森林覆盖率达 22.56%，沙漠化程度最为严重的民勤县也达到了 17.91%。[①]

二是荒漠沙化土地面积减少。2016 年甘肃荒漠化和沙地化土地面积分别为 19.50 万平方千米、12.17 万平方千米，相比 2009 年分别减少 0.19 万平方千米、0.07 万平方千米。荒漠化和沙地化土地面积呈减少趋势，程度呈减轻趋势。荒漠化扩展态势得到了进一步遏制，沙地土地总体呈逆转趋势。2020 年，甘肃省可治理沙化土地治理率达到 30% 以上，2021 年，完成沙化土地综合治理任务 212.2 万亩，沙化荒漠化面积逐步减少。

三是生物多样性保护初见成效。随着重点区域野生动植物物种及其栖息地保护力度不断加强，雪豹、大熊猫、珙桐等珍稀、野生动植物栖息地环境不断改善，各类野生动物种类和种群数量呈现恢复性增长态势。岩羊、蓝马鸡等国家重点保护动物遇见率大大提高。2011 年，全省共有野生高等动植物种类共有 6117 种，至 2021 年，野生高等动植物种类增加到 6266 种。

四是湿地河湖保护修复步伐加快。截至 2020 年，自然湿地保护率达到 60% 以上，重要河湖水功能区达标率达到 82% 以上，水土流失治理率达到 30%。河西走廊张掖国家湿地公园湿地率达 72.8%，民勤县青土湖旱区湿地面积达 106 平方千米，地下水位回升 1.11 米。截至 2021 年底，祁连山地区地表水水质优良比例为 100%，所有监测断面水质均达到考核

---

① 谢丽丽．河西走廊生态保护修复现状及优化路径［J］．发展，2021（07）：68 – 69.

目标且均在Ⅱ类及以上。祁连山地区环境空气持续向好。甘肃省黄河干流出境断面水质连续6年达到Ⅱ类。2021年，甘肃省沿黄流域41个国考断面水质优良比例为92.68%，高于沿黄省份平均水平。

2. 生态环境治理改善明显

一是落后产能淘汰加快。2015—2020年，全省共压减生铁产能160万吨、粗钢产能174万吨，关闭退出煤矿100处、化解过剩产能1400万吨。非化石能源占一次能源消费比重由2015年的19.02%上升为2021年的26.2%，2020年第二产业用能占比较2015年下降3.15%；经济增长对能源消耗的依赖程度不断降低，主要污染物排放量和碳排放强度持续下降。

二是生态环境治理效果明显。2020年化学需氧量、氨氮、二氧化硫、氮氧化物等四项主要污染物排放量分别较2015年下降9.4%、10.3%、9.7%和9.5%，碳排放强度较2015年下降28%，全省受污染耕地安全利用率达到98.94%，污染地块安全利用率达到100%。2021年全省氮氧化物、挥发性有机物、化学需氧量、氨氮等重点工程减排量分别为6285.47吨、1742.79吨、6465.44吨和999.95吨，完成国家年度目标任务。截至2021年底，全省PM2.5浓度均值为23微克/立方米，同比下降11.5%，平均优良天数比率为90.2%，同比下降3.5个百分点，74个地表水国控断面水质优良（达到或优于Ⅲ类）比例为95.9%。在国家2019年度、2020年度污染防治攻坚战成效考核中，甘肃省均取得“优秀”等次。

（二）经济效应

一是生态农业发展迅速。如图8-3所示，2011—2021年，甘肃省农业和牧业的生产总值分别由6886千万元、1639千万元上升到了16232千万元、6198.5千万元，年均增速分别为12.7%、25.2%。“十二五”至“十三五”期间，新型农业龙头企业数量从2534家增长到3096家，销售收入从739.7亿元增长到1000亿元。无公害农产品、有机农产品、地理标志农产品尤其是绿色农产品认证数量得到大幅提高，如图8-4所示。2020年“牛羊菜果薯药”六大特色产业增加值达到753亿元，占农业增加值的60.9%。2021年启动现代丝路寒旱农业优势特色产业三年倍增行动，建成绿色标准化种养基地786个，打造产业大县14个。6个农村产业融合发展示范园得到国家认定，启动创建61个省级现代农业产业园。

获批国家首个全省域道地中药材产地加工试点。

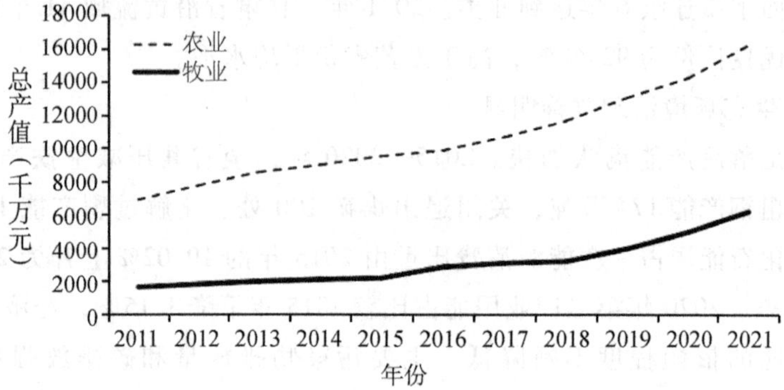

图 8－3　2011—2021 年甘肃省农业和牧业总产值

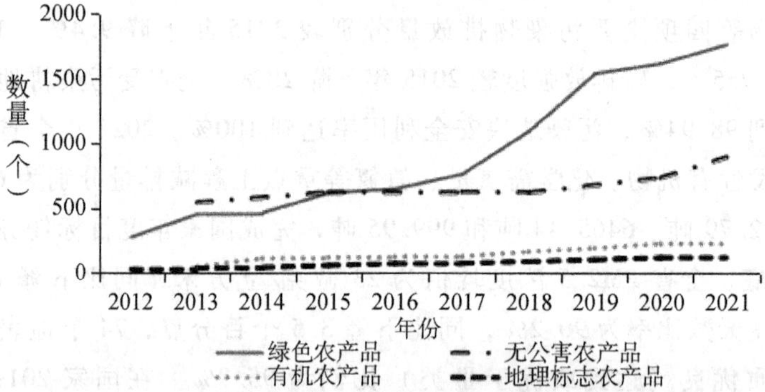

图 8－4　2012—2021 年甘肃省生态农产品数量变化

二是生态工业动能强劲。自 2018 年甘肃省提出发展十大绿色生态产业以来，到 2021 年，甘肃省绿色生态产业得到了快速的发展。十大生态产业增加值从 2018 年的 1511.3 亿元增加到 2021 年的 2852.9 亿元，增速高达 88.77%，年均增长 17.22%，是同期甘肃省地区生产总值增速的 3.1 倍。尤其是在新能源产业方面，甘肃省充分利用产业优势，着力把新能源打造为甘肃的优势产业，十年间推动了诸多清洁能源项目的建设。新能源装机总量从 2011 年的 600 万千瓦时大幅增长为 2021 年的 2896 万千瓦时，年均增长率达到 34.79%。新能源装机总量占甘肃省电网总装机量 2011—2021 年间从 21.62% 持续上升到 47.09%，而全国新能源装机平均占比在 2021 年时为 28.7%（见图 8－5）。2016—2021 年，新能源发电量、外送电力分别从 223、66 亿千瓦时上升到了 446、178.8 亿千瓦时，外送电量占总发电量从 29.6% 上升到了 40.1%（见图 8－6）。

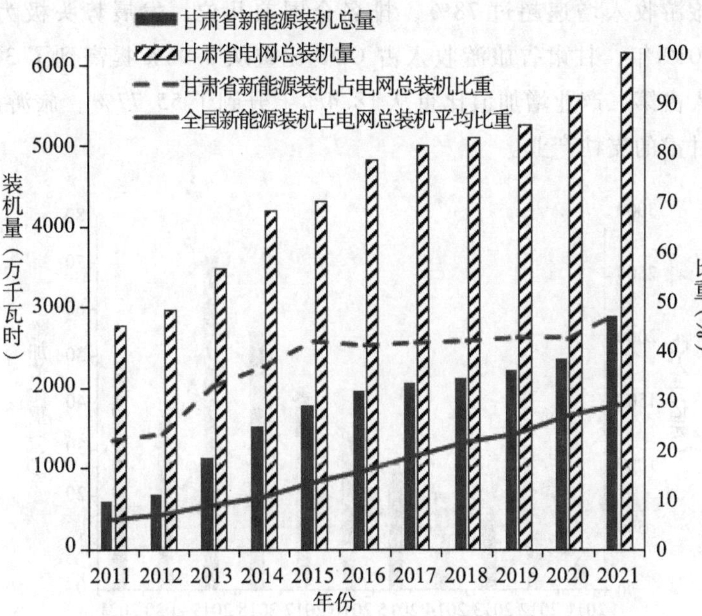

图 8-5　2011—2021 年甘肃省新能源装机情况及与全国的比较

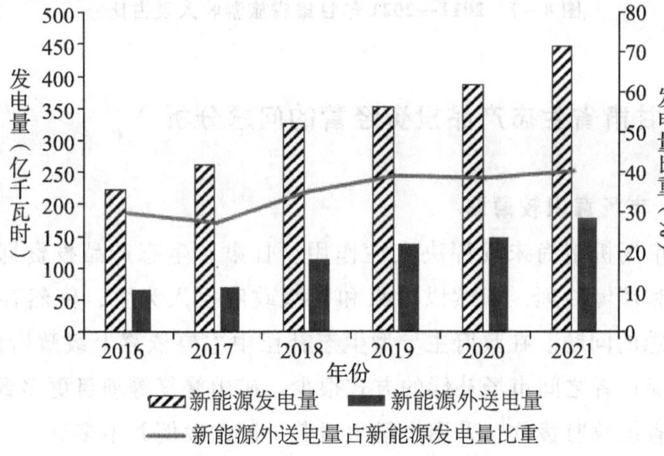

图 8-6　2016—2021 年甘肃省新能源发电及外送情况

三是生态服务业优势显现。由于疫情的原因甘肃省接待游客数量 2020 和 2021 年相比之前有所回落，但 2011—2019 年，接待游客数量从 0.58 亿人次上升到了 3.74 亿人次，九年间游客量年均增速超过 60%。如图 8-7 所示，旅游收入从 2011 年的 333.8 亿元上升到了 2019 年的 2680

亿元，旅游收入增速超过 78%，排名全国前几位，发展势头极为良好。2011—2019 年，甘肃省旅游收入占 GDP 比重从 6.96% 提高到了 30.8%，旅游收入占第三产业增加值比重从 18.4% 上升到了 55.77%，旅游产业真正成为甘肃的支柱产业。

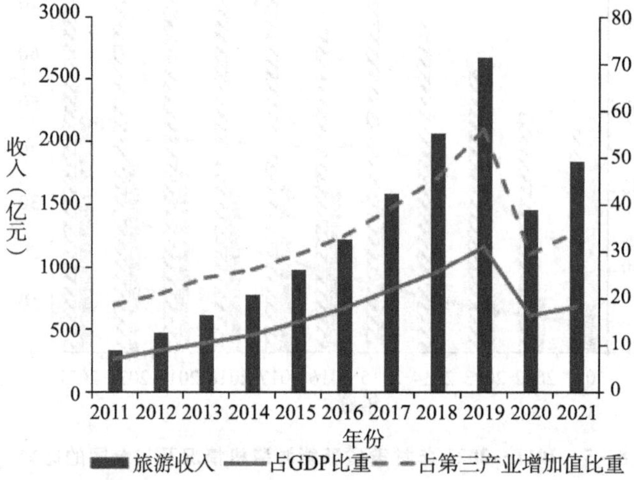

图 8－7　2011—2021 年甘肃省旅游收入及占比

三、甘肃省生态产品投资经营的问题分析

（一）市场意识较薄弱

一是市场机制尚未发挥决定性作用。甘肃省生态产品投资即生态修复、保护和环境治理，依然以中央和省级政府投入为主，依然存在“等靠要”思想的问题。在政府主导型生态补偿中主要依靠上级政府的拨款，受益者与保护者之间市场补偿的方式很少。矿山修复等项目更多致力于争取中央和省级政府拨款，采用市场化运营机制的案例并不多见。在建立碳排放交易、排污权交易和用能权交易等生态产品交易市场方面，依然处于初级阶段，不少县市基本尚未启动，生态资源收益偏低，存在较大改进空间。

二是社会资本参与严重不足。甘肃省有着充沛的生态资源，但生态资产基础转化率却十分有限，价值实现程度远远不够。其中一个关键原因在于，社会资本参与投资经营不足。一项包含农业生态污染治理投资、农业生态修复投资、农业生态保护补偿投资、农业生态文化培育投资和农村生态产业发展投资五项指标的农业生态资本投资测算数据显示，2004—2018年，甘肃省农业生态资本投资指数为全国30个省份的最末一名，低于西部地区的平均值，更远低于东部和中部地区的平均值。[①] 甘肃省生态环境脆弱，生态修复和保护任务繁重，矿山修复历史遗留问题较多。无论是生态保护修复、生态环境治理，还是生态产业化经营，都需要大量社会资本的投入。多地对社会资本参与的探索才刚刚开始，尚未形成行之有效的机制，社会资本参与严重不足。

三是民营企业发展较为滞后。甘肃省生态产业经营方面缺乏知名度高和产品市场占有率高、带动区域产业发展能力强的重量级龙头企业，尤其是民营企业。2000—2021年农业农村部累计认定的七批1959家农业产业化国家重点龙头企业中，农业大省甘肃省农业龙头企业仅有44家，仅占全国2%，位于全国倒数之列。在全国工商联公布的2022中国民营企业500强榜单中，甘肃省无一企业入选。2022中国制造业民营企业500强榜单中，只有天水华天电子集团股份有限公司一家企业入选，排名457位。整体而言，甘肃省规模企业以央企为主，支柱工业大多为政府垄断行业，如采掘业、原材料工业、电力、军工等。农业以初始农产品为主，缺乏精深加工企业，产品附加值较低。节能环保、清洁生产、数据信息等民营经济活跃的新兴产业尚处于起步阶段，生态旅游业虽已成为甘肃的支柱产业，但文化旅游企业普遍处于“小、散、弱、差”的状况，真正从事文化旅游产业的龙头企业十分有限。

四是品牌开拓意识不强。甘肃省地域辽阔，历史悠久，昼夜温差大，光照足，为各种特色产品的生产提供了得天独厚的条件。但甘肃省农牧、旅游等产品经多年建设，品牌知名度仍然处于较低水平。在2022年第十九届《中国500最具价值品牌》排行榜中，除传媒类杂志《读者》外，甘肃省其他品牌无一上榜。“2021中国区域农业品牌影响力指数”中，虽然“甘味”位居“区域农业形象品牌影响力指数”100强榜第一，但上榜只有“甘味”和“环乡人”两个品牌，远低于山东的16个和浙江的11个。同时，“区域农业产业品牌影响力品牌”方面，只有甘肃天水的花牛

---

① 严立冬，刘昊昕，邓远建，等．农业生态资本投资水平及其空间溢出效应研究［J］．中国地质大学学报（社会科学版），2021，21（06）：77－90.

苹果跻身第27位，岷县当归第76位，兰州百合第78位这三个产品进入百强榜，而山东省、浙江省各有10个，安徽省有8个。相比内蒙古自治区、新疆维吾尔自治区伊犁州等知名牧区，甘肃省少数民族牧区农牧业缺乏具有影响力的品牌，白兰瓜、羊肉等面临“优质不优价”的发展瓶颈。有吸引力的文化旅游知名品牌、有文化内涵和知名度的旅游精品还十分不足。由于品牌发展缓慢，市场开拓不足，现有品牌知名度仅限于甘肃省境内，大多农产品均在省内销售，众多旅游资源“养在深闺人未识”，甘肃省生态特色品牌建设和宣传亟待加强。

（二）机制构建不完善

一是生态资源资产转化机制有待深入。生态资源无法自动成为生态资本、生态资产或生态产品。甘肃省生态产品价值实现普遍存在资源零散分布、融资难、交易难、变现难等问题，仅兰州市建有交易中心，其他县市基本没有或形同虚设。资源产权的投融资空有规划和设计，落地很少。

二是生态产品市场交易机制尚不完善。推动生态产品入市交易是生态产品投资经营的核心步骤，也是生态产品价值实现的关键途径。甘肃省生态产品和“生态+”产品的市场化交易机制还有待健全。生态资源产权存在交易不活跃、交易要素范围有待扩展、只有少量一级市场交易而无二级市场等问题。对于市场化程度较高的生态产品，如生态农林畜牧产品、生态文旅、生态民宿、生态工业等，甘肃省普遍面临基础设施配套建设不足、人才支撑乏力、经营机制不健全、供需对接难、品牌效应弱等问题。

三是绿色金融支撑机制尚不健全。绿色金融支持是生态产品投资经营的关键环节，甘肃省绿色金融的重要作用尚未体现。尽管已开发“光伏贷”“风电贷”“节能贷”“陇药通”“金种宝”等绿色信贷产品，但甘肃省绿色信贷主要集中于公路交通建设和清洁能源，2020年两者信贷占比分别为54%和26%，其他生态产业和绿色制造业所占比重非常低，绿色债券、绿色基金、绿色保险、绿色资产证券化等品种不多、规模不大，生态产品依然很难直接获得收益或作为抵押物融资贷款。现已出台的绿色信贷政策缺乏人才、环保等配套支持，环保单位所提供的信息不足以支撑金融机构对相关项目的信贷风险和收益情况进行评价，导致金融机构在开展绿色信贷活动时动力不足。支撑机制的不健全使得现有政策难以充分发挥作用，金融机构参与生态产品投资经营的气候难以形成。

第三节　甘肃省生态产品投资经营机制构建

一、甘肃省公共性生态产品投资经营机制创新

（一）社会资本引入

甘肃省自然生态系统脆弱性较为突出，生态保护修复和环境治理压力巨大，新老生态问题交织，森林草原恢复、沙漠化防治、水资源节约利用、土地整治与污染修复、水源涵养、生物多样性保护、湿地保护以及废弃矿山环境治理修复等任务任重道远。生态保护任务艰巨复杂，仅依靠政府投资难以为继，并可能造成生态投资严重不足。只有当企业成为生态资本投资的主体时，才能为生态经济发展提供可持续的坚实的基础。① 引入社会资本参与甘肃省公共性生态产品投资经营，需要着重解决三大关键性挑战问题：生态资本收益回报机制问题、生态资本融资经营风险共担问题、生态产权市场化机制问题。②

第一，探索生态环境导向的开发（EOD）模式。不同类型的生态产品投资项目收益性不同。对于矿山修复、生态保护等经济效应低而生态效益高的公共性产品项目，甘肃省可积极探索生态环境导向的开发（EOD）模式，将这些缺乏经济收益的项目和经济收益明显的生态产品投资经营项目进行捆绑，将生态环境治理、生态环境保护修复项目，与生态产品经营开发权益挂钩。这一权益包括自然资源资产使用权或者特许经营权；补充耕地指标、腾退的建设用地经营权或流转权。通过资源

① 肖国兴．中国自然资本投资法律制度研究［D］．青岛：中国海洋大学，2006.

② 许为义．环境资本项目融资商业化资本化运作论［D］．上海：复旦大学，2004.

“肥瘦搭配”的方式，辅以其他政策如金融支持、政府出资等，保障社会资本的市场回报，充分调动社会资本积极性。在实际运用中，甘肃省可采用“城市环境综合整治+土地利用”“矿山修复治理+存量资源经营权”“农村人居环境整治+土地生态种养”“戈壁沙漠综合整治+清洁能源产业经营”等典型方式。[①] 甘肃省内众多矿山废弃地修复和再利用问题，政府可采取生态产品换“要素”的方式来促使投资企业获益，将修复用地转化为新能源用地如风电场和光伏产业用地等。除此之外，参与生态修复的企业，符合条件的可按规定享受环境保护、节能节水等相应税收优惠政策。

第二，推进政府参与投资风险共担政策。生态产品投资面临环境的不确定性以及转化的未来风险。国内外市场机制运作实践表明，生态产品投资市场化机制有效运行的一个重要基础，在于需要确保有效合理的经营风险共担制度。在生态效益和社会效益明显，但经济效益很低，且生态治理再利用错综复杂、周期长、风险大的项目中，如祁连山、大熊猫国家公园建设等，可采用政府和社会资本双方共同出资运作模式（见表8-3）。如甘肃省可出台专门政策，允许社会投资者获得矿山修复后的相关自然资源资产使用权或者特许经营权发展适宜产业，并与生态修复项目承担单位同时签订矿山生态修复协议和自然资源资产配置协议。允许社会投资者从修复后产生的补充耕地指标、腾退的建设用地指标、建设项目使用林地定额等生态修复产品收益中获得投资回报。政府也可按规定批准资源综合利用项目等其他方式支持社会资本获得收益。此外，对于有稳定经营性收入的社会资本与政府合作的矿山生态修复项目，甘肃省政府可按规定通过投资补助、运营补贴、资金注入等方式支持社会资本获得合理回报并分担一定风险，形成财政投资和社会投资之间协调配合、错位支持和相互补充的组合机制，既发挥政府在规划、政策、管理、担保等方面的优势，又充分发挥市场在资源配置中的决定性作用。在一些经济效益明显的准公共性生态产品中，如七彩丹霞景区营运，可以采用私人部门单独出资的方式，政府部门承担法规制定、监督监管功能即可。

① 赵云皓，徐志杰，辛璐，等. 生态产品价值实现市场化路径研究——基于国家EOD模式试点实践［J］. 生态经济，2022，38（07）：160-166.

表8-3　甘肃省政府和社会资本合作项目运行模式

公共产品类型	典型项目	项目特征	投资主体
纯公共性生态产品	祁连山生态保护和治理；甘南黄河重要水源补给生态功能区生态保护与建设	生态效益、社会效益明显；经济效应很小	政府资本（生态补偿、转移支付、政府购买）
公益性较强的准公共性生态产品	流域水环境治理；废弃矿山修复；祁连山、大熊猫国家公园建设；	生态效益、社会效益较大；经济效应较小	双方共同出资
经营性较强的准公共性生态产品	七彩丹霞景区运营	具有一定的生态效益、社会效益；经济效应明显	社会资本

第三，强化绿色金融支持政策。生态产品投资项目如生态保护和修复项目所耗金额巨大，往往超过投资企业多倍营收额，无论是对政府还是对企业来说，获得来自社会资本的金融长期支撑至关重要。但甘肃省绿色金融对生态修复治理等支持甚少，发行的主要是金融债和市政债，主要用于基础设施建设。而且，绿色债券、绿色基金、绿色保险、绿色资产证券化等品种和规模均十分有限。① 甘肃省可充分利用金融工具引入社会资本，精准发放绿色信贷，优先支持符合条件的企业发行绿色债券等绿色资产证券化产品，支持技术领先、综合服务能力强的骨干企业上市融资。此外，甘肃省可参考浙江等地两山农林贷、美丽乡村贷、排污权质押贷、林权抵押贷款、公益林补偿收益权质押贷款等做法，挖掘甘肃省生态资源优势，拓展金融工具创新，给予银行机构贴息或其他专项激励，建立生态环保项目融资长效机制，推动绿色金融对生态保护修复和其他生态项目建设投资。在资金来源上，借鉴国内外经验，拓宽社会投融资渠道，针对生态保护修复治理项目融资期限长、金额大、经济效益低的特点，以绿色产业投资基金、生态价值转化基金以及利用世界银行赠款等方式。②

---

① 张庆昉．“双碳”目标下甘肃省绿色金融改革创新的理性思考［J］．甘肃金融，2022（01）：4-7.

② 中国人民银行成都分行课题组．生态产品价值实现与金融支持［J］．中国金融，2022（18）：93-94.

第四，完善生态资源投资配套政策。政府不仅要保护社会资本经营主体的权益不受侵害，还要通过制定一系列旨在保障产权合同公平有效实施的规则。强化市场监管，规范市场秩序，建立公开透明的市场规则，为社会资本营造健康有序公平竞争的投资环境，确保企业家才能得到有效发挥。丰富社会资本参与形式，构建持续回报和合理退出机制。按照法定范围、程序及手段，对市场主体的经济行为进行间接引导和限制，严禁社会资本借生态保护修复之名行开发之实，严禁突破耕地保护和生态保护等红线，严禁各类违反法律法规规定的行为。

（二）市场机制探索

为了真正高效解决公共产品的供给、投资问题，必须引进市场化运作机制。甘肃省是我国西部重要的生态安全屏障，是黄河和长江上游以及祁连山的重要水源涵养区，进行生态修复和建设，实现水源涵养、气候调节等功能政府责无旁贷。在这些社会效益高而经济效益低的生态修复和治理项目中，主要由政府出资进行生态产品供应。政府直接投资模式的优势在于项目进度以及方案由政府安排，能够有效控制生态修复、生态补偿活动，控制治理时间和相关风险。但劣势在于资金缺口压力大，效率不高，且若监管制度缺失容易产生寻租问题，滋生腐败。国内外经验表明，可在政府直接投资模式中引入市场运行机制、采用专业公司进行技术提供以应对以上问题。

第一，充分引入政府购买方式。可借鉴美国湿地缓解银行湿地信用（新增或修复的一定面积的湿地）由第三方专业技术公司生产维护的做法，将甘肃省内由政府主要出资的生态修复和投资建设项目，分解为生产和提供两个环节，引入市场生产主体，政府作为购买方出资购买。在科学设立生态保护修复和整合项目、合理制定生态保护修复和整合方案的基础上，将生态保护修复方案、相应的自然资源资产配置方案、各类指标转让及支持政策等一并公开，通过公开招标、拍卖、竞争性谈判等市场竞争方式确定市场修复主体同时获得市场竞争价格，签订生态保护修复协议和土地出让合同等自然资源资产配置协议，明确修复要求、各方权利义务和违约责任。设立严格的监测监管制度体系，充分保障生态修复、治理和建设的质量的同时避免社会资本无序扩张。

第二，积极培育专业人才和技术服务公司。采用市场化运行方式引入第三方服务公司，离不开对专业人才和相关技术公司的扶持。生态产品价值实现催生了诸多生态服务需求，如生态产品监测服务、生态产品认证推广（如生态产品溯源认证、信息平台建设、品牌推广服务等）、生态咨询服务（如生态修复治理方案设计、技术咨询服务等）、生态产品交易平台（如生态物质文化产品和碳排放权、排污权等生态权益交易服务等）。要通过政策引导、资金支持等方式培育扶持生态产业服务公司的发展壮大，开展相关专业技能人才培养，推行专业技能资格考试等。

（三）生态银行收储

甘肃省的部分生态资源处于零散分布的状态。这种分布状况一方面反映在地理上，矿山、草地、林地、沙地等较为分散，另一方面反映在所有权和经营权的分散上。这都导致生态资源家底不清、生态产品交易成本过高、难以吸引社会资本进入、产业化经营困难等问题。可借鉴浙江省丽水市“两山银行”、福建省森林“生态银行”[①] 等做法，搭建生态银行等基于我国自然资源产权制度的自然资产运营平台，解决甘肃省生态资源物理上和所有权、经营权上的分散问题。

第一，在前端交易环节实现生态资源到生态资产的转换。在确权登记和资产评估的基础上，结合“三权分置”改革，将生态资源的经营权和使用权流转到生态银行，采取抵押担保、赎买收储、租赁、托管经营、入股合作等方式，通过生态修复、空间捆绑、产业导入等手段进行整合和增信，形成项目资产包。

第二，在后端交易环节实现生态资产与产业资本的对接。将形成的资产包与资本市场进行对接。采用股权合作、特许经营、委托运营、租赁和转让等方式，引入专业的生态、绿色、高新科技企业，通过产业经营和市场化融资实现生态资产保值增值。在遵循生态规则和持续发展的理念前提下，政府可以给予一定政策优惠和支持的环境，通过项目收益、抵押贷款、资本运作等方式将生态资产转化为资金，增强造血功能，实现青山变“银行”、林农变“储户”、资源变“资金”。[②]

---

① 崔莉，厉新建，程哲．自然资源资本化实现机制研究—以南平市“生态银行”为例［J］．管理世界，2019（09）：95－100.

② 张文明．完善生态产品价值实现机制——基于福建森林生态银行的调研［J］．宏观经济管理，2020（03）：73－79.

二、甘肃省经营性生态产品经营机制创新

（一）培育市场经营主体

市场经营主体是经济活动的主要参与者。甘肃省生态产品价值实现不充分的一个重要原因在于生态产业领域缺乏强有力的、活跃的市场主体，缺乏足够的企业家队伍和企业家精神。加快培育和壮大市场主体，对推动甘肃省生态产业发展具有重要意义。在产业战略规划上，应将绿色发展与战略性新兴产业相结合，利用甘肃省独特的地理环境优势、自然能源优势、劳动力成本优势，大力发展生态种养业、精深加工业、生态工业和文化服务业，优化市场环境，充分实现生态产品价值转化。

第一，分类培育各类市场主体。加大招商引资力度，积极引入企业家精神，培育企业家队伍。放宽准入标准，鼓励和支持各类招商资本进入法律、法规和规章未禁入的行业和领域，重点引导国内外资本进入甘肃省十大绿色生态产业领域的生产制造、咨询服务、技术提供和中介服务。强化专精特新企业梯队培育，从甘肃省十大生态产业中，遴选一批专注于细分市场、创新能力强、成长性好的中小企业作为培育对象，针对企业不同成长阶段，完善捕捉寻找、孵化培育、扶持壮大机制。围绕甘肃省优势新兴产业如节能环保、清洁能源、先进制造和军民融合产业等重点领域，加快建设成果转化平台。

第二，不断完善企业发展配套政策。优化企业服务提供，将专精特新“小巨人”、单项冠军等优质企业纳入便利直通车服务。完善企业综合服务平台。依法依规为上市企业在项目用地、贷款融资、税收优惠、环境容量、人才引进等方面给予支持。支持上市企业充分运用资本市场再融资功能，引导上市企业再融资投向实体经济。营造更好的市场主体发展环境，激发企业创新创业活力，创新金融政策支持。严格规范行政执法，加强知识产权保护，优化市场主体退出机制。

（二）提升产品影响力

甘肃省生态产品规划起步早，质量高，但产品影响力还远远不够。区域品牌知名度不高，品牌溢价能力不足。需在提高产品质量、质量溯源和生态认证的基础上，进行品牌化推广规划，不断提高甘肃省生态产品的市

场影响力。

第一，加强区域生态产品公用品牌建设。区域品牌认证可以有效破解生态产品的信息不对称难题，提升生态产品价值转化效率。生态产品区域公共品牌的核心是将所有物质供给类、调节服务类和文化服务类生态产品进行捆绑经营，通过统一质量标准、监测检验、营销运作、以品牌建设倒逼生态产品品质提升，从而提高生态产品溢价。在生态产品领域存在极大信息不对称的情况下，生态产品品牌化发展是产业发展壮大、提高产品市场占有率的前提。甘肃省虽已培育了“甘味”农产品区域品牌，推出了“交响丝路·如意甘肃”的主题宣传口号和文旅形象品牌，但因建设时日尚短，还存在品牌认知不足，包含种类不多，建设投入不够，价值挖掘不深等问题。因此，要继续大力实施甘肃特色品牌发展战略，根据省内各市特点，科学布局，统筹资源，进行生态产品区域公用品牌改造升级。借鉴国内“丽水山耕”等公共品牌建设经验，挖掘甘肃省生态资源环境优势和历史文化底蕴，结合现有产业基础，委托专业团队对区域公用品牌的命名、定位、理念、标识、渠道构建、传播策略等统筹策划，彰显甘肃省生态产品的价值精华和文化内涵，打造甘肃省整体绿色品牌＋县域品牌＋企业品牌的母子品牌矩阵发展模式，以高品质、高科技含量以及高附加值的品牌定位促进甘肃省生态产品的竞争力和溢价提升。

第二，规范绿色标识认证制度。采用生态产品绿色标识制度，通过以政府权威和公信力明确产品的有机、绿色、健康属性，使消费者以超出一般同类产品的价格购买和消费环境友好产品，是提升甘肃省生态产品影响力的重要手段。国外普遍采用生态标签认证制度，鼓励企业按照可持续的方式生产出生态友好型产品或绿色产品，不仅有利于节约能源资源、减少污染排放、提升生态系统服务功能，而且这些含有标签的产品因减少了市场信息搜集的成本，能够有效降低市场摩擦，减少交易成本，且因向消费者提供绿色生态价值而产生溢价。借鉴国内外经验，甘肃省可建立和规范系统科学、开放融合、指标先进、权威统一的绿色产品等生态产品认证评价标准，构建具有第三方认证机构信用保证的生态产品认证体系。建立由“甘味”系列地方标准、团体标准、企业标准组成的认证技术标准体系，建立与先进省份绿色标志互认机制。同时积极将甘肃省生态产品纳入生态原产地保护产品、国家森林生态标志产品等全国生态产品认证体系，推动甘肃省生态产品的国际认证工作。

第三，完善生态产品监督追溯机制。品牌的建设、生态标签的认证乃至生态产品溢价的实现离不开生态产品交易流通全过程的监督体系。甘肃省可采用“标准，认证，追溯，监管”方式对产品进行生命周期管理，建立对生态产品生产交易流通全过程的监督体系。制定严格的食用和非食用标准，对生态环境、生产标准、物联应用、安全检测、保险储运加以规范。以政府购买的方式通过专业服务公司对区域内公共产品提供监测检验服务，提高整体监测能力。积极探索物联网、区块链等新技术手段的应用，推进甘肃生态产品追溯、线上交易、流通监督等功能，实现“信息可查询、品质可追溯、责任可追查”，从而提高产品信任度和影响力。

（三）探索绿色金融支持

绿色金融旨在有效识别和支持同时具备生态效益和经济效应的生态产品项目，形成生态修复保护、产业发展和资本受益多方共赢的利益联结机制，有效解决生态产品投资经营项目周期长、风险高、资金缺口大的问题。对于生态产品丰富而财政支出相对不足的甘肃省而言，金融支持对促进生态产品投资经营具有十分广阔的空间。

第一，促进绿色金融对生态产业投资建设的支持。甘肃省各个市州绿色金融发展以绿色信贷为主，主要用于基础设施建设等，绿色债券、绿色基金、绿色保险、绿色资产证券化等品种不多、规模不大，且已发行的贴标绿色债券主要为金融债和市政债，对实体经济尤其是生态产业的投资经营投入较为有限。[①] 甘肃省绿色金融可在多个“生态+”产业领域，如生态文旅产业、一二三产融合发展领域深化对生态产品投资经营的支持。尤其是在清洁能源领域，甘肃省正由“风光大省”向“风光强省”迈进，在能源优势向产业优势和发展优势转变的过程中，大型风电项目的建设存在大量资金缺口。可借鉴四川省乐山市、攀枝花市等地综合利用绿色债券、银团贷款、传统信贷等多种融资工具，支持大型水电、光伏发电和风电项目建设，助推生态资源向清洁电能价值转化的经验[②]，引导绿色金融大力支持甘肃省清洁能源等支柱产业的发展。

---

① 张庆昉．“双碳”目标下甘肃省绿色金融改革创新的理性思考［J］．甘肃金融，2022（01）：4－7.

② 中国人民银行成都分行课题组．生态产品价值实现与金融支持［J］．中国金融，2022（18）：93－94.

第二，加强绿色金融服务体系建设。绿色投资外部性问题和信息不对称问题是甘肃省绿色金融在生态产品投资经营中所占比例较小的一个重要原因。投资者不了解被投资企业的绿色资产信息，无法有效识别绿色企业并将金融资源配置于这类企业。金融机构不了解某些绿色技术的商用可行性与收益前景，在可再生能源、节能科技领域具有强烈避险意识。信息不对称问题造成资源错配，导致绿色投资不足。对于环境正负外部性的问题，政府应加强对绿色项目的增信和担保、优惠贷款、政府奖励以及利率补贴等，以改善绿色项目经风险调整后的回报。对于信息不对称问题，应加强对生态产业融资公司的信息披露要求，加强机构投资者与被投资企业管理层的互动。提升相关证券交易所、信用评级机构、投资顾问和其他中介机构的能力。积极开展绿色项目评估认证，通过平台集聚和培育合格的鉴证机构或第三方认证机构，建立信息披露制度，减低企业绿色认证和信息披露的成本，减少绿色金融投资中的信息不对称，增加绿色项目投资的可信度和透明性。

第九章

甘肃省生态产品价值评价机制研究

生态产品具有可观的开发价值，建立生态产品价值评价机制势在必行。本章将首先对绿色 GDP 核算、GEP 核算以及 GEEP 核算等生态经济价值核算体系进行评析，并给出甘肃省生态经济价值核算方法的选择建议，然后针对生态环境价值评估中的三大主流的方法：市场定价法、替代市场法以及假想市场法的概念、评估范围及其优劣进行分析，并给出甘肃省生态环境价值评估方法选择建议，最后提出甘肃省生态产品的定价策略。

第一节 生态经济价值核算体系评析

生态经济价值核算体系中应用较为广泛的有绿色 GDP（GGDP）、生态系统生产总值（GEP）和经济生态生产总值（GEEP）。本节将分别从基本概念、核算范围、核算的优势与不足对其进行评析，并给出甘肃省生态经济价值核算的建议。

一、绿色 GDP 核算体系评析

（一）绿色 GDP 核算的基本概念

GDP 作为考察宏观经济的重要指标，是对一国总体经济运行表现作出的概括性衡量。但现行的国民经济核算体系有一定的局限性，即并未考虑经济活动对自然资源的消耗和对环境造成污染的代价。为弥补传统 GDP 核算缺陷，1981 年世界银行首次提出了“绿色核算”概念，试图通过有所拓展的国民账户来修正传统 GDP 指标体系中存在的缺陷，希望统计的数据是能够真实反映经济生产所提供的产出数量，以及是能够真正给国民带来福利的数量。①

联合国经济和社会事务部在 1993 年给绿色 GDP 下了一个定义，所谓绿色 GDP 即从现行的 GDP 中扣除掉自然资源耗减和环境污染损失之后的剩余国内生产总值。同年，联合国统计署在发布的《综合环境与经济核算手册》（SEEA）中首次正式提出了绿色 GDP 概念，即把经济活动中对环境的利用部分看作追加投入从原有的经济总量中扣除，这种经环境因素调整后的产出指标即生态国内产出（Environmental Domestic Product, EDP）。

（二）绿色 GDP 核算的范围

无论是在国内还是在国外，绿色 GDP 核算方法至今未统一定论，作为初步国际统计标准的 SEEA2012 中心框架，仅仅论述资源耗减，删除环境降级的内容。2009 年，王金南在绿色国民经济核算中给出了绿色 GDP 的三种核算方法：生产法、收入法和支出法。

以生产法核算绿色 GDP 的思路是在扣减由总产出计算 GDP 的扣减项目基础上，进一步扣减环境成本。其计算公式是：绿色 GDP = 总产出 - 中间投入 - 环境成本。

以收入法核算绿色 GDP 的思路是，维持劳动报酬和生产税不变，将环境成本视为营业盈余的抵减项。其计算公式是：绿色 GDP = 生产税净

---

① 王金南，马国霞，於方，等．2015 年中国经济——生态生产总值核算研究［J］．中国人口·资源与环境，2018，28（02）：1－7．

额 + 固定资本折耗 + 劳动者报酬 + （营业盈余 - 虚拟环境成本）。

以支出法核算绿色 GDP 的思路是，将环境成本视为资本形成的抵减项，以反映环境成本对投资积累的影响（高敏雪等，2004）。其计算公式是：绿色 GDP = 最终消费 + 净出口 + （资本形成 - 虚拟环境成本）。

（三）绿色 GDP 核算的优势

一是有利于科学地全面评价经济发展的综合水平，推动经济高质量发展。绿色 GDP 这个指标，实质上代表了国民经济增长的净正效应。绿色 GDP 占 GDP 的比重越高，表明国民经济增长的正面效应越高，负面效应越低，反之亦然。通过对环境污染的生态破坏的准确计量，通过绿色 GDP 核算可以进一步量化经济发展成果所付出的资源环境代价，从而客观冷静地看待发展成果，并及时采取措施降低资源环境损失。

二是有利于促进政府科学行政，促进资源的合理开发和经济的可持续发展。政府通常会以更加可持续的发展方式或者生产、生活方式规划未来的国家或地区的经济增长、生态环境目标，将绿色 GDP 纳入政府绩效评估，将迫使政府和官员在制订经济发展计划时，必须考虑相应的环境污染和资源消耗成本，考虑环境、经济和社会的协调发展，有利于为识别具体的空气质量、经济行业规模调整等问题提供更为详细的规划，在测度经济发展的合理性和可持续性方面的监测作用，强化 GDP 指标对资源利用效率的引导，从而促进可持续发展、绿色发展的实现。

三是有利于客观反映社会财富的变化，正确评价经济活动的效果。绿色 GDP 把资源环境纳入会计科目和国民经济统计中，将环境污染所造成的环境质量下降、长期生态退化所造成的损失、自然灾害所引起的经济损失、资源稀缺性所引发的成本等从 GDP 中扣除，用以表示社会真实财富的变化和资源环境状况，有利于人们正确地、客观地衡量和评价经济发展水平以及经济活动的效果。

四是有利于加快经济增长方式的转变，促进公众参与环境保护。我国经济增长方式的转变并不是仅仅意味着技术进步，而是意味着实现人与自然和谐共生的关系，总体上是一种经济、资源和环境多方位优化的增长方式，其内涵与可持续发展的目标是一致的。绿色 GDP 既是可持续发展的客观要求，也是加快经济增长方式转变的动力，通过思想观念和考核指标的深刻转变，在促进经济高质量发展的同时引导公众关注环保、投身环保。

（四）绿色 GDP 核算的不足

一是核算上存在局限性。绿色 GDP 概念或理论是针对经济发展中资源消耗和环境损害问题提出来的。绿色 GDP 概念或理论片面地认为经济总量增长，必然是建立在自然资源消耗增加的基础上，也必然是对环境产生污染和对生态环境破坏的过程。绿色 GDP 核算体系通过建立环境经济混合型平衡表、环境保护支出账户和与环境有关的其他交易核算账户，核算经济过程中资源消耗和环境损害的价值量，支持人类对减轻环境影响的经济成本和环境受益之间进行评估，对现行 GDP 总量进行环境因素的调整，其出发点决定了对 GDP 的减量因素。绿色 GDP 核算扣除的主要是资源消耗、环境污染和生态破坏成本，从经济价值量的角度上正确评价社会经济发展真实状况，在反映经济活动中资源和环境代价方面发挥着重要作用。但绿色 GDP 核算仅考虑了经济发展对资源消耗和环境损害的价值量，而没有考虑资源再生产的价值，即自然界自身产生的生态效益，没有将生态系统价值（生态系统生产总值 GEP）统计出来（即做“加法”），对自然界的主观能动性认识不足，进而失去了创造生态价值的积极性。

二是核算上存在不科学性。绿色 GDP 核算体系侧重于经济发展过程中环境资源损失的代价，即突出经济发展对环境、对社会造成的不利影响，强调环境负价值，从某种程度上警示国家和地区在经济发展过程中对环境保护和治理的重视。仅从经济角度对人类社会发展进行核算，但经济发展只是人类发展的一方面。自然生态环境所带来的生态效益或由于加强环境保护后环境得到改善所产生的良好生态效益，是对经济、社会的正生态效应，反映出自然环境与经济、社会的相互关系，社会因素也是衡量可持续发展的一个重要指标。可持续发展即经济、社会、环境协调发展是生态文明建设的切入点和落脚点，绿色 GDP 只能说其是可持续发展的指标之一，而不是全部。

三是核算上存在不平衡性。绿色 GDP 核算注重于环境资产存量及其存量变化核算，主要为资源耗减和环境损失的支出流量范畴，忽略自然资源再生产所带来生态效益实物和价值流量属于环境资产账户中收入流量范畴，突出环境资产的收支不平衡，更没有反映出如何实现生态效益价值量的收入流量与存量的紧密衔接。在大力推进节能减排和环境保护的背景下，如果还只是注重绿色经济的发展而对地球形成生态欠账，而忽视生态效益流量，那么绿色 GDP 核算将损害人们对自然环境保护的积极性，阻碍社会的发展。

二、GEP 核算体系评析

（一）GEP 核算的基本概念

1985 年，Hannon 首次提出生态系统生产总值（Gross Ecosystem Product，GEP）的概念，通过对生态系统产品和服务价值的计算，衡量特定生态系统的健康程度。2013 年，欧阳志云等首次明确了 GEP 的概念和核算方法[①]，沿用国外学者计算生态系统服务价值的分类标准。生态系统服务代表人类从生态系统和生态过程中获取的利益，主要包括：生态系统产品，即食品、药品、原料、美学景观、娱乐休闲素材等，是人们生产生活的物质基础；以及支撑维持人类生存的环境，如气候调节、水源涵养、水土保持、传授花粉、生物控制、防灾减灾、提供生境等服务性功能。GEP 的服务价值已经逐渐细化为生态产品供给服务、生态调节服务和生态文化服务价值三部分。学者们普遍认为生态系统生产总值（GEP）在数值上等同于我国政府提出的生态产品的价值，在现有研究中惯用生态系统生产总值（GEP）来表示生态产品价值。[②]

（二）GEP 核算的范围

GEP 核算的范围可以归纳为物质产品、调节服务和文化服务三大类。但由于不同地区生态系统的特点不同、产业结构及发展程度不同，核算科目、分类情况有不同程度上的差异。生态系统核算的产品可分为物质产品、调节产品以及文化产品，其中物质产品包括农业产品、林业产品、畜牧业产品、渔业产品、生态能源以及其他；调节服务包括水源涵养、土壤保持、防风固沙、洪水调蓄、空气净化、水质净化、碳固

① 欧阳志云，朱春全，杨广斌，等．生态系统生产总值核算：概念、核算方法与案例研究[J]．生态学报，2013，33（21）：6747－6761.

② 王金南，王志凯，刘桂环，等．生态产品第四产业理论与发展框架研究［J］．中国环境管理，2021，13（04）：5－13.

定、氧气提供、气候调节、海岸带防护、物种保育；文化服务包括休闲旅游和景观价值。

（三）GEP 核算的优势

一是有利于厘清生态产品的分类及特征。按照 GEP 核算核算范围和框架，有利于将生态产品分为三大类进行核算：第一类是生态物质产品，包括食物、水资源、木材、医药、生态能源及生物原材料；第二类是生态调节服务产品，主要有涵养水源、调节气候、固碳、生产氧气、保持土壤、净化环境、调蓄洪水、防风固沙、授粉等；第三类是文化服务产品，主要有自然体验、生态旅游、自然教育与精神健康等。不同的区域由于生态系统类型及其组合不同可能提供不同类型的生态产品，同一类型生态系统，其质量高提供生态产品的能力就强、生态产品的质量就高。

二是有利于清晰量化生态产品价值。要推动生态产品价值实现，必须确定生态产品价值的内涵及其核算，也就是生态产品价值核算。生态产品价值是指某一类生态产品的货币价值；GEP 是生态系统生产总值，是指一个地区的生态系统为人类福祉和经济社会发展提供的所有最终生态产品价值的总和，包括生态系统提供的生态物质产品价值、调节服务产品价值和文化服务产品价值。GEP 一般以一年为核算时间单元，可以用来衡量“绿水青山”所产生的各类生态产品的总价值。

三是有利于为优质生态产品持续供给提供科学基础。GEP 是把生态效益纳入经济社会发展评价体系的切入点和突破口，通过 GEP 核算，评估生态保护成效、生态系统对人类福祉的贡献和经济社会发展支撑作用，为完善发展成果考核评价体系与政绩考核制度提供具体指标。GEP 核算还可以定量描述区域之间的生态关联，为完善生态补偿，促进优质生态产品持续供给提供科学基础。

四是有利于生态保护成效评估、生态文明建设目标考核、生态产品价值实现。GEP 核算结果，可以用来衡量当地生态系统产品与服务潜在价值的变化，为建立自然资本或生态产品价值账户体系，确保关键自然资本存量不减少、功能不降低提供参考依据。部分地方政府正在探索 GEP 核算在生态保护成效评估、生态文明建设目标考核、生态产品价值实现方面的实践与应用。如内蒙古自治区开展 GEP 核算以评估生态系统提供的生态效益；深圳市通过建立“1+3”GEP核算制度体系将GEP全面应用于政府绩效考核，以促进深圳市生态文明建设；浙江省丽水市建立GEP核算实施机制，探索基于GEP核算的生态产品价值实现机制；云南省普洱市探索基于GEP核算完善生态补偿制度。2021年3月，联合国统计委员会正式将GEP纳入最新的环境经济核算系统—生态系统核算框架（SEEA-EA）中，将GEP作为生态系统服务和生态资产价值核算指标、联合国可持续发展2050目标的评估指标。

（四）GEP核算的不足

一是GEP核算缺乏通用方法和具体标准尺度。由于生态系统服务类型繁多、属性差异巨大，造成核算科目和指标体系间存在较大差别，导致同一地区核算结果差异较大。GEP核算缺乏通用方法，同一类型的生态系统在不同地区的生态价值可能存在较大差异，为更好地服务于实际决策和生态系统治理，需要各地因地制宜地研究制定核算办法，以获取具有针对性的核算结果。绘出一张覆盖全国各个区域、统一规范的自然资源资产负债表，是一项艰巨而又复杂的系统性工作，需要做好充足的试点和研究探索。

二是GEP核算缺乏兼具自然生态系统和城市生态系统的生态价值核算体系。现有生态系统生产总值的核算体系和核算方法多集中在自然生态系统，鲜有涉及日益成为人类活动主要载体的城市生态系统，而且截至目前鲜有研究深入考虑自然和城市生态系统由于结构、功能等特征差异而引起的服务功能及价值的相应差异。鉴于此，为了能够实现不同区域生态系统价值核算结果可重复、可比较、可推广，亟须建立兼具自然生态系统和城市生态系统生态价值核算体系，从而为同类地区、同类生态系统建立统一、规范的核算科目和核算体系提供标尺。

三是GEP核算难以得出精准的结果。生态产品和服务的丰富性和多样性导致在GEP的具体核算过程中可能存在生态产品与服务的类型界定不明确、价值属性不清晰、供给者与消费者权益不明等问题；同时生态产品与服务功能量核算的时效性与准确性有待提高，以及不同生态产品与服务的定价精度问题。

三、GEEP 核算体系评析

（一）GEEP 核算的基本概念

经济生态生产总值（Gross Economic - Ecological Product，GEEP）是指在国民经济生产总值的基础上，考虑人类在经济生产活动中对生态环境的损害和生态系统给经济系统提供的生态福祉，即在绿色 GDP 核算的基础上，增加生态系统给人类提供的生态福祉，是 GEP 的升级版。GEEP 既考虑了人类活动产生的经济价值，也考虑了生态系统每年给经济系统提供的生态福祉，还考虑了人类为经济系统产生的生态环境代价。GEEP 是一个有增有减、有经济有生态、体现"绿水青山"和"金山银山"价值的综合指标。

（二）GEEP 核算的范围

GEEP 是以经济系统的国内生产总值为基础，同时考虑了人类在经济生产活动中对生态环境造成的破坏，以及生态系统对经济系统的福祉。生态系统为人类提供的生态效益应与绿色 GDP 核算相结合。其中，生态环境的破坏主要表现为人类活动引起的生态系统退化的成本和环境污染造成的破坏的成本。GEP 向人类表达了生态系统的福祉，包括三个组成部分：生态系统供应服务、生态系统调节服务和生态系统文化服务。且由于生态系统供应服务和生态系统文化服务的价值已经在 GDP 体系中计入，需要扣除以避免重叠，因此其具体的经济生态系统生产总值 GEEP 核算公式为：经济生态系统生产总值 GEEP = 绿色 GDP + 生态系统生产总值 - 绿色 GDP 和生态系统生产总值的重复部分 = （国内生产总值 - 环境退化成本 - 生态破坏成本 - 突发生态环境事件损失） + （生态系统调节服务 + 生态系统产品供给服务 + 生态系统文化服务） - （生态系统产品供给服务 + 生态系统文化服务） = （国内生产总值 - 环境退化成本 - 生态破坏成本 - 突发生态环境事件损失） + 生态系统调节服务。

其中，环境退化成本指在目前的治理水平下，生产和消费过程中所排放的污染物对环境功能、人体健康、农业等导致的环境污染损失成本；生态破坏成本核算指生态系统生态服务功能因人类不合理利用导致的生态服务功能价值损失的核算；生态系统调节服务指生态系统提供改善人类生存与生活环境的惠益，如调节气候、涵养水源、保持土壤、调蓄洪水、空气净化等。生态系统生产总值核算指标的核算参照《陆地生态系统生产总值核算技术指南》。

（三）GEEP 核算的优势

GEEP 遵循 GDP 核算原则，以 GDP 为基础，较 GDP 与 GEP 更加全面。GDP 核算“金山银山”，GEP 核算“绿水青山”，而 GEEP 把“绿水青山”与“金山银山"进行结合，更适用于区域的可持续发展，也可作为是利用环境手段促进经济增长的政策工具。①

一是有利于量化经济系统与生态系统的耦合协调发展。GEEP 是在经济系统生产总值的基础上，考虑到了人类在经济生产活动中对生态环境的损害和生态系统对经济系统的福祉，是一个有增有减，有经济有生态的综合指标。GEEP 核算既反映出经济增长的资源环境代价，也反映出生态系统对经济增长的贡献度和福祉，还反映社会财富的总积累以及社会福利的变化。相比于绿色 GDP 和生态生产总值 GEP，GEEP 核算纠正了只考虑人类经济贡献或生态贡献的片面性。②

二是有利于准确测算地区收入差距。通过研究得出 GEEP 高的地区，在发展经济的同时，生态环境也有整体向好发展趋势，表明 GEEP 核算能够更合理地体现出区域生态和经济功能综合发展状况。且与 GDP 相比，基于 GEEP 核算的基尼系数更小，GEEP 核算更加有利于准确测算收入差距。因此，GEEP 核算可引导政府在政绩考核中加大对于生态环保的考核，有利于地方政府合理地制订相关经济生产和环境保护政策，实现当地的社会、经济、环境可持续发展。

三是有利于推进生态文明建设。GEEP 核算可作为一种地方对生态文明取得进展的评价指标。在生态文明的总体目标下，我国制定了各种可持续发展规划或计划。这些规划或计划属于政府的许多分支机构的管辖范围，有时可能会相互冲突。就需要一个具体指标对行政各级（国家、省等）生态文明进展进行综合评价。GEEP 核算可以作为一种政策工具来监

---

① 牛乐，王娇月，郗凤明，等．福州市经济生态生产总值核算［J］．应用生态学报，2021，32（11）：3793－3804.

② 梁龙妮，王明旭，李朝晖，等．珠三角地区经济生态生产总值核算及“两山”转化路径探讨［J］．环境污染与防治，2021，43（01）：121－125.

测和评估各级行政政府对生态文明取得的进展。

（四）GEEP 核算的不足

一是存在明显的不确定性。GEEP 核算方法涉及生态学、经济学、环境科学、统计学和经济学等多个学科。GEEP 核算的数据来源于环境、林业、土地利用、林草管理、旅游、农业等部门，说明 GEEP 是一个计算很复杂的系统。由于数据的缺乏、核算方法的缺乏、参数的局限性和结果的可操作性，各种货币化评估方法存在很大的不确定性。

二是政策应用仍然有限。GEEP 中对于生态效益的核算与 GEP 方法基本一致，但 GEEP 只考虑了生态调节服务部分，没有包括生态产品服务和文化服务部分，因为这部分价值已经在 GDP 核算中有所体现，GDP、CEP 和 GEEP 核算中都涉及生态系统价值，但 GDP 是一个存量变量概念，而 GEP 与 GEEP 属于流量概念，所以 GEP 中的生态产品和文化服务价值与 GDP 中的体现并不完全对等，这也是 GEEP 核算体系中一直面临的问题，需要在后续研究中加强研究，在现实核算中产品定价要尽量与 GDP 核算体系一致。

四、核算体系适用性比较

从绿色 GDP 到绿色 GDP 的 2.0 版 GEP，再到绿色 GEP 的 3.0 版 GEEP，其中 GEP 核算体系是以生态系统服务功能核算体系为基础，建立起的与 GDP 相对应、能够衡量生态环境质量的一个统计与核算体系；党的十八大报告提出，要把资源消耗、环境破坏和生态效益纳入社会经济发展评价体系，据此 2018 年生态环境部提出了绿色 GDP 3.0 版本，出现了经济生态生产总值（GEEP）这一新概念。GEEP 遵循 GDP 核算原则，以 GDP 为基础，较 GDP 与 GEP 更加全面。目前的 GEEP 核算研究结果相对较少。绿色 GDP 核算体系、GEP 核算体系以及 GEEP 核算体系三种核算体系，本节将对上述三者的适用性作比较和分析，见表 9－1 所示。

从表 9－1 可见，绿色 GDP 核算体系适用于以环境核算和污染经济损失核算为内容的相关试点工作。而 GEP 评估用直观的数字揭示生态系统对人类社会的贡献，为生态补偿标准制定、利益相关方参与和管理决策提供依据。生态系统服务价值研究已经涵盖全球、国家、区域等不同空间尺度和森林、湿地、草地等不同生态系统。区别于绿色 GDP 仅考虑资源消耗和环境损害价值，CEP 关注生态系统的价值增量，核算重点是产品和服务的经济价值，而非生态系统资产的经济价值，是流量而非存量的概念，将有助于提高社会创造生态价值的积极性。基于 GEP 核算体系从生态系统自身属性特征出发，可用于生态保护成效评估、生态文明建设目标考核、生态产品价值实现。

表 9－1　　　　生态经济价值核算体系的适用性分析

<table>
<tr><th>核算方法</th><th colspan="2">适用性分析</th></tr>
<tr><td rowspan="4">绿色 GDP</td><td colspan="2">从现行 GDP 中扣除环境资源成本和对环境资源的保护服务费用（主要核算环境退化成本、生态破坏成本和突发生态环境事件损失）</td></tr>
<tr><td>优势</td><td>反映了经济活动的负面效应</td></tr>
<tr><td>劣势</td><td>仅考虑资源消耗和环境损害价值</td></tr>
<tr><td>适用性</td><td>适用于环境核算和污染经济损失调查</td></tr>
<tr><td rowspan="4">GEP</td><td colspan="2">主要核算生态系统提供的产品供给、调节服务和文化服务三个方面，核算重点是其经济价值，而非生态系统资产的经济价值，是流量而非存量的概念</td></tr>
<tr><td>优势</td><td>关注生态系统的价值增量，将有助于提高社会创造生态价值的积极性①</td></tr>
<tr><td>劣势</td><td>技术难度高、缺乏通用方法体系，结果不精准</td></tr>
<tr><td>适用性</td><td>森林、湿地、草地等不同生态系统，评估区域绿色发展水平</td></tr>
<tr><td rowspan="4">GEEP</td><td colspan="2">GEEP 是绿色 GDP 与 GEP 相结合的产物，既包括环境成本又包含环境效益</td></tr>
<tr><td>优势</td><td>纠正了 GGDP 与 GEP 的片面性，能够缩小地域差异</td></tr>
<tr><td>劣势</td><td>仍处于科学研究阶段，数据与核算方法难以明确</td></tr>
<tr><td>适用性</td><td>特色地区的生态文明进展评价工作</td></tr>
</table>

GEEP 核算体系是一个综合性的指标体系，它既考虑了人类活动产生的经济价值，也考虑了生态系统每年给经济系统提供的生态福祉，还考虑了人类为经济系统产生的生态环境代价。因此，它是一个有增有减、有经

① 杜鹏．基于 GEP 的区域生态审计框架与实现路径研究［J］．山东社会科学，2017（03）：133－138.

济有生态、体现“绿水青山”和“金山银山”价值的综合指标。科学性上，它更加客观公正，纠正了绿色 GDP 和 GEP 的片面性，缩小了地域间的指标差距。GEEP 核算体系更加全面地反映问题，更加适用于特色地区的生态文明进展评价工作。

但是，GEEP 核算体系仍处于科学研究阶段，其政策应用仍在探索中。

五、甘肃省生态经济价值核算建议

通过对生态经济价值核算体系的梳理与评析可知，GEP 核算体系是绿色 GDP 的 2.0 版，而 GEEP 是 GEP 的 3.0 版，尽管 GEP 核算体系还存在一些不足，但是其方法和应用的认可度仍是最高的，其作用和优势也比较明显。地方 GEP 核算与应用试点工作也积累了丰富实践经验。

具体来看，2020 年浙江省发布了首部省级《生态系统生产总值（GEP）核算技术规范陆域生态系统》，加快推进生态经济化、经济生态化，GEP 核算与考核将从丽水推向全省其他地区。2021 年，贵州省在都匀市、赤水市、江口县、雷山县、大方县 5 个试点市（县）GEP 核算试点工作的基础上，发布了贵州省生态系统生产总值（GEP）核算技术规范。现已在青海省、贵州省、海南省、浙江省、内蒙古自治区等省（自治区），深圳市、丽水市、抚州市、甘孜州、普洱市、兴安盟等23 个市（州、盟）以及阿尔山市、开化县、赤水县等100 多个县（市、区）展开了 GEP 核算试点示范工作。在试点的基础上，生态环境部牵头出台了《生态系统评估生态系统生产总值（GEP）核算技术规范》等 GEP 核算标准，为推行 GEP 考核奠定了工作基础。

甘肃省生态资源丰富，应积极基于试点地区的 GEP 核算经验基础上，依据 GEP 核算体系的生态产品类别（见表 9－2），摸清甘肃省生态系统特征，厘清甘肃省生态产品清单，构建适用于甘肃省的生态经济价值 GEP 核算体系，确立各项指标功能量和价值量的核算方法，核算出甘肃省生态系统生态产品价值，为推进甘肃省生态产品价值转化以及生态文明建设提供信息支撑。

表 9－2　GEP 核算分类及内容

分类		指标类别	核算内容
供给服务		食物、原材料、能源等的供给	动植物、矿产品价值以及已开发利用产能
调节服务	大气	固碳释氧	生态系统固碳和产氧价值
		气候调节	植物蒸腾和水面蒸发价值
		净化大气	生产负离子价值、吸收污染物价值和尘价值
	水	涵养水源	涵养水源价值
		洪水调蓄	湖泊调蓄和水库调蓄价值
		净化水质	净化水质价值
	土	保土或减淤	保持土地肥力价值和减轻泥沙淤积价值
		防风固沙	防风固沙价值
		减轻面源污染	减少进入水环境造成价值
文化服务		文化娱乐	景观文化贡献价值和景观的观赏价值

甘肃省实施 GEP 核算的内容和步骤建议如下：

第一步，厘清甘肃省生态产品清单。不同的生态系统类型供给的生态产品类型不一样，首先亟须分析甘肃省生态系统生态产品的种类，明确供给产品、调节服务、文化服务三大类具体指标科目，然后编制甘肃省省域—县域—乡镇一体化的生态产品清单，建立甘肃省立体化、动态更新、层层上报的生态产品统计数据库。

第二步，构建甘肃省生态系统 GEP 核算体系。根据浙江省 GEP 核算标准《生态系统生产总值（GEP）核算技术规范陆域生态系统》（DB33/T 2274—2020）以及丽水市、安吉县等试点地区经验，遵循来自生态过程、对人类社会有益、能与国际接轨、数据能够获取等基本原则，以全省陆域生态系统调查阶段性数据为基础，以国家 GEP 标准草案技术方法为蓝本，根据甘肃省生态系统和生态产品自身特点构建规范、科学、可比较的甘肃省生态系统 GEP 核算指标。

第三步，确立甘肃省各项指标功能量和价值量的核算方法。确定核算需要使用的基础地理与遥感反演数据、监测数据、统计数据、实地调查数据等的名称、单位、时间等。根据核算指标体系，针对性确定各不同指标所使用的功能量核算方法和价值量核算方法。价值量是采用市场定价法、替代市场法和假想市场法等确定每类生态产品的价格，然后与相应的生态产品的功能量相乘得到其价值量。同时，也可结合生态系统过程模型实现生态功能量和价值量的核算，并在省域和市域层面进行交叉验证，以保障核算结果的精准性。

第四步，推进甘肃省生态系统 GEP 核算。对各类生态产品分为功能量和价值量两项进行核算：一是核算生态产品功能量。根据资源监测、生态环境监测、水文监测、气象监测、各相关管理部门数据资料、外业调查及试验测定数据，核算甘肃省生态系统不同类别生态产品的功能量；二是确定生态产品价格；三是核算生态产品总价值。用上述不同类别生态产品功能量乘以相应生态产品价格得到不同类别生态产品价值，汇总完成甘肃省生态系统分类标准产品总价值的核算。

第二节 生态环境价值评估方法评析

绿色 GDP、GEP 和 GEEP 可以衡量生态环境价值或生态经济价值，但是均难以作为市场交易的价值测算方法，而生态环境价值评估方法则可以。本节主要针对生态环境价值评估中的三大主流的方法：市场定价法、替代市场法以及假想市场法的概念、评估范围及其优劣进行分析，并给出甘肃省生态环境价值评估的方法选择建议。

一、市场定价法评析

（一）市场定价法的基本概念

市场定价法是对于有活跃市场的产品，在能取得市价且市价比较稳定的情况下，以市场上同类或者相似产品的价格来定价作为内部转移价格的方法。[①] 以市场价格为基础制定的内部转移价格比较公正，对责任中心的业绩评价也比较合理可信。市场定价法对不同对象的作用是不同的，

① 戴波，周鸿．生态资产评估理论与方法评介［J］．经济问题探索，2004（09）：18－21.

对于企业来说，定价会决定资源配置。对于顾客来说，价值大小将会影响到定价，对于生产者来说，定价就是经营期间的利润和收入的重要影响条件。

（二）市场定价法的评估范围

对已经市场化的产品和服务可以采用市场评估法核算其价值。在缺乏市场供需信息的情况下，通常假定市场供需是一定的，用生态系统服务品质改善（或恶化）所带来的产品产量增加（或减少）乘以产品的市场价格，或用生产成本的降低（或增加），或消费者支出金额的减少（或增加），作为生态系统服务的价值。[①]

（三）市场定价法的优势

一是有利于改善经营管理，增强产品竞争。生态产品的生产者总是力图以低成本高收益的产品参与市场竞争。要取得低成本的优势，必须在改善经营管理、推进技术创新、降低劳动消耗上下功夫，从而使自己处于竞争的优势地位。按照市场价格定价，最符合市场运作规律。

二是有利于资源有效配置，提高产品质量。市场定价法可以推动生态产品资源在各部门间实现比较合理的配置。只有将生态产品合理地配置给各个社会生产部门，整个社会生产经营活动才能按比例正确运转，社会生产力才能不断发展。在市场经济竞争中，市场机制通过物价波动，向人们提供一种经营信息，推动人们将人、财、物资源向预期利润较高的部门转移，从而逐步使生态产品资源自动地得到合理的配置。

三是有利于技术创新，降低产品生产消耗。无论是促进自然生态产品的供给，还是利用生态优势发展生态产业，均离不开技术进步。只有推动技术进步，生态产品才会在市场有竞争优势。因此，市场定价有利于技术创新。

（四）市场定价法的不足

一是存在市场垄断问题。一旦某些生态资源尤其稀缺的矿产资源等具

① 操建华．生态系统产品和服务价值的定价研究［J］．生态经济，2016，32（07）：24－28.

有法律规定明令禁止竞争者进入市场，则会产生稀缺资源的垄断；由于生态资源要素的不可分割性自然垄断，如自来水等产生自然垄断。在存在垄断的情况下，破坏了价格机制平衡配置资源的功能，会出现低效率的生态资源配置状态。

二是存在信息不完全问题。信息不对称在不同市场上的分布是有规律的。在生态产品交易市场和劳动市场上，一般来说，信息偏在卖方；而在资本市场上，则信息偏在买方。

三是存在生产要素作用不充分问题。这里的生产要素是指工资、资本利息、土地租金及货币的价格（汇率）等，市场价格机制在这些要素市场上的作用是不充分的。如政府采取工资最低保障、市场汇率的制约等。

四是存在价格总水平不稳定问题。生态产品尤其是生态农产品往往会出现“低产高价”和“高产低价”的周期性波动。如果缺乏保险机制，会导致农民不堪周期性打击。

二、替代市场法评析

（一）替代市场法的基本概念

替代市场法是使用某种有市场价格的替代物来间接衡量没有市场价格的环境物品的价值的方法。① 在现实生活中，存在着这样一些商品和劳务，它们是可以观察和度量的，也是可以用货币价格加以测算的，但是它们的价格只是部分地、间接地反映了人们对环境价值变动的评价。用这类商品与劳务的价格来衡量环境价值变动的方法，就是替代市场法，又称间接市场法。

替代市场法力图寻找到那些能间接反映人们对环境质量评价的商品和劳务，并用这些商品和劳务的价格来衡量环境价值。其主要包括内涵资产定价法和旅行费用法。内涵资产定价法是根据人们为优质环境的享受所支付的价格来推算环境质量价值的一种评估方法，即将享受某种产品由于环境的不同产生的差价，作为环境差别的价值。旅行费用法是指用旅行费用

① 郑慧娟，傅逸，林颖，等．湿地生态价值评估方法与应用研究——以广东省云东海国家湿地公园为例［J］．中国资产评估，2021（11）：28－34.

作为替代物来衡量人们对旅游景点或其他物品的评价。

（二）替代市场法的评估范围

替代市场法适用于环境效益和服务不能通过市场直接进行交易买卖，但是其具有这些效益或服务的替代品的市场和价格。① 可以通过估算替代品的花费而代替某些环境服务或效益的价值。即以使用技术手段获得与生态系统功能相同的结果所需的生产费用为依据。它是在某种资源环境未形成交易市场和价格，但可替代的其他资源环境已经形成交易市场和价格的情况下，根据可替代物品的市场价格来评估此种资源环境的价值的方法。例如，环境改善对社区的影响，可以通过社区内房地产价格的变化，分离出环境质量因素，从而得出环境改善的价值。

（三）替代市场法的优势

替代市场法有利于评估无市场价格的生态环境价值。生态服务价值评估的最大困难在于生态服务价值不存在完全、直接的市场表现，难以用货币直接计量来表示其内在价值。使用替代市场法将所研究的没有市场价格来直接衡量对象本身时，寻找替代物的市场价格来衡量，从侧面求出了生态系统的价值，比如生产负氧离子价值、吸收污染物价值、净化水质价值、防风固沙价值以及植物蒸腾和水面蒸发价值等。

（四）替代市场法的不足

一是价值评估局限性明显。替代市场法是对环境价值的一种间接评估，其在直接市场法没法使用时能发挥较大的作用，但是受各种条件的限制，具有较大局限性。

二是价值评估不准确。替代品可能只能估计评估对象某一部分的环境功能价值，从而导致对评估对象环境价值的低估。替代品所具有的环境功能可能远远大于评估对象的环境功能，从而导致评估价值的偏高。

三是价值评估计算过程复杂。且大部分生态系统服务没有供参照的市场交易价格，估算出的结果与生态系统服务真是价值存在偏差，受主观因素的影响很大，可能导致评价结果的偏差。

---

① 苏月中．自然资源价值核算浅析［J］．统计教育，2001（02）：11-13.

三、假想市场法评析

（一）假想市场法的基本概念

在既无直接市场，又无间接的替代市场的情况下，人们只能主观地创造假想的市场来衡量环境质量及其变动的价值，这种进行环境经济评价的方法就是假想市场法①。假想市场法也称意愿调查法、权变评价法、条件价值法或者豁然估计法，它是以群众参与为基础、调查问卷为工具来评价被调查者对缺乏市场的物品或服务所赋予的价值的方法，通过询问人们对环境质量改善的支付意愿或忍受环境价值损失的受偿意愿来推导出环境物品的价值。

（二）假想市场法的评估范围

假想市场法是指在没有替代市场的情况下，评估者构建一个虚拟的产品市场，根据其市场价格，估算资源环境价值及其变动的方法。适用于缺乏实际市场和替代市场交换商品的价值评估，是“公共商品”价值评估的一种特有的重要方法。它能评价各种生态系统服务功能的经济价值包括直接利用价值、间接利用价值、存在价值和选择价值。

（三）假想市场法的优势

一是假想市场法实用性强，有利于刻画生态服务支付意愿。对于公共商品而言，因公共商品没有市场交换和市场价格，因此支付意愿的两个部分（实际支出和消费者剩余）都不能求出公共商品的价值，也因此无法通过市场交换和市场价格估计。而假想市场法的核心是直接调查咨询人们对生态服务功能的支付意愿并以支付意愿和净支付意愿来表达生态服务功能的经济价值。在实际研究中从消费者的角度出发在一系列假设问题下通过调查、问卷、投标等方式来获得消费者的支付意愿和净支付意愿，能较好地刻画所有消费者的支付意愿和净支付意愿来估计生态系统服务功能的经济价值。

---

① 欧阳芳，王丽娜，闫卓，等．中国农业生态系统昆虫授粉功能量与服务价值评估［J］．生态学报，2019，39（01）：131－145.

二是假想市场法的经济学理论坚实，有利于灵活性应用。假想市场法符合经济学里的效用论和消费者偏好理论，是评估全球生态系统价值的较为成熟的方法，在帮助公共决策方面是一个很有潜力的技术，国内外生态与环境经济学中最重要的和应用最广泛的关于公共物品价值评估的方法。由于环境物品没有市场，因而它通常没有价格，环境质量变化的价值只能以人们福利的变化来衡量，而假想市场法通过构建假想市场来获知人们的支付意愿。该方法之所以被认可并广泛研究应用，是因为人们不仅意识到这一方法能够解决许多其他环境经济评估方法所无法解决的问题，更重要的是通过该方法的应用，使得公众对生态价值的认识更加明确，使公众的环境价值取向不断提高，从而实现了以提高公众环保素质为目的的公众参与。

（四）假想市场法的不足

一是存在假想偏差。由于被调查者对假想市场问题的反应与对真实市场的反应不一样而出现偏差，特别是当被调查者要求评估一个不熟悉的和不在市场上交换的产品的价值时，不准确程度明显上升。

二是存在投标起点偏差。这是偏差的又一主要来源。调查者所建议的出价起点的高低会被回答者误解为“适当”的环境影响的经济效益测定范围而引起回答范围的偏离。控制投标起点偏差最有效的方法是通过预调查确定合理的投标起点值和数值间隔及范围，或者通过有关环保部门了解相关的评价物品信息以便合理确定其投标价值范围。

三是存在积极性回答偏差。面对面采访时，受访者往往会觉得给出的支付意愿越高，调查者越满意的心理，这可能导致偏差，也就是所说的积极性回答偏差。这会使得受访者环境影响的经济效益测定偏高。

四、甘肃省生态环境价值评估方法选择建议

根据前述，直接市场法适用于产权明确可交易的生态产品，但对于评估某一区域的生态产品时很多是没法确定直接市场价格，就可以使用替代市场法用一些与它们相关的有直接市场价格的替代物来评估其价值。而有些是同时缺乏实际市场和替代市场交换商品的价值评估，就需要通过假想市场法创造假想的市场来衡量环境质量及其变动的价值来直接评估生态产

品的价值。具体建议如下：

第一，针对可观测的生态环境供给服务价值评估，选择直接市场法。如果对可观测的甘肃省生态环境的供给服务价值进行评估，其中包括对生态环境为人类提供食物、水、原材料、遗传资源、药物资源等服务；包括生态环境的气候调节服务，其核算指标主要是固碳、释养、吸热、增湿、吸收污染物等；包括水调节服务，其核算指标主要是涵养水源、洪水调蓄和净化水质等；包括土壤调节服务，其核算指标主要是保持土壤、减少淤积防沙固土和减轻水体污染等。这类生态环境的供给服务评估选取的指标在生态系统中具有代表性和普遍性，其供给量和单位市场价格数据易于获取，则通常采用市场定价进行评估。

第二，针对生态环境的水流量调节、防侵蚀和保持土壤肥力的价值评估，选择替代市场法。如果对甘肃省水流量调节、防侵蚀和保持土壤肥力等生态环境价值进行评估，因为此类生态环境的价值核算过程中需要区域内年水蒸散量、入境水量、出境水量、土壤潜在侵蚀量等多种实测数据，由于此类数据复杂多样且难以获取，但是能找到与之相关的市场价格进行替代，则采用替代市场法进行价值评估。

第三，针对生态环境的文化服务价值评估，选择假想市场法。如果对甘肃省生态环境的文化服务进行价值评估，由于生态环境的文化服务能够提供美学观赏、休闲娱乐、科研教育等，往往可以改善人们的身体、心理和情感健康来造福人类，但生态环境的文化服务价值难以直接观测量化，而且生态环境的文化服务缺乏可以近似与这些非排他性商品相关的价格的市场替代物，但又因为文化服务的评估多集中在自然保护地、旅游风景区、公园等休闲游乐场所，游客访谈数据的可得性较高，其在休闲旅游的过程中可以体验到包括灵感、文化遗产、美学、教育等不同的文化服务，对此类文化服务的价值评估大多为非货币价值评估，即比较不同地区生态环境所提供的文化价值高低而不是得到一个精确的货币价值，则采用假想市场法进行价值评估。

第三节　生态产品定价方法与甘肃省策略选择

本节主要针对生态产品的三大类：经营性生态产品、准公共性生态产品以及竞争性生态产品定价方法及其适用范围和不足，给出甘肃省生态产品定价方法的策略选择建议。

一、经营性生态产品定价方法与策略选择

（一）经营性生态产品定价方法

经营性生态产品是人类劳动参与度最高的生态产品，其价值实现主要采取市场路径，通过生态产业化、产业生态化和直接市场交易实现价值[①]，其定价方法主要有市场定价法，该方法是对于经营性生态产品在能取得市价且市价比较稳定的情况下，以市场上同类或者相似的经营性生态产品的价格来定价作为内部转移价格的方法。由于良好的生态系统能够通过生态系统资源为人类提供生态产品，比如产权较明晰的生态旅游产品，可以通过地方政府或政府授权的企业通过市场化路径实现其生态价值，该类生态旅游产品主要是通过发展生态服务以实现其价值，即发展旅游业。旅游产业的形成离不开其自然形成的价值实现以及后期投入的与人相关的资本，只有将自然资本、人造资本以及人力资本要素相结合，才能使得生态文化服务产品价值的乘数效应得到更好地释放，而除去自然资本的要素后，其余成本均需要通过市场进行交易，因此生态旅游产品应选择市场定价方法。同样的，生态工业产品定价应结合资源价格、生产成本等因素，而资源价格依据资源获得的难易程度、市场供求状况而定，生产成本则为生产生态过程中所耗费的人力、物力和财力等。因此，生态工业产品也可采用市场定价方法。

---

① 窦亚权，李娅，赵晓迪．生态产品价值实现：概念辨析［J］．世界林业研究，2022，35(03)：112－117.

（二）经营性生态产品定价法的适用范围

经营性生态产品定价涉及自然生态系统与人类社会经济系统两个方面，在充分体现生态环境价值的同时也要遵循市场规律，合理的定价模型必须兼顾生态价值与社会劳动价值，否则必然会导致片面和失序，难以客观反映其价值。同时，经营性生态产品定价法是以市场为主体，以竞争对手为参照物的一种定价方法，因此，在对经营性生态产品定价时要注意以下几点：首先，将生态市场上的竞争产品价格与估算价格进行比较，分为高、一致及低三个价格层次；其次，在生态方面，应将该生态产品从成本、效益等与其他经营性生态产品进行比较，分析形成差异的原因，再结合上述定价方法以及按定价所要达到的目标确定该经营性生态产品价格；最后，跟踪市场上同类或相近的经营性生态产品价格，及时进行分析并作出相应的价格调整。基于上述分析，适用于经营性生态产品定价法的产品应确保生态价值和经济价值的可比性、可替代性和市场交易的可操作性，其价值实现主要采取市场路径，通过生态产业化、产业生态化和直接市场交易来实现。

（三）经营性生态产品定价法的不足

一是经营性生态产品定价难，标准不统一。从现有资料来看，社会各界关于经营性生态产品的分类及其定价方法还没有形成共识，尽管生态产品的定价可以通过各种数学模型及工具进行测量，但与直接的物质产品的定价相比，难度较大。不同地区生态产品价值的核算方法、核算内容体系以及数据来源渠道差异较大，并且生态产品价值核算方法不统一，导致生态产品价值难以量化。且其最终的价格还是应该取决于市场上的供求双方，还没有统一的市场定价机制。

二是经营性生态产品产权不清晰，合法权属难确认。经营性生态产品具有相对复杂的生态空间结构和多重服务功能，容易产生交叉、重叠，对其生态功能及其产品价值的合法权属难以清晰界定。在管理上，因空间上难以界分，导致生态产品边界不清。由于生态产品产权边界模糊，缺乏精准科学的计算方法，对生态产品的代际价值及其权属等难以确认。

三是生态价值核算难，缺乏有效评估机制。虽然经营性生态产品定价的服务有相关定价方法，但在具体的核算过程中，经营性生态产品的核算体系仍不够完善，适用的评估方法仍是在理论层面，现实层面的定价测算效果如何仍未知，所以在这方面依旧缺乏实际应用的结论与方法改善。

（四）甘肃省经营性生态产品的定价策略选择

第一，具有质量认证的经营性生态产品定高价。多数经营性生态产品生产企业自身具有一套较为完整的质量控制标准，包括产品产地生态环境质量标准、产品生产技术标准、产品质量检测标准、产品包装标准、产品储运标准，确保了产品安全、营养、健康的特性。甘肃省对此类产品可建立相应的生态产品质量认证制度，依法对此类产品的产地生态环境、生产过程、包装、储运等生产环节进行质量认证，符合生产标准的产品贴上生态产品标志，然后将其定高价。

第二，具有产业技术壁垒的经营性生态产品定高价。许多经营性生态产品的生产条件短时间内难以被模仿。如果产品的技术在短时间内难以被模仿，就说明该产品具有较高的技术壁垒，竞争者一般难以快速进入该产品生产领域，并能维持产品高价。由于生态产品要保持安全、营养、健康的特性，使得经营性生态产品生产的前提必须具备良好的生态环境，且产品需要经过严格的质量检测和苛刻的储运条件。经营性生态产品苛刻的生产条件使得技术壁垒相对较高，竞争对手难以轻易进入该产业并压制高价。因此，甘肃省对具有产业技术壁垒的经营性生态产品可定高价。

第三，具有供不应求趋势的经营性生态产品定高价。撇脂定价法是指在产品生命周期的最初阶段把产品价格定得很高，以求最大利润，尽快收回投资。随着经济的发展，人们对经营性生态产品要求越来越高，此类经营性生态产品可采用市场定价法中的撇脂定价策略进行定价，该定价策略能抑制市场对优质经营性生态产品需求量的快速增加，缓解优质经营性生态产品供不应求的状况。经营性生态产品价格的高低会极大影响产品需求量的大小，一般情况下，低价格的产品需求量大；反之，高价格的产品需求量小。但经营性生态产品的市场需求能否真正满足，还会受到企业生产能力的制约。受生态环境的限制，经营性生态产品的生产能力往往不高，企业就没有必要以低价来换取较高的市场需求量。因为较高的市场需求量不仅不能满足，而且还会伤害一部分需求未得到满足的消费者对经营性生态产品的情感；相反，在经营性生态产品产能供应不足的情况下，高价格能抑制市场需求量的快速增加，缓解产品供不应求的局面。

二、准公共性生态产品定价方法与策略选择

（一）准公共性生态产品定价方法

准公共生态产品通常满足产权明晰、市场稀缺、可精确定量三个条件，其介于公共性生态产品和经营性生态产品之间，并具有一定程度的竞争性或排他性，可以通过市场机制实现交易的公共性生态产品①，其定价方法可归纳为成本计算与生态系统服务价值评估两条思路②，如表9-3所示。

表9-3　准公共性生态产品的定价方法

思路	方法	含义
成本计算	成本法	生产建设（保护）成本与机会成本之和
生态服务价值评估	生态系统生产总值核算法	生态系统产品价值、调节服务价值与文化服务价值之和
	当量因子法	根据生态系统服务价值基础当量表计算生态系统服务价值
	能值法	计算出某一生态系统所包含的能值，利用当地能量利用与货币之间的转化关系计算生态系统的价值

从成本角度考虑所需的各项建设成本、经营保护成本以及生产过程中放弃其他发展机会的损失，即生产建设成本与机会成本之和。学术界认为，此种方法只能保证生产方现有的利益不受损害，并不能提高生产积极性，因此会将其作为价格下限；从生态系统服务价值评估角度考虑，则主要是核算生态产品的供给、调节、文化等生态系统服务价值。但这种方法存在计量不准确、估算结果过高等问题，在实际评估中，难以运用，因此一般将其作为参考价格上限。

（二）准公共性生态产品定价法的适用范围

准公共性生态产品主要采取政府与市场相结合路径，政府通过法律或

---

① 张林波，虞慧怡，郝超志，等．生态产品概念再定义及其内涵辨析［J］．环境科学研究，2021，34（03）：655-660.

② 代亚婷，朱道林，张晖，等．基于均衡价值论的生态产品定价与补偿标准研究［J］．中国环境管理，2021，13（04）：71-77.

行政管控等方式创造出生态产品的交易需求，市场通过自由交易实现其价值，具有有限的非竞争性或有限的非排他性，因此对于其供给在理论上应采取政府和市场共同分担原则。[①] 准公共性生态产品定价在政府管制产生稀缺性的条件下，交易主体之间就会形成市场交易需求，使得生态权益转化为生态商品，所以准公共性生态产品也可以看作是公共性生态产品通过在市场中实现交换价值的生态商品。

依据公共产品非竞争性和非排他性程度的不同，可将公共产品定价的方法也相应地分成两类：一种是对于纯公共产品，另一种是除纯公共产品外的具有公共性的物品的价格管制或称价格规制，即政府不直接提供该类公共产品，但政府会根据成本、支付能力等因素对其直接规定指导价格或参与其定价过程以确定变动幅度等，如医疗、教育领域。具体来看，对拥有自然属性的花草林木、拥有生态衍生品属性的经营性生态公园、生态绿道等以及拥有生态标识属性的山景等，应当由政府主导相关产业培育以及资源开发，并在此基础上引入企业参与市场化经营，促进生态产品价值市场化转换，政府应当根据当地实地情况，引入社会资本参与城市经营性公园以及绿道的建设、营运以及管理工作；而对于生态俱乐部产品，如集体林权、用能权、排污权等，实现其生态价值的前提是进一步明确生态产权，在此基础上建立生态产权市场交易中心，以市场化手段促进生态产权的价值实现。

（三）准公共性生态产品定价法的不足

随着经济的深入发展，对准公共生态产品的研究也会有进一步的发展，但也会存在一些不足：一是要使公私合作模式成功实现，就必须具有较高的政府的政策支持、健全的法律体系、良好的市场环境及专业化机构及优秀人才；二是政府和市场在提供公共产品上面都存在局限性，而且非营利组织也有其固有的缺陷。

（四）甘肃省的准公共性生态产品的定价策略选择

第一，发挥政府主导作用对准公共性生态产品定价。由于准公共性生

---

① 廖茂林，潘家华，孙博文．生态产品的内涵辨析及价值实现路径［J］．经济体制改革，2021（01）：12－18.

态产品位于经营性和公共性生态产品之间，在市场经济条件下，市场机制在配置社会资源中也存在缺陷，因此，甘肃省对准公共性生态产品的定价不应该仅靠市场来调节，必须积极发挥政府的主导作用。

第二，发挥政府参与调节的市场机制作用对准公共性生态产品定价。甘肃省能源种类较多，尤其光伏、太阳能等新能源相对其他省具有比较富裕，如果仅凭市场机制调节，就会容易出现市场失灵的情况，如果有政府调节参与其中，不仅可以有效解决市场失灵，增进社会福利，而且还会减轻财政负担，鼓励更多的主体参与到准公共生态产品供给中来，因此，甘肃省准公共性生态产品的定价应当选择有政府参与调节的市场机制。

第三，发挥政府补贴功能对准公共性生态产品定价。就政府补贴形式而言，主要有财政拨款、财政贴息、税收返还以及无偿划拨非货币性资产等。因此，甘肃省准生态性公共产品企业应积极向政府申请财政拨款、财政贴息、税收返还以及无偿划拨非货币性资产等补贴，对准公共性生态产品进行定价，不仅有助于准生态性公共产品企业快速发展，获得资金支持。

三、纯公共性生态产品定价方法与策略选择

（一）纯公共性生态产品定价方法

纯公共性生态产品主要包括湿地、湖泊、草地、城市绿地、清洁富氧空气和原始森林等生态资源，是生态资产中最难度量、最难抵押、最难交易和最难变现的一部分。纯公共性生态产品除了具有一切公共产品具有的非排他性和非竞争性以外，还具有生态系统的本质规定性。换言之，纯公共生态产品与普通生态产品最大的不同就在于它本身属于生态系统，其生产、消费过程遵循生态系统的内在规律。[①] 如途经甘肃省的黄河流域生态廊道生态功能区所提供的清新空气、宜人气候等，就是维系国家生态安全、服务甘肃省全体人民的公共性生态产品。

纯公共性生态产品定价主要有替代市场方法，可采用替代市场技术进行评估，将生态资产所产生的生态效益折算成一定量的可交易商品。比如对甘肃省的森林、草地、农作物和湿地公园等所产生涵养水源、保持土壤

① 薛永基．县域生态治理与产业发展协同机制探究［J］．国家治理，2022（04）：19－24.

的物理量按照市场价格及利率折算成现值，最终计算出其价值①，然后通过政府进行确权登记，盘活区域内优质生态资产进而创建交易平台，通过出租和特许经营等方式将公共性生态资产投入市场。② 事实上，纯公共生态产品具有极强的外部性，因而需要政府通过补偿性购买的方式形成类似市场调节的供求关系，又由于缺少价格形成方式，可以让第三方评估机构参与进来，形成市场指导价以代替正常产品市场上的“均衡价格”。

纯公共性生态产品也可通过产权界定进行市场交易定价。首先，由政府对个人或企业予以申报的生态资源产权进行确定；其次，由政府建立行之有效的产权交易市场，在产权交易市场进行受理转让申请、并发布转让信息等步骤完成产品交易，由于市场存在信息差和一定的供求关系在产权交易的一次次竞拍和交易中价格会不断波动直至一个各方认同的公允价位。

（二）纯公共性生态产品定价法的适用范围

纯公共性生态产品是私人性生态产品的对称，后者具有排他性和竞争性两大基本属性，而纯公共性生态产品具有非排他性和非竞争性。因此，在所有生态产品中，除了同时具有排他性和竞争性的经营性生态产品以及排他性和竞争性只占其一的准公共性生态产品之外，比如甘肃省的森林、农作物、湿地公园、草地、城市绿地、清洁富氧空气等均列入为公共性生态产品的范畴。

（三）纯公共性生态产品定价法的不足

一是缺乏必要的市场体系。通常对生态产品定价包括运用会计核算法、问卷调查法、基于 GEP 核算法，这些方法与从生态价值评价体系中选取的方法虽然测算了某一区域精确的生态资产价值，但由于缺少必要的市场体系，往往难以将生态资源转换成具体有价格的纯公共生态产品，因而仅限于理论层面的探讨。核算方法虽各有道理，但由于缺少了市场交换属性，因此所计算的生态资产的价值只是一组虚拟评估结果，并不能实际

① 陈百明，黄兴文. 中国生态资产评估与区划研究［J］. 中国农业资源与区划，2003（06）：23－27.

② 崔莉，厉新建，程哲. 自然资源资本化实现机制研究——以南平市“生态银行”为例［J］. 管理世界，2019，35（09）：95－100.

促进生态产品的开发、生态资本的形成，也无法满足人民群众对美好生态环境的需要。

二是缺乏科学规范的评价体系。由于各类生态要素的属性千差万别，其价值衡量尺度和标准差别较大，按照生态要素类别对生态产品价值贡献进行单独计算的研究，尚缺乏科学规范的评价体系，且实践操作复杂，需花费大量的成本。

三是缺乏可实施性。仅通过产权市场交易定价，在交易初期纯公共性生态产品的价格容易紊乱，信息短缺一方容易蒙受巨大损失，如果没用政府干预且市场信息不流通，该情况可能存在较长实践，对产权市场交易发展形成严重阻碍。

（四）甘肃省的公共性生态产品定价的策略选择

第一，以生态补偿手段对纯公共性生态产品定价。纯公共性生态产品主要通过政府主导来其价值实现，通常需要依靠财政转移支付、财政补贴等方式对公共性生态产品“购买”和生态补偿。甘肃省地势复杂，纯公共性生态产品资源丰富，其定价也应以生态补偿机制为主，积极鼓励先行先试，逐步推动补偿资金和修复措施向禁止开发区、重点生态功能区等重点区域倾斜，真正实现谁保护谁受益。尤其应加强甘肃省内和省外黄河流域上下游横向生态保护补偿工作的推进，探索建立“成本共担、效益共享、合作共治”的流域保护和治理长效机制，以推动水环境质量改善，提升流域上下游协同治理能力。

第二，以生态权益指标交易对纯公共性生态产品定价。由于生态权益存在明确的生产与消费的利益关系，生态权益产品在一定政策条件下满足产权明晰、市场稀缺、可精确定量三个条件，就具有了一定程度的竞争性或排它性，就可以通过市场机制实现交易，生态权益就转变为生态商品。因此，甘肃省可在政府管制产生稀缺性的条件下，探索水权交易、碳汇权益交易、碳排放权、排污权交易等生态权益市场试点，探索基于数量、质量、生物量的森林、草地、湿地公园等生态要素的绿化、清水增量责任交易机制，搭建生态资源总量配额跨省交易平台，促使纯公共性生态产品交易主体之间形成市场交易需求，让纯公共性生态产品真正转变为可交易的生态商品，进一步扩大生态权益指标交易规模，推动公共性生态产品定价。

第三，以绿色金融支持对纯公共性生态产品定价。绿水青山要“变”金山银山，需要通过充分挖掘生态资产蕴含的金融属性，积极探索绿色金融支持机制，把生态资源转化为金融产品，增值自然资本，厚植生态产品价值。甘肃省可根据纯公共性生态产品的金融属性特征，将其纳入相应的绿色金融扶持的范围，因地制宜挖掘地方特色的纯公共性生态产品，开发与其价值实现相匹配的绿色信贷、绿色保险、绿色债券、绿色基金、绿色票据等绿色金融手段，形成绿色金融支持的纯公共性生态产品定价模式。

第十章

甘肃省生态保护补偿与损害赔偿机制研究

2022年5月，甘肃省第十四次党代会报告要求“健全生态保护补偿机制，探索生态产品价值实现路径”。甘肃省生态保护补偿与生态环境损害赔偿地方法治建设还存在管理体制、立法、行政、司法等方面的问题。有必要加强地方性法规和政府规章的“立改废释”，促进这两项制度的体系化与协同推进，构建纵向补偿与横向补偿、补偿与赔偿、政府与市场有机结合的生态产品价值实现机制。

第一节　甘肃省纵向生态保护补偿机制

一、中央对甘肃省的纵向生态保护补偿评析

（一）中央对甘肃省的纵向补偿现状及效果考察

纵向生态保护补偿是指对重要自然生态系统的保护以及划定为重点生态功能区、自然保护地等生态功能重要的特定区域予以国家财政补助的制

度安排。在国家立法方面，《中华人民共和国环境保护法》第三十一条规定："国家建立、健全生态保护补偿制度。国家加大对生态保护地区的财政转移支付力度。有关地方人民政府应当落实生态保护补偿资金，确保其用于生态保护补偿。国家指导受益地区和生态保护地区人民政府通过协商或者按照市场规则进行生态保护补偿。"《森林法》《草原法》《水土保持法》《水污染防治法》《海洋环境保护法》等也有相关规定。2022 年，《黄河保护法》第一百零二条规定"国家建立健全黄河流域生态保护补偿制度"。党的二十大报告要求"建立生态产品价值实现机制，完善生态保护补偿制度"。

甘肃省陆续出台政策措施，不断完善纵向生态补偿机制，开展生态综合补偿试点。中央对甘肃省的纵向补偿情况概括如下：

第一，中央逐年加大对甘肃的纵向补偿力度。早在 2008 年，中央就出台了重点生态功能区转移支付政策，将甘肃省碌曲县纳入补助范围。以国家重点生态功能区转移支付为例，中央对甘肃的转移支付从 2016 年的 42.56 亿元增加至 2020 年的 54.33 亿元，连续 5 年居对各省的转移支付第一位。2021 年财政部下达甘肃省重点生态功能区转移支付 73.32 亿元。此外，2020 年中央财政拨付甘肃省林业草原转移支付资金 59 亿元，通过林业改革发展资金下达甘肃省森林资源管护支出 14.19 亿元；下达 2021 年度大气、水、土壤污染防治等专项资金 6.97 亿元。"十三五"期间，国家累计安排中央基建投资 55.57 亿元。2022 年，国家发展改革委下达甘肃省重点区域生态保护和修复等专项中央预算内投资共 23.9 亿元。2019 年至今，甘肃省累计争取中央退耕还林还草、草原生态保护奖补、耕地轮作休耕等生态补偿资金 232.83 亿元。①

第二，生态补偿示范区和生态综合补偿试点建设取得阶段性进展。2017 年 1 月，《西部大开发"十三五"规划》（发改西部〔2017〕89 号）提出打造祁连山生态补偿示范区，要求加快实施甘肃"两江一水"（白龙江、白水江、西汉水）、渭河源头、祁连山等生态保护建设与综合治理工程，加快甘肃国家生态安全屏障综合试验区建设。《甘肃省建设国家生态安全屏障综合试验区"十三五"实施意见》（甘政办发〔2016〕131 号）

① 杜雪勤．让天更蓝水更清山更绿——甘肃省财政厅全力支持打好污染防治攻坚战工作综述［N］．甘肃日报，2022－07－15（008）．

要求到2020年全省生态保护建设和补偿机制基本建立。根据《国家发展改革委关于印发〈生态综合补偿试点方案〉的通知》（发改振兴〔2019〕1793号），甘肃省天祝县、玛曲县、迭部县、卓尼县、肃南县入选国家生态综合补偿试点县（市）名单。迭部县在2020年被评为全国生态文明建设示范县。

第三，中央对甘肃财政转移支付的纵向补偿效果明显。甘肃省利用中央财政统筹开展了天然林资源保护、重点防护林体系建设、退耕还林还草、退牧还草、祁连山综合治理、森林防火、自然保护区、湿地保护、林木种质资源保护等工程建设。前述生态综合补偿试点县将生态补偿与山水林田湖草沙治理修复工程有机结合，持续推进林业重点生态工程和重要区域生态修复，把发展生态产业作为生态综合补偿的重要抓手。比如，迭部县实施天然林资源保护等生态修复保护工程，聘用生态护林员与草原管理员4030人，使农牧民逐步由林草利用者转变为生态管护者、受益者。2022年，根据《关于开展资源枯竭城市转移支付政策效果评价的通知》（财办预监〔2022〕11号），财政部甘肃监管局工作组到张掖市、酒泉市等地开展资源枯竭城市转移支付政策效果评价，充分肯定资源枯竭城市转型与环境治理成效。

（二）中央对甘肃省纵向生态补偿存在的问题

第一，过度依赖中央财政，存在补偿难以持续、绩效评价困难与内生动力不足的问题。甘肃省纵向生态补偿主要是中央财政对退耕还林、退牧还草、草原奖补等领域的补偿。现有补偿严重依赖纵向转移支付形式的中央纵向生态补偿，这不仅容易导致地方财政形成对中央财政的“路径依赖”，而且不利于激发地方积极性和主观能动性，导致纵向转移支付的财政资金使用难以摆脱边际效用递减的怪圈，削弱了财税政策制度对于环境治理的正向作用。而且，生态补偿资金来自国务院各部委，补偿名目多、资金来源分散，加上甘肃省生态保护和修复工程量大面广，缺乏对生态补偿政策制度效果的评价。

第二，补偿标准太低，难以弥补保护者为之付出的建设成本和牺牲的发展机会成本。2020年开始，国家开展黄河流域生态补偿试点，但补偿标准和金额仍然偏低，政策性补偿资金不能真正覆盖保护成本和发展机会的损失，没有充分反映生态产品数量和质量，没有充分考虑生态产品供给者的区域差异。甘肃省重点生态功能区大多位于经济欠发达地区，地方可用财力有限，收支矛盾突出，普遍存在生态贡献和生态补偿不相匹配的情况，广大农民群众并没有得到应有的充分补偿。比如祁连山探采矿权退出补偿资金还有很大缺口，甘肃地方财政难以解决矿业权退出等方面的补偿。

第三，缺乏更高位阶和法律效力的专门立法。我国实施了大量涉及自然资源使用权限制的生态环境政策规范、生态保护者生存发展的财产权约束机制，但缺乏国家、甘肃省级层面的生态补偿专门立法。由于有的地方政府及其主管部门对生态保护补偿认识的局限性，还存在依赖政策规定、生态补偿手段单一、市场化投入不足等问题。

（三）中央对甘肃省纵向生态补偿的完善建议

第一，加快生态补偿的国家专门立法步伐。鉴于生态补偿的国家立法迟滞、补偿方式单一、机制不够健全、监测评估体系不够完善等问题，建议国家加快《生态保护补偿条例》的立法步伐，促进从政策型补偿转向法律型补偿。及时总结原农业部和财政部《新一轮草原生态保护补助奖励政策实施指导意见（2016—2020 年）》的实施经验，提升相关政策制度的法律位阶。国家相关部委要加强指导甘肃省尽快完善相关政策制度和配套措施，探索开展生态产品价值核算计量地方标准建设，为生态补偿的规范化运作提供法律依据。

第二，完善转移支付办法。一是整合现有生态文明建设方面的各种专项资金，完善资金分配办法，中央预算内的投资要对基本公共服务设施建设和重点生态功能区基础设施予以倾斜。保持对原深度贫困地区的支持力度，并继续对生态脆弱脱贫地区给予生态补偿。二是适当加大中央财政针对黄河流域生态保护和高质量发展专项奖补资金对甘肃省的倾斜支持力度，加大对黄河、祁连山水源涵养区与渭河源区等重点生态功能区的转移支付力度。三是考核评价奖惩资金根据生态环境质量监测评价情况实施奖惩，对评价结果为明显变好和一般变好的地区予以适当奖励；对评价结果为明显变差和一般变差的地区，适当扣减转移支付资金。

第三，突出纵向补偿重点和甘肃特色。一是对生态功能重要性突出地区，在重点生态功能区转移支付测算中通过提高转移支付系数、加计生态环保支出等方式加大支持力度，推动其基本公共服务保障能力居于同等财力水平地区前列。二是加快健全以国家公园为主体的自然保护地生态保护补偿机制，根据自然保护地规模和管护成效加大补偿力度。三是将荒漠、草原、沙化土地、冰川、湿地等领域的生态补偿制度载入未来的《生态保护补偿条例》，推动生态保护补偿逐步实现单一生态要素向多要素转变。

第四，改进纵向补偿办法，强化生态补偿资金与项目绩效。一是根据生态效益外溢性、生态功能重要性、生态环境敏感性和脆弱性等，在重点生态功能区转移支付中实施差异化补偿。二是基于发展权益机会成本法，采取发展权受限基线评估和绩效评估相结合的生态补偿标准测算等方法，确定重点生态功能区的转移支付规模。三是将中央财政专项资金使用与生态建设绩效挂钩，探索建立补偿资金与破坏生态环境相关产业逆向关联机制，对生态功能重要地区发展破坏生态环境相关产业的，适当减少补偿资金规模。四是通过农业转移人口市民化奖励资金，对吸纳生态移民较多地区给予补偿，引导资源环境承载压力较大的生态功能重要地区人口逐步向外转移，更多体现和补偿发展的机会成本。

第五，构建“输血型”和“造血型”相结合的纵向补偿机制。一是除了采取资金、实物等“输血型”的补偿形式之外，还应重视“造血型”的长效机制建设，采取开发利用政策补偿、税收优惠补偿、纵向财政转移支付补偿、财政贷款补偿、教育培训补偿等方式，提升甘肃受偿地区的可持续发展能力。二是要构建“纵横结合”的综合性生态补偿机制，将可持续、可再生的新技术和智力支持作为补偿项目，推动区域、流域间的横向生态补偿。三是完善用水权、排污权、碳排放权初始分配制度以及相关的投融资产品，依法开展市场化环境资源产权交易，积极参与全国用能权、碳排放权交易市场建设。

二、甘肃省对省内地市（州）纵向生态保护补偿评析

（一）甘肃对省内的纵向补偿现状及效果考察

第一，初步建立有地方特色的生态补偿相关规范体系。甘肃省从2007年1月起率先在全国试行草原植被恢复费收费制度，制定《甘肃省草原条例》《甘肃省草畜平衡管理办法》《甘肃省草原禁牧办法》等规定。2017年，《甘肃省贯彻落实〈国务院办公厅关于健全生态保护补偿机制的

意见〉实施意见》（甘政办发〔2017〕127号）从总体要求、分领域重点任务、推进体制机制创新、加强组织实施等方面进行具体规定。根据《甘肃省湿地保护修复制度实施方案》（甘政办发〔2017〕202号），甘肃开展了国家级湿地自然保护区和国家重要湿地生态补偿试点。2020年，《甘肃省环境保护条例》第43条规定："实行生态保护补偿制度。县级以上人民政府要逐步建立健全森林、草原、湿地、荒漠、水流、耕地等重点领域和禁止开发区域、重点生态功能区等重要区域生态补偿机制，统筹整合各类补偿资金，确保其用于生态保护补偿。"

第二，因地制宜地开展了纵向生态补偿制度改革和试点工作。一是甘肃省通过地方立法来具体化纵向生态补偿机制。比如，2021年《甘肃省关于落实深化生态保护补偿制度改革实施意见重点任务分工方案》，以及甘肃省财政厅、农业农村厅、林业和草原局联合印发《甘肃省第三轮草原生态保护补助奖励政策实施方案》（甘财农〔2022〕4号）等规定。二是按照省内省际同步、先干流后支流、先市州后县区的思路，甘肃省积极争取和统筹中央黄河全流域生态补偿机制建设引导资金。根据《推进黄河流域甘肃段建立横向生态补偿机制试点工作方案》，甘肃省鼓励干流所在市州先行开展黄河流域补偿试点，预拨兰州、白银、临夏3个市州1500万元奖补资金。三是甘肃省政府通过问责制度与激励制度相结合的方式影响或约束流域上下游地方政府的开发决策行为。

第三，践行"两山"理念，先行先试创示范。到2022年，甘肃省基本实现森林、草原、湿地、荒漠、水流、耕地等重点领域和禁止开发区域、重点生态功能区等重要区域生态保护补偿的全覆盖，基本建立与经济社会发展状况相适应的纵向生态补偿机制，甘肃被确定为10个国家生态综合补偿试点省份之一。2021年至2022年，在武威市古浪县、张掖市肃南县开展祁连山地区自然生态空间用途管制制度试点，设立省级奖补资金，支持引导黄河干流4市（州）和黄河一、二级支流5市分批建立生态补偿机制。武威市被确定为全国防沙治沙综合示范区，石羊河（武威段）入选2021年全国美丽河湖；古浪县八步沙林场被命名为全国"绿水青山就是金山银山"实践创新基地，入选生态环境部发布的第一批"绿水青山就是金山银山"实践模式与典型案例。

（二）甘肃对省内纵向生态补偿存在的问题剖析

第一，草原补助与审计监督制度有待完善。《草原法》《农业法》《土地管理法》尽管有相关规定，但未明确草原生态补偿的概念、补偿权利义务、法律责任等，缺乏补偿主体与客体、补偿标准等核心制度。《甘肃省草原条例》第二十一条规定“对国家给予依法实施退牧（耕）还草、禁牧、休牧、舍饲圈养等措施开展畜牧业生产的草原使用者和承包经营者的补助资金，加强审计监督”，但甘肃省地方立法缺乏更加详细的草原禁牧补助、生态补偿规定。而且，甘肃省级草原生态补偿标准较低、草原生态补偿地区社会保障制度不够健全、补偿资金使用的检查监督工作有待常态化。以草原面积核算补奖资金在农牧交错区形成了政策资金“撒胡椒面”的现象，未能充分发挥补偿资金合力。

第二，林草地方法治滞后于上位法规定，影响林草生态保护与可持续发展。《甘肃省“十四五”林业草原保护发展规划》指出，全省地方财政困难，林草工程建设仍以中央投入为主，投资渠道较为单一，资金投入整体不足。生态产品价值实现有效途径缺乏，社会资本进入意愿不强。生态保护补偿机制仍不够完善，森林补偿标准不够高，湿地补偿范围相对窄，林草投融资难的问题尚未有效解决，这些都在一定程度上影响了草畜平衡、禁牧制度的落实。

第三，试点期满后缺乏可持续的地方财政保障和社会资本。2016 年以来，财政部会同相关部门启动实施山水林田湖草生态保护修复工程试点。甘肃祁连山（北麓）山水林田湖草生态保护修复工程被纳入第一批试点范围。试点项目形成的资产，应由地方政府负责后期管护和运行维护。但限于地方财政水平，试点期满后难以吸引和撬动更多市场资金，而地方政府财政后续缺乏可持续的投入，往往重新面临生态保护和发展的矛盾。

（三）甘肃省内纵向生态补偿机制的完善建议

第一，加快地方专门立法步伐，迈向更高位阶的立法保护。建议及时提炼甘肃省级生态补偿有关规范性文件的实践经验，具体化财政部、农业农村部、国家林草局《关于印发〈第三轮草原生态保护补助奖励政策实施指导意见〉的通知》（财农〔2021〕82 号），启动《甘肃省生态补偿条例》或《甘肃省生态补偿办法》的省级专门立法，强化生态补偿与主体功能区规划、西部大开发战略、乡村振兴战略的有机结合与协同实施。

第二，整合完善省级相关立法，打好政策制度组合拳。针对林草领域补偿的立法不足，建议在《甘肃省草原条例》的“保护与利用”一章中专门增加一节“草原生态补偿”的规定。建议修改《甘肃省草畜平衡管理办法》《甘肃省禁牧办法》，将《甘肃省落实草原生态保护补助奖励机制政策实施方案》中关于财政和组织保障等制度予以吸纳、细化，严格落实第三轮草原补奖政策，突出对牧民生态补偿权利的保障。禁牧补偿标准应当结合机会成本计算方法，在现行标准基础上逐年提高，而草畜平衡补偿标准则可以按照减畜程度的不同分若干等级进行差别化处理，设立与草原生态系统服务价值挂钩的增益性补偿标准。

第三，构建多元化的生态补偿投融资体系。加强对中央财政资金和自有财力的统筹，补偿资金要优先向省内生态资源富集、生态功能重要、经济发展相对滞后的地区倾斜。此外，积极争取国家黄河流域生态保护和高质量发展专项奖补资金对甘肃省的倾斜支持力度，强化生态保护修复地方财政投入的强制性义务，依法保障对地方绿色低碳发展。生态修复工程试点结束后，地方政府要继续落实山水林田湖草沙等重大生态保护修复工程的后期管护和运行维护等主体责任，加强对生态修复考核和资金绩效管理。同时，可探索发行企业生态债券、社会捐助捐赠、政策性保险等方式，拓宽生态保护补偿资金渠道；对市场主体、社会组织和公众参与生态补偿给予激励性政策。

第二节 甘肃省横向生态保护补偿机制

一、甘肃与其他省份之间的省际横向生态保护补偿评析

（一）省际横向生态保护补偿现状及成效

横向生态保护补偿是指为保证上下游区域或相邻区域生态产品的持续

供给能力，通过横向财政转移支付或签订生态补偿协议等方式对生态产品和服务的提供者、建设者、特别牺牲者给予经济或非经济形式的回报和弥补的一种制度安排。《关于健全生态保护补偿机制的意见》（国办发〔2016〕31号）要求健全横向生态保护补偿，推动建立长江、黄河全流域横向生态保护补偿机制。2021年，中办、国办《关于深化生态保护补偿制度改革的意见》要求推动建立黄河全流域横向生态保护补偿机制，支持沿线省（自治区、直辖市）在干流及重要支流自主建立省际和省内横向生态保护补偿机制。2022年，《黄河保护法》第一百零二条规定，国家加强对黄河流域行政区域间生态保护补偿的统筹指导、协调，引导和支持黄河流域上下游、左右岸、干支流地方人民政府之间通过协商或者按照市场规则，采用资金补偿、产业扶持等多种形式开展横向生态保护补偿。

甘肃省与其他省份之间的省际横向生态保护补偿情况如下：

第一，积极开展黄河流域跨省横向生态补偿，与相邻省份签订补偿协议。2011年，陕、甘两省沿渭6市1区签订《渭河流域环境保护城市联盟框架协议》。甘肃省与相邻省份签订《黄河流域（四川—甘肃段）横向生态补偿协议》《黄河干流（甘肃—宁夏段）横向生态补偿协议》《黄河流域（青甘段）横向生态保护补偿协议》等。

第二，率先开展省际间横向生态补偿与生态损害赔偿相结合的试点。根据《支持引导黄河全流域建立横向生态补偿机制试点实施方案》（财资环〔2020〕20号）规定，试点期间，中央财政专门安排黄河全流域横向生态补偿激励政策，支持引导各地区加快建立横向生态补偿机制，奖励资金将对水质改善突出、良好生态产品贡献大、节水效率高、资金使用绩效好、补偿机制建设全面系统和进展快的省（区）给予资金激励，体现生态产品价值导向。2021年，甘肃省与四川省签订《黄河流域（四川—甘肃段）横向生态补偿协议》，在全国率先开展沿黄流域省际横向生态补偿机制试点。2021年，中共中央、国务院印发《黄河流域生态保护和高质量发展规划纲要》，鼓励开展渭河、湟水河等重要支流横向生态保护补偿机制试点，中央财政安排引导资金予以支持。

第三，通过省际横向生态保护补偿，构建上中下游齐治、干支流共治、左右岸同治的格局。通过省际横向生态补偿，甘肃和其他省份强化区域和流域协作，统筹开展产业、科教、人才、旅游和生态环境保护等方面合作。同时，甘肃省与陕西、宁夏、青海、内蒙古签订河流联防联控联治合作协议，省际生态环境、水利等部门建立联合监测、生态环境信息共享机制，开展联合查处和打击跨界违法行为，促进了流域水源涵养、水质净化等生态产品的有效保护，流域生态环境改善显著。沿黄河流域41个国考断面水质优良比例为92.68%，高于沿黄省份平均水平。黄河干流出境断面水质连续6年达Ⅱ类。

（二）省际横向生态保护补偿存在的问题剖析

第一，跨省横向生态补偿的省份有限且受诸多限制。截至2022年，与甘肃省建立横向生态保护补偿的省份只有四川省、宁夏自治区、青海省，与黄河中下游省份及内蒙古自治区等均无生态补偿合作。作为黄河上游的甘肃省，存在贫困与生态保护矛盾突出、地方竞争与区域协同冲突和协同风险较高的困境；中游主要存在生态环境脆弱与经济发展冲突、生态用水与工业用水矛盾突出和管理分散难以满足协同需求的困境；下游则存在合作成本高和参与意愿低的困境。现有横向补偿主要局限于水资源，尚未突破到土地、能源等其他生态产品领域，有待从以水质、水量和水能等为主要量化指标的"流域生态效益补偿"模式向"生态保护产权利益补偿"模式转变①。

第二，生态补偿法律关系不够明晰和稳定。一是黄河流域跨省横向补偿尚处于探索阶段，省际间相关规定及实践较为分散，缺乏相对统一的补偿机制和规范指导，协调协商和交易成本较高。二是生态补偿主体间权利义务的配置依靠区域主体间的契约关系实现，但这种关系相对脆弱。三是由于各地区实际情况的复杂性，如何在维护和保障省际生态安全的前提下，以水环境质量改善和保障生态基流为核心，统筹协调各方经济利益和生态利益，构建公平合理、长效运行的省际生态补偿机制是重点难点。流域上下游各省市对于机制如何建、标准如何定、资金怎么来、补偿模式怎么推等问题都存在争议。

第三，生态补偿机制的模式和资金来源较为单一。甘肃省生态补偿主要还是由政府主导，补偿方式主要依靠财政转移支付、生态功能建设专项资金及相关的税费政策，而企事业单位投入、优惠贷款、社会捐赠等其他

① 杜群．长江流域水生态保护利益补偿的法律调控［J］．中国环境管理，2017（03）：30－36．

渠道明显缺失，除资金补助外，产业扶持、技术援助、人才支持、就业培训等补偿方式缺乏应有的重视。省际生生态环境权益交易流转体系尚未建立，难以发挥市场力量和调动流域上下游积极性。

（三）省际横向生态保护补偿的完善建议

一是扩大跨省横向生态补偿的范围。要引入中央政府的约束激励机制，甘肃省可以与青海省、陕西省、宁夏自治区等省份，以及与黄河流域下游区域的省份签署森林、草原、能源等领域的横向生态补偿协议，提升区域或流域生态环境协同治理能力，促进生态受益地区与生态保护地区的协同发展和惠益分享。建议从水质等单一生态要素的流域补偿机制，逐步向生态要素综合补偿试点、市场化补偿方式转变。

二是探索建立自动化、信息化、数字化的生态环境监测评估系统。完善生态产品价值核算计量，推动横向流域生态补偿向“水源涵养”“水资源贡献”等多生态要素转变，为跨省生态补偿提供可量化、易操作指标。动态监测生态产品的数量、类型、时间、空间等信息，动态更新生态保护和环境治理的直接成本、机会成本、经济发展条件等基础数据，形成生态补偿全周期动态监测体系，为生态补偿标准的制定、生态补偿绩效评估和管理等提供数据和技术支撑，促进生态补偿的精细化管理。

三是加快探索市场化生态补偿机制。在产权交易方面，要加快推进自然资源资产产权制度改革，推行所有权、经营权、承包权三权分置运行机制；允许生态产品与用能权、碳排放权、排污权、用水权等发展权配额进行兑换，鼓励发达地区向生态地区购买发展权配额。健全资源有偿使用和节约保护补偿制度，通过发展生态产业、建立绿色利益分享机制，引导和调节社会投资者补偿；鼓励上下游探索流域水生态共同治理、对口协作等多元补偿方式。

四是充分利用东西部协作国家战略和规划，探索建立“双向”异地开发的横向生态补偿机制。加强《天津市·甘肃省“十四五”深化东西部协作规划》的运用和实施力度，天津市等东部沿海发达省市可以在甘肃发展“飞地经济”，推动扶贫开发与区域协调发展有机结合，推动绿色丝绸之路建设。再者是国家层面要鼓励支持甘肃省到东部沿海发达省市共建园区、发展生态产业，形成与保护地资源环境特点相协调的生态环境友好型产业集群。

五是加快地方专门立法和制度体系优化。要全面落实《关于加快建立流域上下游横向生态保护补偿机制的指导意见》（财建〔2016〕928号）等规定，加快建立跨省、跨地市的流域上下游横向生态保护补偿机制。尤其是要加强生态补偿地方专门立法，从激励保护、资源配置、手段多元与跨界补偿等方面入手，鼓励市（州）地方政府要早建机制、多建机制。

六是健全生态保护补偿监督机制。以黄河流域高质量发展为导向，对生态保护补偿责任落实情况、生态保护工作成效等进行考核，与转移支付资金分配挂钩，形成激励约束机制，提高生态脆弱脱贫地区生态保护与绿色发展的意识。加强政府监督与社会监督的有效结合，增强生态保护补偿式助农工作开展的可行性、适用性。建立生态保护补偿式助农的事前预测与事后效果评估机制，追踪工作进展情况，强化监督问责，发现问题及时改正，提高生态保护补偿式助农的质量和效率。在补偿资金转移支付、接受与发放环节充分发挥受益者的代表人和保护者的代理人的作用，发挥监督管理者的作用。

二、甘肃省内横向生态保护补偿实践评析

（一）省内横向生态保护补偿现状及成效

第一，初步形成横向生态保护补偿与生态损害赔偿相结合的政策体系。甘肃省财政厅会同省生态环境厅、省水利厅、省发改委先后制定《推进黄河流域甘肃段建立横向生态补偿机制试点工作方案》《甘肃省渭河流域水环境生态补偿实施方案（试行）》《关于加快推进祁连山地区黑河石羊河流域上下游横向生态保护补偿试点的通知》等。根据《加快推进祁连山地区黑河石羊河流域上下游横向生态保护补偿试点的通知》（甘财资环〔2020〕30号），黑河流域的张掖所辖甘州区、临泽县、高台县、肃南县和酒泉市所辖金塔县，石羊河流域的武威市所辖凉州区、民勤县，共3市7县区在黑河、石羊河流域开展上下游横向生态保护补偿试点。《推进黄河流域甘肃段建立横向生态补偿机制试点工作方案》（甘财资环〔2021〕20号）要求，在2021年10月底前在黄河干流4个市州建立横向生态补偿机制，其中兰州市、白银市、临夏州3市州之间建立跨区域补偿机制，甘南州建立区域内补偿机制；2022年10月底前，黄河一二级支流4市（武威市、天水市、定西市、平凉市、庆阳市）基本建立横向生态补

偿机制。2023 年 3 月，甘肃省生态环境厅出台《关于加快建立和完善省内流域横向生态补偿的意见》，统筹推进市州之间、县区之间在“十四五”国控和省控断面建立横向生态补偿机制。

第二，开展流域上下游横向生态保护补偿相关试点。2017 年，甘肃省启动实施渭河干流“定西 - 天水段”流域生态补偿机制建设试点工作，试点期间累计核算 3523.2 万元生态补偿资金。张掖市、酒泉市、武威市等 3 市 7 县区开展祁连山地区黑河、石羊河流域补偿试点。试点实施期为 3 年，涉及甘肃省金塔县、甘州区等 7 个县区。对黑河石羊河流域酒泉市、张掖市、武威市 3 市所辖相关 7 个县全年平均水质达标的县区，甘肃省财政厅、生态环境厅对每个县设置最高 1000 万元奖励标准。武威市印发《石羊河流域上下游 2020—2022 年横向生态补偿试点实施方案》，成立石羊河流域横向生态保护补偿试点工作推进小组。武威市天祝县较早试点草原生态保护补助奖励政策，和农户签订《天祝县草原生态保护补助奖励机制村与户禁牧、草畜平衡管理责任书》。自 2011 年起，张掖市肃南裕固族自治县实施两轮草原生态保护补助奖励政策，与甘南州合作市、临夏市、天水市等市县签订《耕地占补平衡指标易地交易协议》。肃南县与张掖市甘州区签订《黑河干流甘肃省肃南县—甘州区流域横向补偿协议》。凉州区与肃南县、天祝县、古浪县、永昌县等邻近县区签订《县区跨界河流联防联控合作协议》，与民勤县签订《石羊河流域上下游横向生态补偿协议》。2021 年 10 月，《甘肃省黄河流域生态保护和高质量发展规划》要求推进以水质和水量为考核目标的黄河干流、渭河、泾河等流域上下游横向生态补偿试点。

第三，坚持正向激励引导，推进黄河流域生态一体化保护和系统治理。2021 年至 2022 年，甘肃省设立省级奖补资金，支持引导黄河干流 4 市（州）和黄河一、二级支流 5 市分批建立生态补偿机制，并对生态补偿机制建立及时、生态环境改善显著的市州进行奖励。各市州通过协商、谈判等形式推进跨地区、跨流域补偿试点示范，统筹山水林田湖草沙冰一体化保护和系统治理。2021 年西北诸河流域国控断面水质均达到Ⅱ类，黑河、石羊河 7 个考核断面水质达到目标值，6 个断面主要污染物比上年有所下降，实现水质持续稳定向好的目标。石羊河入选 2021 年全国美丽河湖优秀案例推荐名单。

（二）省内横向生态保护补偿存在的问题剖析

第一，横向生态补偿协议的法律属性需要立法明晰。国家尚未出台专门的《生态补偿法》或《生态补偿条例》，仅在少数环境资源单行法、国家政策中有零星规定，缺乏系统性和整体性。流域上下游横向补偿以地方政府作为补偿方和受偿方的居多，而政府和微观主体之间的公私协议补偿以及社会主体交易补偿等开展较少。若要开展政府之间、公私之间、市场主体之间的横向补偿，则需要对协议双方的权利、义务、责任，以及补偿内容、方式和标准等予以明晰。

第二，省内横向生态补偿资金和普惠性不足。有的地方仅满足于将提供地表水环境质量法定标准的水体作为补偿条件，而且补偿标准不够高，补偿范围相对窄，投融资难等尚未有效解决。甘肃省林草工程建设仍以中央投入为主，投资渠道较为单一，资金投入整体不足。生态产品价值实现的有效市场途径还较为缺乏，社会资本参与意愿不强。而且，上游居民甚少收到生态补偿资金，流域生态补偿的普惠性亟须提高。①

第三，省内横向生态补偿的体系化建构不足。流域生态治理是一项复杂的系统工程，仅依靠单个政府难以改善流域生态，需要上级政府、同级毗邻政府及相关部委进行合作。要使生态补偿机制发挥更大制度绩效，则需要构建“政府有力主导、社会有序参与、市场有效调节的、纵横补偿相结合”的多元化生态保护补偿。

（三）省内横向生态保护补偿的完善建议

第一，整合现有政策文件，总结试点经验，促进制度体系化与立法位阶升级。要及时总结《甘肃省贯彻落实〈国务院办公厅关于健全生态保护补偿机制的意见〉实施意见》（甘政办发〔2017〕127 号）实施经验，尽快出台《关于深化生态保护补偿制度改革的实施意见》，为生态补偿提供刚性约束和稳定预期。然后，再将行之有效的制度和试点经验上升为省政府规章或省人大法规，促进政策性生态补偿向法律性生态补偿、从“抑损型”生态补偿向“增益型”生态补偿转变。

① 谢慧明，毛狄，沈满洪．流域上游居民接受生态补偿意愿及其偏好研究——以新安江流域为例［J］．生态学报，2022，42（16）：6633－6634.

第二，以生态产品价值实现为导向，推动县际流域或水系的横向补偿全覆盖。在跨区域或流域横向生态补偿基础上，建议以县域为基本单元，依据出入境断面水质监测结果等签订横向补偿协议，通过自愿协商采取资金补偿、对口协作、产业转移、人才培训、共建园区等方式，实现传统的水资源向生态产品各要素的补偿，比如水权、排污权、碳排放权、市场化环境权交易补偿等。加强重点流域省界和重要控制断面水文水资源监测分析，为健全生态产品保护补偿机制提供技术支撑。国家可以设立黄河流域横向生态补偿省级引导资金，支持沿黄河地区有序建立省内市县间横向生态补偿机制与合作治理机制，提升共同推进产业绿色生态化改造的内生动力。

第三，构建监管与奖惩挂钩机制，健全以生态环境要素为实施对象的分类补偿制度体系。加强对生态保护补偿工作成效以及责任落实情况的考核，并与转移支付资金挂钩，形成政府监督与社会监督相结合的机制。省政府要强化激励与约束并举，将横向生态补偿工作纳入对各市高质量发展综合绩效考核内容。省政府要加强对各市横向生态补偿机制建立实施情况的调度督导，对工作进展慢、落实不力的予以通报，对推进工作成效突出的市（州）给予奖励。在安排相关环境保护专项资金时对跨界断面数量多、财政困难的地方政府给予重点倾斜，准确把握上游居民接受生态补偿意愿及其偏好，让其获得与生态增益行为贡献相匹配的补偿，构建面向或有利于促进碳达峰碳中和目标的生态保护补偿机制。

第四，建立健全纵向与横向、补偿与赔偿、政府与市场有机结合的长效机制。从激励保护、资源配置、手段多元与跨界补偿等入手，加强“纵横结合”生态补偿立法专门化、定位生态化、手段市场化、功能综合化和规制整体化。提高现有财政生态补偿资金的市场化运作水平、融资渠道和生态治理效果。《黄河流域生态环境保护规划》要求建立区域危险废物跨省转移审批“白名单”制度，甘肃省可以探索危险废物跨区域转移的生态保护补偿机制、异地多形式生态补偿模式，探索资金补偿、对口协作、产业转移、人才培训、共建园区等多种生态补偿途径与方式，加大造血式补偿，技术和智力补偿的占比。探索建设黄河上游区域性的生态补偿示范区，从单一的资金补偿向多元合作治理、产业共建共兴转型。

第三节　甘肃省生态环境损害赔偿机制

一、甘肃省生态环境损害赔偿的地方法治实践评析

（一）甘肃省生态环境损害赔偿政策和立法概况

生态环境损害赔偿制度的实质是针对行为人对公共利益造成的“外部不经济性”并使其“内部化”的过程，落实《环境保护法》第五条的“损害担责”基本原则，赋予特定主体索赔权利，从而破解“企业污染、群众受害、政府买单”的生态产品价值实现的公地悲剧。

在国家立法方面，《民法典》第一千二百三十四条规定了生态环境损害修复责任制度，第一千二百三十二条规定了生态环境损害惩罚性赔偿制度。《中华人民共和国黄河保护法》第一百一十九条规定：“违反本法规定，造成黄河流域生态环境损害的，国家规定的机关或者法律规定的组织有权请求侵权人承担修复责任、赔偿损失和相关费用。”最高人民法院制定了《关于审理生态环境损害赔偿案件的若干规定（试行）》《关于审理生态环境侵权纠纷案件适用惩罚性赔偿的解释》等规定。2022 年 4 月，生态环境部、最高人民法院、最高人民检察院等 14 家单位联合印发《生态环境损害赔偿管理规定》（环法规〔2022〕31 号）。

在地方立法方面，《甘肃省生态环境损害赔偿制度改革实施方案》（甘办发〔2018〕51 号）颁布实施之后，甘肃省相继发布 10 余项规定。如表 10－1 所示。

表 10－1　　甘肃省生态环境损害赔偿制度建设成果

文件名称	发布日期
《甘肃省生态环境损害赔偿制度改革实施方案》	2018. 08. 20
《甘肃省生态环境损害赔偿资金管理办法（试行）》	2020. 04. 23
《甘肃省自然资源统一确权登记总体工作方案》	2021. 01. 19

续表

文件名称	发布日期
《甘肃省生态环境损害调查实施办法（试行）》	2021.01.26
《甘肃省生态环境损害鉴定评估管理办法（试行）》	2021.01.26
《甘肃省生态环境损害修复管理办法（试行）》	2021.01.26
《甘肃省生态环境损害修复效果评估管理办法（试行）》	2021.01.26
《甘肃省生态环境损害赔偿磋商办法（试行）》	2021.01.26
《甘肃省生态环境损害赔偿公众参与和信息公开办法（试行）》	2021.01.26
《甘肃省鼓励和支持社会资本参与生态保护修复的指导意见》	2021.03.27
《甘肃省国土综合整治和生态修复项目管理办法（试行）》	2021.04.01
《甘肃省人民政府办公厅关于加强草原保护修复的实施意见》	2021.09.06
《甘肃省黄河流域生态保护和修复专项实施方案》	2021.12.28
甘肃省检察院、甘肃省生态环境厅《关于生态环境损害赔偿与检察公益诉讼衔接协作的工作规定（试行）》	2022.03.07
《甘肃省环境污染强制责任保险试点工作实施方案》	2022.06.08

第一，初步构建生态环境损害赔偿地方规范体系。甘肃省颁布实施上述表格中的10余项规定，对生态环境损害赔偿的调查、评估、磋商、修复、效果评估等环节进行规定，初步构建起有甘肃特色的生态环境损害赔偿制度体系，加强了针对性与可操作性。

第二，强化社会公众参与和信息公开。《甘肃省生态环境损害赔偿公众参与和信息公开办法（试行）》保障了公民、法人和其他组织的环境权、知情权和监督权。甘肃省在2022年印发《关于鼓励和支持社会资本参与生态保护修复的实施意见》，鼓励和支持社会资本通过自主投资、与政府合作、公益参与等方式参与生态保护修复。

第三，完善生态环境损害的修复与责任保险等配套规定。主要有《甘肃省人民政府办公厅关于加强草原保护修复的实施意见》《甘肃省黄河流域生态保护和修复专项实施方案》《甘肃省矿山地质环境恢复和综合治理规划》等规定。此外，《甘肃省环境污染强制责任保险试点工作实施方案》探索金融服务生态环境治理的市场化路径，确定了“重金属污染、危险废物污染、使用尾矿库、其他环境高风险、曾经发生突发环境事件、生产环保部相关名录中高风险产品”等行业企业范围，确定了“第三者人身损害和财产损失、生态环境损害、应急处置与清污费用、法律费用”等赔偿范围。

第四，加强生态环境损害赔偿工作的组织领导和考核。2021 年，甘肃省生态环境保护委员会成立，将“协调全省生态环境损害赔偿制度改革和推进工作”纳入委员会主要职责之一，针对《甘肃省生态环境损害赔偿制度改革实施方案》的实施效果组织第三方进行评估。各市州严格实行“党政同责、一岗双责”，将生态环境损害赔偿工作纳入污染防治攻坚战成效考核以及环境保护相关考核。

（二）甘肃省生态环境损害赔偿司法实践情况考察

第一，探索环境资源案件的统筹管辖、专门审判和司法协作，环境司法专门化成效明显。在司法方面，甘肃省高级人民法院出台《关于环境资源案件跨行政区域集中管辖实施意见（试行）》《关于全省林区法院案件管辖实施意见（试行）》《甘肃省环境资源案件受案范围暂行规定》等，甘肃省矿区人民法院成为全国首家专司环境资源案件审判的中级法院，下设的兰州环境资源法庭是最高人民法院批准设立的全国仅有的两家跨域集中管辖环境资源案件专门法庭之一。在生态检察方面，甘肃省推行“专业化监督 + 恢复性司法 + 社会化治理”模式，在 2020 年发布《甘肃省检察机关生态环境司法保护工作白皮书》。2022 年，甘肃省人民检察院、甘肃省生态环境厅联合印发《关于生态环境损害赔偿与检察公益诉讼衔接协作的工作规定（试行）》《省级生态环境保护督察公益诉讼案件线索移送交办督办工作办法（试行）》等规定，强化行政执法与刑事司法衔接。截至 2021 年底，甘肃省开展生态环境损害赔偿案例实践 14 起，涉案金额约 5000 多万元，已缴纳生态环境损害赔偿金额约 2849 万元。其中，甘南州 3 家公司矿产开发生态环境损害赔偿案入选生态环境部第二批生态环境损害赔偿磋商典型案例。

第二，强化祁连山、黄河流域甘肃段等重要生态功能区的司法保护。甘肃省高级人民法院制定《关于加强甘肃祁连山保护区生态环境审判工作、为构建国家西部生态安全屏障提供司法保障的意见》，设立祁连山林区法院，聚焦祁连山自然保护区生态整治和国家公园试点建设。在黄河保护方面，甘肃省高级人民法院制定《关于为黄河流域（甘肃段）生态保护提供高质量司法服务和保障的意见》，设立洮河林区法院，在玛曲阿万仓湿地等生态脆弱区设立生态法庭。在长江保护方面，甘肃省高级人民法院将舟曲林区法院拓展为白龙江林区法院，专门管辖白龙江流域特别是白水江自然保护区内的各类案件。陇南中院在白龙江流域设立大熊猫国家公园陇南片区法庭、裕河自然保护区片区法庭等多个生态法庭。甘肃省高级人民法院与黄河流域九省区高级人民法院签订《黄河流域九省区高级人民法院环境资源审判协作框架协议》，推进生态司法保护跨域协作。

第三，强化生态环境损害赔偿的法律监督。甘肃省法院、检察机关依法加强生态环境损害赔偿工作的法律监督，督促行政机关依法落实生态环境监管责任。2019 年，兰州市环境资源法庭在甘肃矿区法院挂牌成立，这是最高人民法院批准设立的全国第二家跨地域集中管辖环境资源案件专门法庭。甘肃省形成了以甘肃省高级人民法院环境资源保护审判庭为“点”，林区中级法院及所属林区基层法院为“线”，矿区法院及各市（州）府所在地基层人民法院专门合议庭为“面”的环境司法模式，基本实现涉环境资源类刑事、民事、行政案件的“三审合一”归口审理和“审执合一”。

第四，实行生态环境损害赔偿案件线索清单式管理。甘肃省主动从中央、省级生态环境保护督察反馈意见指出问题、国家黄河警示片和省级生态环境问题警示片反映问题中梳理涉及生态环境损害赔偿线索，依法履行刑事、民事、行政和公益诉讼等检察职能，形成“甘肃省生态环境损害赔偿案件清单”（第一批、第二批），对纳入清单的案件重点指导和督办。2023 年《甘肃省人民检察院工作报告》显示，2022 年办理农村人居环境整治、农用地保护、农业面源污染等损害“三农”利益的公益诉讼案件 3451 件，发出诉前检察建议 3225 件，提起公益诉讼 206 件，起诉破坏生态环境资源犯罪 450 人。

第五，强化多方协作，构筑环境司法协作体系。2022 年，甘肃省人民检察院与黄水利部黄河水利委员会黄河上中游管理局、省河长办、省发改委、省水利厅、省生态环境厅等五部门印发《关于建立服务保障甘肃省黄河流域生态保护和高质量发展检行协作配合机制的意见》。甘肃省人民检察院和省生态环境厅联合印发《省级生态环境保护督察公益诉讼案件线索移送交办督办工作办法（试行）》，建立公益诉讼检察与省级生态环保督察工作的协作配合机制。此外，甘肃省人民检察院与四川、云南、青海、新疆及兵团人民检察机关签订《关于建立青藏高原及周边区域生态检察司法保护跨区域协作机制的意见》，与陕西省人民检察院签订《关于建立秦巴山区生态环境保护检察监督跨区域协作机制的意见》。

二、甘肃省生态环境损害赔偿法治实践存在的问题剖析

（一）相关立法未满足地方法治实践与国家上位法的要求

第一，立法相对分散、法律效力位阶较低。生态环境损害赔偿制度涉及面广，甘肃省相关政策和立法分散，地方性法规、政府规章和规范性文件的立改废释有待加强。现有的甘肃省生态环境损害赔偿规定大多为省生态环境厅等部门发布，而且大多为“试行”性质的方案、办法、指导意见等政策性规定，法律效力位阶较低，难以为生态环境损害的政府索赔、赔偿诉讼或预防性公益诉讼提供法律规范依据。

第二，甘肃省生态环境损害赔偿的范围与国家法规定不同，容易造成适用冲突。2018 年《甘肃省生态环境损害赔偿制度改革实施方案》规定生态环境损害赔偿范围包括清除污染的费用、生态环境修复费用、生态环境修复期间服务功能的损失、生态环境功能永久性损害造成的损失以及生态环境损害赔偿调查、鉴定评估、律师代理、诉讼等合理费用。其中的一些规定与《民法典》《生态环境损害赔偿管理规定》（环法规〔2022〕31 号）不一致。因此，甘肃省应及时启动立法后评估或“立改废”工作，及时清理、修订或修正地方性法规，从而与上位法保持衔接或一致。

第三，甘肃省生态环境损害的索赔标准滞后于国家规定。2020 年《民法典》不再将发生生态环境损害严重后果作为启动索赔的条件，2022 年《生态环境损害赔偿管理规定》（环法规〔2022〕31 号）将案件启动标准统一为“对已造成生态环境损害的，应当及时立案启动索赔程序”。此处“已造成生态环境损害”应为形式审核，如有证据证明损害已经发生即可认定，而不需要对该损害的范围、程度等进行确认。因此，要及时总结省级以及各市州试点经验，对《生态环境损害赔偿管理规定》进行地方立法具体化。

第四，甘肃省生态环境损害赔偿修复标准尚待厘清。《生态环境损害赔偿管理规定》第九条第二款首次提出生态环境损害修复的标准，即修复至生态环境受损前的基线水平或者生态环境风险可接受水平。甘肃省尚未明晰生态环境损害赔偿修复的地方性标准，甘肃省可以探索替代性修复，制定高于国家标准的、具有黄河流域特色、更加具有操作性的地方规

定或地方性标准。

（二）相关司法实践有待加强程序优化与部门联动

第一，索赔程序有待简化与优化。天津市、上海市、江苏省、江西省、湖南省、贵州省等省市的修复方案是在磋商时就确定好的，磋商会议须就修复方案的技术可行性进行论证。上述各省的做法省去修复方案二次论证，简化了赔偿过程，有助于降低行政与司法成本。这值得甘肃省借鉴，在主动磋商过程中要提前统筹考虑修复方案技术可行性、成本效益最优化、赔偿义务人赔偿能力、第三方治理可行性等情况，争取达成赔偿协议，实行先磋商后诉讼。

第二，鉴定评估能力相对薄弱，制约生态环境损害赔偿案件的高效办理。生态环境损害评估技术性强、周期长，导致涉及环境损害赔偿案件的鉴定评估费用高昂。而且，生态环境损害鉴定评估费用尚无国家层面的统一标准，各地鉴定机构有权自行定价。甘肃省内具有环境损害司法鉴定资质的鉴定机构仅 3 家，省环境损害司法鉴定机构登记评审专家库专家 71 名，生态环境损害鉴定评估专家更是少之又少。因此，要加强生态环境损害鉴定评估机构建设，组建甘肃省生态环境损害鉴定评估专家委员会和专家库，提高生态环境损害鉴定评估水平。

第三，检察机关与行政机关之间的联动与合作有待加强。生态环境损害赔偿诉讼和公益诉讼在制度性质、诉讼主体、制度运行、管辖法院等方面都有所不同，且分别规定于不同的法律规范中，二者缺乏有效衔接，难以形成制度合力。再者，联合执法过程中仍存在协调配合机制不畅，信息通报、联合协议、协作配合机制没有常态化运作。

第四，生态环境损害赔偿的监督与公众参与机制不够健全。尽管省级相关生态环境损害赔偿规定有关于公众参与的规定，但对全过程人民民主贯彻和体现不够，少数民族地区、欠发达地区的原住居民、环保组织等主体的参与较少。政府设立的专项资金和环境污染责任保险制度尚不能有效缓解赔偿义务人压力，生态环境损害社会化填补机制有待建立健全，专业化、开放化、透明化工作还有待加强。

（三）生态环境损害赔偿责任保险的地方立法尚未健全

第一，强制保险企业的范围有待拓展。在生态产品价值实现过程中，责任保险范围主要还局限于环境污染领域、环境高风险行业，要及时修订《甘肃省环境污染强制责任保险试点工作实施方案》，将生态环境损害赔偿纳入承保责任范围，从而缓解政府财政压力。

第二，环境污染强制责任保险制度有待通过地方立法予以落地。《黄河生态保护治理攻坚战行动方案》（环综合〔2022〕51号）要求加快推进黄河保护立法，严格落实生态环境损害赔偿制度，在环境高风险领域依法建立实施环境污染强制责任保险制度，推动企业依法披露环境信息。迄今，环境污染强制责任保险主要由政策来推动，在缺乏上位法的情况下，地方推动环境污染强制责任保险时可能会出现职权不清晰、积极性不高、合同解除随意等情况。

第三，未明确责任保险费用的地方性标准，保险公司权利义务尚不够明晰。《甘肃省生态环境污染强制责任保险实施方案》制定之后，实践中存在风险预估不到位、费率厘定的不准确等问题。此外，在数字化改革的背景下，为保险公司取得调整费率的相关数据便利性保障不足，影响责任保险机制建构和良性运行。

三、甘肃省生态环境损害赔偿的法治完善对策

（一）政策文件要及时向省政府规章和人大条例转变

第一，提升政策文件的法律效力位阶。及时评估《甘肃省生态环境损害赔偿制度改革实施方案》的实施效果；及时总结相关市州的试点、司法经验，推动生态环境损害赔偿的省级政策向地方性法规或省政府规章升级；可以授权省生态环境厅等牵头制定涵盖山水林田湖草沙湿等领域的生态环境损害赔偿管理办法。

第二，以问题为导向，在市（州）试点基础上加强"立改废释"。鼓励省、市（州）政府及其相关部门广泛开展生态环境损害赔偿实践，为省级生态环境损害赔偿制度体系构建积累经验。结合试点过程中的评估标准、保险费率等专业问题，更新相关规定，对上位法进行具体化与地方特色化。

第三，健全公众参与和社会监督机制。甘肃省人民代表大会或省政府在"立改废"过程中明确上级政府对下级政府、政府对其主管部门的监督责任，保障赔偿义务主体的合法权益，规范磋商程序，加强生态环境损

害赔偿诉讼与检察公益诉讼的程序衔接。加强甘肃本省特有的环保组织的培育，支持其提起与生态产品实现有关的生态环境损害索赔及公益诉讼。针对鉴定评估费用高的问题，启动快速鉴定评估程序，加强信息公开和专家型公众参与，委托专家出具评估意见。

（二）提高生态环境损害赔偿诉讼的司法专门化水平

第一，优化生态环境损害赔偿范围和鉴定评估收费标准。按照《民法典》等规定更新甘肃省生态环境损害赔偿的地方范围，以合理、必要为标准，结合试点经验出台省级损害鉴定评估收费标准，防止第三方机构漫天要价或不合理收费。

第二，规范生态环境损害惩罚性赔偿制度的司法适用。既要充分运用《民法典》一千二百三十二条规定，又要注重惩罚性赔偿制度的规范适用条件，考虑侵权人主观恶意、行为的违法性、造成的严重后果等条件，审慎适用生态环境损害惩罚性赔偿责任。同时可赋予人民法院根据案件进展情况权衡决定是否中止，以及选择决定中止生态损害赔偿诉讼抑或民事公益诉讼的司法裁量权。

第三，设立生态环境损害赔偿"资金池"。将货币赔偿的资金纳入管理并设置企业申领条件，统筹考虑赔付能力，对于企业无法一次性承担损害金额、案发后赔偿义务人尚未明确等情况，可以考虑采用上述资金先行垫付进行损害修复，垫付的资金可根据损害赔偿义务人的实际经济状况由企业分期支付，并要求当事人对未付款项按照法定的年利率支付利息。或者，在审判实践中可以允许被处以巨额罚款的赔偿义务人采取分期支付、非货币支付、实物折价等方式，折抵巨额罚款。

第四，强化权力约束与责任考核机制。各市州要及时调整生态环境损害赔偿制度改革工作协调议事机构，成立地方生态环境保护委员会。严格执行《甘肃省生态文明建设目标评价考核办法》《党政领导干部生态环境损害责任追究办法（试行）》，将各类自然保护区、重点生态功能区等生态环境敏感区域生态治理修复列入省政府环保目标责任考核、黄河流域生态保护和高质量发展责任制和考核评价制度体系。强化案例指导与挂牌督办，常态化推进生态环境损害赔偿案件线索的清单式管理。

第五，完善检察机关与行政机关协作机制。加强全省检察机关与行政机关的沟通协调，建立信息共享、线索移送、业务咨询、定期会商等机制。检察机关要协助行政机关开展调查取证、追缴赔偿费用。规范生态环境损害赔偿案件办理规程，在磋商前制定修复方案或初步修复方案，探索简化机制。对于行政机关在生态环境监管中违法行使职权或不行使职权的，检察机关要依法发出诉前检察建议，督促行政机关履行职责，必要时依法向法院提起公益诉讼。

（三）健全面向考核与激励并重的生态产品责任保险机制

第一，促进环境污染强制责任保险向生态产品责任保险转型。鼓励探索拓展责任保险机制的范围，设立生态产品责任保险，将生态质量、资源利用、生态损害等纳入投保范围，通过对生态环境损害赔偿源头因素的覆盖以降低风险，强化承保前的风险评测、承保中风险监测、排查等机制。

第二，加强绿色金融服务、产品创新和制度供给。通过激励机制，给予投保人和保险公司专项财政资金的扶持与税收优惠支持，促使污染企业、保险机构主动投保、参保。除了环境污染责任险，绿色保险的种类还有光伏电站运营保险、新能源保险、绿色建筑保险、绿色增信保险、碳排放配额质押融资保险、气候和绿色大宗商品指数保险等。因此，要发挥市场主体的主观能动性，开发创新绿色保险险种，将水域、湿地、植被等纳入绿色保险范围，丰富绿色保险的产品供给。

第三，加强科技赋能和信息共享，建立全省生态产品动态监测制度，搭建生态产品信息数据共享平台。根据生态产品区域公用品牌评估价值确定整体授信额度，围绕生态产品质量安全责任险、食品安全责任险、商标被侵权损失险等投保内容确定保险额度；结合借款人、投保人生态信用评价情况，在贷款利率、保险费率等方面采取差异化激励措施；市场监管部门根据有关知识产权奖补政策，给予相应贷款贴息、保费补贴。充分运用大数据，为保险公司风险发生概率的精算与保险费率的厘定提供基础数据支撑，根据投保企业的具体情况设置差别的、动态的保险费与保险金标准，防止道德风险与逆向选择的发生。

第四节 甘肃省生态保护补偿与生态环境损害赔偿的法治协同

一、加强生态保护补偿与生态环境损害赔偿的立法协同

（一）加快生态保护补偿与生态环境损害赔偿的国家立法步伐

第一，及时总结政策及地方实践经验，促进从单一制度到制度组合的立法变迁。国家先后出台《关于健全生态保护补偿机制的意见》（2016）、《关于加快建立流域上下游横向生态保护补偿机制的指导意见》（2016）、《关于建立健全长江经济带生态补偿与保护长效机制的指导意见》（2018）、《建立市场化、多元化生态保护补偿机制行动计划》（2018）、《生态综合补偿试点方案》（2019）、《支持引导黄河全流域建立横向生态补偿机制试点实施方案》（2020）、《中央对地方重点生态功能区转移支付办法》（2022）等规定，我国生态补偿制度逐渐完善并走向法治化。及时评估和总结国家和甘肃省级层面环境公共财政、绿色金融、环境税费改革、绿色贸易政策、生态补偿、排污权有偿使用和交易等政策实施效果，尽快将成熟政策上升为法律法规。及时总结长江、黄河等专门法律和“江河战略”法治化经验，为国家立法提供地方经验。

第二，加快国家层面的生态补偿专门立法步伐，构建“纵横结合”的综合性黄河流域生态补偿机制。除了尽快出台生态补偿专门法律法规之外，还需建立相对统一的生态补偿标准核算方法体系、生态补偿效益评估机制与方法体系，协同推进生态补偿与生态产品价值实现机制建设。在《黄河保护法》《水法》《水土保持法》等基础上，加强针对黄河流域的省级整体性、综合性立法，针对水资源利用、水污染防治、渔业、防洪、交通、流域治理等问题进行一体化考虑，将综合性生态保护补偿资金安排与生态环境质量提升指标考核情况挂钩；指导跨县界断面签订横向补偿协议，实现县际流域横向补偿全覆盖。

第三，加快出台《自然保护地法》《国土空间规划法》等法律，提升

《黄河保护法》在甘肃省等黄河上游省份的实施效果。做好《黄河保护法》的配套立法，推动涉水法规规章的立改废释，落实省际河湖长联席会议制度，建好用好跨区域联动、跨部门联合、与刑事司法衔接、与检察公益诉讼协作等机制。黄河上下游的市州立法需要明确黄河流域上下游、左右岸、干支流的地方政府通过协商或者按照市场规则，采用资金补偿、产业扶持等多种形式开展横向生态补偿，健全黄河流域生态保护和高质量发展统筹协调机制，提升生态补偿的可持续性。

（二）加强生态保护补偿与生态环境损害赔偿的区域协同立法

第一，强化黄河流域上游省份的地方立法协同，推进跨行政区域环境合作治理的法治化。生态补偿区域合作的政策性软约束、补偿不平衡、保护碎片化以及事权与支出责任配置的偏差，使跨区域合作的生态补偿制度仍然面临诸多挑战。甘肃应加强以下工作：一是完善省内相关立法，通过《甘肃省黄河流域生态保护和高质量发展条例》等地方性法规来强化省内跨区域生态保护补偿协议的法律效力。同时，要鼓励黄河流域县级以上人民政府通过协商或者按照市场规则开展横向生态保护补偿、支持实施用水权、排污权、碳排放权等资源环境市场化交易补偿方式、支持相关责任主体之间自愿协商采取资金补偿、对口协作、产业转移、人才培训、共建园区等其他补偿方式。二是明确生态补偿区域合作的府际事权配置，依照“谁受益、谁补偿，谁污染、谁治理”的原则，规定鼓励性条款，推动市州（县）政府沟通协商，实行更加严格的黄河上游生态补偿与损害赔偿制度。各市州（县）政府要加快制定具体办法，合理确定补偿标准，在国控和省控断面统筹推进建立生态补偿机制。三是黄河上游流域流经的青海省、四川省、甘肃省、宁夏自治区等省（区），可探索黄河流域生态保护的区域协同立法，构建相对统一的流域治理和保护标准以及相互衔接的法规体系，建立跨行政区域协同保护机制，形成黄河流域生态环境共建、共治、共管、共享格局。

第二，完善以绩效考评为核心、约束与激励并重的补偿体系。2020年，《支持引导黄河全流域建立横向生态补偿机制试点实施方案》规定由中央财政对成效突出的省（区）安排奖励，对推进不力的省（区）逐步扣减补偿资金并用于奖励先进地区。通过地方专门立法对其进行细化、回应，强化对相关个人、企业乃至政府的考核评价措施，加强补偿资金绩效和结果公开，提高补偿资金使用透明度。可以引入第三方评估机构，对生态保护补偿工作中政策落实、资金使用、补偿实施效果等进行评估。评估报告应当作为完善补偿资金分配方案的重要依据，促使补偿资金安排向黄河上中游倾斜，并由中央按照各地机制建设进度、预算执行情况、绩效评价结果等设定调节系数，使责任权利分配更加对称与公平，实现生态保护地区地方财政状况改善、当地群众致富与生态环境改善“多赢”。

第三，全面开展黄河流域的跨省生态补偿。《支持引导黄河全流域建立横向生态补偿机制试点实施方案》规定“黄河流域各省（区）共抓黄河大保护，协同推进大治理”。但省际生态补偿的范围仅局限于甘肃省邻近省区，因此要健全上下省市之间的利益分配和风险分担机制，开展更大区域、跨度的横向生态补偿，推动由流域、森林、草原、湿地等单领域补偿向重点生态功能区、国家公园、自然保护区、生态保护红线等综合补偿转变，完善现有生态产品交易的政府与市场的协同配合治理体系。统筹兼顾省内各市州生态补试点和资金运行，建立起涵盖地表水、自然保护区等领域的纵向生态补偿，以及纵横结合的流域生态补偿制度体系。黄河流域各省可将政府政策上升为区域间的协同立法，强化立法指引性、预测性和稳定性，防止因为省（区）政府间的发展博弈而受影响。

二、加强生态保护补偿与生态环境损害赔偿的政府协同

（一）通过府际协作推进黄河上游常态化合作治理

第一，加强部门间的统筹协调与协同配合。2020 年《推进黄河流域甘肃段建立横向生态补偿机制试点工作方案》对甘肃省财政厅、省生态环境厅、省水利厅、省林草局的职能进行界定，但忽视了部门间协调配合机制的构建。不同领域的生态修复要形成制度合力，为解决修复主体利益冲突需要构建生态修复协调组织以实现主体协同，为解决修复目标存在本质区别问题需要通过磋商达到目标协同，为解决公众参与匮乏问题需要多元化公众参与的社会协同，为解决监管不可持续性问题需要统一跟踪评价的监督协同①，加强“行政—司法—社会”三者之间的良性互动，做到

① 裴敬伟. 生态修复法律制度的协同及其实现路径［J］. 北京理工大学学报（社会科学版），2022（03）：108.

"应赔尽赔"，防止以补偿代替赔偿。

第二，要建立健全黄河流域生态保护和高质量发展的联动机制，加强上下游联动、左右岸协调治理。切实落实好《支持引导黄河全流域建立横向生态补偿机制试点实施方案》，树立全国"一盘棋"和共同富裕的新发展理念，强化流域下游和东南沿海地区对黄河上游水源地、黄河中游水土保护带的生态补偿，通过财政转移支付和公共政策协同合作实现共同富裕。

第三，强化跨省流域生态补偿制度构建的区域合作。注重综合治理、系统治理、源头治理，促进跨省流域生态补偿的区域合作法治化，明确跨省流域生态补偿区域合作的府际事权配置、合理设置跨省流域生态补偿标准、完善跨省流域生态补偿资金的专款专用模式、强化跨省流域生态补偿的共同体意识与组织化合作机制。①

（二）强化黄河流域或相邻区域的环境资源联合执法

第一，加强跨省环境资源联合执法。甘肃省可以与相邻省份的生态环境、自然资源等主管部门签署跨区域环境资源联合执法协议，将黄河流域跨省界断面、省界分水线作为省与省之间双方监控、监管的重点，完善区域交叉检查制度，建立统一协调、相互协作、监管互认的跨区域生态环境保护联合执法长效机制。

第二，加强跨省行政执法和刑事司法衔接。完善生态保护补偿与生态环境损害赔偿、公益诉讼的衔接机制，支持推动黄河流域生态环境保护公益诉讼；相对统一黄河流域生态环境标准，加大对黄河流域内污染物的防治与监管；健全黄河流域生态环境、水文、气象、航运、自然灾害等监测网络体系和信息共享系统。

第三，协同推进黄河流域山水林田湖草沙一体化保护修复和以国家公园为主体的自然保护地体系建设。从生态整体性出发，推进山水林田湖草沙一体化保护和修复。在推进黄河上下游生态补偿的同时，探索建立重要生态功能区、湿地等领域建立生态补偿机制的可行路径，以流域生态补偿机制为核心，充分发挥不同领域生态补偿机制的协同效应。

---

① 汪永福，毕金平．跨省流域生态补偿的区域合作法治化［J］．浙江社会科学，2021（03）：66－73＋158.

（三）促进黄河流域生态补偿的政府与市场协同

第一，建设政府与市场协同的保障机制，引入多元化激励措施。“高位主导”型协同路径和“辐射带动”型协同路径是实现跨区流域生态补偿横向协同的两条有效路径。① 在政府购买模式下，通过地方立法明确以政策、资金补偿、实物补偿、智力或技术补偿等手段引导公众自愿参与，涵盖税收减免、低利率贷款、项目支持、人才培训、技术咨询等形式。在市场模式下，可以发展绿色信贷、证券、基金、保险等各类绿色金融产品，建立固定碳价和浮动碳价机制等，注重对农户损失机会成本的补偿。政府与市场的协同过程应遵循平等协同、生态服务价值定量化、成本最小化、效益最大化等原则，建立补偿资金筹集管理机制、市场化融资机制、监督评估机制等配套政策措施。

第二，推进行政化生态补偿向市场化交易演替，探索政企深度合作的“准市场化”机制。可以借鉴域外国家以环境服务付费（PES）为主的公私合作体系和市场化交易体系模式，基于“使用者付费”理念②，分阶段、分区域、有序推进私人直接交易、限额交易、生态产品认证等市场化交易方式，促进其他发达省份或地区直接或间接地购买甘肃优质生态产品。鼓励开展排污权、水权、碳排放权交易等市场化补偿方式，健全交易平台，加强对生态保护者的直接补偿。

第三，加快建立纵横结合、协同共治的黄河流域生态补偿长效机制。健全生态环境价格形成机制，综合生态价值核算计算等创新探索，使之标准化、实用化。具体方法如下：一是生态效益价值评估法，按照实现效益的货币价值进行补偿；二是生态购买法，以经营者和所有者的实际损失为标准进行估价，并作为补偿依据。完善资源开发补偿、污染物减排补偿、水资源节约补偿、碳排放权抵消补偿制度。鼓励上下游跨区域结对发展，开展多元化补偿实践，引导下游地区通过生态产业扶持、生态环境治理工程帮扶建设、人员技术培训、飞地经济等方式对上游地区实施补偿。

第四，将流域生态补偿嵌入《黄河保护法》的法治框架与流域高质

① 朱仁显，李佩姿．跨区流域生态补偿如何实现横向协同？——基于 13 个流域生态补偿案例的定性比较分析［J］．公共行政评论，2021（01）：170 – 190 + 224 – 225.

② 丘水林，靳乐山．生态产品价值实现的政策缺陷及国际经验启示［J］．经济体制改革，2019（03）：157 – 162.

量发展战略。充分发挥黄河流域生态保护和高质量发展领导小组的作用，建立黄河流域上下游横向生态补偿机制并将其嵌入黄河流域治理及高质量发展战略之中；联合查处跨界违法行为，建立重大工程项目环评共商、环境污染应急联防机制。加强对黄河流域行政区域间生态保护补偿的统筹指导、协调，建立财政部牵头的高层级工作机制。在联席会议制框架下，通过加强引导、技术指导、强化规范、统筹协调黄河流域推进生态补偿机制建设。

三、加强生态保护补偿与生态环境损害赔偿的司法协同

（一）明晰两项制度适用的规范条件

第一，避免制度混同、混用或错用。生态补偿与生态环境损害赔偿制度存在不少“衔接”和“交叉”，如果将生态补偿泛化与模糊，则会引起生态环境损害赔偿与补偿的适用与执行标准的不明。必须厘清生态补偿的两类含义：一是“生态恢复补偿”或“生态保护补偿”，即对生态环境功能恢复提高所付出成本和发展机会的补偿；二是“生态恶化赔偿”，即因未合理安排保护环境，致使生存环境和经济发展因水质恶化、环境退化等原因受到不利影响，从而应对受损的利益作出赔偿。此时应当采用“赔偿”而非“补偿”，赔偿意味着惩处、违法责任，和生态补偿所强调的利益衡平关系是不一致的。

第二，严格规范两项制度的适用情形。依据最高人民法院《关于审理生态环境损害赔偿案件的若干规定》，应当承担生态环境损害赔偿的区间标准为发生较为严重级别的环境污染和生态破坏事件。从生态补偿与生态环境损害赔偿之间的关系入手，剖析并界定二者之间的制度真空、制度冲突与制度耦合等三种关系。同时从制度依据、制度配置状态角度对两种制度的适用情形、责任序位以及资金的配置使用关系作出合理区分。①

第三，健全两项制度的协同运行机制。一是生态补偿中的“生态恶化赔偿”，应被赋予与生态环境损害赔偿类似但不完全相同的一定的尺度的明确适用标准，否则法律的一致性将会遭到破坏。二是适当降低“生

① 郭武，张翰林．论生态环境损害赔偿与生态补偿的适用甄别——以流域生态保护为视角[J]．云南民族大学学报（哲学社会科学版），2021（05）：151－160.

态恢复补偿”的适用标准，即只要采取生态恢复措施从而提高生态环境功能的，即可获得相应的激励补偿。具体可以通过劳务代偿、替代修复、碳汇折算、保险、绿色金融等方式，推动生态环境损害赔偿的多元化。还可以探索政府与市场协同发力下的生态环境导向开发（EOD）、全要素统筹一体化开发等“准市场化”下的治理机制和运作模式，提升流域运营效率和“造血”能力，形成“投、建、管、运”一体化运作，发挥“专业的人干专业的事”和激励相容机制作用，形成综合治理、生态修复与生态产品价值实现的投入与产出相结合的可持续发展。

（二）规范两项制度的组合使用条件

第一，区分有无生态补偿协议，强化“共同但有差别的责任”。在有生态补偿协议约定的背景下，跨区域的政府要同时承担生态环境损害赔偿责任，两者属于不同的救济程序。生态补偿主要依靠环境法、财政法等方面的行政程序，按照约定协议先行支付生态补偿金。而生态环境损害赔偿的前置程序是磋商，磋商不成再通过损害赔偿诉讼进行司法救济。根据救济程序分析，两者前置程序是不重合的，各自按照其独立程序支付相应资金。但是考虑到地方政府支付能力各不相同，在前置程序完成后，可能出现生态补偿支付不足或生态环境损害赔偿无完全负担能力的预期结果，此时势必会致使流域地区生态功能下降的同时经济利益也受到损害。因此，流域生态补偿应当与水质等目标挂钩并衔接，根据水质等目标控制的不同，以达到地表水环境质量Ⅲ类水质标准为基准，可分为“强制性水质”和“协议水质”，分别对应水环境负外部性生态赔偿和水环境正外部性生态补偿。其中，前者是法定的、“共同的”法律责任，后者是一种约定的、“有差别的”行政契约责任，因此应当强化流域跨界交接断面水质目标为共同环境行政责任，构建以“环境保护协议”为自愿遵守和强制义务相结合的、纵横相结合的生态补偿制度体系。①

第二，构建横向支付与纵向支付的混合支付方式。生态补偿与生态环境损害赔偿在具体适用上主要还是政府主导，在保障资金的来源问题上，应当匹配基金会及其他相关的运行制度。可以通过设立专门的流域保护基

① 杜群，陈真亮．论流域生态补偿“共同但有差别的责任”——基于水质目标的法律分析［J］．中国地质大学学报（社会科学版），2014（01）：9－16.

金，来拓宽资金来源渠道，而不仅限于政府的财政转移支付，同时还应当接收来自于环保组织以及第三方团体和环保人士的捐款。同时将生态补偿中的“生态恶化补偿”剥离出来，与生态环境损害赔偿资金融为一体，设立基金或纳入地方财政进行统一管理。

第三，加强政府与企业合规。生态守法意识的缺失容易引发环境污染、生态破坏行为，从而触发“生态恶化”或“生态损害”的赔偿，但良好的生态守法意识则会引导帮助政府和社会主体树立绿色发展观，使得“生态恢复补偿”等纵向、横向资金来源获得更为坚定的支撑理由。因此，地方政府决策要充分考虑生态环境的整体性和生态红线，而企业要重视生态守法自觉，在合规前提下开展生态产品价值实现，避免极端化的“经济人”思维惯性。

（三）加强面向生态产品价值实现的环境行政执法与司法协同联动

一是设立“生态产品价值实现司法保护公益金”。随着生态补偿和生态环境损害赔偿、公益诉讼案件资金的急剧增加，该资金向谁支付、如何使用、谁来监督等问题仍未被厘清，致使出现资金使用混乱、生态修果缺乏监督等问题。因此，行政机关和司法机关要整合相关资金项目，共同设立“生态产品价值实现的司法保护公益金”专门账户，明确资金使用主体、使用方式、使用程序、监督检查和责任制度，将生态环境损害赔偿、环境类诉讼和生态修复工程有机衔接，加强资金监督及效用。

二是完善行政执法与司法联动协作机制。2017 年甘肃省委深改组审议通过《甘肃林区法院检察院司法改革方案》，形成了以省高院环境资源庭为“点”，林区两级法院为“线”，矿区法院及各市（州）集中管辖法院为“面”，跨域集中管辖和刑事、民事、行政“三审合一”的环境资源司法保护格局。2020 年 9 月，甘肃省高级人民法院与黄河流域九省区高级人民法院签订《黄河流域九省区高级人民法院环境资源审判协作框架协议》。在此基础上，甘肃省还应当建立生态环境和资源保护行政执法与司法协作的长效机制，定期召开联席会议，建立快速鉴定评估机制，协调解决联动协作工作中存在的问题。对案情重大、群众反映强烈、被国家挂牌督办案件及其他复杂疑难案件，公安机关可以听取人民检察院的意见。同时，检察机关应提前介入，提出意见和建议，开展常态化的法律监督。对公安机关立案侦查的跨省生态环境资源刑事案件，并主动加强与其他涉案地检察机关联系，相互通报反馈有关情况，确保案件得到全面有效办理，健全环境执法信息交流共享机制。省级生态环境和自然资源等主管部门要与司法机关定期的通过指定管辖、交办案件、挂牌督办、现场指导、联合督查等方式，加强对跨区域案件的指导，定期对协作配合情况进行总结通报。

三是加强跨行政区域的环境司法协作，出台服务保障生态产品价值实现创建工作的司法意见。各地环境司法协作样态分为政策回应型协作与程序便利型协作、纵向协作与横向协作、省（区、市）内协作与跨省协作等，未来可能从纵向协作迈向纵横协作结合、从协议型协作迈向立法型协作、从低位阶协作迈向高位阶协作。① 各地司法机关要以审判为中心，通过司法管辖权集中配置、司法管辖权分散协调、多机构共同参与、诉讼材料异地提交和接收、异地执行网络化协助等方面，构建由内到外的区域环境司法协作体系。生态环境损害赔偿甚至公益诉讼可以尝试通过购买林业碳汇等方式进行“碳汇扶贫”，或者通过政府采购方式对林业碳汇生态造林项目公开招标，扶持乡村振兴帮扶地区和生态功能区项目的开发，促进脱贫攻坚与生态文明建设“双赢”。甚至跨行政区域的司法部门还可以联合出台服务保障生态产品价值实现的司法意见，建立跨区域案件协调机制，采用“损害－担责－修复”模式，牵头与国有林场、村集体等签订生态林管护协议，建立“异地补种复绿”生态修复区，形成“碳补偿”的跨区域生态环境司法实践区，促进异地植树减碳、复绿储汇。②

---

① 沈秋豪，陈真亮．区域环境司法协作的实践表征及发展理路探析［J］．中国环境管理，2023（01）：119－126.

② 陈真亮．行政边界区域环境法治的理论展开、实践检视及治理转型［J］．江西财经大学学报，2022（01）：125－135.

第十一章

甘肃省生态产权交易机制研究

建立甘肃省生态产权交易机制，是生态文明建设的重要基础性工作，也是生态产品价值实现的重要途径。党的十八大以来，甘肃省积极探索生态产权交易机制，并在相关领域进行实践，对改善生态环境和促进资源高效利用发挥了积极作用。但甘肃省生态产权交易也存在一定问题，诸如自然资源家底不明晰、权责不明晰、权益落实不到位、监管保护制度不够健全等，直接导致了很多产权纠纷、资源保护乏力等情况。为加快推进甘肃省生态产权交易机制，助力甘肃省生态产品价值实现，本章对甘肃省生态产权交易机制建设情况进行总体评述，梳理了甘肃省生态产权交易机制的总体结构，对生态产权交易机制的东西协作进行了探索性构想。

第一节 甘肃省生态产权交易机制的总体评述

一、自然资源产权交易

甘肃省积极探索自然资源产权交易机制，已经建立了土地权交易、矿权交易、林权交易等平台或中心，为推动自然资源市场化发挥了重要作用，促进了自然资源的优化配置。2013 年甘肃省国土资源交易中心正式挂牌成立。该中心主要承担省级矿业权一级市场公开出让的组织实施，矿业权交易项目的资料收集、现场踏勘，为国有地勘单位矿业权二级市场公开转让提供服务并实施监督，为土地和矿产资源市场化配置提供服务。甘肃省建有集体林权产权交易管理中心。该中心主要负责制定林权交易规则，加强林权交易规范化管理，搭建产权交易平台，组织林地林木流转交易活动。2021 年甘肃省公共资源交易中心更名揭牌。该中心主要承担国家指定交易项目，以及省级工程建设项目、土地使用权、矿业权出让等交易事项的进场交易服务和集中采购工作。上述交易平台的建立大大激发了甘肃省自然资源市场的活力，为生态产品价值实现探索了路径，积累了经验。但还有一些工作机制没有完全理顺，支撑自然资源产权交易的各项政策并不完备，甘肃省土地权交易和矿业权交易方面具有多个平台，且功能有一定的重叠性，在甘肃省的普及度和受众面有限，并没有很好地发挥优化资源配置的作用。

二、环境资源产权交易

甘肃省积极开展排污权交易试点，进行了一系列排污权交易的探索实践。2014 年 9 月 28 日，甘肃省碳排放权交易中心有限公司正式成立，其经营的范围包括排污权交易等，并先后发布《关于开展排污权有偿使用和交易前期工作及试点工作的指导意见》《甘肃省排污权有偿使用和交易试点工作方案》文件，并在 2015 年设立了兰州市和平凉市工业园区两个试点区，开展排污权交易，并取得了一些阶段性的成果。到 2018 年，在试点地区基本形成管理规范、交易顺畅的排污权有偿使用和交易体系，并制定了全国首个排污权交易地方标准。以兰州市为例，2020 年，兰州市首次完成线上排污权交易，为甘肃省排污权有偿使用和交易工作的顺利开展打下了良好的基础。截至 2021 年底，全市共完成 53 家企业初始排污权分配确权，确权金额为 874.79 万元；共完成排污权交易 71 次，共有 213 家排污企业参加交易，成交总金额 1391.11 万元。综上可知，试点工作取得了一定成效，并对相关的体制机制进行了有益探索，为后续建立全省统一的排污权交易市场奠定了基础。截至 2022 年，甘肃省尚未建立覆盖全省的排污权交易中心。尤其是在初始分配方式、市场体系的完善程度、交易价格以及监管等方面还存在较大的差异，并没有形成统一的市场交易模式。

三、气候资源产权交易

甘肃省积极开展碳排放权交易、碳汇权交易和用能权交易相关工作，不断完善相关体制机制，并取得了一定的成绩，但与发达省份相比，还存在一定的差距。2014 年甘肃省碳排放权交易中心成立。该中心是按照《中共中央关于全面深化改革若干重大问题的决定》中提出的“推行节能量、碳排放权、排污权、水权交易制度”和甘肃省有关要求设立的甘肃省范围内首家环境权益交易平台，是集环境权益交易、绿色投融资、节能环保低碳战略研究、认证认可和能力建设服务为一体的专业化、综合性平台。经过多年的运行，甘肃省碳排放权交易取得了重要进展，已顺利完成全国碳排放权交易市场第一个履约周期任务，累计碳排放配额买入量 163.24 万吨，成交额 7383.54 万元；累计卖出量 193.66 万吨，成交额 8538.56 万元，甘肃省碳排放权交易制度取得了显著的成果。甘肃省的碳汇交易进展相对缓慢，但也有了一定的交易。2020 年，张掖市完成全省首笔林业碳汇交易，涉及造林面积 35.1 万亩，实现经济收益 400 多万元，取得了生态效益和经济效益双赢。此外，甘肃省积极在兰州市和天水市开展用能权交易试点工作，初步建立了交易管理系统和平台，为建设全省统一的用能权交易体系奠定了基础。

四、总体评述

甘肃省生态产权交易机制建设已经取得了一定的进展，尤其是在排污权交易、碳排放权交易等方面，已初步形成了相对完善的交易机制。但还存在以下几个突出的问题：

（一）对有关生态产权交易浅尝辄止

甘肃省在有些生态产权交易方面起步较早，但后续发展一直不温不火，并没有深入推进，相关的体制机制也有待完善。甘肃省是全国最早开展水权交易试点的省份，早在 2002 年张掖就开展了以“水票”为手段的用水户之间的水权交易，通过疏勒河流域水权试点改革进一步为全省水权交易奠定了基础，但后续水权交易不了了之。此后，甘肃省人民政府办公厅先后印发了《甘肃省推进农业水价综合改革实施方案》《甘肃省“十四五”水利发展规划》《甘肃水利“四抓一打通”实施方案》，均明确加快水权市场建设，推动流域、地区、行业、用户间多种形式的水权交易。但截至 2022 年，甘肃省统一的水权交易市场尚未建立。总体来看，甘肃省开展水权交易的速度较慢，相关的水权交易还是通过中国水权交易平台进行，对省际间、区域间水权交易的探索有待加强。

（二）有关生态产权交易进度不一

甘肃省排污权交易、碳排放权交易推进速度较快，而用能权交易、水权交易等推进速度较慢。甘肃省自 2015 年正式启动排污权有偿使用和交易工作，兰州作为试点地区，先后制订了《兰州市排污权有偿使用交易管理办法》《兰州市排污权有偿使用交易资格审查办法》《兰州市排污权有偿使用交易工作流程》等一系列配套制度，并成立了兰州环境能源交易中心，为排污权有偿使用和交易工作提供了有力的制度保障和规范的操作规程。与之相反，像用能权交易、水权交易等还处在试点探索阶段，进度较为缓慢，这也严重影响了甘肃省整体推进生态产权一体化交易的进程。

（三）有关生态产权交易星星点点

即便相对成熟的排污权交易和碳排放权交易，其交易的规模和交易量也远远达不到预期。甘肃省排污权交易主要发生在一级市场，二级市场不够活跃，且交易主要发生在试点地区。虽然 2021 年全国统一碳市场现货交易启动，但甘肃省仅有电力行业的 19 家电力企业纳入全国碳市场，全省 90% 的重点耗能企业未纳入，难以满足未来降低“碳达峰”成本的巨大市场需求。用能权交易和用水权交易主要还是通过试点的方式进行先期探索，并没有整体推进。在天水市开展省级用能权交易试点，累计向 22 家控排企业下发 3.14 万吨标准煤节能量，完成企业节能量核查工作，控排企业完成首次履约。但试点地区普遍存在政府高度支配与监控市场、交易价格近似政府行政手段而非市场定价、以企业和政府之间的交易为主、企业之间自由开展交易数量极少的情况。甘肃省除了少数试点地区具有一定生态产权交易基础之外，其他地区都没有进行相应的尝试，导致交易的范围受限，在一定程度上影响了资源的有效配置，阻碍了生态产权一体化交易的进程。

此外，甘肃省生态产权交易还面临产权界定问题。虽然甘肃省前期已经进行了自然资源统一确权登记，但由于各生态产权关系之间有重叠，这给产权分配工作带来了一定的困难，理顺生态产权之间的关系，稳步推进用能权、碳排放权、排污权等生态产权初始分配制度和二级市场交易规则，完善各类生态要素产权主体的界定，厘清生态产权主体占有、使用、收益、处分等权力关系，对高质量开展市场化交易至关重要。另外，甘肃省至今没有建立全省统一的生态产权交易平台，且先前成立的一些交易平台，功能有一定的重叠性，导致管理混乱。这也是导致相关生态产权交易进度不一、星星点点的重要原因。

第二节　甘肃省生态产权交易机制的总体结构

一、甘肃省生态产权交易机制的主要环节

（一）总量控制

总量控制制度是我国为了保护生态环境、推动经济社会可持续发展而采取的一项重要生态文明制度。在生态产权交易中，涉及总量控制的有自然资源、环境资源和气候资源等。由于水资源的有限性和稀缺性，为了保证生态用水，所以需要总量控制，确定“水资源阈值”；由于环境容量的有限性和稀缺性，一旦突破一定的限度，环境质量就会退化，所以需要总量控制，确定“环境阈值”；由于气候容量的有限性和稀缺性，一旦碳排放超过某个临界点就会导致气候变暖，所以需要总量控制，确定“气候阈值”。

我国的生态产权制度经历了由“不控总量”到“总量控制”的转变

过程，面对环境承载力已达上限的事实，只有提高资源能源开发利用效率，合理控制资源消耗量和主要污染物排放总量，加强环境监管，才能有效引领中国走绿色发展之路。[①] 且自然资源、环境资源和气候资源具有一定的特殊性，其开发和使用会直接影响到生态平衡、环境质量和气候状况。因此，要尊重自然规律，开发和使用相关资源不能超过其承载力上限，排放相关污染物也要在其容量范围之内。[②]

生态产权交易是以总量确定为前提的。以排污权为例，在排污总量确定以后，需要把排污指标层层分解到各个地区，进而把排污许可分配或拍卖给每个企业。当企业对排污权的需求量大于额定量时，企业可以去市场上向其他企业购买排放权。"总量"的确定，理论上要根据资源容量、环境容量、气候容量而定。实际上"容量"的确定存在技术性难题。实际操作中往往以排放现状为基础，实施逐年递减的"总量控制"。对甘肃省而言，要根据自身发展的需要，一方面向国家争取适当的"总量"，另一方面科学合理分配所获得的"总量"，努力谋求生态产权的高效配置。

（二）生态产权界定

产权的明确界定是进行生态产权交易的依据，是甘肃省进行生态产权交易的关键，也是市场机制真正得以建立的制度前提。只有产权的初始分配清晰明了，且在得到充分保护前提下，生态产权所有者才能自由支配自己所拥有的产权。生态产权权能的分解是在核算土地、矿藏、森林、湿地等自然资源的基础上，将各类生态资源的所有权进行清晰界定，完成使用权、让与权等物权的初始分配。明晰和加强生态产权所有权的界定，对解决生态资源低效利用、统一管理自然资源、协同推进生态文明建设和生态产权交易制度改革等有着重大意义。

《全民所有自然资源资产所有权委托代理机制试点方案》明确规定国务院代表国家行使全民所有自然资源所有权，授权自然资源部统一履行全民所有自然资源资产所有者职责，部分职责由自然资源部直接履行，部分职责由自然资源部委托省级、市地级政府代理履行；明确规定了委托代理

---

① 张蕾，沈满洪．生态文明产权制度的界定、分类及框架研究［J］．中国环境管理，2017，9（06）：23－29.

② 沈满洪．推进生态文明产权制度改革［J］．中共杭州市委党校学报，2015（06）：4－10＋2.

机制的基本要求，即统一行使、分类实施、分级代理、权责对等。在生态产权的交易过程中，中央人民政府受人民委托，是全民所有自然资源的“代理人”，其中一部分的生态产权可以由中央政府直接行使，更多的部分则需要委托地方政府代理履行所有者职责，或者通过授权给特定的国家机关、企事业单位或其他组织代表行使。①

全民所有的生态产权的所有权属于中华人民共和国，而企业、组织机构和个人只能在国家的授权允许下，通过交易获得生态产权的使用权。生态产权的所有者和使用者便能在市场规章制度的监管下，在生态产权的交易市场上进行让与权的转移，这样也能够在侧面提升生态产权市场整体的发展活力，促进各地自然资源的有效利用，推动整个市场的快速发展。党的十八大以来，生态产权市场交易机制逐步建立，但仍存在自然资源资产底数不清、所有者不到位、权责不明晰、权益不落实、监管保护制度不健全等问题。因此，亟须进一步明晰生态产权上下之间的委托代理关系。完善的生态产权委托代理机制，对包括甘肃省在内的生态产权交易而言，都有着积极的促进作用，能够更好地保障所有者权益的实现。

（三）交易平台与交易中介的建设

建立甘肃省统一的生态产权交易中心。首先，建立完善的生态资源产权交易市场，满足不同市场主体的需求，提供可靠的信息，经营种类多样的生态资源产权交易业务。其次，制定完备清晰的市场交易规则，促进交易规范化、公开化；促进行为规范化，要求市场主体需要坚持市场交易原则，本着公平、平等、诚实信用的原则，约束产权交易行为；促进价格规范化，由市场自主决定产权交易价格，政府发挥调节作用。再次，披露生态资源产权市场交易信息，明确需要披露的信息内容，制定专项的信息披露法规，保护信息的安全公开，加强信息披露监督管理。最后，加强生态资源产权交易的监管，明确监管的主体，注重全面全员监管，及时针对生态产权交易的前期、中期、后期进行监管，并及时反馈。

抓好生态产权交易中介组织建设。中介组织在生态产权交易过程中具有非常重要的作用，自然资源、环境资源和气候资源的监测、价值评估等

① 王秀卫，李静玉．全民所有自然资源资产所有权委托代理机制初探［J］．中国矿业大学学报（社会科学版）．2021，23（03）：66－75．

都要由中介组织来完成。因此，积极引导法律、评估、担保、保险等中介机构为生态产权交易提供项目推介、资产评估、融资担保、抵押登记等配套服务，把生态产权交易中心建成功能齐全的综合服务平台。生态产权监测监管、评价等中介组织介于政府和交易主体之间，也是市场交易活动的主体，其行为也会影响到市场主体间的产权交易，这些中介组织更为专业、服务面广、经验丰富、服务效率高，政府也需要通过中介组织强化对企业等交易主体的规范和引导。

积极发挥生态产业等行业协会的作用。行业协会在社会中的地位越来越重要，其承担了部分政府职能，对推动经济社会发展的作用越来越大。在生态产权交易中，要积极发挥行业协会在完善产权交易制度方面的作用，由于产权具有一定的专业性，因此在实践中有些政府规章的制订工作经常需委托一些行业组织进行前期调研、草案制订等工作，这为行业协会直接参与产权立法活动提供了可能性。行业协会的代表应能够代表行业的整体诉求，在进行产权交易立法时，代表行业向立法部门提出反映行业整体利益的意见和建议。此外，要充分发挥行业协会在技术交流、人员培训、宣传教育等软环境建设中的独特作用。行业内以及行业间的交流都会对产权制度的创新产生巨大的促进作用。同时，也要注意发挥行业协会在生态产权交易中的监督作用。行业协会由于具备本领域的专业知识，更易于及时发现存在的一些问题，并能针对这些问题提出合理的意见和建议，推动生态产权交易的顺利进行。

（四）市场交易

在完成总量控制、产权确权、搭建交易平台之后，要积极推进生态产权交易。产权市场交易的目的是把多余的生态产权拿到市场上进行交易，实现既保护好生态环境又推动生态产品价值实现的双赢。市场交易涉及的环节众多，需要加强各个环节的配合，产权交易机构还要做好服务工作，确保交易的顺利进行。产权交易机构还要做好宣传工作，推动交易主体的多元化，不断创新交易标的，完善交易方式，统一交易规则，确保交易的公平、公正，提升交易效率。

鼓励生态产权区域间或行业间交易。在生态产权明晰之后，依托全省统一的生态产权交易平台，积极鼓励生态产权的跨区交易或者跨行业交易。甘肃省拥有丰富的生态产品，且省内不同地区之间的差异也较大，与东部地区相比，甘肃省在土地资源、林业碳汇等具有一定的优势，因而要扩大交易的范围，创新交易的标的，除了省内各地区之间的交易外，要积极与省外展开交易，并把不同行业纳入交易范围。构建公平公正的交易规则，无论是在一级市场还是在二级市场，都要公平对待交易主体。

鼓励生态产权微观主体间交易。除了一级市场交易以外，甘肃省还要积极鼓励生态产权微观主体间交易，包括企业与企业、农户与农户等。随着甘肃省生态产权交易的不断推进，二级市场变得越来越活跃，微观主体之间的交易，不仅能提升市场的活力，也能提升市场的效率。因而，甘肃省要逐渐扩大生态产权交易的范围，既要包括以排污权等为主的环境资源产权和以碳排放权、碳汇权、用能权等为主的气候资源产权，也要包括以土地、矿藏、森林等为主的自然资源产权。同时，加强对生态产权交易的动态管理，将全省属于生态产权交易范围的交易项目全部纳入全省统一的生态产权交易中心进行交易，杜绝场外交易，规范交易行为。同时，按照组织程序对目录进行适时调整，实现“应进必进”。

二、甘肃省生态产权交易的主要对象

（一）自然资源产权交易

矿产资源、土地资源作为最基本也是最重要的自然资源，最先在我国实行市场化流转，成为生态资源交易制度的创新示范。本章所指的自然资源产权交易主要包括土地、矿藏、森林、水资源等为主的产权交易。

1. 土地使用权交易

《中华人民共和国物权法》根据土地的用途把土地使用权划分为土地承包经营权、建设用地使用权、宅基地使用权三种。其中土地承包经营权人有权将土地承包经营权采取转包、互换、转让等方式流转，建设用地使用权可以采取招标、拍卖等公开竞价的形式出让或者以划拨的形式出让。我国土地流转制度经历了从逐步建立农村土地承包经营权流转市场，到引导农村土地经营权有序流转发展，再到实行所有权、承包权、经营权三权分置，补助土地流转的发展过程。随着生态产权交易市场化配置的不断深入，甘肃省的土地权市场化机制也在逐步完善。《甘肃省实施〈中华人民共和国土地管理法〉办法》自 2022 年 1 月 1 日起施行，目的是加强土地管理，保护和合理利用土地资源，切实保护耕地，促进经济和社会的可持续发展。常见的土地流转包括转包、出租、互换、转让等多种方式，甘肃省各州市对此也进行了多种形式的探索，并创造出各种不同的农村土地流转模式，为其他自然资源的流转和交易提供了模板和借鉴经验。

2. 矿权交易

从法律的角度可以分三种，即矿产资源所有权、探矿权、采矿权。1996 年制定的《中华人民共和国矿产资源法》对矿产资源的勘查、开采以及矿企的监督管理作了具体规定，并确立了探矿权、采矿权可以依法流转的法律制度，为建立和发展矿业权交易市场奠定了基础。2019 年自然资源部印发了《关于推进矿产资源管理改革若干事项的意见（试行）》，对建立和实施矿业权出让制度、优化石油天然气矿业权管理、改革矿产资源储量分类和管理方式等作出了一系列重大的制度创新。甘肃省也先后出台了《甘肃省矿产资源权益金制度改革实施方案》《关于推进矿产资源管理改革有关事项的意见》《关于促进砂石绿色开采保障经济高质量发展的指导意见》等制度规定，提出了严格限制矿业权协议出让范围，合理调整矿业权审批权限，强化出让监管服务，建立符合市场经济要求和矿业规律的矿业权出让制度。规范矿业权招标、拍卖、挂牌等市场化出让方式，积极推进矿业权网上交易。甘肃省自然资源厅突出资源优势向经济优势转化导向，严格执行矿业权竞争性出让制度，积极推进“净矿”出让，提高矿产资源市场化配置效率，建立了全省统一的矿业权网上交易平台，不断提升矿业权管理工作信息化、科学化水平。2022 年 1 月 6 日，甘肃省首次矿业权出让网上竞拍成功。

3. 林权交易

林权交易指林权所有人将其拥有的林地承包经营权、林地使用权、林木所有权和林木使用权通过林权交易机构全部或者是部分有偿转让的一种经济活动。[①] 我国通过深化林权改革，明晰产权，真正实现还权于民。在政策和利益的诱导下，对于所拥有的山林规模小且相对分散的农户来说，很大程度上将会采取各种方式将林权转让给经济实力较强，山林分布集中，有利于实现规模化经营的“大户”。随着林权市场化及林权流转机制的不断完善，林业资源必然向少数人手中集中，即林权将由“分”走向

① 杨晓杰，明丽．我国林权制度改革与林业要素市场的建立［J］．商业研究，2006（04）：187－190.

"合"。甘肃省集体林权制度主体改革任务在2011年已经基本完成，并依据《中华人民共和国森林法》依法展开交易。

4. 用水权交易

《中华人民共和国水法》明确规定，水资源属于国家所有。从广义角度上看，水权的定义包含水资源的所有权、使用权、收益权、经营权等一系列权利。但对我国而言，由于水资源为国家所有，从狭义角度上看，通常意义上的水权主要指权利人对水资源所享有的使用、收益或处分的权利，水资源交易指水资源使用权的部分或全部转让。甘肃省水权交易机制关系逐渐理顺，自2010年以来，相关政策陆续公布，2021年，《甘肃水利"四抓一打通"实施方案》发布，明确指出要明晰"水权属"，发展"水市场"，推动流域、地区、行业、用户间多种形式的水权交易。

（二）环境资源产权交易

环境资源产权交易主要以排污权等交易为主。排污权交易即污染物排放权的交易，是在经济和社会发展中，允许排污主体向环境排放的污染物数量，可视为对环境容量使用权的交易。排污权交易的市场主体是有资格进行排污权买卖的组织或个人，其中包括政府部门、企业、机构组织和个人等，其市场客体为污染物的排放权。根据市场主体的不同，将排污权交易分为一级市场交易和二级市场交易。一级市场交易即政府与企业之间的交易，进行排污权的初始分配确权；二级市场交易即企业之间的交易，进行企业间的排污权转让。经过二十余年的排污权交易试点工作，我国排污权交易试点地区和部分非试点地区均建立了较为完备的排污权交易基本制度，各地形成了各具特色的排污权交易体系和交易市场，并形成了一定的交易规模。甘肃省积极响应国家号召，积极开展排污权交易试点，并取得了一定的成效。兰州市作为典型的代表，先后制定了多项政策，并成立了兰州环境能源交易中心，为排污权有偿使用和交易工作提供了有力的制度保障和规范的操作规程。在不断的探索实践中，还制定了全国首个排污权交易地方标准，即甘肃省地方标准《排污权有偿使用和交易技术规程》（标准号：DB62/T4150—2020）。随着制度的不断完善，甘肃省排污权交易量和交易额均在不断增加。

（三）气候资源产权交易

1. 碳排放权交易

碳排放权交易是用市场机制应对气候变化的有效工具，与排污权相似，碳排放权同样是对环境容量的使用权。影响全球气候的温室气体主要包括二氧化碳、甲烷、氧化亚氮、氢氟碳化物、全氟化碳及六氟化硫等，为统一度量，将二氧化碳当量作为度量温室效应的基本单位。与排污权交易中的污染物排放不同的是，温室气体在排放后不仅在某一特定区域内扩散，而且随大气活动扩散到全球范围，从而引起全球气候变暖等环境问题。碳排放权交易机制是一种不受时空限制的全球性交易机制，是运用市场化手段优化环境容量配置、减少温室气体排放、促进环境保护的经济机制。碳排放权交易的优势是利用市场机制降低减排成本、推进低成本应对气候变化。2005 年，《京都议定书》的签订生效为全球碳排放权交易奠定了基础，随后欧盟、美国、澳大利亚等均开展了碳排放权交易工作，各国和区域性的碳交易市场不断涌现。我国碳交易市场试点工作启动于 2011 年，中国在北京市、天津市、上海市、重庆市、湖北省、广东省 6 个省市及深圳市启动了碳排放权交易试点工作。2021 年 7 月，全国碳市场启动仪式于北京市、上海市、武汉市三地同时举办，备受瞩目的全国碳市场正式开始线上交易。甘肃省积极开展碳排放权交易相关工作，并取得了一定的成绩，但发达省份相比，在体制机制、交易规模等方面相对滞后。

2. 碳汇权交易

根据 2003 年的《联合国气候变化框架公约》定义，碳汇是从大气中清除二氧化碳等温室气体的过程、活动或机制，包括森林碳汇、草地碳汇、耕地碳汇、海洋碳汇等。碳汇交易是基于《联合国气候变化框架公约》及《京都议定书》对各国分配二氧化碳排放指标的规定，创设出来的一种虚拟交易。与碳排放（碳源）相对应，碳汇指通过植被恢复、植树造林等措施利用植物的光合作用吸收大气中的二氧化碳，并将其固定在植被和土壤中，从而减少温室气体在大气中浓度的机制。碳汇权的交易充分利用了市场机制，在一定程度上优化了资源的配置，降低了减排成本。通过碳汇交易，企业的减排虽然受所得到的碳信用量的约束，但又有购买、出售“排放许可”的弹性空间，相对于行政性强制减排，赋予企业更多自主权，从而更有利于调动企业减排的积极性。企业可以根据自己的经营状况选择最有利于自身发展的减排策略。甘肃省拥有大量的森林、草地，碳汇储量大，市场前景广阔。

3. 用能权交易

用能权交易是指在区域用能总量控制的前提下，纳入到用能权交易体系的用能单位，从用能权一级市场和二级市场取得、使用和买卖用能权指标的行为。如果某一用能单位的用能权配额不满足其实际使用时，可以向其他有剩余用能权配额的单位购买一定数量的用能权，通过该交易机制保证用能权配额总量的平衡，并激励节能的用能单位出售用能权配额，获得回报。用能权交易的目的是通过经济手段和市场机制，使能源资源在全社会得到有效配置，最终达到区域预期的节能减排目标。推行用能权交易有利于节约能源，在一定程度上可缓解能源供给紧张，并避免能源系统扩张导致的过度投资。在国家的推动下，甘肃省也在积极探索用能权交易机制，从政策推进情况来看，相关政策、规划等接连出台，甘肃省对用能权交易的重视程度在逐渐提升，但由于市场机制还不够成熟，用能权交易还处在探索阶段。兰州市作为试点城市，已建立了节能量交易综合服务平台和交易系统，并备案完成兰州市第三方节能量审核机构遴选工作，共确定5家兰州市节能量审核机构。但离全省统一的用能权交易机制的建立尚有一定的距离。

三、建立甘肃省生态产权交易一体化运行机制

（一）生态产权市场一体化信息机制

建立生态产权交易市场一体化信息机制有利于减少信息不对称，确保交易公平性，提升交易效率。信息是产权市场有效运行的关键要素，同时也是市场主体进行生态产权交易、实现生态资本转化的重要决策参考。市场交易主体既是信息需求方又是信息供给方，在产权交易活动中需要相关信息支撑其科学决策，同时在交易中也会产生和显示相关信息。产权市场既是产权和资本交换的场所，同时又是信息交换的场所。但在现实中，信息不对称性严重扰乱了产权市场，制约了产权市场机制的有效发挥，使得市场“逆向选择”不良受让方的现象比比皆是。甘肃省生态产权交易市场实现一体化运作的重要前提是建立一体化的生态产权交易信息系统，依托数字技术，打破传统行政分割与地域分割。甘肃省生态产权交易机构要

统筹协调各个市（州），汇集生态产权交易信息，实现互联互通，重点建立统一的甘肃省生态产权交易信息中介库，各市（州）生态产权交易信息要统一发布，有效降低信息不对称性对产权交易质量的影响，提高服务质量。同时，建立统一的竞价交易系统，通过信息化系统，对生态产权交易过程中的信息登记、公开挂牌、举牌竞价、鉴证交割等各环节，进行全程动态披露，实现数字化交易。

（二）生态产权市场一体化价格机制

价格机制是市场机制的核心要素，也是进行资源优化配置的工具。在生态产权市场上，买方市场较为突出，价格确定和形成还不够规范。因此，有必要建立甘肃省生态产权交易市场一体化价格机制。“一体化价格机制”并非统一的管制价格，而是一体化运行的价格发现机制。甘肃省生态产权交易市场在推行一体化价格机制过程中可以加强两方面工作：一是完善中介机构的价值评估机制。生态产权交易标的价格受多方面因素的影响，但标的底价应该是特定资产评估机构评估后的结果，且能真实反映其价值。因而，要高度重视中介机构建设，将有资质的中介机构纳入甘肃省生态产权交易中心的会员体系中，规范中介机构的价值评估机制，发挥其在规范产权市场价格方面的作用。二是优化价格发现机制。为有效解决“有场无市”“有价无市”等问题，甘肃省生态产权交易中心可以创新交易方式，加强与较为成熟的产权交易所的合作，借助会员的力量，发现更为合适的受让方，提高生态产权的竞价率与溢价率。

（三）生态产权市场一体化交易机制

交易机制是生态产权市场运行的执行机制，始终贯穿于生态产权交易的全过程，其涉及面广泛，由多个要素组成，只有各个环节有效配合才能确保交易的顺利完成。一体化生态产权交易要做到“公开、公平、竞价、有序”的原则，不断提高产权透明度、消除非市场化因素干扰、完善竞价机制、规范交易流程，实现“阳光交易”。推动甘肃省生态产权市场一体化交易机制需要做好以下几点工作：

一是推动交易主体多元化。生态产权交易主体由出让方和受让方组成，建设甘肃省生态产权交易市场，有必要纳入足够多的市场主体。随着市场化水平的提升，产权交易的主体结构也在逐渐优化，从过去清一色的国有企业转变为多种所有制企业并存，尤其是很多高科技企业、大型民营企业也开始走上产权交易的舞台，交易主体不断丰富。因此，可以鼓励更多的市场主体积极参与市场交易，不断丰富交易品种，加强市场主体的互动，避免暗箱操作等行为，确保甘肃省产权交易市场健康发展。

二是创新交易标的。随着交易对象和交易主体的多元化，生态产权交易标的也要不断创新。甘肃省生态产权交易机构要致力于推动多种形态的产权项目进场交易。

三是完善交易方式。在产权交易中，企业的信息完整性、历史遗留问题轻重、行业敏感程度等都会影响到交易质量。在甘肃省生态产权交易的初期阶段，可以根据信息的完整程度等实行不同的交易方式，待市场机制成熟之后再逐步统一。对于信息完整程度高的挂牌公司，可以采取市场化的竞价方式来完成交易；对于信息完整程度低的挂牌公司，可以通过谈判等方式达成交易；对于处在两者中间的公司可以采用混合式的方式达成交易。当然，在具体的操作过程中，甘肃省生态产权交易机构也可以根据企业的相关情况，采用“板块化”的交易方式，将不同资质的挂牌企业归入合适的交易板块。

四是统一交易规则。甘肃省生态产权交易市场组建后，统一交易规则成为重要任务，只有保证交易的规范，才能确保“阳光交易”的顺利开展。一般情况下，生态产权交易可按照以下步骤进行：第一，申请登记。出让方或受让方委托会员进行生态产权交易。第二，挂牌公告。甘肃省生态产权交易机构与出让方签订协议，并对其材料进行审核，办理相关挂牌手续。在挂牌期间，甘肃省生态产权交易机构为意向受让方办理购买申请登记，在征求出让方意见后，最终确认意向受让方资格，意向受让方按规定缴纳购买保证金。第三，组织交易。甘肃省生态产权交易机构为产权交易的组织者，为交易提供场所，并根据企业信息的完整情况选择交易方式。第四，签约成交。出让方与受让方在甘肃省生态产权交易机构的指导下签订产权交易合同。第五，资金结算。产权交易合同签订后，受让方按合同的约定将交易价款划入结算专用账户。第六，出具产权交易凭证。甘肃省生态产权交易机构审查完毕后向交易双方出具产权交易凭证。交易双方凭交易凭证，到相关部门办理变更手续。

（四）生态产权市场一体化监管机制

在充分运用市场机制优化生态资源配置的前提下，要建立更为完善的监管和调控制度，从而避免可能的交易风险和对生态环境、社会、经济的影响，保障交易的顺利进行。生态产权交易市场的监管指对交易过程的监测、监督和检查，主要包括对生态产权交易资格的审核，对生态产权交易产品使用情况的监测，对交易过程公平性、公正性、公开性的监督，对交易结果及其履行情况、后续管理情况的跟踪，对交易违规行为的管制，对交易各参与方、交易价格的宏观把控，以及对交易市场秩序的总体调控等。生态产权交易市场由政府设立，政府一直是中枢角色和监管主体。从要素视角看，生态产权的交易主体、标的和场所设施均被高度管控。从交易主体看，市场参与主体由主管部门确定，且以“白名单”形式公布，只有列入名录的单位才能参与生态交易。从交易标的看，生态产权交易标的由政府直接创设，然后进入市场流转交易。作为高度管控的市场，如何厘清市场运作和监管介入的关系，是影响生态产权交易实现的重要因素。① 生态产权监测监管及评价等中介组织介于政府和交易主体之间，也是市场活动的主体，其监管行为也会影响到市场主体间的产权交易，这些中介组织更为专业、服务面广、经验丰富、服务效率高，政府也需要通过中介组织强化对企业等交易主体的规范和引导。

第三节　生态产权交易机制的东西协作探索

一、推进生态产权交易东西协作的必要性

（一）发挥西部资源禀赋优势，实现东西优势互补

生态产权交易东西协作可以发挥西部资源禀赋优势，弥补东部地区用

① 张阳．碳排放交易的监管赋能：问题与方案［J］．中国流通经济，2022，36（03）：115－126.

能、用地、建设等方面成本上升的压力，提高资源配置效率，同时以东部发展优势弥补西部发展短板，实现东西部优势互补。西部地区风能、太阳能、天然气等资源富集，森林、土地、湖泊、草地、湿地、沙漠等广泛分布，生态资源丰富，是中国经济绿色高质量发展的“蓄水池”和“后花园”，在生态安全保障和资源能源供给方面发挥着举足轻重的作用。然而，西部地区缺少与之相适应的资本、技术、人才等要素，且生态资源消纳能力不足，导致西部地区内生动力不足。与之相反，我国东部地区拥有丰富的资本、技术等要素，且随着城市化推进，资源能源消费增长需求巨大，导致东部地区生态资源要素供不应求，在一定程度上阻碍了东部地区经济可持续发展。由此可见，我国东西部地区存在着较大的资源禀赋差异和供需状况差异，且各自具有比较优势。生态产权交易东西部协作可以通过市场化手段促进东西部各类生产要素协同发力、互为支撑，从而实现东西部协调发展与高质量发展。一方面，生态产权交易东西协作可以推动西部地区生态资源要素投入到东部地区，弥补东部生态资源短缺的问题，实现东西部地区之间资源禀赋互补；另一方面，生态产权交易东西部协作可以推动东部地区资本、劳动、人才、技术等诸要素投入到西部地区，实现东西部地区之间社会经济资源互补。

（二）推进西部地区市场化改革，增强西部发展内生动力

生态产权交易东西部协作作为典型的市场化行为，可以有效加速资源要素流动，推动西部地区市场化改革，增强西部发展内生动力。西部地区因地理和历史原因，城市布局较分散，人口密度相对较低，文化传统相对呈现出凝固性和封闭性，竞争、开放、效率、信用等市场经济观念比较薄弱。此外，西部地区“等、靠、要”思想依然严重，这严重阻碍了西部地区市场化进程。而东部地区具有更强的商品意识、金融意识、竞争意识和信息意识，且与国际市场经济意识接轨，这有效促进了东部地区生产力进步和市场化改革。根据国民经济研究所和社会科学文献出版社共同主办的《中国分省份市场化指数报告（2021）》，我国市场化指数平均值为6.17，排在前10位的省份中东部地区占7个，前三名为天津市、广东省和浙江省，市场化指数分别是12.63、11.69和11.67，远高于全国平均值。由此可见，东西部之间市场化程度存在巨大差异。而生态产权交易是典型的市场化手段，可以通过价格引导经济系统中的资源优化配置。推进

生态产权交易东西协作，一方面，可以发挥东部地区市场化优势，推动东部沿海地区向西部省区提供经济、技术、服务、人力资本等方面的支持，引导市场要素自东向西流动，鼓励引导东部相关企业落地西部地区，为西部地区经济发展注入“新鲜血液”；另一方面，不断突破西部地区经济发展的空间限制，补齐短板，培育和壮大西部地区要素市场，加快西部地区振兴和市场化改革，增强西部地区发展的内生动力。

（三）提升资源利用效率，促进东西协调发展

生态产权交易东西部协作可以提高西部地区资源利用效率，促进东西部地区协调发展。我国东西部自然资源利用效率差异大，具体表现为东部自然资源利用效率较高，西部地区较低。西部地区经济发展相对落后，产业结构调整缓慢，技术创新水平和自然资源综合管理水平低，且存在浪费现象，这严重阻碍了西部地区资源利用效率的提升。开展生态产权交易东西协作有助于西部地区提升资源效率，并促进其高质量发展。一方面通过提高西部地区科技创新水平，进而提高资源利用效率。生态产权交易东西协作可以借助东部地区人才科技优势，为西部地区提供有力的技术支持，帮助西部地区企业改进生产流程，从而提高资源利用效率。此外，还可以通过市场机制的调节作用提高西部地区企业的自主环保意识，促进西部地区企业科技创新，主动通过改进技术等措施提高资源利用效率。另一方面通过推动西部地区产业结构升级，进而提高资源利用效率。生态产权交易的实施可以推动东部地区高科技和清洁型企业进入西部地区，引导东部地区产业向西部地区转移，促进西部地区污染产业加速向清洁生产转型。在此过程中，东西部地区生产要素将得到重新配置，促进西部地区清洁、高效产业的壮大，从而提高西部资源利用效率。此外，西部地区资源利用效率提升在一定程度上能缓解经济增长与节能减排、环境改善之间的矛盾，促进西部经济高质量发展，进而有效推动东西部协调发展。

二、推进生态产权交易东西部协作的基本框架

（一）建立生态产权交易东西部协作的联动机制

建立生态产权交易东西部协作联动机制能够强化信息通报、明确责任主体，将协调沟通和信息共享机制化常规化，能够保障及时有效地开展先

期处置，提高东西部之间应急处置的联动效果。建立生态产权东西部协作联动机制需重点关注以下几点：一是进一步突出东西部协作的主体地位。把握生态产权交易的本质，尊重市场经济基本规律，充分发挥市场对生态资源配置的决定性作用，突出市场在生态产权交易东西部协作中的主体地位；明确政府职能和行政监管职能，将政府在生态产权交易的“主导”角色逐步转变为“保障”角色，发挥政府前期科学审批配额、中期维护市场有序运行、建立相应的奖惩机制、后期有效监督等作用。二是加强顶层设计，建立跨区域协调机制。为有效推动生态产权交易东西部协作的顺利实施，东西部各省要加强与国务院相关部门的沟通，及时反馈工作进展，适时建立相应的机构，推动跨区域政策协同；加快制定适用于东西部生态产权合作模式的配套政策和实施细则，明确各地政府、投资企业、协作部门、社会组织的责权范围；明确开展监督考核责任实施主体，加强东西部生态产权交易政策保障；通过法律制定明确奖惩考核机制、行业准入机制等配套措施。三是提高东西部在生态产权交易中的参与度。着眼于形成全国统一大市场，进一步构筑财政、金融、税收等方面的政策支持体系，解决生态资产所有权缺位，使用权、经营权模糊及生态产权交易价格制定、收益分配及相关金融支持不到位等问题，充分调动东西部地区参与生态产权交易的积极性，促进各地政府更深入合作，引导东西部之间有序推进生态产权交易实践。

（二）建立健全生态产权交易东西部协作的实施机制

生态产权交易东西部协作可以推动各类生产要素在不同区域流动，促进西部地区市场化水平提升，并弥补东部地区资源要素紧缺问题，补齐东西部地区经济发展的短板，实现东西部地区之间优势互补。建立健全生态产权交易东西部协作的实施机制需重点开展以下几点工作：

一是构建统一的东西部协作的生态产权交易平台。根据东西部之间生态产权交易量、交易情况等，对已设立的生态产权交易机构进行整合，进一步完善信息发布、交易群体、合同签订与档案管理等机制，规范交易市场中的收费、佣金分成等交易活动，不断提高东西部生态产权交易效率，降低交易成本；培育东西部生态产权交易中介服务机构，提高交易主体决策的科学性，以及双方价格谈判的有效性和交易达成的速度；加强立法与政策研究，推动实施统一的交易规则和技术标准，为市场的规范发展提供法律和制度支持，以确保信息充分披露，防止不规范交易行为。

二是建立有效的激励和绩效考核机制。对取得生态产权交易成效的地方政府给予奖励的同时，也要在东西部地区倡导“合作双赢”的思想；充分发挥东西部协作考核“指挥棒”作用，加强生态产权交易东西部协作的考核力度，用严格的制度来监督，确保东西部生态产权交易取得成效；完善东西部协作考核指标体系，突出目标导向、结果导向；严格东西部协作的考核流程，明确考核内容、考核程序、考核标准和考核结果的运用，定期对生态产权交易东西部协作成效进行考核评价。

三是建立规范有效的监督机制。充分发挥社会公众的监督作用，各级政府部门以及新闻媒体及时对东西部生态产权交易工作推行的实际情况进行公布，提高政府工作的公开性；充分发挥行业协会等中介组织的监管作用，积极加强对企业的服务和引导；完善东西部生态产权交易信息披露监管机制，通过建立相关生态资产领域的产权信息发布机制，实现对信息的整合与共享。

（三）多措并举，完善人才保障体系

人才是生态产业发展的第一资源和驱动力，完善人才保障体系是助力东西部协调发展的必要条件，也是推动生态产权交易东西部协作的关键。因此，各地需重点开展以下几点工作：一是完善人才、干部治理体系。规范生态产权交易工作人才与干部选拔要求，制定有效的人才维持与奖励机制，保证人才队伍的稳定性。二是构建多元主体参与的人力资源开发模式。转变政府在生态产权交易工作中的角色，从生态产权交易工作的领导者、引导者转变至协调者、多元主体的参与者，汇聚多方资源；鼓励企业、高校、社会团体等多重力量参与到生态产权交易人力资源开发中，建立政府部门、社会群体以及市场互为支撑、相互协调、有效联动的工作机制，积极培育与生态产权交易有关的优秀人才，为生态产权交易提供充分的人才保障。

第十二章

甘肃省“生态+”产业发展研究

甘肃省生态产业发展起步早、基础实、势头好，已经形成了较为完善的工作体系和法律法规体系，但也存在着不少问题。本章对甘肃省“生态+”产业体系发展现状进行评价，在系统梳理甘肃省十大生态产业发展取得成就的基础上，对生态产业发展存在的问题进行了分析，确立了甘肃省“生态+”产业体系发展的目标与原则。根据甘肃省产业基础和要素禀赋，对甘肃省“一区两带”“生态+”产业体系进行了空间布局。针对甘肃省生态产业发展的问题，提出了生态产业发展的政策保障体系。

第一节 “生态+”产业的体系构建思路

甘肃省委、省人民政府早在2018年就制定印发了《关于构建生态产业体系推动绿色发展崛起的决定》[①] 和《甘肃省推进绿色生态产业发展规

① 中共甘肃省委，甘肃省人民政府．关于构建生态产业体系推动绿色发展崛起的决定[Z]．兰州：中共甘肃省委，甘肃省人民政府．2018－01－24.

划》。[①] 同时，在全省以及各市州层面建立了十大生态产业的统计、考核和激励办法。各市州还建立了"一业一策"的发展规划。十大生态产业既包括国家大力倡导和优先发展的节能环保、清洁生产、清洁能源等产业，也包括突出甘肃特色的循环农业、中医中药、文化旅游、通道物流、军民融合等产业，还包括紧盯发展趋势、培育新动能相关的数据信息、先进制造等战略新兴产业。自 2018 年发展规划颁布以来，甘肃省十大生态产业发展势头迅猛。

一、"生态+"产业体系的现状评价

（一）"生态+"产业发展取得积极成效

第一，生态产业发展速度迅猛。图 12－1 为甘肃省生态产业增加值及其占地区生产总值的比值。从图 12－1 可知，自 2018 年发展规划颁布以来，甘肃省十大生态产业发展迅猛。增加值从 2018 年的 1511.3 亿元增加到 2021 年 2852.9 亿元，增速高达 88.77%，年均增长 17.22%，是同期甘肃省 GDP 增速的 3.1 倍。占全省 GDP 比重从 2018 年的 18.3%，上升到 2021 年的 27.9%，四年提高 9.4 个百分点。2019 年至 2021 年增速分别为 7.8%、5.8%、22.7%。虽然因疫情影响，2020 年甘肃省生态产业增加值的增速有所放缓，但 2021 年发展速度进一步提升。因此，从总量、占比和发展速度来看，2018 年以来甘肃省十大生态产业都得到了快速的增长。

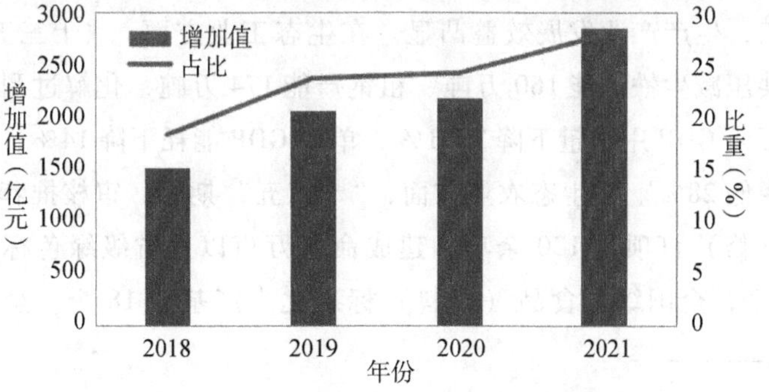

图 12－1　2018—2021 年甘肃省十大生态产业增加值及占 GDP 比重

数据来源：甘肃省统计局。

---

① 甘肃省人民政府．甘肃省推进绿色生态产业发展规划［Z］．兰州：甘肃省人民政府．2018－02－14.

第二，生态产业结构不断优化。一是传统产业结构转型升级。利用十大生态产业发展的契机，甘肃省大力推进石油化工、有色冶金、煤炭电力等传统产业转型升级。酒钢集团积极推进技术创新实现煤基氢冶金技术重大突破，悬浮磁化焙烧技术进入大规模工业应用，不锈钢“登上”中国首艘极地探险邮轮，成功进入国际核电建设领域。[①] 中医药产业作为甘肃省重点发展的十大生态产业之一，初步形成了以定西市为核心，辐射带动陇南、河西等的中药原料生产基地，当归、党参、大黄、黄芪、板蓝根等道地大宗药材品种产量占全国50%以上。“国药在陇、国药贮陇、国有陇药、陇药世用”的良好局面加速实现。[②] 二是新兴产业发展动能强劲。通过大力发展十大生态产业，积极推动新旧动能转换，新能源、新材料、生物医药等新兴产业不断壮大。长庆油田已建成全国首个百万吨级页岩油开发示范区，酒泉市建成全国首个千万千瓦级风光电基地。2021年甘肃省新能源装机占全省装机总量的49.31%。新能源利用率由2016年的60.3%提升至2021年的96.83%，增幅位居全国第一。[③] 甘肃省累计向20个省区市输送“绿电”超过2100亿千瓦时。甘肃省积极推动德福高档电解铜箔、东方钛业绿色循环等项目建设，加快推动金昌新能源锂电、平凉智能光电、张掖智能制造、天水集成电路封测等产业集聚发展。2021年，全省生物医药产业规上企业共97户，营业收入过亿元的有34户；全省规上医药制造工业实现总产值197.29亿元、营业收入176.23亿元、利润总额62.70亿元[④]，五年年均分别增长13.6%、12.1%、28.3%。

第三，生产产业发展效益凸显。在生态工业方面，“十三五”期间，甘肃省共压减生铁产能160万吨、粗钢产能174万吨，化解过剩产能1400万吨，万元GDP用水量下降30.1%，单位GDP能耗下降14%，单位GDP碳排放降低28%。在生态农业方面，“十三五”期间，审核推荐农业地方标准制（修）订项目130余项，建成命名万亩以上省级绿色标准化生产基地10个，全国绿色食品（原料）标准化生产基地18个。全省绿色农

---

① 张文博．创新引领酒钢“乘风破浪”［N］．甘肃日报．2020－08－03（001）．

② 甘肃日报评论员．大力推动甘肃中医药产业振兴发展［N］．甘肃日报．2020－08－28（001）．

③ 马富春．甘肃：新能源利用率五年间增幅全国第一［N］．中国青年报．2022－06－11．

④ 甘肃省人民政府．甘肃省“十四五”生物医药产业发展规划［Z］．兰州：甘肃省人民政府，2022－11．

产品1618个，有机农产品224个，地理标志农产品124个，呈现出区域分工明显、基地集中连片、产业链条逐步完善的良好发展态势。在生态旅游业方面，“十三五”期间，累计接待游客13.2亿人次、实现旅游收入8995亿元，分别是“十二五”的2.5倍和2.8倍。5A级旅游景区达到6个，4A级旅游景区达到107个，A级旅游景区达到358个。张掖市成功创建全国旅游标准化示范城市，敦煌市、嘉峪关市、崆峒区创建为国家全域旅游示范区。

（二）“生态+”产业发展短板依然明显

第一，“生态+”产业集聚度低，辐射带动力不足。甘肃省农业仍以种植业为主，部分农业区种植结构趋同，经营规模小，特色基地集中连片少、集约化机械化程度低。缺乏知名度高、产品市场占有率高和带动能力强的“重量级”龙头企业。2000—2021年农业农村部累计认定的七批2089家农业产业化国家重点龙头企业中，作为农业大省的甘肃则仅有43家，仅占全国2%，在全国排名为25名。作为西部老工业基地，规模企业以央企为主，且数量偏少。截至2021年甘肃省拥有规上企业2026家，仅占全国的0.5%，在全国排名第27位。以十大生态产业之一的生物医药产业为例，甘肃省生物医药工业总产值在全国排名处在第27位，产值规模超十亿的企业仅4家。

第二，“生态+”产业结构低端，产业链关键环节缺链断链。部分地区缺乏农业全产业链意识，主导产业定位不明确，产业链条短。龙头企业、基地、合作经济组织、运销大户、农户之间利益联结机制不健全，农民获利少，矛盾纠纷时有发生，处于缺链、断链状态。重工业中采掘业和原材料工业比例偏高，采掘业、原材料工业、电力三大初级产品生产行业的增加值占到规上工业产值七成，很多企业原材料和市场“两头在外”，尚未形成较强的产业链生态控制能力。批发零售贸易及餐饮业等生活性服务业占比大，金融保险、商务服务、科技服务、信息服务和创意等生产性服务业发展不足，导致生态产业发展所需的服务业支撑缺链断链，影响产业链向上下游延伸。

第三，“生态+”产业精深加工不足，品牌溢价欠缺。大多数农产品以初级产品加工为主进入流通领域，产品附加值高的精深加工占比较低。同类小型加工企业数目多、生产工艺简单，附加值低，缺乏品牌竞争力。

甘肃省马铃薯70%～75%直接用来食用或粗加工淀粉、粉条或者饲料，农产品加工转化率仅55%，远低于发达国家90%左右的加工转化率。甘肃省生态产业传统产业多、新兴产业少，资源型企业多、深加工企业少，技术装备水平较低，高端供给能力不足。2020年甘肃省全社会R&D为1.3%，仅为全国同期的2.44%的53.3%。每万人高价值发明专利拥有量不足1件，仅为全国同期的的15.7%。数字经济核心产业增加值占比为2.2%，仅为全国同期的28.2%。数字经济领域申请专利3017件，仅占全国的0.35%。[①②] 此外，甘肃省非国有经济、中小经济比重分别低于全国平均40个、20个百分点以上。生态产业链条短、创新能力薄弱、精深加工不足、附加值低下，因此，“增产不增收、增收不增利”是制约生态产业品牌溢价提升的重要短板。

第四，“生态+”产业布局欠佳，区域发展失衡。图12-2、图12-3为2018—2021年甘肃省14个市州的生态产业增加值以及甘肃省14个市州的生态产业增加值占比重。从图中可以看出，虽然2018以来甘肃省14个市州的十大生态产业不论绝对规模还是占比均有较快的发展，但兰州市一家独大的局面尚未得到根本改变，生态产业区域布局十分不均衡。2021年甘肃省14个市州中，兰州市十大生态产业增加值最高，达到832.44亿元，占甘肃全省的29.2%，排名第二的为庆阳市，达到416.1亿元，酒泉市、武威市、张掖市、天水市在200亿元左右，白银市、金昌市、平凉市、定西市、陇南市等市超过100亿元，嘉峪关市、临夏州、甘南州等市州不足100亿元，兰州市十大生态产业增加值是排名最后的甘南州的12.7倍。从占比来看，虽然甘肃省14个市州十大生态产业增加值占地区生产总值的比重均已接近或者超过GDP的1/4，同时庆阳市、武威市、张掖市、酒泉市、定西市5市十大生态产业增加值占地区生产总值的比值已经超过1/3，但是地区差异仍然十分巨大，比如十大生态产业增加值占比最高的庆阳市比占比最低的平凉市高出22个百分点。

---

① 甘肃省人民政府．甘肃省国民经济和社会发展第十四个五年规划和二〇三五年远景目标纲要［Z］．兰州：甘肃省人民政府，2021-05.

② 国务院．中华人民共和国国民经济和社会发展第十四个五年规划和2035年远景目标纲要［Z］．北京：国务院，2021-03.

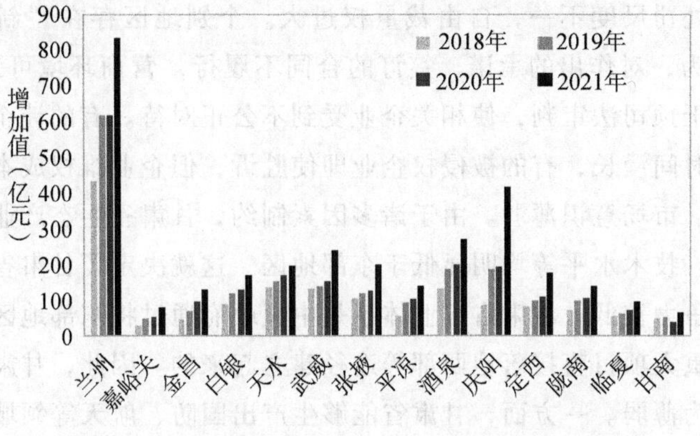

图 12-2 甘肃省各市（州）十大生态产业增加值

数据来源：甘肃省各市（州）统计局。

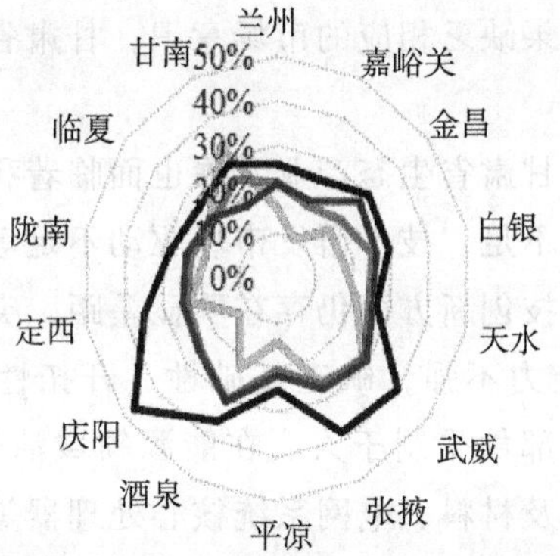

图 12-3 甘肃省各市（州）十大生态产业增加值占 GDP 比重

数据来源：甘肃省各市（州）统计局。

（三）“生态+”产业发展环境有待完善

第一，营商环境不佳。根据北京大学张志学教授等完成的《中国省份营商环境研究报告 2020》，甘肃省营商环境指数为 41.22，全国排名第 29，处于落后水平（B-级）。① 这表明甘肃省营商环境与东部及国际先进水平存在较大差距。甘肃省营商环境还存在市级稍好于区县、牵头部门略好于职责部门、部门之间和区县之间参差不齐等的问题。企业投资经营仍然受到显性或隐性准入壁垒限制，个别地方对民营企业、异地企业设置差

① 张志学，张宝山．中国省份营商环境研究报告 2020［R］．北京：北京大学光华管理学院．2021-01.

别待遇，处罚尺度不一，自由裁量权过大。个别地区存在“新官不理旧账”的行为，对作出的承诺、签订的合同不履行，营商环境可预期性差。一些地方干预司法审判，使相关企业受到不公正对待。有的涉企司法诉讼程序繁杂时间漫长，有的被侵权企业即使胜诉，但企业维权成本过高。

第二，市场意识薄弱。由于诸多因素制约，甘肃省生态产业市场经济发育程度、技术水平等均明显低于东部地区。这就决定了甘肃省生态产业的市场竞争力较低。甘肃省工业体系是中央政府通过将东部地区的工业移植和中央重大项目直接落地西部等途径建立起来的。因此，甘肃省市场意识相对较为薄弱。一方面，甘肃省能够生产出国防、航天等领域高精尖产品；另一方面，甘肃省市场主导型生态产品的生产能力和竞争能力较弱。这是因为前者有政府订单、后者没有。因此，在现代市场经济竞争中，市场主导型生态产品为主，如果缺乏相应的市场意识，甘肃省生态产业发展将长期面临严峻挑战。

第三，科技支撑乏力。甘肃省生态产业发展也面临着我国科技创新领域原始创新缺乏、成果转化不足、技术研发市场驱动不足等问题。与国际先进水平相比，生态产业科技创新方面仍存在明显差距，突出表现在原创核心技术欠缺、自主创新能力不强，缺乏基础性、开拓性、颠覆性的技术，部分关键设备和核心零部件受制于人。在能源领域油气精细化开采、燃气轮机、部分核电配套件及材料、电网系统核心处理器等产品不能实现全面自主，技术“空心化”还没有根本解决。省部级以上的生态领域科技成果能大范围推广且产生经济效益的不到15%，专利技术实际实施率仅为10%。生态科技研发课题都是瞄准国外SCI论文的需求进行，对甘肃省实际需求及相关产业链了解甚少。环保产业主要体现为过度依赖于财政投入、同质化竞争严重，科技创新的投入门槛较高，社会资本难以进入。2020年，甘肃省全社会R&D仅为1.3%，仅为全国同期的2.44%的53.3%，产业持续发展动力不足。专精特新创新主体稀少，以制造业单项冠军为例（见图12－4），截至2021年，全国六批次累计遴选单项冠军848家。前六批名单中，浙江省、山东省、江苏省强势领跑，制造业单项冠军分别达到149家、145家和122家。甘肃省仅有金昌公司一家入选，专精特新企业数量稀少，科技创新的市场驱动力欠缺。

第四，财税支持不足。根据国际经验，当治理环境污染投资GDP占比达到1%～1.5%时，可以控制环境恶化趋势；当该比例达到2%～3%时，

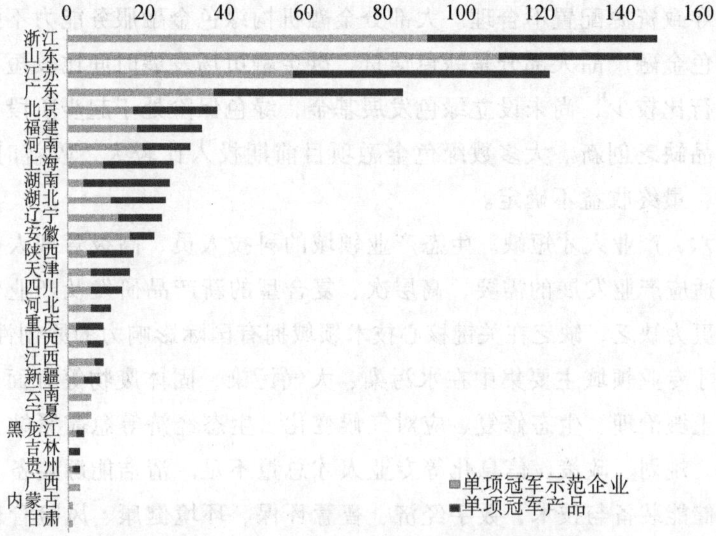

图 12-4 中国各省制造业单项冠军数量

数据来源：工业与信息化部。

环境质量可有所改善。2020 年甘肃省治理环境污染投资总额 GDP 占比仅为 1%，与控制环境污染、改善环境质量的投入要求差距较大。尤其是甘肃省经济下行压力加大，可用财力有限与生态环保资金需求的矛盾进一步凸显。生态补偿资金来源单一、补偿标准低下。跨流域补偿协商受益地区积极性不高。横向生态补偿机制在其他生态要素方面的应用还比较窄。基于整体生态环境价值的区域间综合性横向补偿机制尚未提到议事日程。随着环境监察执法、排污核定、征收排污费、污染事故处理等一线执法力度加大，一线环保部门经费与不断增长的环保工作量形成较大反差，难以保障业务经费支出。环境保护税收入占全部税收收入的比重不到 1%，远不能满足加大环保力度、改善生态环境的迫切要求。应税污染物仅局限于大气污染物、水污染物、固体废物和噪声，尚未将 VOCs、脱硫石膏、磷石膏、赤泥、工业污泥等纳入征税范围，征收主体范围太小。环保税税率偏低，纳税人污染环境承担的税负远低于其治污成本，企业主动治污积极性不高。

第五，绿色金融滞后。甘肃省已经出台绿色金融方面的法律法规大部分是政策性框架，不仅缺乏必要的奖惩机制，而且金融机构、环保部门、市场主体的权责没有明晰的划分，一旦出现问题难以追责，即便是追责，效果有限。甘肃省绿色金融直接融资占有比较小且结构不合理，容易引发金融风险。主管部门频繁干预绿色金融资本市场，影响市场优胜劣汰作用发挥，导致资源配置不合理。大部分金融机构绿色金融服务能力不强。甘肃省绿色金融产品大部分是绿色信贷，碳金融市场发展时间比较短，绿色债券发行比较少，尚未设立绿色发展基金，绿色保险处于起步阶段，绿色金融产品缺乏创新。大多数绿色金融项目前期投入比较大，收益时间长、风险大，最终收益不确定。

第六，产业人才短缺。生态产业领域的科技人员、高级管理人员数量远不能适应产业发展的需要，高层次、复合型的新产品研发及产业化的领军人才更为缺乏，缺乏在关键核心技术领域拥有国际影响力的原创性成果。现有人才专业领域主要集中在水污染、大气污染、固体废物等方面，农村环保、土壤治理、生态修复、应对气候变化、生态经济等急需紧缺专业人才稀少，规划、政策、信息化等专业人才总量不足。清洁能源装备与技术开发、储能装备与技术、数字经济、智慧环保、环境健康、风险管理等新兴复合领域生态产业发展与科研人才缺乏。边疆少数民族地区、县区镇乡基层生态环保人才严重缺乏，硕士以上学历、中高级以上职称人员较少。

党的二十大将“人与自然和谐共生”作为中国式现代化的重要特征，同时我国经济已由高速增长阶段转向高质量发展阶段，生态文明建设领域的改革创新释放出了很多红利，这些都为甘肃省发展生态产业带来了新机遇。然而，甘肃省生态产业发展总体水平仍然较低，人民日益增长的优美生态环境需要与更多优质生态产品的供给不足之间的矛盾突出。工业化、城镇化、农业现代化的任务尚未完成，发展与保护的矛盾依然十分突出。早在2018年甘肃省市两级便制定了生态产业发展的总体规划和“一业一策”的专项规划，以及统计、考核和激励的办法。生态产业发展基础良好，生态产业发展势头迅猛，传统产业转型成效明显，新兴产业发展动能强劲，生态产业日渐成为甘肃经济一个重要的增长点。与此同时，也存在着产业链集聚度不够、产业结构低端、精深加工不足、品牌知名度不高等明显短板。总之，甘肃省生态产业面临的机遇大于挑战、优势大于劣势。

二、“生态+”产业体系的构建目标

（一）总体目标

锚定2035年甘肃省发展远景目标，甘肃省“生态+”产业体系构建的总体目标是：(1) 到2025年，“生态+”产业体系建设取得重要进展，产业绿色化、规模化、集群化、智能化水平明显提高，生态产业增加值达到4500亿元，地区生产总值占比达到35%左右。石油化工、有色冶金、煤炭电力等传统产业转型升级成效显著，清洁产业初具规模；新能源、新材料、大数据、生物医药等新兴产业成为全省经济的重要增长极；生态农业品牌知名度初步打响，全国生态农产品生产加工基地基本建成；（2）到2035年，“生态+”产业体系日臻完善，生态产业增加值达到10000亿元，地区生产总值占比达到45%左右。甘肃省成为生态特色鲜明的创新型省份，建成全球领先的新能源、新材料、大数据、生物医药产业创新策源地，全国重要的生态农产品供应地，国际知名的丝路旅游目的地，绿色发展能力显著增强，建成市场潜能大、布局合理、功能完备的“生态+”产业体系，形成生态产业发达、生态环境质量优良、社会经济和资源环境统筹协调的发展格局。

（二）具体目标

1. “生态+”产业规模不断壮大

从2020年至2035年，甘肃省“生态+”产业增加值实现“两个”翻番的目标。第一个“翻番”，到2025年，“生态+”产业体系基本建成，生态产业增加值达到4500亿元，地区生产总值占比达到35%左右，生态产业增加值比2020年翻一番。第二个“翻番”，到2035年，“生态+”产业体系日臻完善，生态产业增加值达到10000亿元，地区生产总值占比达到45%左右，生态产业增加值比2025年翻一番。全省生态产业增加值占比大幅度提升，清洁生产、高效生产、低碳生产的产业发展特征更加明显，生态经济对经济社会发展的贡献率显著提高。

2. “生态+”产业质量不断提升

一二三产融合发展成效显著，精深加工、生产型服务业等产业链关键环节得到强化，“生态+”产业链不断得到延伸，形成若干市场竞争力强、特色鲜明的产业链。产业链市场主体培育取得明显进展，“链主”企业做优做强，“链核”企业量质齐升，围绕重点产业链“链主”、头部企业需求，专精特新创新型企业数量大幅度增加，实现“一企带一链，一链成一片”的链式集群发展。石油化工、有色冶金、煤炭电力等传统产业的转型升级取得了积极的成效，新能源、新材料、生物医药等新兴产业不断壮大。各市州“生态+”产业主导化取得明显进展，“生态+”产业链集聚化效应不断显现。“生态 +” 产业的市场意识极大提升，市场主导型民营企业在 “生态 +” 产业起到主导作用，“甘味” 品牌 “甘肃制造” 在全国影响力大幅度提升。

3. 生态 +” 产业发展环境持续优化

以数字化改革驱动放管服改革，推动政策集成改革创新，深化要素市场化改革，生态产业发展的公平法治便捷透明的营商环境初步形成。围绕生态产业发展 “卡脖子” 的关键技术、核心部件研发重大需求，创建一批国家级重点实验室和工程技术中心，创新科技创新产学研协同攻关机制，提高生态环保科技的资助创新能力，市场导向的生态环保技术创新体系初步形成。财政金融、投资政策、价格政策、土地政策、环保政策、人才政策、运营监管等系统集成创新初显成效，生态产业发展的制度环境持续优化。

（三）发展指标体系

根据《甘肃省国民经济和社会发展第十四个五年规划和二〇三五年远景目标纲要》《构建生态产业体系推动绿色发展崛起》和《甘肃省推进绿色生态产业发展规划》等规划，按照 “生态 +” 产业发展目标，制定甘肃省 2035 年 “生态 +” 产业发展规划指标体系，如表 12 - 1 所示。

表 12 - 1　甘肃省推进 “生态 +” 产业发展规划指标

类别	序号	指标名称	2020 年	2025 年	2035 年
绿色产业发展	1	生态产业增加值（亿元）	2179	4500	10000
	2	生态产业增加值占 GDP 比重（%）	24.2	35%	45%
	3	节能环保产业产值（亿元）	1000	2000	4000
	4	可再生能源电力装机占电力总装机比例（%）	60	65	75
	5	农产品加工转化率（%）	55	65	85
	6	无公害、绿色、有机和地理标志农产品生产规模比重（%）	60	65	75
	7	林下经济产值（亿元）	80	100	150
创新驱动	8	全社会研发支出在 GDP 中占比（%）	1.3	1.5	2.5
	9	每万人高价值发明专利拥有量	0.986	1.32	2
	10	数字经济核心产业增加值在 GDP 中占比（%）	2.2	4.2	10
	11	中国地理标志商标	150	200	400

续表

类别	序号	指标名称	2020 年	2025 年	2035 年
资源节约	13	非化石能源占能源消费总量比重（%）	20	22	28
	14	能源消费总量（万吨标准煤）	8953	完成国家下达指标	
	15	单位 GDP 能源消耗降低（%）	14		
	16	单位 GDP 二氧化碳排放降低（%）	17		
	17	万元 GDP 用水量（立方米/万元）	110		
	18	农田灌溉水有效利用系数	0.57		
	19	城镇绿色建筑占新建建筑比重（%）	50		
	20	资源产出率（%）	1.057	1.1	1.3
	21	一般固体废物综合利用率（%）	73	80	95

三、“生态+”产业体系的构建原则

（一）坚持目标导向原则

把甘肃省如期建成生态特色鲜明的创新型省份作为生态产业创新要素集聚、结构调整、体系构建的总体导向，全面统领绿色高效农业、低碳清洁工业、生产性服务业发展的全方位、全过程、全领域，坚定不移做大生态产业规模，坚定不移办好生态产业园区，坚定不移提升产业集聚度。

（二）坚持资源集约原则

坚持把资源的集约化利用放在首位，财政资金、土地资源、创新要素向生态产业发展所亟需领域和环节倾斜，提高土地、能源、水、碳排放等各类的资源生产率，促进生产、流通、消费过程的减量化、再利用、资源化，坚决守住生态功能保障基线、环境质量安全底线、自然资源利用红线，确保生态产业发展目标的如期实现。

（三）坚持创新驱动原则

坚持将创新作为第一驱动力，强化科技创新、制度创新、文化创新和政策创新，破除一切不利于创新的体制机制，促进创新链与产业链、资金链、人才链、政策链协同融合。打造高能级创新平台，优化产业创新体系，激发各类要素创新活力，使一切劳动、知识、技术、管理、资本的活力竞相迸发，一切创造社会财富的源泉充分涌流，充分发挥科技人员、企业家在创新活动中的核心作用。

（四）坚持市场主导原则

坚持有为政府和有效市场相结合，发挥企业主体作用，发挥市场在资源配置中的决定性作用，更好发挥政府作用。注重加强规划指导，强化政策引导，放宽市场准入，凝聚各方共识，引领全社会共建共治共享。顺应产业发展趋势，遵循产业发展规律，激发各类市场主体参与生态产业体系建设的内生动力和内在活力。以经济高质量发展更好满足人民群众日益增长的美好生活需要。

（五）坚持系统推进原则

将生态产业体系构建作为一项多维、立体、动态系统工程加以推进，统筹经济增长、创新发展、绿色转型、产业聚集各项任务，处理好产业发展与生态建设的关系。以重点领域、关键环节为突破口，选择优势地区和重点行业，建设一批生态示范产业园，实施一批生态示范重大工程，引领产业向绿色化、智能化、服务化、高端化转型发展，整体推进生态产业体系建设，实现经济效益、生态效益、社会效益相统一。

第二节　甘肃省“生态+”产业体系区域布局

以资源环境承载力为前提，立足产业基础和资源禀赋，构建差异化生态产业体系，逐步形成“一区两带”生态产业空间格局。以兰白都市圈为核心，围绕兰州新区、兰白国家自主创新示范区建设，重点发展清洁化工、绿色冶金、先进制造、生物医药、农产品精深加工、新材料、新能源、现代服务等生态产业集群，构建中部生态产业创新核心区。在河西走廊五市，重点打造金属新材料、新能源、精细化工、农产品精深加工、文旅康养等生态产业集群，建设河西走廊干旱区生态产业经济带。在陇东南区域，重点发展清洁能源、清洁化工、先进制造、特色农牧产业、生物医药等现代产业集群，建设陇东南开放型生态产业区域合作经济带。初步形成中部生态产业创新核心区引领，河西走廊和陇东南生态产业经济带为两翼“一区两带”绿色创新差异化发展格局。

一、中部生态产业创新核心区

以兰州经济圈所属兰州市、白银市、定西市、临夏州为规划范围，围绕兰州新区、兰白国家自主创新示范区建设，培育壮大节能环保、先进制造、中医中药、数据信息、通道物流等重点产业，大力发展马铃薯、高原夏菜、草食畜牧等特色农业，加快石油化工、有色冶金等传统产业清洁化改造，重点构建清洁化工、绿色冶金、先进制造、生物医药、农产品精深加工、新材料、新能源、现代服务等生态产业集群，打造以兰州市为核心、面向西北、辐射中亚的南向开放大通道、西部陆海新通道，将中部地区打造成为特色优势产业高值化、传统产业绿色化、新兴产业高端化的示范区。到 2035 年，中部地区生态产业总产值达到 13000 亿元。

（一）清洁化工产业集群

以兰州石化、兰州新区精细化工、白银化工园为核心载体，以炼油化工绿色化、精细化工规模化为重点，打造炼油、乙烯、精细化工、光化工、氟化工等为主体的绿色化工产业链，通过园区平台引导、产业链配套延伸、研发创新驱动，实现上游配套原料延伸目，中游关键中间体类补链强链，下游终端产品延伸拓展，不断做优产业集群。到 2035 年清洁化工产业集群产值达 3000 亿元。

（二）绿色冶金产业集群

以绿色发展、提质增效为方向，打造钢铁、铜、铝、锌、铁、贵金属精深加工为主体的绿色冶金产业集群。兰州以钢铁绿色冶炼及其精深加工产业为主，重点发展轴承钢、合金弹簧钢、齿轮钢、模具钢、合金冷镦钢、特种和复合铁合金等钢铁后端产品以及高性能铸造铝合金、变形铝合金材料以及超高强高韧性铝合金管材。依托产业园，白银重点延伸铜基、铝基、锌基、铁基、贵金属等精深加工产业链。到 2035 年清洁化工产业集群产值达1500亿元。

（三）先进制造产业集群

加快绿色化、高端化、智能化发展，打造石化装备、轨道交通、电工电气、航空航天、风电光伏设备、节能环保设备等为支撑的先进制造产业集群。兰州市重点打造石化装备、轨道交通、电工电气、航空航天等为支撑的装备制造产业链，白银市重点打风电光伏新能源设备及组件、通用飞机和直升机数字化设计与制造、石化行业专用设备产业集群，定西市重点发展工业用紧固件及异型零部件产业链。到2035年，先进制造产业集群产值达到1500亿元。

（四）生物医药产业集群

以做强生物医药、培育陇药品牌、壮大陇药产业为发展方向，以兰州市为核心打造全省生物医药产业研发制造的创新策源地，以白银、定西为生物医药产业联动圈层，重点开展创新药物研发和关键技术攻关，推动发展化学原料药、化学仿制药、医药中间体、化学新药和中药材深加工等产业，辐射带动生物技术药和医疗保健器械等产业。定西市围绕打造“中国药都”，推动中药材种植、加工、仓储、交易等为一体的全产业链发展。临夏州重点发展实施青藏高原牦牛血液生物提取、中药饮片等产业链发展。到2035年生物医药产业集群产值达1500亿元。

（五）农产品精深加工产业集群

以做强品牌、做优品质、做大规模为方向，打造特色食品、健康食品、乳制品、饮料、牛肉面等为主体的食品加工产业链。兰州市重点打造百合玫瑰健康食品、乳肉制品、酒类饮料、兰州拉面等产业链，推动一二三产融合。定西市重点打造马铃薯、草畜、果蔬精深加工产业链。临夏州重点打造牛羊肉、饮品、茶制品、速冻食品等精深加工产业链。到2035年食品产业集群产值达900亿元。

（六）新材料产业集群

以扩能升级、延伸配套、研发培育为发展方向，打造基础材料、关键材料、前沿材料为主体的新材料产业集群。兰州市重点发展镍钴金属新材料、炭素新材料、纳米材料、生物材料、光电新材料、稀土功能材料等产业链。白银市重点打造铝合金、稀土、碳纤维循环应用等产业链。定西市重点发展光电材料及新型建材产业链。到2035年新材料产业集群产值达800亿元。

（七）新能源产业集群

重点发展动力电池、新能源汽车、充电设备、新能源发电等产业。以兰西城市群“锂电—新能源汽车”产业为突破口，兰州市重点打造动力电池、新能源汽车、充电设备等为主体的新能源产业链。白银市重点发展风电、光电、生物质发电、储能等新能源产业链。定西市重点推进通渭百万千瓦级风电基地建设，打造新能源产业链，建设清洁能源交易大数据中心。到2035年新能源产业集群产值达800亿元。

（八）现代服务产业集群

重点打造旅游休闲、总部经济、现代物流、现代金融、商贸服务等产业链。兰州市重点强化陆港型国家物流枢纽、商贸服务型国家物流枢纽、空港物流枢纽三大枢纽功能，打造成为跨国公司、金融企业、商务物流服务公司的地区总部、综合性区域总部、功能性区域总部，建设立足甘青宁、服务西北、辐射中亚的区域性金融中心。白银市发展现代物流、文化旅游、商贸服务、特色康养等产业，重点发展黄河文化旅游和沿黄小镇特色康养。定西市大力发展现代物流、现代金融、电子商务、信息服务、专业生产服务、服务外包等产业规模，重点建设面向中西亚的国际物流中心。临夏州重点打造全域旅游产业链，打响叫亮“花儿临夏·在河之州”旅游品牌形象，推进旅游业与一二三产业深度融合。到2035年现代服务产业集群产值达3000亿元。

二、河西走廊干旱区生态产业经济带

以河西走廊武威、金昌、张掖、嘉峪关、酒泉为规划范围，围绕河西内陆河流域生态屏障构建的重点，加快祁连山生态环境修复和保护。坚持节约优先、以水定产，大力发展节水型绿色产业，大力发展清洁能源、文化旅游、通道物流、戈壁农业和以核能循环利用为主的军民融合等特色优势产业，积极推进有色冶金等传统行业绿色化改造，重点打造金属新材料、新能源、精细化工、农产品精深加工、文旅康养等生态产业集群，加快锻造产业链供应链长板，建设河西走廊干旱区生态产业经济带，促进绿色转型升级。到2035年生态产业总产值达12000亿元。

（一）金属新材料产业集群

打造酒嘉—金武为核心、全球影响力的金属新材料产业集群。以酒钢集团为龙头，酒泉—嘉峪关重点发展特种不锈钢、钢铁合金新材料、有色金属新材料、贵金属产品、高温合金、耐蚀合金、高镍系列电池材料等产业集群，实施补链、延链、强链技术改造。以金昌集团为龙头，金昌—武威重点打造电池、粉末冶金、电镀、电工材料、镍合金加工材料、镍铜钴功能材料、钛合金等产业集群，开发镍基、钴基、钛基、铁基、铜基等增材制造业，延长产业链，加大尾矿、镍铜冶炼废渣、电石渣、磷石膏等资源综合利用。到2035年，金属新材料产业集群产值达到3000亿元以上。

（二）新能源产业集群

利用丰富的风能、太阳能资源，全力打造河西走廊新能源生产基地、储备基地、输出基地和新能源装备制造基地，加快推进"风光水火核储输用"一体化清洁能源生产和供应体系建设。以酒泉市千万千瓦级风电基地建设为基础，进一步打造金昌—张掖—武威千万千瓦级风光电基地，推动风电机组及关键零部件制造，打造集研发设计、智能制造、运营服务等于一体的风电全产业链，建成千亿级规模的清洁能源产业链。推进嘉峪关市、敦煌市、玉门市、阿克塞县、瓜州县、肃北县、金塔县、高台县、山丹县、临泽县、永昌县、凉州区、民勤县、古浪县等百万千瓦级大型光伏发电基地。到2035年，新能源产业集群产值达到3000亿元以上。

（三）特色高效农业集群

加强农业种质资源保护开发利用，显著提升玉米、瓜菜、花卉、油菜、马铃薯等制种能力和水平，推动形成良种研发繁育、检验检测、种植加工、流通服务于一体的现代种业全产业链。以戈壁高效农业发展为导向，打造丝路寒旱农业发展示范基地、超大规模蔬菜、优质牧草和花卉生产基地。不断培育壮大绿色食品精深加工主体，大力发展特色畜禽产品加工、特色果蔬加工、特色酿造加工、特色主食加工，加快发展葡萄酒地理标志保护产品，打造百亿级食品加工产业集群。依托绿色生产及智能制造示范应用项目打造百亿级奶产业集群。培育“专精特新”绿色食品中小企业，依法依规支持农产品加工企业技术改造升级。到2035年，产业集群工业总产值达到2000亿元以上。

（四）文旅康养产业集群

以大敦煌文化旅游经济圈建设为抓手，牵头组建河西五市旅游联盟、甘青蒙环线旅游联盟，重点打造以石窟文化、长城文化、红色文化等为代表的历史文化旅游产业链，建设以大漠风情、丹霞地貌、祁连风光等为特色的生态旅游产业，建设以中国载人航天发射、玉门百年油田、甘肃清洁能源基地为基础的现代科技产业链。推进“文化+旅游”“非遗+旅游”“体育+旅游”“医养+旅游”等新模式，推进旅游与研学、体育、健康、养老、教育培训等产业融合发展，打造国家级生态康养基地，带动河西走廊经济带乃至全省文旅产业融合发展。推动大敦煌与西部省市区多圈层合作，打造文旅康养深度融合发展示范区。到2035年，文旅康养产业集群工业总产值达到2000亿元以上。

（五）先进制造产业集群

依托金昌市经济技术开发区、张掖市经济技术开发区、玉门市经济开发区、嘉峪关市工业园区等园区，建设以石化通用装备、钢铁相关装备、农机装备、新能源装备、有色金属制造等为重点的先进制造业基地。依托镍钴新材料创新中心等省级制造业创新中心，推动重离子加速器癌症治疗装备制造、高端医用材料制造、粉末金属材料制造发展。以机器人及其关键零部件、高速高精加工装备和智能成套装备、智能终端产业、智能运维为重点，大力发展智能制造业。到2035年，先进制造产业集群产值达到1000亿元以上。

（六）清洁化工产业集群

依托金昌市、玉门市、高台县等化工园区，培育发展高端化工产品、精细化工新材料、化工中间体等产业集群。加快张掖市凹凸棒石产业园基础设施建设，争创国家级凹凸棒石重点实验室。重点发展基础化工产品、精细化工新材料、煤化工产业、高端化学品、高品质肥料产业、氟化工产业等精细化工产业，培育优势特色产业集群。积极推进有色、化工、建材等传统制造业绿色改造，打造绿色供应链。到2035年，清洁化工产业产值达到1000亿元以上。

三、陇东南开放型生态产业区域合作经济带

以庆阳市、平凉市、天水市、陇南市、甘南州为规划范围，加强黄土高原综合治理、构建长江上游生态屏障，加快建设国家能源化工基地、特色文化旅游保健养生基地、西部先进装备制造基地、绿色优质农产品生产加工基地，着力提高能源清洁利用水平，发展壮大清洁能源、清洁化工、先进制造、特色农牧产业、生物医药等现代产业集群，建设陇东南开放型生态产业区域合作经济带，推动绿色富民强县。到2035年，生态产业总产值达到12000亿元。

（一）清洁能源产业集群

重点发展风电、光电、煤油气清洁化利用等产业链。积极推进风电、光伏发电，建成庆阳环县百万千瓦级风电基地，推动平凉市、天水市、陇南市等地发展风电光电，推广生物质能和地热能供热等非电利用方式。加快煤炭、石油、天然气、煤层气等资源绿色清洁开发步伐，加快灵台、宁正、沙井子、甜水堡等矿区开发建设进度，提高煤炭清洁供应能力。着力提升油气生产加工利用水平，建设陇东千万吨级油气生产基地和特色高端战略性石化工业基地。加快推进陇东特高压直流外送工程建设，实现“陇电入鲁”，积极争取“陇电入渝”，将陇东地区建成国家“西电东送”重要基地。促进区域内天然气管网互联互通，完善油气储运体系，加快智能电网和输变电工程建设，加强陇东能源基地与兰白都市圈协同发展。到2035年，清洁能源产业集群产值达到4000亿元。

（二）清洁化工产业集群

加快完成燃煤机组超低排放与节能改造，推进特高压输电配套火电项目建设。发展煤炭深度加工和高附加值利用，积极向煤制天然气、煤制油、煤制烯烃、煤制乙二醇、甲醇、聚丙烯等新型煤化工领域延伸。加快

平凉市“双千亿”煤电化冶产业基地建设，推进新材料产业同煤电、煤化等产业协同发展，推动煤化工产业提质增效。延伸拓展石油化工产业链，积极推动庆阳市石化炼化转型升级，实现陇东油区原油全部就地加工转化。到2035年，清洁化工产业集群产值达到2500亿元。

（三）先进制造业产业集群

依托天水市国家级经济技术开发区等工业园区，按照绿色化、智能化、数字化发展思路，重点发展电子信息、机械制造、电工电器、建筑建材、光电显示材料等产业链，在电子信息领域重点发展集成电路芯片设计制造、高端引线框架、新一代半导体材料、高端封装测试、敏感元器件等。在电工电器领域重点发展智能化输配电系列产品、特高压输变电设备、智能型中高低压开关设备、物联网智能仪器仪表、大型电气传动系统、储能系统及装置、智能终端光电设备等产品，打造国家集成电路封装测试基地、先进机械制造基地、电工电器装备制造基地、航空维修制造基地、绿色建材及装配式建筑基地、智能光机电产业示范基地。到2035年，先进制造业集群产值达到2500亿元。

（四）特色优势农牧产业集群

按照规模化、集约化、品牌化的发展思路，依托一批农业现代化示范园区，重点打造牛羊肉、果品、蔬菜、乳制品等农业产业化集群。加快布局牛羊肉、果品、蔬菜、乳制品等精深加工产业链。加快产地市场体系、冷链设施和加工能力建设，推进农业产业延链补链强链。建设全国重要的蔬菜供应基地、西部特色优质果品生产加工区基地、西北地区特色养殖业示范基地、西部优质奶产业基地。到2035年，特色优势农牧产业集群产值达到1500亿元。

（五）生物医药产业集群

重点发展中药材种植与加工提取、中药饮片及胶囊制剂、生物制品、医疗器械、大宗中药材现货期货交易等。高标准建设陇南山地亚热带—暖温带中药材种植区、陇东黄土高原温带半干旱半湿润中药材种植区、甘南高寒阴湿区中藏药材种植区。加快建设种子种苗繁育基地和标准化生产基地，围绕中药材种植及加工提取、中药饮片及胶囊制剂等重大专项开展技术研发，搭建大宗中药材现货期货交易平台，建设国家优质中药材生产带。到2035年，生物医药产业集群产值达到1500亿元。

第三节　甘肃省“生态+”产业的政策保障

一、壮大产业主体

（一）培优产业链主企业

一是推动龙头企业规模提升。围绕沿黄生态产业、河西走廊新能源新材料产业和陇东能源产业三条产业集聚带建设，实施千亿产业链和百亿园区工程和补链固链强链行动，鼓励龙头企业通过增资扩股、兼并重组、股权置换、股权转让、混改等形式引进战略投资者，迅速提升企业规模。支持龙头企业充分利用银行间债券市场非金融企业债务融资工具融资，扩大直接融资规模，推动企业做大做强，提升规模效应和企业知名度。

二是推动龙头企业转型升级。鼓励戈壁农业、中医中药、绿色制造、文旅康养等重点产业链的龙头企业开展采购、生产、销售、仓储、物流等各个环节进行数字化、智能化技术改造，打造智能制造样板工厂、样板车间。支持龙头企业搭建产业链公共服务云平台，实现产业链、供应链上下游企业的数据、信息、资源汇聚，将龙头企业打造成为引领带动行业发展的“航空母舰”。

三是推动龙头企业链式发展。重点支持龙头企业向新兴产业、产业链关键环节和价值链高端环节进军，强化其在产业链上一环或几环中的竞争优势，鼓励其率先攻克产业关键技术和核心技术，或者提升品牌优势和渠道优势，发展高端环节和新兴产业。开展产业链以商招商，推行“龙头企业开单、政企联动招商”模式，通过靶向发力、精准招商，引进一批产业链重大项目。

（二）培强专精特新企业

一是实施梯度培育。为“专精特新”中小企业配备联络员，设立“专精特新”投资基金，推进“个转企、小升规、规改股、股上市”工作，构建“专精特新”梯度培育体系，实施“一企一策”培育扶持措施，加强对“专精特新”企业和种子企业的监测及跟踪服务。

二是推动技术创新。加大场景开放力度，引导和支持“专精特新”中小企业自建或与高校、科研机构共建企业技术中心、实验室等研发机构（平台），深化产学研合作，定期开展技术交流对接活动，新增5个公共科技服务平台，攻克关键技术，加快创新成果转化应用。

三是提升品牌质量。推动“专精特新”中小企业实施品牌发展战略，推进“专精特新”中小企业建立健全质量管理体系，支持企业主持或参与制定行业标准、国家标准、国际标准，全面提升企业产品质量管控能力和品牌培育及创建能力。

四是促进补链成群。围绕十大生态产业，建设若干个“专精特新”产业园，成立“专精特新”企业联盟，开展“专精特新”中小企业供需对接会，鼓励“链主”企业向“专精特新”中小企业开放市场、创新等要素资源，推动“专精特新”中小企业与龙头企业在研发设计、生产制造等方面深度合作，推动“专精特新”企业补链成群。

（三）培育中介服务组织

一是放宽市场准入。鼓励和支持各类资本进入法律、法规和规章未禁入的中介服务行业和领域，大力吸引国内外知名中介服务机构入驻，重点发展生态产业发展所亟需的科技、信息咨询、会计税务、法律和仲裁、会展广告、人力资源、信用、知识产权等中介。

二是优化发展环境。不断完善促进中介服务业发展的鼓励政策，出台针对具体中介行业的地方性管理规定，明确中介机构的市场地位、性质、功能、资格确认程序、主体职责，确立中介人员的社会地位，承认其劳动的合法性、有效性，保证其合法权益。

三是争创服务品牌。建立中介服务业培育库，将实力较强、服务水平较高、发展潜力大的中介服务企业列入培育库，加以重点引导、扶持、培育。积极扶持中介服务机构做优做强。引导中介服务机构树立品牌意识，争创中国驰名商标、中国名牌和省著名商标、知名商号。

二、强化科技创新

（一）强化区域科技协同创新，打造绿色产业高地

一是高水平建设兰州白银国家自主创新示范区和兰白科技创新改革试验区。以兰州高新区为核心，实施生命健康、智能制造、大数据应用产业跃升工程。以白银市高新区为核心，建成精细化工产业园、向西开放现代物流园、循环经济示范园、生态产业试验与研发基地。

二是加快推进各类特色产业园区建设。推进榆中生态创新城建设，推进国家高新区、国家经开区、国家农业科技园区、国家现代农业产业园创建工作，打造培育优质省级高新区、经济区、现代农业产业园、田园综合体。

三是加快促进产业创新集群联动发展。完善酒嘉新能源、金武新材料、天水电子信息、陇东能源化工 4 个现代产业创新集群，推进张掖市、甘南州、临夏州、定西市、陇南市、敦煌市 6 个科技创新示范区建设，建成兰州市、天水市、白银市军民融合创新示范区和产业园。

（二）提升企业自主创新能力

一是提升企业研发创新能力。加大十大生态产业创新的支持力度，支持企业建立研发准备金制度，增加企业研发投入，对十大生态产业领域内符合研发费用税前加计扣除政策的企业，通过现有专项资金按规定给予支持。完善“企业出题、政府立题、协同解题”的协同创新机制，推动生态产业领域大中型科技企业研发机构或平台全覆盖。

二是调动企业转化成果的积极性。鼓励企业设立成果转移转化专员，负责成果转移转化对接。鼓励企业和社会资本建立一批从事技术集成、熟化和工程化服务的中试基地。对承接高校院所科技成果在省内转化的企业，按照转化成果数量和取得的效益进行一次性奖补。

三是加大高新技术企业培育力度。引进一批科技含量高的生态产业项目，培育高新技术产业链。每年遴选培育一批成长性好的高新技术企业。催生、培育一批创新能力强、发展潜力大的科技创新型企业。

(三) 加强生态产业科技攻关

一是布局生态科技创新重大专项。紧扣生态产业技术需求，鼓励由企业牵头，在资源综合利用、工业清洁生产、新能源发电、生态农业、道地药材、核能清洁利用等领域部署科技重大专项。支持和鼓励企业牵头或参与重点研发计划，开展新产品、新设备、新技术的研发与集成创新。在新能源消纳、农产品精深加工、中药大品种二次开发利用、重点文物保护与旅游服务、军民融合、生物制药等领域，着力攻克一批关键共性技术和成套装备。

二是开展生态重大基础研究。依托中央在甘单位优势，发挥我省高校、科研院所主力军作用，重点在核技术、生态、航空航天、中医中药、新材料、文物保护等优势产业领域开展重大基础研究。在循环经济、中药药理等方向，以及新材料、先进制造等技术依赖度较高的学科领域，建立长期稳定的支持机制。

三是编制产业创新图谱。编制《甘肃省十大生态产业技术引进指南》和《甘肃省十大生态产业省内技术信息服务指南》，不定期更新编制《技术引进指南》和《省内技术信息指南》，推进产业创新图谱与产品技术路线图研究，为部门、企业和研发机构提供信息指引。

(四) 优化整合科技创新平台

一是强化科技创新平台建设。围绕十大生态产业需求，依托高校、科研院所、企业等研发组织，加快推进科技创新平台的优化整合，在优势特色领域培育创建示范基地、重点实验室、工程研究中心等各类创新平台。

二是支持新型研发机构发展。鼓励科研院所、高校、企业建设高质量发展的新型研发机构。促进企业与高校、科研院所合作，支持双方建立产业技术研究院和产业技术创新战略联盟等新型产学研合作组织。

三是完善科技创新服务体系。依托“科聚网”，围绕十大生态产业，打造集研究开发、技术转移、仪器共享、创业孵化、科技咨询、科技金融等为一体的科技服务平台，加快企业加速器与孵化器耦合发展，带动产业链上下游企业间“链合”创新。四是打造创新开放合作新平台。依托国家级国际联合研究中心、示范型国际科技合作基地、省内科研机构等开展国际科技合作平台，重点在装备制造、通道物流等生态产业方面建立国际合作长效机制。

三、优化政策环境

（一）提升行政服务效率

一是简政放权，为市场主体“松绑”。要按照政府“法无授权不可为”、市场主体“法无禁止即可为”的原则，划定权力边界、规范权力运行，坚决纠正不作为、乱作为，让“看得见的手”依法行事、受到约束，让“看不见的手”在规范发展中迸发持久活力。扎实推进行政许可事项清单管理、“证照分离”改革等，深化投资审批、工程建设项目审批等领域改革，进一步破除市场准入隐性壁垒。

二是数字赋能，实现“网上办”“掌上办”。以数字政府建设为牵引，加强部门政务信息系统整合和数据资源交换共享，彻底打破各部门行政壁垒、条块分割，重构政务流程，解决政务信息孤岛现象。推动各行业各领域政务服务和公共服务应用接入“甘快办”，持续升级惠企政策“不来即享”系统，加快建设“甘政通”，推动实现行政服务“一码通”。完善企业开办全程电子化登记系统，实现线上“一网通办”、线下“一窗通办”。全面上线公共资源交易全流程电子化系统，以数据电文形式完成公共资源交易。

三是精准扶持，推动惠企政策直达直享。建立省级重大招商引资项目省、市、县三级领导包抓机制，提供“管家式”服务，落实土地供给、财政奖补、要素保障等扶持政策，推广项目“拿地即开工”“标准地”改革。拓渠道、增需求、防风险，多措并举缓解市场主体特别是中小微企业的融资难、融资贵问题。完善惠企政策精准推送和“不来即享”服务系统功能，实现创业担保贷款、土地增值税减免等业务在线办理，推动税费优惠“不来即享”向社保费、非税收入等领域拓展，让更多惠企政策直达直享。

（二）实施财税金融优惠

一是加大生态产业财税政策支撑。充分发挥政府各类投资和产业投资基金对生态产业发展的引导作用，制定引导风险投资、私募资金投资甘肃生态产业的支持鼓励政策。对认定的绿色供应链、绿色园区、绿色工厂、绿色产品和绿色设计示范企业给予财政奖励补助。落实支持符合国家产业政策鼓励类、节能减排的企业所得税、增值税等优惠政策，落实资源综合利用税收优惠政策。落实引进技术设备免征关税、重大技术装备进口关键原材料和零部件税收优惠政策。完善节能环保产品政府强制采购和优先采购制度。

二是完善生态产业的金融优惠政策。推动绿色信贷指标体系与信贷行业政策的有机融合，同时配套经济基本占用、信贷授权、贷款定价等差异化措施。金融机构可创新碳汇质押贷款，基于GEP核算的生态贷等信贷新产品。也可以通过发行绿色债券，开展绿色并购、绿色银团、绿色资产证券化、绿色保险等业务，为生态产业发展实现提供全方位的金融服务。金融机构助力各类生态产品交易市场的发展，扩大覆盖面，增加其流动性，增加其市场的深度。金融机构通过创新期货、期权等金融衍生交易服务，积极参加碳交易市场。通过共建“生态产品确权＋绿色信贷＋风险补偿”模式，“公共产品＋绿色基金”模式，绿色PPP融资等模式，促进生态产业发展。

（三）优化关键要素保障

一是加大用地保障。优先安排生态产业发展用地，鼓励生态产业合理使用国有未利用地。对属于绿色产业且用地集约的工业项目，土地出让底价按不低于所在地土地等别相对应《全国工业用地出让最低价标准》的70%执行。鼓励原有土地使用权人进行改造开发，在符合相关规定和土地利用总体规划的前提下，原国有土地使用权人可通过自主、联营、入股、转让等多种方式对其使用的国有建设用地进行改造开发。

二是加大人才扶持。对接国家和省级高层次人才计划，支持重点用人单位、高能级平台面向全球集聚生态产业顶尖人才、领军人才、优秀青年人才。依托国内外高等院校、科研机构、知名企业，实施高端人才培养计划，定期对中青年技术骨干进行培训。高职院校探索开展订单式、专业化高技能人才培养，构建生态产业人才骨干队伍。加强对重点生态产业企业负责人的培训培养，建设一支掌握现代经营理念，具有全球视野和开拓创新能力的生态产业企业家队伍。

（四）打造亲清政商关系

一是充分发挥商协会纽带作用。建立地方党政领导干部联系重点非公企业和商协会工作制度，加强政策性指导和综合协调服务，增强企业的发展信心。充分发挥商协会联系商界的优势，利用商协会识商、亲商、引商的能力，通过“请进来、走出去”方式，积极开展对外交流合作，推动商会招商、以商招商工作。

二是着力打造亲商爱商环境。建立政府与商协会、企业联席会议制度，定期召开非公经济人士座谈会、非公经济发展政企对接会等会议，听取企业家的诉求和建议，帮助解决企业发展中存在的困难和问题。安排优秀企业家列席全省重大会议，引导民营企业家主动融入全省重大发展战略。激发企业家精神，发挥优秀企业家示范带动作用，对有突出贡献的优秀企业家，以适当方式予以表彰和宣传。

三是加强政务商务诚信建设。建立政府机构失信治理及补偿机制，地方政府不得以换届、规划调整、政策变更等理由损害企业合法权益。严格履行与投资主体依法签订的各类合同，因国家利益、公共利益或其他法定事由需要改变政府承诺和合同约定的，应依法给予企业适当补偿。加大涉企遗留问题解决力度，杜绝“新官不理旧账”的现象。

第十三章

甘肃省自然资源生产率考核评价体系研究

劳动生产率强调的是每个劳动力每天所带来的产出或价值，自然资源生产率强调的是每个单位自然资源所带来的产出或价值。以“产出”或“价值”衡量自然资源生产率就是“自然资源生产率领跑者制度”。本章首先介绍自然资源生产率的内涵及意义，然后构建土地资源、水资源、森林资源、矿产资源、气候资源、环境资源等生产率的指标体系，进一步测算2012—2021年我国省域土地资源、水资源、能源资源以及环境资源等生产率，比较分析甘肃省自然资源生产率的动态特征和区域内特征，给出以“自然资源生产率领跑者制度”为评价导向、考核导向以及应用导向的政策建议。

第一节　自然资源生产率的内涵及意义

一、自然资源生产率的内涵

自然资源生产率是用来衡量经济活动利用自然资源生产效率的指标。

按照新古典经济学框架，全要素生产率主要是由劳动和资本共同决定的，并未考虑自然资源的作用，资源效率仅仅是一种经济效率，即经济资源配置效率。相应地，获取资源效率的手段仅依赖于市场交易。从可持续发展的角度来看，经济效率不仅要注重劳动生产率，而且还应关注自然资源生产率。自然资源生产率刻画的就是经济因素与生态因素综合考虑的配置效率，本质上是超越了经济效率的生态效率的概念。

具体而言，自然资源生产率可以用经济社会发展的价值量和自然资源实物量比值来衡量，其公式如下：

$$\text{自然资源生产率（RP）}=\frac{\text{经济社会发展（价值量）}}{\text{自然资源（实物量）}} \tag{13.1}$$

由式（13.1）可知，单位资源产生的效益越多，资源利用效率就越高，资源生产率也越高。提升自然资源生产率要求以最少的资源投入产出最多的价值，而对环境资源要使废弃物排放最小，从而减少环境对经济活动的不利影响。

二、提高自然资源生产率的意义

经济增长是靠消耗自然资源为前提的，自然资源为经济增长提供物质资料来源。[①] 因此，提高自然资源生产率不仅对环境保护、资源利用大有裨益，更是生态产品价值实现的重要体现，对经济可持续发展意义重大。

（一）保障经济可持续发展的必然选择

人类从农业革命、工业革命发展至今，资本和劳动生产率随之提高，资源生产率在大幅度提高。自然资源、环境资源、气候资源的投入均有阈值，不可无限增加。所以，提高资源生产率就成为必然选择。劳动力由以前的相对稀缺变为过剩，反而人类赖以生存的生态系统随着环境污染与恶化变得越来越脆弱，自然资源已成为相对于资本和劳动要素更为稀缺的生产要素。自然资源的稀缺已成为制约经济可持续发展的关键要素。因而，需要从根本上提高自然资源生产率，自然资源生产率的提高同时能够减少

① 张景华．经济增长：自然资源是“福音”还是“诅咒”——基于自然资源作用机制的分析［J］．社会科学研究，2008（06）：49－55．

或减缓环境污染和生态恶化。

（二）保障自然资源可持续利用的必然选择

提高自然资源生产率就是提高经济生产过程中投入端的自然资源利用效率，减少自然资源的消耗量，增加自然资源的产出价值量，降低自然资源危机的风险和减缓生态系统的恶化。同时，降低生态系统修复和环境治理的投资成本，盘活经济生产链，保障自然资源的可持续利用，进而促进地区就业率的提升和社会福利的增加。

（三）保障环境可持续承载的必然选择

随着我国经济社会发展，资源、环境与经济、社会发展的矛盾日益凸显，环境可持续承载问题亟待解决。自然资源生产率使人类不得不重新定位、重塑和修正传统的经济效率，从更高的层次探索生产和消费行为的关系，寻求提高自然资源生产率的有效途径和模式，深挖自然资源生产率的潜力，促进人口、资源、环境与经济间协同良性发展，构建自然资源集约节约型国民经济体系，推动自然资源的可持续利用，以保障环境的可持续承载。

第二节　自然资源生产率指标体系构建

自然资源泛指存在于自然界、能为人类利用的自然条件或自然环境要素。通常定义为：在一定的时间、地点条件下，能够产生经济价值，以提高人类当前和未来福利的自然环境因素和条件，通常包括土地资源、水资源、森林资源、矿产资源、气候资源、环境资源等。从生产效率的测度指标来看，可以分为绝对指标和相对指标两大类。绝对指标通常被称为生产率，计算表达式为：产出/投入，反映的是生产过程中产出与投入的比例，即生产资源的实际配置状况。①

---

① 杨鑫，穆月英．中国粮食生产与水资源的时空匹配格局［J］．华南农业大学学报（社会科学版），2019，18（04）：91－100.

一、土地资源生产率

土地资源的利用与配置问题始终是社会发展的重要热点问题。我国正处于高速度增长转向高质量发展的阶段，土地供需矛盾与土地资源配置问题显得尤为突出。土地资源配置可以通过市场机制与政府调控来实现，但是由于农用地和建设用地可能带来的正负外部性会导致市场失效使得单纯的市场调控机制并不能实现土地资源最优配置，因此，在利用市场机制的同时需要结合政府调控才能实现土地资源优化配置。①

土地生产率是反映土地生产能力的指标。一般用一定时期内的单位土地面积出产的产品数量或产值表示。那么土地资源生产率可以定义为：一定时期内的单位土地面积出产的资源产品数量或产值，如亩均产量，比如粮食产量与其土地种植面积之比，其中粮食产量统计由国家统计局统一口径计算并公布。评价土地生产率的指标可分为实物量法和货币量法，实物量法中除了粮食亩均产量用得较为普遍，特殊情况下还可考虑牧场等生产率。

由于限定范围内的土地规模具有时间上的稳定性和有限再生性，对于城市来说，土地资源生产率取决于某一时间段内城市地区生产总值，而一个城市的地区生产总值，一般情况下是三类产业产值的总和。不同地类的产出价值是不同的，农用地具有较大的生产价值，但经济价值较差；未利用地同样具有完全的生态价值，但没有经济意义上的产值；城市建设用地在城市地区生产总值中贡献较大，但其并不具有生态价值，故而城市土地资源生产率的土地指标应该选用城市建设用地指标。② 同时也有另一种方法，就是将一个地区的经济部门分为农业部门与非农业部门，假定其经济产出由资本、劳动力、土地及全要素生产率决定，考虑农用地的正外部性和建设用地的负外部性，那么地区总产出函数可设计为：

$$Y = f_1(A_1, K_1, L_1, S_1) + W_1(S_1) + f_2(A_2, K_2, L_2, S_2) - W_2(S_2) \quad (13.2)$$

其中，Y 表示经济总产量，K 表示资本存量，L 表示劳动力数量，S 表示土地面积，A 表示技术水平，W 表示土地利用的外部性收益。下标 1

---

① 李辉，王良健．土地资源配置的效率损失与优化途径［J］．中国土地科学，2015，29（07）：63－72.

② 臧漫丹，许琨．城市土地资源生产率提高的实现路径及上海实证［J］．同济大学学报（社会科学版），2010，21（04）：118－124.

和2分别表示农业部门和非农业部门。

通过式（13.2）也可以测算地区的土地资源总生产率，但是该方法受到数据可获得性的影响，实际应用中并不方便。

二、水资源生产率

水资源是指可被人类开发利用的淡水资源，包括可更新的地表水和地下水资源，包含水量与水质两个方面，是指人类生产、生活及生命生存不可替代的自然资源和环境资源，是能够被人类开发利用并给人类带来福利、舒适或价值的各种形态的天然水体。

水资源利用领域较为广泛，不同自然科学对水资源生产率没有统一的定义，在此提及的是非经济学的概念，即水资源生产率包括有效灌溉效率、水分利用效率和水分生产率等多种指标。在经济学概念中，生产率含义为产出与投入比，包括单要素生产率、全要素生产率及其各类基于非期望产出等修正类型，生产率越高表示农业生产管理水平越高。效率的含义为投入或产出的观测值与最优值的比值，属于无单位量纲，与一个基准比较才能评价某个体生产率是否有提高潜力。因此，水资源生产率是指一定的经济环境与技术条件下，投入单位水资源量的经济产出。在水资源生产率中，若以3种投入要素的生产函数为例，具体计算方式如下：

$$Y = Af(X) = Af(K,L,E) \tag{13.3}$$

其中，参数Y表示生产产出，X代表投入要素，其中K为资本要素，L为劳动力要素，E为水资源要素，产出与任意一种投入要素之间的比值是单要素生产率（Y/X_i）；而多要素生产率反映的是投入与产出之间的比值，是基于按权重加总后的投入得到的，具体如下。

$$Y/X = Y/\sum_{i=1}^{n} W_i X_i \tag{13.4}$$

其中，W_i表示权重，X_i表示投入要素。全要素生产率（TFP）可以被分解为四大块：技术进步、技术效率、配置效率、规模经济性。①

水资源生产率的评价方法大致可以分为三类：全要素生产指数法、前

① 刘渝，王岌．农业水资源利用效率分析——全要素水资源调整目标比率的应用［J］．华中农业大学学报（社会科学版），2012（06）：26－30.

沿面模型法和演绎类方法。

全要素生产指数法侧重于水资源对某行业增长的影响，水资源的稀缺使得其机会成本并不比劳动、资本等要素的价值低，所以提出全资源生产率的概念，将水资源纳入到全资源生产率指数中，以更好分析水资源对某行业的发展状况。但该方法已逐渐与后文前沿面模型法相融合，故在此不作具体列示。

前沿面模型法属于多投入和多产出模型，投入可以包括劳动力、资本、自然资源等，产出可以包括产值、非期望产出、正外部性价值等，一般依据研究问题从多维度进行选择。该模型法主要基于数据包络分析模型（DEA）和随机前沿生产函数模型（SFA）及其扩展模型。这些方法分属于参数法和非参数法两大分支，将水资源作为投入要素之一，侧重分析总体技术效率变化。数据包络分析法则属于典型的非参数法，即先确定成本前沿，再寻找“前沿曲线上最优能源投入”，通常宏观数据模型使用的是非参数方法。随机前沿法属于参数法，大型样本容量的微观调研模型使用参数法更为贴切。因此，在针对不同数据样本时应先判断该样本量适合哪一种方法，再深入作分析。

演绎类方法与前两种方法不同，其研究思路是从一般到特殊，演绎法又具体包括扣除非水成本法、数学规划法、水文与经济模型和一般可计算均衡模型，支持社会全尺度的研究，一般适用于政策评估和项目规划。

三、森林资源生产率

森林被称为“地球之肺”，对于改善生态环境、提升空气质量具有重要作用，而森林资源不仅对空气质量有着极其重要的影响，对人力资本也具有较强的吸引效应。由于对森林资源生产效率的测算较为有限，测算方法主要集中在 DEA - BBC、DEA - MPI 及因子分析法等方面，主要利用全要素生产率测算方法进行分析①，从而为其发展路径提供有益参考。该类测算方法将全要素生产率分解为技术进步（TECH）和技术效率变化（EFFCH）两部分，同时还利用 Malmquist 生产率指数来计算两个时期内

① 郎晓娟，刘珉．绿色经济视角下我国森林建设全要素生产率研究［J］．林业经济，2015，37（08）：19 - 24.

的四个距离的函数值，具体如下：

$$M(x^t,y^t,x^{t+1},y^{t+1})=(M_t\times M_{t+1})^{1/2}=\left[\frac{D_c^t(x^{t+1},y^{t+1})}{D_c^t(x^t,y^t)}\times\frac{D_c^{t+1}(x^{t+1},y^{t+1})}{D_c^{t+1}(x^t,y^t)}\right]^{1/2}$$

$$=TECH_i\times EFFCH_i \tag{13.5}$$

其中，当生产前沿面从第 t 期易动到 t+1 期时，指数值大于 1，则表示技术进步或效率提升，小于 1 则反映了技术衰退或效率下降。

四、矿产资源生产率

矿产资源的开发利用与保护关乎我国国家经济、国防安全以及战略性新兴产业的发展等。但是，矿产资源作为工业原料的主要来源和经济发展的动力，开采和利用过程中往往具有负外部性。因此，应该更加注重矿产资源生产率，注重资源的生态开发和高效利用。[①] 矿产资源可以分为能源矿产和非能源矿产，矿产资源按照生产要素来源应归属于第一产业，但类似矿产开发等行业需进行二次加工，应划分为第二产业。截至 2022 年，对矿产资源全要素生产率的研究较少，无论是从产业角度、行业角度还是从企业角度，都缺少矿产资源产业全要素生产率分析，主要从以下三个角度进行分析：产业结构、市场结构以及技术进步。[②]

产业结构对全要素生产率的影响途径主要分为两个层面：一个层面是通过产业结构的优化整合，重新进行资源配置；另一个层面是通过产业内和产业间的集聚来提高企业的全要素生产率，也就是说通过专业化经济和多样化经济提升企业劳动生产率，从而获取更高的行业全要素生产率。矿产资源市场结构分为要素市场和产品市场，主要分别从要素市场扭曲和产品市场扭曲分析矿产资源市场资源配置以及对全要素生产率的影响。在传统的矿业生产中，生产者期望以较少的投入获得较多的期望产出，而实际的生产过程不仅带来了产品、利润等期望产出，也伴随着废石、尾矿等非期望产出的出现，因此，应结合矿产资源的种类再作分析。分析的大致思路与 Malmquist 生产率指数法相似，通过构造从 t 期到 t+1 期的 Malmquist

① 杜春丽，任雪莹，杜子杰．湖北省磷矿资源生态开发效率评估与分类管理［J］．金属矿山，2020（06）：198－203.

② 张志敏，王雪．矿产资源产业全要素生产率研究文献综述［J］．当代经济，2019（10）：16－18.

指数来分析效率的动态变化情况，在此不作赘述。

五、气候资源生产率

气候资源是自然生产力的主要标志。气候指标是用来表示一定气候条件的单项气候要素或多项气候要素综合特征量，可用于评价某地区气候资源的丰贫状况。气候资源系统是一个包括光、温、水等众多因子，涵盖广泛的复杂系统。这些因子及其相互作用、相互制约的关系直接或间接地反映出该地区的气候资源利用的整体状态。因此，建立能够从各方面综合体现与衡量气候资源利用程度及状况的指标体系是评价工作的前提和基础。所以气候资源生产率指标体系的构建也主要选取云量、相对湿度、直接辐射量、瞬时风速和风能密度等指标反映气候资源数量及特征等情况，通过最小能见度、O_3、CH_4 等指标反映资源质量。① 在“双碳”背景下，重点阐述碳源生产率与碳汇生产率的测算。

（一）碳源生产率

碳源是二氧化碳气体成分从地球表面进入大气，或是在大气中由其他物质经化学过程转化为二氧化碳气体成分。而碳源生产率是指一定条件下总产值与其碳源消耗所产生的二氧化碳总量的比值，即单位二氧化碳的 GDP 产出水平。为测算碳源生产率，可采用 IPCC 方法测算产生的二氧化碳排放量：

$$C = \sum_{i=1}^{n} E \times \frac{E_i}{E} \times \frac{C_i}{E_i} \tag{13.6}$$

式中，C 为碳排放量，E 为一次能源消耗量，E_i 为能源 i 的消耗量，C_i 为能源 i 的碳排放量，i 为能源种类，包括煤炭、石油、天然气、水电和核能等。碳排放系数采用国家发改委能源研究项目的一次能源碳排放系数。②

那么碳源生产率可表示为实际产出 GDP 与二氧化碳排放量的比值。

① 张贺，王绍强，王梁，等．自然资源要素综合观测指标体系探讨 [J]．资源科学，2020，42（10）：1883－1899.

② 李银荣．西南地区全要素碳生产率测算及影响因素研究 [J]．中国管理信息化，2020，23（03）：138－140.

（二）碳汇生产率

碳汇是指通过植树造林、植被恢复等措施，吸收大气中的二氧化碳，从而减少温室气体在大气中浓度的过程、活动或机制。现行国内外关于碳汇的核算方法主要分两大类：一类是与生物量紧密相关的，以生物量和蓄积量为基础的方法，如生物量法、蓄积量法、生物量清单法；另一类是利用微气象原理与技术测定森林二氧化碳通量，再将二氧化碳通量换算成碳储量，如涡旋相关法和驰豫涡旋积累法，在此主要列示生物量法计算方式。

一是生物量法。生物量法是以森林面积、单位面积的生物量、生物量在树木各器官中的分配比例、树木各器官的碳含量为基础的碳储量计算方法。其核算范围涉及所有的动、植物及微生物的有机质总量，不过由于动物和微生物所占比重太小，故而以植物生物量为代表。生物量法又可以分为以下三种：平均生物量法、生物量转换因子法和生物量转换因子连续函数法。

生物量法具有简单直接的优势，但样地测定的选择有误差，不同树种生物量有差异、生物量与碳的转换系数缺乏准确规定，基于生物量法的计量结果存在一定程度的偏差，具体方法如下①：

$$C_t = \sum_{i=1}^{n} C_f \times D_w = \sum_{i=1}^{n} C_f \times Y_w(1 - w_i)/H_i \tag{13.7}$$

式中，C_t 表示某植被全年碳吸收量，i 为某植被品种；C_f 为某植被进行光合作用合成干物质所需要的碳量，即经济系数；D_w 为某植被总生物量；Y_w 为某植被经济产量；w_i 为某植被含水量；H_i 为某植被碳吸收率。

二是蓄积量法。蓄积量法是基于森林蓄积量，通过实地测算数据，计算出森林主要树种的平均容量，再结合森林的总蓄积量得出生物量，最后将生物量乘以碳量的转换系数求出森林的碳储量。

该方法也不复杂，但在核算中，忽略了地下生物量、土壤等因素，使得结果精确度不高，不过计算林木植被的碳储量并不影响其准确性。

基于上述两种计算方法可得碳储存总量，碳汇生产率即为林地面积固

---

① 尚杰，杨滨键．种植业碳源、碳汇测算与净碳汇影响因素动态分析：山东例证［J］．改革，2019（06）：123－134.

定存储的二氧化碳总量除以林地面积，即为单位林地面积固定存储的二氧化碳量。

六、环境资源生产率

环境资源生产率是用来计算一个国家或地区单位废物循环利用后的经济产出。本节的环境资源生产率，包括污水生产率、废气生产率以及固废生产率，而污水、废气以及固废简称“三废”，尤其工业中产生的“三废”占地区“三废”的90%以上，国家统计局主要统计了工业中的废水排放量（万吨）、二氧化硫排放量（万吨）和烟（粉）尘排放量（万吨），分别对应废水、废气以及固废。

美国斯坦福大学著名的人口学家 Ehrlich 和 Holdren 于 1971 年提出 IPAT 模型来衡量每单位“三废”（污水、废气、固废）的生产率。它表达了环境影响（impact）与人口（population）、富裕水平（affluence）和技术（technology）三因素之间的恒等关系。具体公式为：

$$I = P \times A \times T \tag{13.8}$$

式中，I 为环境影响，本文表示为环境负荷即为污染物的排放量；P 为人口数量；A 为富裕水平，本文表示为人均 GDP，即 A = GDP/P；T 为技术水平，本文表示单位 GDP 的环境负荷，即 T = I/GDP。

用 R 来表示环境资源生产率，得到 R 与 T 互为倒数关系，则上述 IPAT 公式可转化为：

$$R = P \times A/I = GDP/I \tag{13.9}$$

（一）废水生产率

废水排放生产率是指一定时期内，一个国家或地区每排放一个单位的废水所创造的国内生产总值，计算公式为：国内生产总值/废水排放总量（GDP/I）。废水主要分为工业废水和生活污水。前者具体包括生产废水、外排的直接冷却水、超标排放的矿井地下水和与工业废水混排的厂区生活污水，不包括外排的间接冷却水（清污不分流的间接冷却水应计算在内）；生活污水排放量主要是指城镇生活污水排放量，通常用人均系数法测算的城镇居民每年排放的生活污水量，计量单位为“万吨”，由于废水的排放量大，最终核算的废水排放生产率则以“万元/吨”为计量单位。

（二）废气生产率

废气排放生产率是指一定时期内，一个国家或地区每排放一个单位的废气所创造的国内生产总值，计算公式为：国内生产总值/废气排放量(GDP/I)。在现行统计科目中，与废弃相关的指标包括工业废气排放量、二氧化硫排放量、烟尘排放量和工业粉尘排放量等，二氧化硫排放量以“万吨”为计量单位，最终核算的废气排放生产率则以“万元/千克”为计量单位。

（三）固体废物生产率

固体废物生产率是指一定时期内，一个国家或地区每产生一个单位的固废所创造的国内生产总值，计算公式为：国内生产总值/固体废物产生量（GDP/I）。这里固体废物产生量则是以工业固体废物排放量的数值来体现，计量单位为“万吨”，最终核算的固体废物生产率则以“万元/千克”为计量单位。整理得“三废”的生产率测算方法和指标解释。

第三节　甘肃省自然资源生产率测算与比较

一、土地资源生产率测算与比较

土地资源生产率简称为土地生产率，可用实物量指标如粮食作物的亩均产量进行刻画。粮食产量统计工作由国家统计局组织实施。全国及各省（自治区、直辖市）的粮食产量数据由国家统计局定期向社会公布。粮食产量统计内容包括播种面积和产量，通过农业普查和常规粮食统计调查取得统计数据。农业普查在我国已经进行了 3 次，分别是 1996 年、2006 年和 2016 年。农业普查的结果为常规统计调查提供依据和基础。

粮食统计方法通常有两种：抽样调查法和全面统计法。抽样调查的主要粮食品种有稻谷、小麦、玉米和大豆等。播种面积调查采取对地抽样调查的方式，根据有关耕地数据，结合 2016 年第三次全国农业普查通过遥感调查取得的统计用农作物种植用地基础数据，建立农作物播种面积抽样框。全国共抽选 2 万多个样本村，6 万多个样方，其中包括省级国家调查样本村近 1 万个，省级国家调查样方近 3 万个。每个调查季开展实地调查，取得样方内农作物播种面积情况，推算主要粮食品种播种面积。单位面积产量主要通过“实割实测”取得。省级粮食单产抽样调查在国家调查县（市）抽取的面积调查地块中进行，全国共抽取 5000 多个样本村、近 3 万个自然地块样本，在粮食作物收获前，基层调查员对相应粮食品种种植地块逐块进行踏田估产、编制地块抽样框，每个自然地块中再按照要求抽选 3—5 个 10 平方尺的小样方；待收获时，基层调查员在抽中样本地块上进行放样，割取样本，再通过脱粒、晾晒、测水杂、称重、核定割拉打损耗等环节，计算出地块单产。根据抽中样本地块单产推算各地平均单产。而全面统计是对于农业经营单位（农场等）的全部粮食作物播种面积和产量，通过各级统计机构全面统计取得。常规粮食统计按粮食的播种和收获季节进行，夏收粮食、早稻和秋收粮食产量的合计就是本年度的全部粮食产量，主要调查作物（小麦、玉米、稻谷）的合计产量占了全部粮食总产量的 90% 以上，我国粮食产量主要是通过抽样调查的方法统计所得。①

本章的数据来源于《中国统计年鉴》中国家统计局 2012—2021 年粮食产量统计数据，覆盖全国 31 个省、自治区（包括西藏）和直辖市，计算各地区亩均产量，单位为千克/亩，分析得出各地区的年度土地资源生产率及其平均值，结果见表 13 - 1 所示。

按照区域位置划分为四大地区，以此考察土地资源生产率的地区差距。其中东部地区包括北京市、天津市、河北省、山东省、江苏省、浙江省、上海市、福建省、广东省、海南省 10 个省份；中部地区包括山西省、安徽省、江西省、河南省、湖北省、湖南省 6 个省份；西部地区包括内蒙古自治区、广西壮族自治区、重庆市、四川省、贵州省、云南省、陕西省、甘肃省、青海省、宁夏回族自治区、新疆维吾尔自治区、西藏自治区 12 个省份；东北地区包括辽宁省、吉林省、黑龙江省 3 个省份。

① 陈希，蒋昕臻，钟钰．中外粮食产量统计比较分析与启示［J］．世界农业，2022（05）：37 - 47.

表 13 - 1　**2012—2021 年各省、自治区、直辖市土地资源生产率情况**　单位：千克/亩

省区	2012 年	2013 年	2014 年	2015 年	2016 年	2017 年	2018 年	2019 年	2020 年	2021 年	均值
甘肃	266.457	270.816	280.683	283.432	277.541	278.512	290.187	300.279	303.786	306.699	285.839
青海	242.189	244.202	249.997	247.371	245.356	241.947	244.282	251.133	246.933	240.498	245.391
宁夏	317.315	329.273	344.709	341.141	344.190	341.449	355.753	367.257	373.467	356.342	347.090
新疆	470.475	510.127	506.453	525.730	430.257	431.134	451.794	462.000	473.333	487.915	474.922
内蒙古	298.257	327.357	324.771	333.597	319.769	319.971	348.882	356.650	357.482	371.889	335.862
广西	319.279	325.183	328.533	323.813	326.536	320.239	326.610	323.133	325.488	327.451	324.626
重庆	339.093	345.450	342.035	346.717	352.513	354.515	356.597	358.514	359.923	361.891	351.336
四川	348.623	354.715	354.651	360.012	367.695	369.666	371.735	371.400	372.533	375.622	364.665
贵州	255.175	232.029	251.185	259.447	269.951	271.325	257.815	258.667	256.011	261.831	257.344
云南	266.857	273.942	282.349	284.735	288.015	294.767	297.123	299.271	303.283	307.025	289.737
西藏	370.245	364.398	368.970	378.687	367.458	382.555	376.852	378.533	376.533	378.027	374.226
陕西	266.025	261.507	260.434	266.029	268.019	263.674	271.903	273.667	283.197	281.914	269.637
北京	391.215	402.935	354.409	399.773	411.173	410.148	409.111	412.207	416.267	413.246	402.048
天津	337.673	354.210	342.670	349.252	369.065	402.716	399.171	438.695	434.379	445.997	387.383
上海	435.546	450.209	454.145	461.116	470.217	499.632	532.531	544.667	533.533	533.561	491.516
江苏	419.106	418.957	425.677	430.050	422.982	435.511	445.621	459.133	459.897	460.138	437.707

续表

省区	2012 年	2013 年	2014 年	2015 年	2016 年	2017 年	2018 年	2019 年	2020 年	2021 年	均值
浙江	414. 303	394. 137	400. 171	393. 369	395. 817	395. 785	409. 361	403. 878	406. 483	411. 179	402. 448
广东	370. 507	353. 692	367. 526	368. 292	368. 637	371. 339	369. 895	382. 867	383. 267	385. 561	372. 158
福建	373. 801	377. 715	381. 951	381. 339	382. 052	389. 775	398. 777	400. 357	401. 324	404. 279	389. 137
山东	414. 244	406. 568	405. 773	408. 634	417. 367	423. 728	421. 940	429. 618	438. 470	438. 913	420. 526
河北	350. 202	361. 707	356. 262	354. 611	371. 351	383. 393	377. 330	385. 333	396. 067	396. 674	373. 293
海南	306. 695	307. 461	321. 609	332. 673	333. 528	325. 954	342. 805	354. 457	358. 211	358. 708	334. 210
山西	267. 154	279. 799	283. 973	269. 017	285. 136	284. 005	293. 352	290. 410	303. 357	301. 934	285. 814
河南	376. 849	375. 405	373. 602	387. 683	386. 112	398. 483	406. 435	415. 800	423. 733	405. 000	394. 910
安徽	337. 967	335. 091	355. 491	373. 336	358. 903	366. 004	365. 142	370. 867	367. 580	372. 803	360. 318
江西	380. 777	385. 381	390. 144	390. 679	391. 256	391. 186	392. 458	392. 427	382. 400	387. 392	388. 410
湖北	385. 786	390. 377	391. 890	406. 148	387. 081	390. 979	390. 546	394. 188	391. 427	393. 275	392. 170
湖南	410. 278	397. 811	405. 206	408. 179	406. 108	411. 546	424. 454	429. 600	422. 733	430. 727	414. 664
辽宁	431. 618	459. 755	358. 817	404. 339	439. 189	448. 114	419. 523	464. 344	442. 062	477. 620	434. 538
吉林	470. 256	488. 863	468. 125	478. 741	499. 267	499. 522	432. 491	458. 000	446. 267	470. 667	471. 220
黑龙江	332. 954	346. 461	353. 365	355. 469	348. 131	349. 027	352. 071	348. 861	348. 182	360. 459	349. 498
均值	353. 772	358. 763	357. 599	364. 626	364. 538	369. 245	372. 018	379. 878	380. 245	384. 040	368. 472

由表 13 - 1 可知，自 2012 年以来我国土地资源生产率总体呈上升趋势，平均为 368.472 千克/亩。甘肃省土地资源生产率在 2016 年和 2017 年相较于 2015 年有所下降，而且长期低于全国平均水平，2012 年以来在全国排位处于 26—28 名之间，位次低于全国大多数地区，但自 2019 年以来上升到 300 千克/亩的水平，排名也所提升，保持在全国第 26 位；从 2021 年来看，在西部地区甘肃省土地资源生产率仅高于青海省、贵州省和陕西省。

由表 13 - 2 的区位对比来看，绝大部分年份东北地区的土地资源生产率处于第一，其次是东部地区，中部地区长期低于东部地区，但是比西部地区优势明显。甘肃省土地资源生产率远低于东北、东部、中部乃至西部的同年度平均水平。整体来说，甘肃省土地资源生产率自 2019 年以来提升明显，相对于西部的青海省、贵州省、陕西省以及中部的山西省略有优势，但是还有很大的提升空间。

表 13 - 2　2012—2021 年区位土地资源生产率与甘肃省对比　单位：千克/亩

年份	东部	中部	西部	东北	甘肃省
2012	381.329	359.802	313.332	411.609	266.457
2013	382.759	360.644	319.593	431.693	270.816
2014	381.019	366.718	324.564	393.436	280.683
2015	387.911	372.507	329.226	412.850	283.432
2016	394.219	369.099	321.442	428.862	277.541
2017	403.798	373.701	322.480	432.221	278.512
2018	410.654	378.731	329.128	401.362	290.187
2019	421.121	382.215	333.375	423.735	300.279
2020	422.790	381.872	335.998	412.170	303.786
2021	424.826	381.855	338.092	436.248	306.699

二、水资源生产率测算与比较

中国人均水资源低于世界平均水平，水资源已经成为中国经济增长重要的刚性约束。作为中国经济增长过程中必要的投入要素，提高水资源生产率是解决水危机问题的关键举措。水资源生产率的提高通常被理解为单位水资源产出的增加，但要想保障经济的可持续发展，除了增加单位水资源产出，还需要综合考虑水资源生产过程中的资源环境约束。故从全要素的角度考察含甘肃省的全国的水资源生产率，参考李兰冰等（2015）和刘华军等（2020）的做法选取劳动、资本、水资源、能源、农药和化肥作为投入要素[①②]，其中劳动投入用三次产业从业人员来表征，资本投入用资本存量来表征，并采用永续盘存法进行核算，其间投资总额用2000年为基期固定资产投资价格指数进行消除价格的影响得到，参考单豪杰（2008）的做法取资本折旧率取为10.96%[③]；水资源投入用地区用水总量来表征；能源投入用能源消费总量来表征；农药和化肥投入分别采用农药用量和化肥施用折纯量来表征。选取地区生产总值作为期望产出，选取CO_2、SO_2、固体废弃物和废水排放量为非期望产出。

根据各指标数据的可获得性，本章以2012—2019年全国30个省、直辖市和自治区（不包括西藏）的数据为样本，按照区域位置划分为四大地区以此考察全要素水资源生产率的地区差距，其中东部地区包括北京市、天津市、河北省、山东省、江苏省、浙江省、上海市、福建省、广东省、海南省10个省份；中部地区包括山西省、安徽省、江西省、河南省、湖北省、湖南省6个省份；西部地区包括内蒙古自治区、广西壮族自治区、重庆市、四川省、贵州省、云南省、陕西省、甘肃省、青海省、宁夏回族自治区、新疆维吾尔自治区11个省份；东北地区包括辽宁省、吉林省、黑龙江省3个省份。各指标数据来源于《甘肃省发展年鉴》《河北经济年鉴》《中国水资源公报》《中国统计年鉴》《中国环境年鉴》《中国能源统计年鉴》《中国碳排放数据库（CEADs)》等，并且为消除地区生产总值的价格影响，以2000年为基期。由于出现异常现象采用相邻两年的均值进行修正插补，然后采用数据包络分析（DEA）方法进行测算，得到2012—2019年的水资源生产率指数，然后采用灰色预测模型GM（1，1）得到2020和2021年的预测值，如表13－3所示。

---

① 李兰冰，刘秉镰．中国区域经济增长绩效、源泉与演化：基于要素分解视角［J］．经济研究，2015（08）：58－72.

② 刘华军，石印，乔列成．中国全要素劳动生产率的时空格局及收敛检验［J］．中国人口科学，2020（06）：41－53，127.

③ 单豪杰．中国资本存量k的再估算：1952—2006年［J］．数量经济技术经济研究，2008（10）：17－31.

表 13-3　2012—2021 年各省、自治区、直辖市水资源生产率指数

省份	2012 年	2013 年	2014 年	2015 年	2016 年	2017 年	2018 年	2019 年	2020 年	2021 年	均值
甘肃	1.006	1.007	1.008	1.009	1.011	1.012	1.013	1.013	1.014	1.015	1.011
青海	1.011	1.013	1.015	1.017	1.019	1.021	1.022	1.022	1.023	1.025	1.019
宁夏	1.005	1.005	1.005	1.006	1.007	1.008	1.008	1.008	1.008	1.009	1.007
新疆	1.002	1.002	1.002	1.003	1.004	1.004	1.004	1.004	1.004	1.005	1.003
内蒙古	0.935	0.938	0.940	0.941	0.939	0.935	0.932	0.929	0.927	0.927	0.934
广西	0.927	0.928	0.929	0.930	0.932	0.933	0.932	0.930	0.929	0.931	0.930
重庆	0.988	0.990	0.989	0.989	0.992	0.995	0.997	0.997	0.998	1.000	0.993
四川	1.008	1.009	1.010	1.011	1.014	1.016	1.016	1.016	1.016	1.018	1.013
贵州	1.011	1.013	1.015	1.016	1.018	1.019	1.020	1.021	1.022	1.024	1.018
云南	1.012	1.014	1.016	1.017	1.019	1.020	1.021	1.022	1.023	1.025	1.019
陕西	1.021	1.027	1.033	1.033	1.025	1.018	1.022	1.033	1.041	1.037	1.029
北京	1.054	1.054	1.054	1.054	1.053	1.054	1.060	1.068	1.074	1.075	1.060
天津	1.042	1.042	1.042	1.042	1.041	1.042	1.048	1.055	1.060	1.060	1.047
上海	1.057	1.067	1.069	1.067	1.065	1.067	1.074	1.084	1.092	1.094	1.074
江苏	1.007	1.009	1.012	1.014	1.016	1.017	1.017	1.017	1.018	1.020	1.015
浙江	1.006	1.007	1.006	1.005	1.007	1.011	1.013	1.015	1.017	1.019	1.011
广东	1.031	1.020	1.011	1.006	1.007	1.009	1.009	1.006	1.003	1.001	1.010
福建	1.005	1.010	1.015	1.016	1.011	1.005	1.005	1.009	1.012	1.010	1.010
山东	1.015	1.013	1.014	1.017	1.021	1.024	1.025	1.026	1.027	1.030	1.021
河北	1.010	1.016	1.022	1.023	1.015	1.007	1.009	1.017	1.023	1.020	1.016
海南	1.013	1.014	1.015	1.016	1.018	1.019	1.020	1.021	1.022	1.024	1.018
山西	0.998	1.000	1.001	1.003	1.006	1.007	1.005	1.002	1.000	1.003	1.003
河南	1.000	0.998	0.992	0.988	0.989	0.991	0.990	0.988	0.986	0.987	0.991
安徽	0.991	0.993	0.995	0.997	0.999	1.000	0.998	0.995	0.993	0.995	0.996
江西	0.928	0.929	0.931	0.933	0.935	0.936	0.934	0.932	0.931	0.933	0.932
湖北	1.014	1.015	1.016	1.018	1.021	1.023	1.024	1.024	1.025	1.027	1.021
湖南	0.933	0.934	0.935	0.937	0.940	0.941	0.939	0.936	0.934	0.937	0.937
辽宁	0.968	0.971	0.973	0.976	0.980	0.981	0.974	0.965	0.959	0.963	0.971
吉林	0.989	0.991	0.992	0.994	0.997	0.999	0.997	0.994	0.992	0.995	0.994
黑龙江	1.000	1.000	1.000	1.001	1.002	1.003	1.002	0.999	0.996	0.995	1.000
均值	0.999	1.001	1.002	1.003	1.003	1.004	1.004	1.005	1.006	1.007	1.003

从全国角度来看，2012—2021 年全国水资源生产率在逐年提升，尤其在 2013 年后超过前沿面，甘肃省水资源生产率呈现逐年递增态势，且长期高于全国平均水平，平均值排在全国第 17 位，而 2021 年排在全国第

15 位，处于中等水平，在西部排在第 6 位，略低于青海省，高于宁夏回族自治区、新疆维吾尔自治区、内蒙古自治区、广西壮族自治区、重庆市等地，甚至高于东部的广东省和福建省，明显优于中部大部分地区和东北三省。

从区位角度来看，表 13 -4 和图 13 -1 分别给出了 2012—2021 年东部、中部、西部、东北四个区位的水资源生产率指数平均值及其走势，可见东部地区水资源生产率明显高于其他地区，而中部地区最低，东北地区呈下降趋势。自 2012 年以来，地区水资源生产率排序为：东部地区 > 西部地区 > 东北地区 > 中部地区，而甘肃省的水资源生产率明显高于西部地区的整体水平，且提升趋势明显。

表 13 -4　2001—2021 年区位水资源生产率与甘肃省对比

年份	东部	中部	西部	东北	甘肃省
2012	1.024	0.977	0.993	0.986	1.006
2013	1.025	0.978	0.995	0.987	1.007
2014	1.026	0.978	0.997	0.988	1.008
2015	1.026	0.979	0.997	0.990	1.009
2016	1.025	0.982	0.998	0.993	1.011
2017	1.026	0.983	0.998	0.994	1.012
2018	1.028	0.982	0.999	0.991	1.013
2019	1.032	0.980	1.000	0.986	1.013
2020	1.035	0.978	1.000	0.983	1.014
2021	1.035	0.980	1.001	0.984	1.015

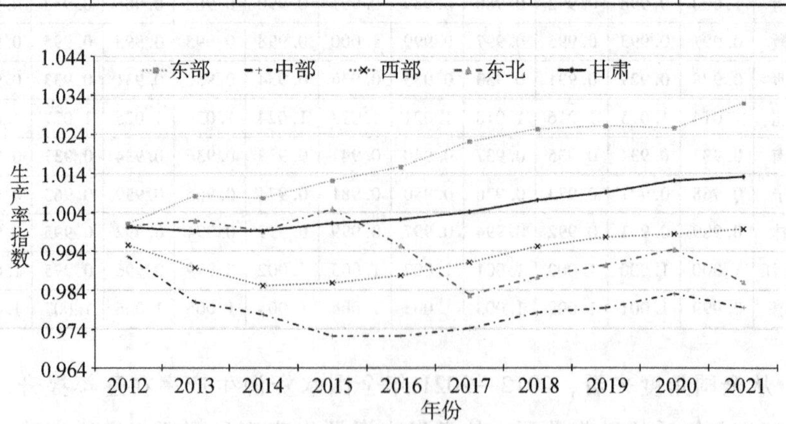

图 13 -1　四大地区与甘肃省水资源生产率累计增长指数走势

三、能源生产率测算与比较

能源生产率采用地区实际产出 GDP 与地区能源消耗总量的比值来刻画。能源消耗总量指一定地域内（国家或地区）国民经济各行业和居民家庭在一定时期消费的各种能源的总和。能源消费总量分为三部分，即终端能源消费量、能源加工转换损失量和能源损失量。以 2012—2020 年全国 30 个省、直辖市和自治区（不包括西藏）的能源生产率为样本，指标数据包括地区名义 GDP、地区 GDP 增长率、能源消耗总量等，其来源于《中国统计年鉴》《中国能源统计年鉴》。考虑到通货膨胀因素，本章以 2000 年为基期将地区名义 GDP 缩减为实际 GDP 消除价格的影响，然后将地区实际 GDP 与地区能源消耗总量相除计算得 2012—2020 年全国 30 个省、直辖市和自治区（不包括西藏）的能源生产率（单位：万元/吨标准煤），利用灰色预测模型 GM（1，1）预测各地区 2021 年的能源生产率，计算结果见表 13－5 所示。

表 13－5　2012—2021 年各省、自治区、直辖市能源生产率

单位：万元/吨标准煤

省份	2012 年	2013 年	2014 年	2015 年	2016 年	2017 年	2018 年	2019 年	2020 年	2021 年	均值
甘肃	0.538	0.574	0.605	0.657	0.722	0.731	0.744	0.791	0.792	0.856	0.701
青海	0.309	0.320	0.330	0.346	0.375	0.394	0.405	0.444	0.460	0.487	0.387
宁夏	0.247	0.259	0.270	0.266	0.279	0.260	0.253	0.250	0.251	0.250	0.259
新疆	0.386	0.372	0.373	0.387	0.400	0.404	0.421	0.428	0.431	0.446	0.405
内蒙古	0.487	0.594	0.618	0.649	0.677	0.687	0.620	0.593	0.612	0.627	0.616
广西	0.909	1.008	1.046	1.097	1.142	1.183	1.220	1.242	1.230	1.309	1.139
重庆	1.362	1.434	1.499	1.587	1.713	1.834	1.891	1.949	2.042	2.179	1.749
四川	0.797	0.939	0.984	1.153	1.213	1.279	1.334	1.374	1.399	1.540	1.201
贵州	0.497	0.505	0.541	0.579	0.676	0.701	0.743	0.771	0.803	0.885	0.670
云南	0.665	0.772	0.804	0.877	0.927	0.975	1.022	1.054	1.026	1.130	0.925
陕西	0.749	0.832	0.863	0.890	0.926	0.968	1.018	1.032	1.053	1.107	0.944
北京	1.538	1.768	1.867	2.005	2.106	2.193	2.281	2.390	2.633	2.718	2.150
天津	1.113	1.304	1.388	1.485	1.721	1.752	1.752	1.867	1.895	2.065	1.634

续表

省份	2012 年	2013 年	2014 年	2015 年	2016 年	2017 年	2018 年	2019 年	2020 年	2021 年	均值
上海	1.446	1.559	1.708	1.851	1.901	2.019	2.112	2.359	2.399	2.581	1.993
江苏	1.255	1.359	1.445	1.541	1.617	1.712	1.825	1.883	1.944	2.084	1.666
浙江	1.290	1.353	1.442	1.495	1.556	1.617	1.680	1.737	1.634	1.788	1.559
广东	1.588	1.667	1.734	1.829	1.880	1.960	2.022	2.109	2.131	2.243	1.916
福建	1.325	1.470	1.493	1.661	1.775	1.839	1.904	1.961	1.999	2.151	1.758
山东	0.894	1.078	1.134	1.137	1.199	1.289	1.354	1.400	1.436	1.517	1.244
河北	0.601	0.663	0.714	0.721	0.759	0.794	0.843	0.890	0.918	0.966	0.787
海南	1.146	1.235	1.267	1.297	1.347	1.375	1.394	1.414	1.459	1.494	1.343
山西	0.371	0.396	0.413	0.444	0.466	0.483	0.500	0.514	0.619	0.614	0.482
河南	0.826	0.972	1.013	1.124	1.216	1.320	1.389	1.511	1.500	1.673	1.254
安徽	1.009	1.082	1.150	1.221	1.289	1.361	1.439	1.483	1.454	1.593	1.308
江西	1.113	1.169	1.207	1.259	1.325	1.402	1.473	1.528	1.563	1.658	1.370
湖北	0.784	0.972	1.026	1.178	1.240	1.313	1.373	1.422	1.439	1.584	1.233
湖南	0.830	1.026	1.094	1.252	1.322	1.395	1.470	1.537	1.569	1.723	1.322
辽宁	0.836	0.989	1.042	1.093	1.095	1.119	1.141	1.132	1.085	1.156	1.069
吉林	0.875	1.035	1.113	1.443	1.572	1.657	1.700	1.719	1.747	2.001	1.486
黑龙江	0.889	1.033	1.082	1.231	1.310	1.371	1.410	1.447	1.582	1.672	1.303
均值	0.889	0.991	1.042	1.125	1.191	1.246	1.291	1.341	1.370	1.470	1.196

从全国角度来看，甘肃省能源生产率从 2012 年的 0.538 万元/吨标准煤提升到了 2021 年的 0.856 万元/吨标准煤，呈现逐年增长态势，但是年均值仅 0.701 万元/吨标准煤，离 1 万元/吨标准煤的生产率仍有明显距离，呈现出能源生产率不高、能耗大、产出低等特征，2021 年在全国 30 个省、直辖市和自治区（不包括西藏）排在 25 位。直到 2021 年比甘肃省能源生产率低的有：内蒙古自治区（0.627）、山西省（0.614）、青海省（0.487）、新疆维吾尔自治区（0.446）和宁夏回族自治区（0.250）。

从区位对比来看，由表 13-6 以及图 13-2 可知，能源生产率优势依次为东部、东北、中部和西部，而甘肃省能源生产率长期尽管高于同属西部的内蒙古自治区、青海省、新疆维吾尔自治区和宁夏回族自治区，但始终低于西部的平均水平。

表 13 - 6　2012—2021 年区位能源生产率与甘肃省对比

单位：万元/吨标准煤

年份	东部	中部	西部	东北	甘肃省
2012	1.219	0.822	0.631	0.867	0.538
2013	1.346	0.936	0.692	1.019	0.574
2014	1.419	0.984	0.721	1.079	0.605
2015	1.502	1.080	0.772	1.256	0.657
2016	1.586	1.143	0.823	1.326	0.722
2017	1.655	1.212	0.856	1.382	0.731
2018	1.717	1.274	0.879	1.417	0.744
2019	1.801	1.332	0.903	1.433	0.791
2020	1.845	1.357	0.918	1.471	0.792
2021	1.961	1.474	0.983	1.610	0.856

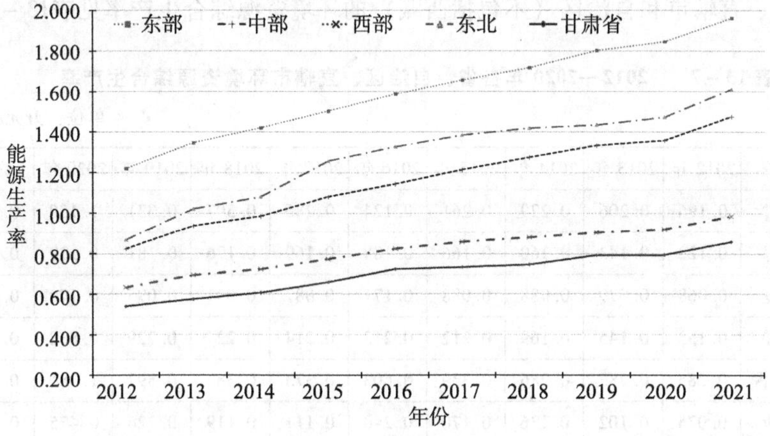

图 13 - 2　四大地区与甘肃省能源生产率走势

四、环境资源生产率测算与比较

环境资源生产率采用地区产出 GDP 与“三废”排放量比值来刻画。以 2012—2020 年全国 30 个省、直辖市和自治区（不包括西藏）的数据为样本，指标数据包括地区名义 GDP、地区 GDP 增长率、工业废水排放量、工业烟（粉）尘排放量以及工业二氧化硫排放量等，数据来源于《中国环境年鉴》《中国统计年鉴》。考虑到通货膨胀因素，本章以2000年为基期将地区名义GDP缩减为实际GDP消除价格的影响，然后将地区实际GDP与地区“三废”排放量相除计算得2012—2020年全国30个省、直辖市和自治区（不包括西藏）的“三废”生产率。由于地区废水、废气、废固排放量年度波动较大，不适合外推预测，故本章不再对2021年的环境资源生产率进行预测。

按照地区工业废水排放量、工业烟（粉）尘排放量统一单位到万吨，可以得到“三废”的总排放量，进而综合测算地区环境资源综合生产率（单位：万元/吨），其中各地区工业废水排放量占“三废”的总排放量的比重最高，达99.7%以上，按上文可测算得地区废水生产率（单位：万元/吨），工业烟（粉）尘排放量和工业二氧化硫排放量占“三废”的总排放量的比重很小，如果固废（工业烟（粉）尘）生产率、废气（工业二氧化硫）生产率单位用万元/吨表示数字较小，不利于比较，因此固废生产率和废气生产率单位用万元/千克表示。测算得2012—2020年全国30个省、直辖市和自治区（不包括西藏）的环境资源综合生产率见表13－7。

表13－7　2012—2020年各省、自治区、直辖市环境资源综合生产率

单位：万元/吨

省份	2012年	2013年	2014年	2015年	2016年	2017年	2018年	2019年	2020年	均值
甘肃	0.196	0.206	0.229	0.261	0.124	0.286	0.307	0.331	1.150	0.343
青海	0.122	0.143	0.160	0.166	0.188	0.169	0.176	0.181	0.179	0.165
宁夏	0.068	0.079	0.088	0.088	0.171	0.087	0.091	0.095	0.179	0.105
新疆	0.153	0.145	0.169	0.212	0.213	0.214	0.221	0.229	0.838	0.266
内蒙古	0.285	0.282	0.286	0.339	0.603	0.373	0.385	0.397	1.381	0.481
广西	0.075	0.102	0.136	0.170	0.240	0.111	0.119	0.126	0.475	0.173
重庆	0.259	0.266	0.283	0.309	0.469	0.380	0.432	0.494	0.724	0.402
四川	0.234	0.278	0.289	0.294	0.727	0.384	0.436	0.494	1.256	0.488
贵州	0.166	0.191	0.149	0.184	0.590	0.362	0.399	0.436	0.429	0.323
云南	0.162	0.185	0.207	0.199	0.312	0.280	0.303	0.327	0.718	0.299
陕西	0.208	0.252	0.267	0.276	0.375	0.289	0.309	0.324	0.545	0.316
北京	1.199	1.251	1.389	1.517	1.709	1.829	1.968	2.280	2.424	1.730
天津	0.477	0.549	0.594	0.650	0.747	0.771	0.814	0.793	1.376	0.752
上海	0.354	0.389	0.431	0.431	0.591	0.816	0.962	0.767	0.853	0.622

续表

省份	2012 年	2013 年	2014 年	2015 年	2016 年	2017 年	2018 年	2019 年	2020 年	均值
江苏	0.153	0.180	0.210	0.227	0.277	0.228	0.243	0.258	0.483	0.251
浙江	0.133	0.154	0.182	0.199	0.243	0.180	0.190	0.201	0.402	0.209
广东	0.228	0.270	0.280	0.332	0.527	0.314	0.331	0.346	0.553	0.354
福建	0.139	0.157	0.177	0.217	0.310	0.174	0.184	0.194	0.896	0.272
山东	0.189	0.210	0.230	0.240	0.299	0.253	0.262	0.270	0.450	0.267
河北	0.148	0.179	0.192	0.237	0.351	0.573	0.472	0.321	0.693	0.352
海南	0.259	0.315	0.290	0.361	0.406	0.425	0.451	0.479	0.497	0.387
山西	0.149	0.163	0.166	0.203	0.340	0.224	0.237	0.250	1.001	0.304
河南	0.142	0.163	0.181	0.193	0.398	0.572	0.667	0.732	0.789	0.426
安徽	0.170	0.178	0.198	0.210	0.332	0.262	0.282	0.303	0.528	0.274
江西	0.118	0.130	0.150	0.139	0.211	0.168	0.179	0.190	0.420	0.189
湖北	0.151	0.179	0.205	0.225	0.430	0.296	0.329	0.366	0.342	0.280
湖南	0.143	0.166	0.203	0.236	0.412	0.298	0.335	0.378	0.700	0.319
辽宁	0.214	0.258	0.236	0.265	0.386	0.330	0.361	0.395	0.866	0.368
吉林	0.184	0.209	0.225	0.261	0.648	0.310	0.324	0.334	1.336	0.426
黑龙江	0.194	0.256	0.307	0.374	0.488	0.441	0.475	0.511	1.368	0.490
均值	0.222	0.250	0.270	0.300	0.437	0.380	0.408	0.427	0.795	0.388

甘肃省环境资源综合生产率从 2012 年的 0.196 万元/吨大幅提升到 2020 年 1.150 万元/吨，原因在于 2020 年实际 GDP 较 2019 年提升的同时，“三废”排放总量从 2019 年的 18650.147 万吨大幅下降到 2020 年的 5584.985 万吨[①]；2012—2020 年甘肃省环境资源综合生产率的均值来看，高于青海省、宁夏自治区、新疆自治区、贵州省、云南省以及陕西省等西部地区；仅从 2020 年来看，甘肃省环境资源综合生产率排在全国的第 7 位，高于上海市、江苏省、浙江省以及广东省等东部沿海城市；而 2019 年甘肃排在全国的第 16 位，高于青海省、宁夏自治区、新疆自治区、云南省、陕西省等西部地区以及江苏省、浙江省、福建省、山东省、河北省

① 按国家统计局公布的数据，该值相对上年度下降幅度非常大，主要在于工业废水从 2019 年的 18610 万吨下降到 2020 年的 5573 万吨，工业烟（粉）尘排放量从 2019 年的 25.696 万吨下降到 2020 年的 5.380 万吨，而废气工业二氧化硫排放量是上升的，从 2019 年的 9.937 万吨上升到 2020 年的 14.440 万吨。

等东部地区。

由表 13 - 8 以及图 13 - 3 可知，甘肃省环境资源综合生产率持续高于西部地区的平均值，在 2012—2015 年间甚至高于中部地区，2016 年处于低谷，2017 年以后有所提升，尤其 2020 年高于西部、中部乃至东部地区，但不及东北地区。尽管 2016 年各区位环境资源综合生产率有明显跃升，事实上除了北京市长期超过 1 万元/吨甚至 2019 年后超过 2 万元/吨，其他东部经济发达地区以及全国的大部分地区环境资源的综合生产率都不高。整体而言环境资源综合生产率东部 > 东北 > 中部 > 西部，但是其生产率仍是不乐观的。

表 13 - 8　2012—2020 年区位环境资源综合生产率与甘肃省对比

年份	东部	中部	西部	东北	甘肃省
2012	0. 328	0. 146	0. 175	0. 197	0. 196
2013	0. 365	0. 163	0. 194	0. 241	0. 206
2014	0. 397	0. 184	0. 206	0. 256	0. 229
2015	0. 441	0. 201	0. 227	0. 300	0. 261
2016	0. 546	0. 354	0. 365	0. 507	0. 124
2017	0. 556	0. 303	0. 267	0. 360	0. 286
2018	0. 588	0. 338	0. 289	0. 387	0. 307
2019	0. 591	0. 370	0. 312	0. 413	0. 331
2020	0. 863	0. 630	0. 716	1. 190	1. 150

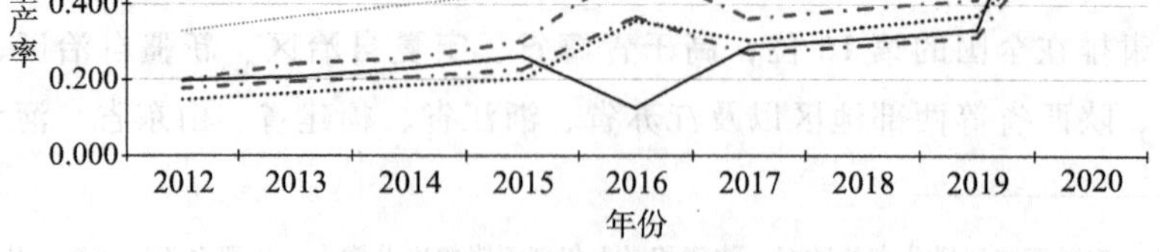

图 13 - 3　四大地区与甘肃省环境资源综合生产率走势

由于废水的排放量占“三废”总排放量在各地都达 99. 7% 以上，可见前述环境资源综合生产率在一定程度上表征了地区废水生产率的大部分特征，但是为了更加清晰比较甘肃省在废水、废气、固废三方面具体的生产率，本章进一步细分测算全国 30 个省、直辖市和自治区（不包括西藏）的废水生产率（见表 13－9）、废气生产率（见表 13－10）、固废生产率（见表 13－11）。

表 13－9　2012—2020 年各省、自治区、直辖市废水生产率　单位：万元/吨

省份	2012 年	2013 年	2014 年	2015 年	2016 年	2017 年	2018 年	2019 年	2020 年	均值
甘肃	0.197	0.207	0.231	0.262	0.124	0.287	0.308	0.332	1.152	0.344
青海	0.122	0.144	0.160	0.167	0.189	0.169	0.176	0.181	0.179	0.165
宁夏	0.068	0.079	0.088	0.088	0.172	0.087	0.091	0.095	0.179	0.105
新疆	0.153	0.146	0.170	0.213	0.214	0.215	0.222	0.229	0.843	0.267
内蒙古	0.286	0.284	0.288	0.341	0.607	0.374	0.386	0.398	1.388	0.484
广西	0.075	0.102	0.136	0.170	0.241	0.111	0.119	0.126	0.475	0.173
重庆	0.260	0.267	0.283	0.309	0.470	0.381	0.432	0.495	0.724	0.402
四川	0.234	0.278	0.290	0.295	0.729	0.385	0.437	0.495	1.259	0.489
贵州	0.167	0.192	0.149	0.185	0.595	0.364	0.401	0.438	0.430	0.325
云南	0.162	0.186	0.208	0.199	0.313	0.280	0.304	0.327	0.720	0.300
陕西	0.209	0.253	0.268	0.277	0.375	0.290	0.310	0.325	0.545	0.317
北京	1.201	1.253	1.391	1.519	1.710	1.830	1.969	2.280	2.424	1.731
天津	0.478	0.550	0.595	0.651	0.748	0.771	0.815	0.794	1.376	0.753
上海	0.354	0.389	0.431	0.431	0.591	0.816	0.962	0.767	0.853	0.622
江苏	0.153	0.180	0.211	0.227	0.277	0.228	0.243	0.258	0.483	0.251
浙江	0.133	0.154	0.182	0.199	0.243	0.180	0.190	0.201	0.402	0.209
广东	0.228	0.271	0.280	0.333	0.528	0.314	0.331	0.346	0.553	0.354
福建	0.139	0.157	0.177	0.217	0.310	0.174	0.184	0.194	0.897	0.272
山东	0.189	0.210	0.230	0.240	0.300	0.253	0.262	0.270	0.450	0.267
河北	0.148	0.179	0.193	0.238	0.352	0.574	0.473	0.321	0.693	0.352
海南	0.259	0.315	0.290	0.361	0.406	0.425	0.451	0.479	0.497	0.387
山西	0.149	0.164	0.167	0.204	0.342	0.224	0.237	0.250	1.005	0.305
河南	0.142	0.163	0.181	0.193	0.399	0.572	0.668	0.734	0.789	0.427
安徽	0.171	0.178	0.199	0.210	0.332	0.262	0.283	0.304	0.528	0.274
江西	0.119	0.130	0.150	0.139	0.211	0.168	0.179	0.190	0.420	0.190

续表

省份	2012 年	2013 年	2014 年	2015 年	2016 年	2017 年	2018 年	2019 年	2020 年	均值
湖北	0.151	0.180	0.205	0.226	0.431	0.296	0.330	0.366	0.342	0.281
湖南	0.143	0.166	0.204	0.236	0.413	0.298	0.336	0.378	0.700	0.319
辽宁	0.214	0.259	0.237	0.266	0.387	0.330	0.361	0.395	0.867	0.368
吉林	0.184	0.210	0.226	0.261	0.650	0.310	0.324	0.335	1.339	0.427
黑龙江	0.194	0.256	0.308	0.375	0.489	0.442	0.476	0.512	1.372	0.492
均值	0.223	0.250	0.271	0.301	0.438	0.380	0.409	0.427	0.796	0.388

从废水生产率来看，2012—2020 年甘肃省废水生产率平均值在西部 11 个地区排在第 4 位，在全国排在第 14 位，而 2020 年排在西部地区第 3 位，全国排第 5 位，仅次于东部地区的北京和天津。可见，甘肃省废水生产率不管在同区位还是全国而言都较高。

从废气生产率来看，2012—2020 年甘肃省废气生产率平均值在西部 11 个地区排在第 6 位，在全国排在第 24 位，而 2020 年排在西部地区第 5 位，全国排第 23 位，在东部、中部以及东北地区均没有优势。可见，甘肃省废气生产率在同区位相对还算高，但在全国而言处于劣势。

表 13 - 10　2012—2020 年各省、自治区、直辖市废气生产率 单位：万元/千克

省份	2012 年	2013 年	2014 年	2015 年	2016 年	2017 年	2018 年	2019 年	2020 年	均值
甘肃	0.066	0.074	0.079	0.086	0.195	0.212	0.586	0.428	0.972	0.300
青海	0.071	0.077	0.085	0.095	0.135	0.179	0.414	0.309	0.493	0.207
宁夏	0.028	0.032	0.035	0.040	0.066	0.081	0.142	0.120	0.293	0.093
新疆	0.057	0.061	0.065	0.078	0.136	0.168	0.315	0.228	0.650	0.195
内蒙古	0.070	0.077	0.086	0.099	0.209	0.249	0.462	0.378	0.673	0.256
广西	0.165	0.194	0.213	0.255	0.574	0.697	1.320	1.209	1.757	0.710
重庆	0.141	0.163	0.188	0.222	0.422	0.525	1.643	1.162	3.313	0.864
四川	0.190	0.221	0.246	0.294	0.466	0.632	1.484	1.083	2.371	0.776
贵州	0.038	0.045	0.053	0.063	0.092	0.096	0.260	0.191	0.565	0.156
云南	0.103	0.117	0.132	0.157	0.189	0.283	0.556	0.484	0.911	0.326
陕西	0.094	0.110	0.124	0.142	0.354	0.435	1.010	0.699	2.223	0.577
北京	1.177	1.367	1.617	1.915	4.387	7.732	158.375	37.433	180.207	43.801
天津	0.407	0.474	0.540	0.665	1.909	2.512	8.694	6.385	15.744	4.148
上海	0.720	0.820	1.006	1.185	2.915	12.500	22.837	17.931	51.202	12.346

续表

省份	2012 年	2013 年	2014 年	2015 年	2016 年	2017 年	2018 年	2019 年	2020 年	均值
江苏	0.365	0.421	0.477	0.561	0.885	1.317	1.898	1.598	5.863	1.487
浙江	0.373	0.425	0.473	0.545	1.175	1.785	4.444	3.412	8.141	2.308
广东	0.532	0.605	0.681	0.791	1.632	2.241	4.616	3.568	7.106	2.419
福建	0.399	0.456	0.508	0.583	1.128	1.724	2.441	2.284	4.532	1.562
山东	0.199	0.232	0.260	0.293	0.424	0.699	1.858	1.227	3.928	1.013
河北	0.135	0.153	0.176	0.202	0.303	0.423	1.011	0.720	2.451	0.619
海南	0.567	0.656	0.707	0.770	1.572	1.999	3.741	2.602	5.658	2.030
山西	0.055	0.062	0.068	0.075	0.129	0.165	0.422	0.259	0.906	0.238
河南	0.153	0.170	0.193	0.219	0.656	1.022	2.769	2.049	5.991	1.469
安徽	0.221	0.252	0.280	0.313	0.580	0.752	1.229	0.981	2.041	0.739
江西	0.142	0.159	0.182	0.201	0.418	0.584	0.592	0.459	1.774	0.501
湖北	0.223	0.255	0.287	0.331	0.690	0.965	2.359	1.363	4.245	1.191
湖南	0.215	0.239	0.269	0.305	0.566	0.988	1.933	1.078	3.971	1.063
辽宁	0.176	0.197	0.216	0.228	0.424	0.576	0.808	0.632	1.742	0.556
吉林	0.205	0.235	0.256	0.279	0.576	0.686	1.463	0.781	2.366	0.761
黑龙江	0.221	0.250	0.274	0.300	0.429	0.526	1.552	0.739	1.880	0.686
均值	0.250	0.287	0.326	0.376	0.788	1.425	7.708	3.060	10.799	2.780

从固废生产率来看，2012—2020 年甘肃省固废生产率平均值在西部 11 个地区排在第 6 位，在全国排在第 23 位，而 2020 年排在西部地区第 3 位，全国排第 16 位，仅次于东北地区的辽宁，而在东部、中部以及中部地区均没有优势。可见，甘肃省固废生产率在同区位相对还算高，在全国处于中等偏下水平。

表 13 - 11　2012—2020 年各省、自治区、直辖市固废生产率　单位：万元/千克

省份	2012 年	2013 年	2014 年	2015 年	2016 年	2017 年	2018 年	2019 年	2020 年	均值
甘肃	0.182	0.184	0.132	0.167	0.294	0.310	0.123	0.241	1.194	0.314
青海	0.070	0.069	0.055	0.058	0.104	0.128	0.189	0.138	0.887	0.189
宁夏	0.057	0.054	0.056	0.063	0.078	0.090	0.095	0.098	0.240	0.092
新疆	0.066	0.067	0.068	0.102	0.143	0.140	0.184	0.193	0.211	0.130
内蒙古	0.116	0.128	0.111	0.139	0.218	0.253	0.187	0.228	0.475	0.206
广西	0.278	0.317	0.247	0.302	0.441	0.591	0.355	0.213	1.452	0.466

续表

省份	2012 年	2013 年	2014 年	2015 年	2016 年	2017 年	2018 年	2019 年	2020 年	均值
重庆	0.436	0.467	0.438	0.526	1.270	1.596	0.915	0.596	2.634	0.986
四川	0.554	0.609	0.456	0.512	0.834	1.098	0.825	0.387	0.930	0.689
贵州	0.133	0.146	0.129	0.189	0.292	0.334	0.228	0.193	0.570	0.246
云南	0.178	0.201	0.229	0.292	0.401	0.485	0.274	0.404	0.383	0.317
陕西	0.172	0.164	0.137	0.173	0.391	0.513	0.498	0.265	0.723	0.337
北京	1.653	2.005	2.223	2.761	4.222	7.618	10.532	58.250	40.687	14.439
天津	1.086	1.174	0.810	1.227	1.726	2.142	6.440	2.293	15.279	3.575
上海	1.886	2.187	1.336	1.677	2.721	4.920	15.219	3.088	33.702	7.415
江苏	0.817	0.794	0.565	0.715	1.070	1.384	1.200	0.985	3.940	1.274
浙江	0.918	0.789	0.715	0.888	1.730	2.217	1.381	0.888	5.233	1.640
广东	1.295	1.303	1.106	1.544	2.049	2.379	1.116	1.292	1.264	1.483
福建	0.587	0.634	0.491	0.577	0.898	1.357	0.609	0.927	1.487	0.841
山东	0.500	0.547	0.343	0.413	0.551	0.940	2.055	0.651	4.566	1.174
河北	0.147	0.150	0.116	0.142	0.190	0.317	0.774	0.299	1.178	0.368
海南	1.165	1.181	0.994	1.218	1.285	1.368	1.945	1.363	6.817	1.926
山西	0.067	0.076	0.054	0.058	0.130	0.218	0.266	0.109	0.412	0.155
河南	0.326	0.332	0.263	0.297	0.633	1.310	1.721	0.341	5.614	1.204
安徽	0.248	0.302	0.212	0.275	0.508	0.631	0.420	0.379	2.420	0.600
江西	0.225	0.249	0.210	0.221	0.347	0.450	0.335	0.333	1.383	0.417
湖北	0.396	0.425	0.332	0.408	0.715	1.130	0.913	0.504	0.839	0.629
湖南	0.408	0.427	0.338	0.400	0.749	1.024	0.874	0.323	24.855	3.266
辽宁	0.257	0.302	0.191	0.221	0.332	0.403	0.325	0.302	1.961	0.477
吉林	0.312	0.279	0.201	0.226	0.495	0.583	0.625	0.341	0.698	0.418
黑龙江	0.162	0.170	0.163	0.212	0.324	0.384	0.450	0.311	0.629	0.312
均值	0.490	0.524	0.424	0.533	0.838	1.210	1.702	2.531	5.422	1.520

五、主要结论

基于前面对我国土地资源生产率、水资源生产率、能源生产率、环境资源生产率等的测算与分析，对比分析了甘肃省的时空演变特征，得出甘肃省自然资源生产率的主要结论如下：

第一，耕地资源撂荒现象严重，土地资源生产率远低于东北、东部、中部乃至西部的同年度平均水平。根据国土“三调”数据显示，甘肃省共有耕地7814.21万亩，其中具备整治条件的撂荒地面积约550万亩，占耕地总面积的7.04%。基于全国31个省、直辖市和自治区（包括西藏）的数据为样本，计算各地区亩均产量（千克/亩），分析发现甘肃省土地资源生产率长期低于全国平均水平，2012年以来在全国排名处于26—28之间，位次低于全国大多数地区，尽管自2019年以来上升到300千克/亩的水平，排名也所提升，保持在全国第26位；从2021年来看，在西部地区甘肃省土地资源生产率仅高于青海省、贵州省和陕西省。整体来看，甘肃省土地资源生产率要远低于东北、东部、中部乃至西部的同年度平均水平，但相对于西部的青海省、贵州省、陕西省以及中部的山西省略有优势。

第二，水资源量明显不足，但水资源生产率却高于中部大部分地区、东北三省以及西部地区的整体水平。甘肃省水资源量居全国第27位，人均水资源量和耕地亩均水资源量仅为全国平均的1/2和1/4，缺水问题既是总量性问题、也是结构性和季节性问题。根据《甘肃省水安全保障规划》，2025年甘肃省需水量将达到131.6亿立方米，可供水量仅121.3亿立方米，水量缺口很大。用水供需矛盾突出，已成为制约甘肃省经济社会发展和生态文明建设的最大瓶颈。水资源生产率的提高通常被理解为单位水资源产出的增加，但要保障经济的可持续发展，除了增加单位水资源产出，还需要综合考虑水资源生产过程中的资源环境约束。以2012—2019年全国30个省、直辖市和自治区（不包括西藏）的数据为样本，按照区域位置划分为四大地区以此考察全要素水资源生产率的地区差距。甘肃省水资源生产率呈现逐年递增态势，且长期高于全国平均水平，平均值排在全国第17位，而2021年排在全国第15位，在西部排在第6位，略低于青海省，但高于宁夏回族自治区、新疆维吾尔自治区、内蒙古自治区、广西壮族自治区、重庆市等地，甚至高于东部的广东省和福建省。

第三，新能源资源禀赋渐显优势，但能源资源生产率仍低于西部的平均水平。从能源资源禀赋来看，甘肃省风能、太阳能、水能、煤炭、石油、天然气等能源种类齐全、资源丰富，是国家重要的综合能源基地和陆上能源输送大通道，在国家能源发展战略中占有重要地位；新能源可开发量整体位居全国前列，主要集中在河西地区，开发条件较好，根据中国气象局2020年资源评估成果，全国风能技术开发量99亿千瓦，其中甘肃省5.6亿千瓦，全国排名第4；全国光伏发电技术开发量1287亿千瓦，其中甘肃省95亿千瓦，全国排名第5；煤炭探明资源储量291.74亿吨，保有资源储量278.34亿吨；石油剩余探明技术可采储量3.83亿吨，全国排名第4；天然气剩余探明技术可采储量581.05亿立方米，全国排名第13。进一步以2012—2020年全国30个省、直辖市和自治区（不包括西藏）能源生产率（单位：万元/吨标准煤），发现甘肃省能源生产率从2021年的0.538万元/吨标准煤提升到了2021年的0.856万元/吨标准煤，呈现逐年增长态势，但是年均值仅0.701万元/吨标准煤，在全国30个省、直辖市和自治区（不包括西藏）仅排在25位，尽管高于同是西部的内蒙古自治区、青海省、新疆维吾尔自治区和宁夏回族自治区，受制于能源技术不足，始终低于西部的平均水平，离1万元/吨标准煤的生产率仍有明显距离。

第四，空气环境质量持续改善，环境资源“三废”生产率处于全国中等水平。根据2022年6月甘肃省生态环境厅发布的《2021年甘肃省生态环境状况公报》可知，2021年甘肃省空气环境质量持续改善，14个地级城市及兰州新区均开展了环境空气质量六项污染物自动监测，全省环境空气质量达到近十年来最好水平。测算2012—2020年全国30个省、直辖市和自治区（不包括西藏）的环境资源废气、废水和固废“三废”生产率，发现甘肃省“三废”生产率高于青海省、宁夏回族自治区、新疆维吾尔自治区、贵州省、云南省以及陕西省等西部地区，而且从2012年的0.196万元/吨大幅提升到2020年的1.150万元/吨，处于全国的第7位，高于上海市、江苏省、浙江省以及广东省等东部沿海城市。

第四节 “自然资源生产率领跑者制度”“评考用”导向机制

生产率是体现经济高质量发展的重要指标，劳动生产率强调的是每个劳动力每天所带来的产出或价值，自然资源生产率强调的是每个单位自然资源所带来的产出或价值。以“产出”衡量就是“亩产论英雄”，以“价值”衡量就是“亩均论英雄”。在劳动力相对稀缺、自然资源相对丰富的情况下，理当重视劳动生产率；在自然资源的稀缺性不亚于劳动力的情况下，不仅要重视劳动生产率，而且要重视自然资源生产率。土地生产率、水生产率、能源生产率、环境资源生产率等均在此列。因此，甘肃省不仅要提高上述自然资源生产率，而且还要用好这些产率，建立健全“自然资源生产率领跑者制度”，形成“评考用”导向机制。

一、“自然资源生产率领跑者制度”评价导向机制

“自然资源生产率领跑者制度”评价就是对土地、水、能源以及环境资源等自然资源单位“价值”或“产出”的评价。“自然资源生产率领跑者制度”评价导向机制就是以自然资源生产率评价为导向兼顾地区经济发展以及环境治理的评价机制，应将经济与生态相结合，经济禀赋与自然资源禀赋相结合，变自然资源生产率被动评价为主动评价，变自然资源单位“产出”低效为高效，变自然资源无价值为有价值，变人类发展与自然环境冲突为共生共荣。

（一）以“土地资源生产率领跑者制度”为导向，建立健全土地资源利用评价机制

土地资源的利用与配置始终是困扰甘肃省经济发展的重大问题，而土地资源生产率是刻画一定时期内的单位土地面积出产的产品数量或产值，也就是亩均产量，土地资源生产率的高低直接反映了土地资源的利用与配置的水平。甘肃省可委托第三方机构，首先构建土地资源的“亩均产值”“亩均税收”“亩均投资”“亩均科技研发”“亩均技术进步”等评价指标体系，然后按年度为周期，对农业用地、城市用地分类评价，其中农业用地按照主要粮食作物类型划分、城市用地按不同企业类型划分，计算相应分类的土地资源生产率，最后按照排序划分等级，引导城乡盘活、用好土地资源。

（二）以“水资源生产率领跑者制度”为导向，建立健全水资源利用评价机制

甘肃省投入单位水资源量的经济产出不高，导致了甘肃省社会发展严

重受阻，全面建立水资源生产率评价机制有利于持续推进甘肃省水资源的管理。甘肃省可委托第三方机构，以水定城、以水定地、以水定人和以水定产为依据，首先构建以劳动、资本、水资源、能源、农药和化肥作为投入要素，以地区生产总值作为期望产出，以 CO_2、SO_2、固体废弃物和废水排放量为非期望产出的水资源生产率评价指标体系，然后保障经济的可持续发展的同时，综合考虑水资源生产过程中的资源环境约束和单位水资源产出，最后依据年度评价结果，将地区、行业、企业以及村集体乃至家庭进行打分和评级，引导水资源的集约节约利用。

（三）以“能源生产率领跑者制度”为导向，建立健全能源资源利用评价机制

能源资源的有效利用，尤其单位能源消耗的实际产出 GDP 的高低，直接关系到经济社会发展绿色转型的成败。受科技水平的严重制约，甘肃省重点行业能源利用效率低，节能减排工作推进受限，能源资源生产率不高严重影响全省经济社会发展全面绿色转型以及“双碳”目标的实现。甘肃省可以按地区、行业、企业开展能源利用一张表定期准确填报、上报，以便及时摸清楚能源消耗总量，并委托第三方机构，首先构建单位能耗“产值”指标体系，然后以年度为周期，对煤炭、石化、火电、化工、冶金、有色、机械、建材、医药、造纸等重点行业企业地区开展生产率评价，最后依据年度评价结果，按地区将行业分为 A 优先发展类、B 鼓励提升类、C 引导转型类、D 重点调控类，并分别给出政策支持建议，引导企业提升能源利用效率。

（四）以“环境资源生产率领跑者制度”为导向，建立健全环境资源利用评价机制

污水生产率、废气生产率以及固废生产率等环境资源生产率直接决定了单位废物循环利用后的经济产出水平。甘肃可以委托第三方机构，首先构建工业生产过程中产生的废气、废水、废渣及各种废旧物资的生产率评价指标体系和综合环境资源评价指标体系，然后对工业生产进行年度评级，同时鼓励企业对二次资源再开发再利用，比如对采、选、冶、化、深加工企业以及综合类企业通过高能环境资源综合利用项目形式促进其二次资源高效利用，最后根据二次资源利用效率进行再评价，进而修调工业企

业前期年度环境资源评级。

二、“自然资源生产率领跑者制度” 考核导向机制

“自然资源生产率领跑者制度” 是针对长期来重视劳动生产率而轻视自然资源生产率的一种扬弃，是劳动生产率和自然资源生产率并重的考核方法。甘肃省乃至全国政府部门应建立专门的自然资源生产率考评部门，以 “土地资源生产率领跑者制度” 考核导向、“要素资源生产率领跑者制度” 考核导向以及 “环境资源生产率领跑者制度” 考核导向。

（一）以 “土地资源生产率领跑者制度” 考核导向，全面实施土地资源考核制度

具体而言，政府部门应该对于工业用地和商业用地都要分门别类建立 “亩均论英雄” 制度。通过 “亩均投资” “亩均产值” “亩均税收” “亩均科技研发” 等考核指标，遏制招商引资中的 “送地” 现象，遏制土地利用的低效率现象，推进土地资源高效利用，盘活农村闲置土地，用好城市建筑用地和工业用地，推动土地资源重组、功能重塑、空间重构，构建以土地资源生产率为评价导向的城乡生产生活生态空间，助力实现产业兴旺、促进乡村振兴以及共同富裕。

（二）以 “要素资源生产率领跑者制度” 考核导向，全面推进要素资源考核制度

政府部门应按照 “自然资源生产率领跑者制度” 的全面推进要素资源考核。考核土地资源生产率、水资源生产率、能源生产率、环境资源生产率等。严格落实耕地红线制度，以生产率考核 “风向标” 倒逼地区盘活土地资源，提高土地资源利用效率；严格落实水资源生产率考核制度，以用好水资源，从严从细管好水资源，走好水安全有效保障、水资源高效利用、水生态明显改善的集约节约发展之路；严格执行能源考核制度，以生产率考核 “风向标” 促进企业不断提升能源产出水平，优化能源资源要素配置，推动节能降碳和能源资源高效利用，增强企业创新力和竞争力；严格执行双碳环境保护责任制，制定环境治理目标，以生产率考核 “风向标” 增强工业企业排污与生产实现良性循环、减污与增益双驱动。

（三）以“环境资源生产率领跑者制度”考核导向，全面推行环境治理考核制度

政府部门应对“亩均效益”领跑的区域、园区、行业、企业等要给以足够的激励，反之，要进行淘汰，从而实现资源配置优胜劣汰、腾笼换鸟的效果。同时采取激烈措施促进区域、园区、行业、企业等通过技术手段将废气、废水、废固等再开发再利用，实现对二次资源的“吃干榨尽”以及“变废为宝”，从而提高“亩均效益”，促进区域、园区、行业、企业等环境治理，以全面推进环境治理考核助推其形成环境资源综合利用产业链的延链、补链、强链等良性循环生态链，考核也随之采用循环考核方式进行，最终达到环境资源高效利用的目的。

三、“自然资源生产率领跑者制度”应用导向机制

“自然资源生产率领跑者制度”是一种制度创新，甘肃省乃至全国各省份党委和政府有关部门应建立健全“自然资源生产率领跑者制度”应用导向机制，促进地区科技创新，提升地区资源生产率，其应用可体现在自然资源的产权分配、生态补偿、投融资以及数字化应用场景搭建等多个方面。

（一）以“自然资源生产率领跑者制度”应用导向，建立自然资源产权分配制度

随着社会经济的发展和人口总量的增加，自然资源供需矛盾日益突出，并且伴有环境污染、生态破坏和资源枯竭等“负外部性”问题，就其具体原因主要是产权分配制度不健全、产权市场建设滞后等问题。政府部门应依据土地资源、水资源、能源资源、环境资源等自然资源的单位产出或产值的评价等级以及考核结果，坚持自然资源产权结构以公有制为主，建立自然资源产权分配制度，资产产权分配向自然资源生产率评价等级高、考核结果好的主体倾斜，对于评价等级低、考核结果差的资产少分配或不分配，完成自然资源确权登记，将自然资源利用观念从“重保护、重权益”的“二重”转变为“重生产率、重保护、重权益”的“三重”，深化自然资源产权制度改革，推动自然资源资产保护、管理与有偿使用，

促进自然资源集约开发利用和生态文明建设。

（二）以“自然资源生产率领跑者制度”应用导向，构建自然资源生态补偿机制

生态补偿是生态产品价值实现的重要方式之一。政府部门应结合自然资源资产确权登记，明晰生态补偿主体和受偿主体，依据土地资源、水资源、能源资源、环境资源等自然资源的单位产出或产值的评价等级以及考核结果，推进生态补偿标准制定，结合自然资源资产有偿使用以及自然资源执法监察，构建自然资源生产率为导向的生态补偿机制，建立以自然资源生产率为“标价”的市场多元化的生态补偿模式，同时，采用不同地区自然资源生产率横向比较补偿和同一地区自然资源生产率纵向比较补偿的方式，在多部门协同下促进生态产品价值转化，统筹推进资源保护和环境修复的协调发展。

（三）以“自然资源生产率领跑者制度”应用导向，打通自然资源投融资渠道

事实上，自然资源的利用、环境的治理以及生态的修复都离不开大量专项资金的支持，亟须打通自然资源投融资渠道。而自然资源生产率兼顾了自然资源的投入与产出，那么不同自然资源的生产率水平的高低可作为单位机构投资、抵押贷款和信用贷款的衡量标准，也可以作为机构、政府部门发行债券和融资租赁等的重要参考依据，甚至可作为投融资的短、中、长期以及额度大小、门槛高低的重要判断参数，政府部门应牵头打通土地资源、水资源、能源资源、环境资源等自然资源投融资渠道，高效盘活自然资源资产。

第十四章

甘肃省生态产品价值实现的法治保障研究

甘肃省生态产品价值实现的法治保障建设既要符合国家法，又要推进地方创制性立法、实施性立法和试验性立法。为消除政策性规定在地区分布上的多样化和碎片化现象，解决各地各自为政、地域保护主义明显、财政政策等缺乏系统性、稳定性和权威性等问题，需要强化地方立法的引领，对生态产品价值实现制度予以确定、整合、协调、补充与解释。甘肃省须构建符合本省实际的生态产品价值实现“基础性制度”“主体性制度”“支持性制度”“引导性制度”等制度体系，由“试点先行”到“点状突破”再到全省推广。建议加快构建“1+X”的生态产品价值实现地方法治体系，制定《甘肃省生态产品价值实现促进条例》等地方性法规，发布专门的省级司法意见及典型案例。

第一节 生态产品价值实现的国家法治实践评析

一、生态产品价值实现的国家层面制度政策分析

（一）不断加强生态产品价值实现的顶层设计与法治创新

生态产品有关的国家文件最早可以追溯到2010年国务院印发的《全

国主体功能区规划》。2012 年 11 月，党的十八大报告首次提出“增强生态产品生产能力”。2015 年 9 月，《生态文明体制改革总体方案》提出“树立自然价值和自然资本理念，自然生态是有价值的”。2015 年 12 月，《关于加快推进生态文明建设的意见》提出“良好生态环境是最公平的公共产品，是最普惠的民生福祉”。2016 年 8 月，《关于设立统一规范的国家生态文明试验区的意见》提出“为企业、群众提供更多更好的生态产品、绿色产品的制度”，率先在贵州省、浙江省、江西省和青海省四省开展“生态产品价值实现的先行区”工作。《全国国土规划纲要（2016—2030 年）》提出“建立健全国土空间开发保护和用途管制制度，全面实行自然资源资产有偿使用制度和生态保护补偿制度，将资源消耗、环境损害、生态效益纳入经济社会发展评价体系”。2017 年 10 月，《关于完善主体功能区战略和制度的若干意见》提出“要建立健全生态产品价值实现机制，挖掘生态产品市场价值”“科学评估生态产品价值，培育生态产品交易市场”。2017 年 10 月，党的十九大报告进一步提出“既要创造更多的物质财富和精神财富，也要提供更多优质生态产品以满足人民日益增长的优美生态环境的需要”。2019 年 5 月，中共中央、国务院《关于建立健全城乡融合发展体制机制和政策体系的意见》要求“探索生态产品价值实现机制”改革事项。2019 年 6 月，《关于建立以国家公园为主体的自然保护地体系的指导意见》要求“提升生态产品供给能力，维护国家生态安全，为建设美丽中国、实现中华民族永续发展提供生态支撑”。以上党和国家决策部署向纵深推进，生态产品价值实现“高频率”政策陆续出台。

（二）《意见》要求加强“六大机制”的对应制度建设

2021 年 4 月，中共中央办公厅、国务院办公厅《关于建立健全生态产品价值实现机制的意见》（中办发〔2021〕24 号，以下简称《意见》）明确了“六大机制”及其相关联的重点制度建设任务。具体如下：①在调查监测机制方面，建立健全自然资源确权登记制度、生态产品动态监测制度、生态产品信息公开制度等；②在价值评价机制方面，建立健全生态产品总值统计制度、生态产品价值核算制度、生态产品价值核算结果发布制度等；③在经营开发机制方面，建立健全生态产品供给制度、生态产品价值增值制度、生态资源权益交易制度等；④在保护补偿机制方面，建立健全纵向生态保护补偿制度、横向生态保护补偿制度等；⑤在保障机制方面，建立健全生态产品价值考核制度、生态产品保护税制度、生态产品绿色金融制度等；⑥在推进机制方面，建立健全组织领导制度、试点示范制度、智力支撑制度、督促落实制度等。但美中不足的是该意见尚未与司法政策相衔接，忽略生态产品价值实现过程中的司法需求。

（三）出台了生态产品价值实现的其他配套政策

除《意见》之外，国务院从 2014 年开始制定《关于鼓励和支持社会资本参与生态保护修复的意见》《关于加快建立健全绿色低碳循环发展经济体系的指导意见》《关于健全生态保护补偿机制的意见》《关于进一步推进排污权有偿使用和交易试点工作的指导意见》等规定。生态文明建设具有“政策先行”的特点，国家政策起到了关键的先导和指引作用。此外，中央生态环境保护督察、党政领导干部生态环境损害责任追究等一系列党内法规相继出台。“生态产品价值实现”成为政治和政策话语之后，从政理到法理、法律的转变过程中，党内法规对生态环境相关法律“立改废释纂”起到了关键推动作用。

随着我国生态文明建设的深入，生态产品及其价值实现理念由最初国土空间优化的一个要素逐步转变为生态文明建设的核心理论支柱。生态产品的“三分法”（公共性、经营性、准公共性生态产品）和价值实现的“三路径”（政府路径、市场路径、政府与市场相结合路径）构成了生态产品价值实现法治构建的基础逻辑，可以用于生态产品有偿、补偿和赔偿等制度设计和政策制定。国家政策关于生态产品的内涵正在经历扩张与完善的历程，概念逐渐从抽象转向具体，从关注“产品”这一最终形态转向包括产品产出在内的生态涵养、产品供给等一系列过程，生态产品价值实现的内涵和外延更加丰富、具体。

二、含有“生态产品”字样的立法评析

截至 2022 年 12 月底，我国现行有效法律 300 部，其中环境资源领域法律有 30 多部，基本形成生态环保领域党内法规与国家法律相辅相成、相互促进、相互保障的环境法治体系。但是，我国还没有专门规定生态产品价值实现的中央立法，类似于或者涉及生态产品价值实现的条款数量却

十分多。检索到的全文含有“生态产品”字样的法律有11部，2022年8月《国家公园法（草案）》（征求意见稿）第三十九条规定“国家公园应当提供与保护目标相一致的生态产品与服务”。从2021年开始，越来越多的国家部委政策文件出现了“生态产品”的字样，但大多只是对“建立生态产品价值实现机制”的简单化、重复性或原则性规定，没有更进一步的具体化规定。但并没有一般专门规定生态产品价值实现，或者从绿色金融、自然资源产权市场交易、生态补偿等方面的专门立法。

三、生态产品价值实现典型案例的法治保障路径分析

截至2023年12月，自然资源部已发布四批生态产品价值实现典型案例，可将其类型化为开发型、弥补式、市场化、财政金融型四种法治保障路径。具体如表14－1所示。

表14－1　生态产品价值实现典型案例法治保障路径梳理

序号	生态产品价值实现典型案例	法治保障路径
1	福建省厦门市五缘湾片区生态修复与综合开发案例	弥补式
2	福建省南平市“森林生态银行”案例	财政金融性型
3	重庆市拓展地票生态功能促进生态产品价值实现案例	市场化
4	重庆市森林覆盖率指标交易案例	财政金融性型
5	浙江省余姚市梁弄镇全域土地综合整治促进生态产品价值实现案例	市场化
6	江苏省徐州市潘安湖采煤塌陷区生态修复及价值实现案例	弥补式
7	山东省威海市华夏城矿坑生态修复及价值实现案例	弥补式
8	江西省赣州市寻乌县山水林田湖草综合治理案例	市场化
9	云南省玉溪市抚仙湖山水林田湖草综合治理案例	市场化
10	湖北省鄂州市生态价值核算和生态补偿案例	弥补式
11	江苏省苏州市金庭镇发展“生态农文旅”促进生态产品价值实现案例	市场化
12	福建省南平市光泽县“水美经济”案例	弥补式
13	河南省淅川县生态产业发展助推生态产品价值实现案例	市场化
14	湖南省常德市穿紫河生态治理与综合开发案例	弥补式
15	江苏省江阴市“三进三退”护长江促生态产品价值实现案例	市场化
16	北京市房山区史家营乡曹家坊废弃矿山生态修复及价值实现案例	弥补式

续表

序号	生态产品价值实现典型案例	法治保障路径
17	山东省邹城市采煤塌陷地治理促进生态产品价值实现案例	弥补式
18	河北省唐山市南湖采煤塌陷区生态修复及价值实现案例	弥补式
19	广东省广州市花都区公益林碳普惠项目案例	财政金融性型
20	福建省三明市林权改革和碳汇交易促进生态产品价值实现案例	财政金融性型
21	云南省元阳县阿者科村发展生态旅游实现人与自然和谐共生案例	市场化
22	浙江省杭州市余杭区青山村建立水基金促进市场化多元化生态保护补偿案例	弥补式
23	宁夏回族自治区银川市贺兰县“稻渔空间”一二三产融合促进生态产品价值实现案例	市场化
24	吉林省抚松县发展生态产业推动生态产品价值实现案例	市场化
25	广东省南澳县“生态立岛”促进生态产品价值实现案例	弥补式
26	广西壮族自治区北海市冯家江生态治理与综合开发案例	弥补式
27	海南省儋州市莲花山矿山生态修复及价值实现案例	弥补式

第一，开发型法治保障路径以生态资源为对象，运用经济学、生态学、管理学等方法进行价值核算，价值量化其具体生态功能，将该功能转化为具有一定的服务型、资产化产品的过程，其实质是对生态资源的价值化挖掘，推动生态资源的资产化、产业化。该路径主要针对生态产品的开发阶段而进行法治保障，强调多元主体参与、多角度考虑以及生态产业化或生态补偿式的多元实现路径。其坚持绿色低碳发展理念，需要政府、市场、社会的通力合作，要关注多主体的权责边界，注重公平合理分配，注重生态产品开发的可持续性，而非竭泽而渔。

第二，弥补式法治保障路径坚持生态优先和恢复力原则，强调自然的健康维护及其永续繁衍的问题，强调人类利用自然、开发自然必须遵守的生态红线和法治底线，要求避免开发利用对生态产品以及生态环境所产生的负面影响或对其进行弥补。该路径侧重抑制负面环境影响，与开发性法治保障路径相辅相成共同助力共同富裕和乡村振兴。以北大法宝作为检索工具，分别以“生态保护补偿”“生态修复”予以检索，共有 10 件国家法律提及“生态保护补偿”，60 余件国家法律法规提及“生态修复”。

第三，市场化法治保障路径注重协调市场供需法律关系，既保护生态产品供给者的权益以保证其供给的可持续性，也保护生态产品需求者的权益以提高其参与市场的积极性和活跃度，强调产权交易的合法合规。该路径注重发挥市场配置资源的决定性作用，如推广各类生态产品、发展生态产业、推动产业融合等。

第四，财政金融型法治保障路径注重财政、税收和金融法的支持和保障，通过发展融资工具提供融资支持，创新交融交易工具进行市场价格发现、运用科技手段促进保值增值，促进金融政策和法律的低碳化与绿色化。我国“十三五”规划将绿色金融上升为国家战略之后，绿色金融市场逐渐发展出绿色债券、绿色保险、绿色基金和其他支持绿色和可持续项目或服务的新兴产品，已形成包括标准体系、金融机构监管和信息披露要求、激励约束机制、产品和市场体系、国际合作在内的“五大支柱”。

第二节　甘肃省生态产品价值实现的地方法治实践评析

一、因地制宜开展多元化生态产品价值实现的实践探索

（一）规划引领，推动生态产品价值实现项目落地

一是《甘肃省清洁生产产业发展专项行动计划》提出推行工业行业的绿色化改造绿色工业设计，清洁生产产业，绿色矿山建设。

二是《甘肃省节能环保产业专项行动计划》推动节能产业的发展，在大气、水、土壤等生态领域推动资源循环利用、产业发展等。

三是《关于规范推进特色小镇和特色小城镇建设的实施意见》通过空间规划，生态产品、生态资源的开发利用，推进全省特色小镇和特色小城镇高标准高质量发展。

四是发布《甘肃省山水林田湖草生态保护修复项目验收技术指南（试行）》，为天然林保护工程、退耕还林工程、三北防护林工程、防沙治沙等重点工程项目，以及山水林田湖草生物多样性领域的生态产品供给规

范保障，持续推进黄土高原、祁连山脉、河西走廊生态修复和保护工程。

（二）大力发展生态产品价值实现的地方特色产业

一是兰州市突出资源环境领域改革，建设环境权益交易政策体系，建立了排污权和用能权交易等的综合环境交易市场体系，并建立生态产品的调查监测机制，碳排放权交易制度等。

二是嘉峪市为发展节能环保产业，推动十大生态产业一业一策，探索大气类、工业的绿色生态产品的市场交易制度。

三是金昌市通过公益林、草管理制度推进森林、草原等重点领域的生态产品建设，落实禁牧、草畜平衡联合执法机制等。

四是张掖市发展丹霞地貌旅游类生态产品，推动生态产品的价值实现。

五是武威市推动碳汇、新能源、光伏、绿色+产业链链长制、泥碳、造林、工业用水利用、生态补水、矿山修复、飞地经济等多种新新项目的实施。

（三）开展生态产品价值实现机制项目试点

限于休闲农业与乡村旅游的用地管理制度，大部分配套服务设施项目由于缺少建设用地指标而难以实施落地，严重制约休闲农业与乡村旅游的发展。为此，2022 年《甘肃省发展改革委关于申报生态产品价值实现机制试点项目的函》要求各区、县（市）政府乃至相关的社会组织提出相应的制度建设建议：

一是开展生态循环农业试点。地方各级政府依据《畜禽粪便堆肥技术规范》《绿色种养循环农业试点效果监测方案》等加强农业生态监测，实施戈壁生态农业。

二是平凉市构建以绿色生态为导向的农业生态补偿制度试点。

三是甘肃在全省范围试点生态产品目录、核算办法、考核执法等实践探索。

二、甘肃省生态产品价值实现地方法治实践的成效总结

（一）构建生态产品价值实现制度框架

甘肃省根据 2010 年《全国主体功能区规划》、2017 年《关于完善主

体功能区战略和制度的若干意见》、2021 年《关于建立健全生态产品价值实现机制的意见》等“上位法”规定，完善已有的地方性法规和政府规章，初步建立自然资源产权管理、生态产品价值核算、生态产品供给保障、生态产品市场交易、绿色金融、考核评价以及纠纷解决在内的制度框架。

（二）发挥地方立法的引领和推动作用

《甘肃省环境保护条例》《甘肃省水污染防治条例》《甘肃省土壤污染防治条例》《甘肃省自然保护区条例》《甘肃省林地保护条例》《甘肃省湿地保护条例》《甘肃省矿产资源管理条例》《甘肃省地质环境保护条例》《甘肃省石羊河流域水资源管理条例》等地方性法规，发挥了地方立法在生态产品价值实现中的引领和推动作用。

（三）党内联合发文，强化地方党内法规和地方法治的协同

《中共甘肃省委员会办公厅、甘肃省人民政府办公厅关于进一步加快推进生态文明制度建设的意见》《甘肃省推进绿色生态产业发展规划》均指出要加快建立绿色生产和消费的法规制度和政策措施，形成多领域、宽层次、较完备的法制支撑和制度体系。具体包括建立转移支付资金安排与绩效考核挂钩分配制度加快构建生态产品绿色产品供给体系，建立绿色发展投入和科技支撑保障机制培育绿色产业，完善生态补偿制度，鼓励政府采购生态产品及其服务等。

三、甘肃省生态产品价值实现地方法治实践存在的问题

（一）有待加强生态产品价值实现的制度体系化

第一，有的地方尚停留在政策型或口号型制度建设阶段，法规型制度仅处于辅助地位的困境。政策主导型的地方法治具有不确定性与易变更性，不利于生态产品价值实现制度建设的体系化与稳定发展。如生态产品调查监测制度体系中的资源清单制度等，存在“无法可依”的困境。大多地方政府仍然从政策性文件出发，零碎化、分散化的现象十分明显，还未形成制度体系，缺乏整体性和系统性。

第二，单一型资源要素保护或污染防治条例涉及生态产品供给支撑的法律规定，但是“单一要素立法模式”却易导致制度的碎片化。比如生

态环境监测制度散见于《甘肃省环境保护条例》《甘肃省水污染防治条例》《甘肃省生态环境监测网络建设实施方案》等；自然资源的管理类制度散见于《甘肃省石羊河流域地下水资源管理办法》《甘肃省矿产资源管理条例》等。在生态产品价值实现主导性制度不清晰的背景下，零散的制度规定导致各类自然资源相关的生态产品价值实现的制度设计相对太多，容易导致诸多制度“浑水摸鱼”“搭便车”甚至出现制度冲突或制度内耗。从法治效能观之，有待开展政策或法规规章的立法后评估工作，发挥地方性法规的“小快灵”优势。

第三，有待与国土空间规划等协调并加强制度协同。生态产品价值实现在国土空间规划中落实还存在生态空间中生态红线内生态产品价值实现难度大、城镇空间中的生态产品价值实现形式单一、农业空间中的生态产品价值实现质量效能低等难点。[①] 一是甘肃省虽然已经建立生态补偿、资源产品价格机制（资源税制度、水价）、权属交易制度、绿色金融类的环保核查制度、信息披露制度等，但还存在用能权交易和碳排放权交易的交叉重叠，关系尚未理顺等问题。二是甘肃省少数民族自治区的自治条例涉及生态产品价值实现机制的规定缺乏系统性、整体性和协调性。三是囿于缺乏体系性与类型化思维，导致生态产品价值实现的法律制度与生态文明制度混同、制度交叉重叠等制度肥大化现象时有发生。尽管通过生态保护红线、全国生态功能区划与生态功能保护区等制度的协同，可以提升制度绩效。但是，由于自然资源资产产权制度与监管制度这两大前提性、基础性制度长期分散于各类自然要素管理的法律法规中，导致生态区域保护的地方制度体系建设长期滞后。

（二）缺乏实施细则而阻碍生态产品价值的市场化实现

第一，甘肃省生态产品价值评估核算缺乏统一标准。生态资产效益的外部性和公共产品属性决定应当依法健全生态产品价值转化后的利益分配机制和惠益分享。生态价值评估与核算法律制度是通过立法的形式对生态产品的直接使用价值、间接使用价值、存在价值等进行经济化的考量的确定。由于缺乏相对统一的生态产品价值评估与核算制度，生态产品的供给

---

① 矫雪梅，张雪原，孙雯，等．生态产品价值在国土空间规划中落地难点与规划应对[J]．城市发展研究，2022（09）：52－53．

主体及责任，权利、价值评估方法学、市场交易规则以及自然资源资产产权等保障生态产品价值实现的相关立法也几乎处于空白状态。评价标准等规则不明确致使生态产品价值实现缺乏制度的稳定预期，不利于推进甘肃省生态服务、生态产品的市场交易，也易产生价值评估时生态产品评估偏低的现象，不利于生态转移支付、生态补偿、环境责任保险等制度的建立健全。

第二，有效市场和有为政府“两个轮子”的驱动作用未充分发挥。一是竞争激励难以满足多元化需求，甘肃省资源、权属等交易市场还存在半市场化、准市场化状态、市场活跃度低等问题。二是社会资本参与生态产品价值实现的积极性不高，尤其是缺乏公私合作关系的契约精神。三是生态产品交易市场浅层化发育，生态产品以及资源价格和产权管理向政策制度转化慢，导致甘肃省生态产品交易市场存在原料低价、资源低价、产品高价的“优质低价”现状。

第三，生态产品市场交易规则建设亟待加强。一是尚未建立适应市场交易的生态资源产权制度，直接影响生态产品交易的价值核算、市场建立以及补偿。二是尚未明晰不同行政机关之间、行政机关与企业、企业之间的权责，甘肃省生态产品价值实现市场交易中政府的主导性过强。三是绿色产品信用制度不完善，以及存在生态产品标准、认证、标识体系不统一等。因而导致各类产品充斥市场，生态产品和生态服务参差不齐，以次充好，乃至出现竞劣现象，难以形成生态产品消费引领，不利于绿色低碳发展。

第三节　甘肃省生态产品价值实现机制的法治优化建议

一、针对“制度拥挤”加强相关制度整合

（一）归并简化甘肃省生态产品价值实现法律制度

第一，简化自然资源资产产权制度。生态保护的制度绩效低下与自然资源资产产权制度“制度拥挤”现象高度相关。自然资源资产产权制度

贯穿于生态产品价值实现的各个阶段，因此要通过专门化、综合化立法方式，将分散于各个地方性法规中的产权管理之效果重复的、带有秩序性特点的条文归纳到相同或者相似的规范之中，合并精简，促进类似制度的整合与体系化。当然，自然资源制度的体系化并非只是表层描述的同类型制度之简单合并，应当根据制度的功能作用和内在价值的差异进行整合。地方立法要注重上位法规范和下位法规范相区分、共同规则和具体条款相区分、一般条款和但书条款相区分等的立法技术之上，将自然资源产权管理的制度类型化为多个制度群，再基于制度的内在一致性划分，统筹考虑制度群内部中各项具体法律制度之间的关联性与融洽性。

第二，归并提取生态产品价值实现有关的共性制度。根据共同但有区别责任原则，提取生态产品价值实现相似或共性制度。一般性规定对特殊性规定尽管具有引导作用，但是不同生态要素的资源管理制度的具体内容又有差异。比如水资源管理需做到“节水优先、空间均衡、系统治理、两手发力”，颁布专门的《水资源调度管理办法》。甘肃省在简化资源管理制度时又需要依据资源之特殊性与缺水之省情作出相应之调整，不能以“一刀切”的方法简单统一自然资源管理制度，应当使各项制度安排为了实现某一确定的功能和目标，有机组合在一起。在给定的资源存量等条件下，使整个制度系统处于相对“稳定”的状态。

（二）及时废止不适宜生态产品价值实现的政策制度

第一，及时废止不利于发挥市场主体作用的制度设计。甘肃地方环境立法仍存在“管制手段过强、经济手段过弱”的现象，不利于生态产品市场交易与稳定发展。地方性法规和部门规章应当尽可能对生态产品价值实现相关的市场行为予以“放权”，废止过于标准化的定价规定、过于复杂的市场准入条件等规定予，充分发挥有效市场和有为政府的应有作用，构建法治化的营商环境。

第二，及时废止不利于构建统一生态产品交易的地方性法规或政策文件。由于不同行政区域或不同管理部门有不同利益需求，因此不同市州或不同管理部门有可能会制定不同甚至相互冲突的政策与地方性法规或政府规章。为此，要及时废止不同市州、主管部门发布的有争议与相冲突的，以及不利于构建统一生态产品交易的政策制度。

第三，淘汰不利于生态文明建设与绿色发展的政策制度。甘肃省生态产品价值实现的法律制度或者法律规范并非越多越好，而应当分析已有的制度能否保障生态产品之供给、交易或者保障，能否有效实施和实现生态产品价值实现机制之目的。如已有的环境税制度、生态产权制度具有替代选择性。环境税收制度本质上是违法行为合法化，不能将环境税收制度统一适用于生态产品价值实现的各个领域，因此要防止“税收偏好”，要从侧重环境资源税制度转向生态环境权属交易制度。

二、针对“制度冲突”加强相关制度协调

（一）增强地方生态产品价值实现制度的衔接性与特色性

第一，依据上位法构建生态产品价值实现的地方特色制度。依据《立法法》对地方立法权进行一定的倾斜配置的规定，授权甘肃等欠发达地区在生态产品价值实现、“三农”、区域协同发展等领域“先行先试”。甘肃省地方立法或政策要尊重《民法典》等不同位阶法律规范的功能定位，注意上位规范和下位规范、具体规范和但书规范等之间的内在联系。对于上位法已有规定的，或者上位法要求地方政府予以细化完善的，甘肃省应当进行及时的立法具体化：一是建立生态环境保护利益导向机制等保障农村的生态利益，实现共同富裕。二是完善覆盖企业、社会组织和个人的生态积分制度体系。三是统一协调各类法律规则，各种法之间的内容、权利、义务、罚则的规定，协调各类政策之间、法律与政策之间的关系，建立统一协调的生态产品价值实现制度体系。

第二，加强省级部门、地方与省级有关生态产品价值实现制度的协同配合。生态产品具有多样性与复杂性等特征，已扩展到“生态+”产品，即基于自然要素经劳动加工产生的相关产品和服务，如生态旅游、生态康养、生态文化、生态农业等。其运行机制不会因为行政区域的划分而有所不同，因此要构建跨区域、跨部门的生态产品价值实现的制度协同：一是生态产品交易、生态补偿、财政转移支付等制度均涉及跨行政区域的问题，要探索跨区市（州）、跨流域甚至跨省横向补偿与协调发展机制。二是通过公众参与、听证、评估的方式，完善甘肃省全域的核算评估制度体系、市场交易规则体系。三是由于生态产品的定价制度是依法收缴生态产品收益的基础，与建立完善生态产品交易规则和交易平台，监督规范生态产品的出售、划拨、出让、租赁等市场活动相关。需要对此类可能受到主

管部门自身利益影响，且对建立统一市场有重要影响的制度进行相对统一和协同。

第三，地方立法应当贯彻生态文明理念的整体性、系统性思维。通过地方试点、先行先试立法等方式来探索国家政策制度的地方具体化与特色化，为上位法的完善提供地方法治经验。一是甘肃省在全国碳排放权交易市场试点中起到了很好的先行示范作用，未来需要在整体性思维指导下构建多元治理、协同配合的制度体系。二是整合环境污染、自然资源、生态保护等领域的省级地方性法规和政府规章，加快修订更加体系化和综合化的《甘肃省生态环境保护条例》。三是虽然已建立生态环境督察、领导干部离任审计、生态环境终身责任追究、重点生态功能区财政转移支付、生态保护红线、环境质量底线、资源利用上线和环境准入负面清单制度等，但还存在规定过于宽泛导致的制度细节缺失问题，因此需要加强部门间协同配合，完善山水林田湖草沙一体化保护和系统治理的实施细则。

（二）促进生态产品价值实现正式制度及非正式制度的协同配合

第一，强化制度内部协调。甘肃省生态产品价值实现机制建构过程中存在对于同一行为有多种制度安排，制度之间容易产生矛盾。因此，要通过选择特定的关系，通过制度选择将复杂性组织起来的统一单位，实现制度体系化。但是，在制度选择的过程中应当注意防止出现生态产品价值实现制度与生态文明制度的交叉重叠，以及与环境法律制度的竞合问题。生态产品价值实现法律制度体系的构建并非简单形成生态产品调查监测制度体系、生态产品评价、生态产品经营开发、生态产品补偿、生态产品交易、绿色金融、生态产品价值考核的制度体系框架，而是要通过法定程序和立法协同来破解制度竞合，实现制度之间的耦合强化。

第二，加强法律法规与党内法规的协同配合。国家以党政联合发文形式启动生态产品价值实现机制改革，虽然大大提高改革效率，但是因对公民实体权利义务产生影响而需要谨慎处理。为提高完备性、稳定性、管用性，需加强三个方面工作：一是需要对生态产品价值实现的党政文件类型化，厘清总体改革性文件、具体制度类文件、责任制度类文件、执行类文件等。二是根据文件类型确定临时性的文件、针对某一具体问题应对的文件、道德类的文件不需要转化，而涉及公民基本权利义务的文件必须衔接。三是通过制定和优化行为规范、裁判规范，基本原则条款、概括性条款、引致条款、转介条款等方式，有的放矢地实现地方党内法规与地方立法有机衔接，形成适应生态产品价值实现需要的整体法秩序。

第三，强化正式制度与非正式制度的协同配合。生态产品价值实现机制要构建“硬法”与“软法”相容的规范体系和实施体系，成为“软硬结合”的“混合法治模式”。但是针对甘肃省生态产品价值实现过程中纠纷解决制度存在的正式制度不完善、非正式制度难以与正式制度配合之困境，需通过法治手段实现非正式制度与正式制度相协调。一是运用好地方立法权，及时制定完善地方性法规规章，为生态产品价值实现提供基础性“硬法”规范。二是制定或修订市民公约、乡规民约、行业规章、团体章程等，形成具有地方特色、贴合实际的“软法”规范体系。三是注重“软法”规范的实效性。通过物质类引导性资源、精神类引导性资源和强制性引导性资源保障“软法”规范有效运行。如制定“红黑榜”“能人榜”“贡献榜”等政策制度，发挥名誉、威望等弹性规制或机制的激励或约束作用。

三、针对“制度缺失”加强相关制度补充

（一）补充生态产品价值实现的数字化制度

第一，构建“大数据+多元参与”制度。一是构建数据公开与数据开放共享机制，健全完善行政之间部门综合统计报表制度，拓宽数据收集渠道，加强部门行政记录应用研究，规范获取部门统计数据，推进统计信息共享工作。二是建立生态产品价值实现数据证据的行政与司法机关的沟通衔接机制，提供行政执法与环境司法的衔接渠道。三是通过大数据平台健全和完善生态产品的产品信息、企业信息、交易信息的开放与共享，引导社会公众重视并参与生态产品的生产和交易流通。可以在政府主导下构建基于区块链等新技术的生态产品质量追溯服务平台，建立和规范生态产品认证评价标准，推动生态产品认证跨区域互认，注重跨时空资金平衡和溢价回收，提升多主体协同治理效能。①

第二，构建“大数据+数据安全”制度。在推进生态产品价值法律

---

① 樊轶侠，王正早．“双碳”目标下生态产品价值实现机理及路径优化［J］．甘肃社会科学，2022（04）：192.

制度完善的过程中，利用“东数西算”的资源强项，建立健全生态产品价值实现的算法规制和管理利用数据的法律制度。随着算法在生态产品价值实践中的应用，如算法助力国家和地区能耗核算工作、资源环境综合统计、碳达峰碳中和统计核算等，也需要防止算法歧视：一是明确生态产品机制实现机制中算法的应用范围与限制条；二是建立与算法应用相对应的正当程序制度和算法问责机制；三是建立健全赋权制度与事后救济制度，防止因算法产生的服务与分配的非均等化与不正义。

第三，构建“大数据+监管监测”制度。一是建立生态环境状况、自然资源资产、生态产品底数等的数字化调查监测法律制度，包括通过调查监测评价摸清生态系统基本状况，掌握生态系统服务情况，为生态产品价值实现提供数量、质量和分布等基础信息。二是建立数字化统计调查制度体系、数字监测制度等自然资源、生态资源等资源管理类制度，完善资源统计报表制度，强化新能源产品统计、能源消费统计监测，全面反映能源生产、销售、库存、消费等情况。三是建立电子证照制度等其他保障制度，通过数字化加强环境监管与行政执法的统筹协同。

（二）完善生态产品价值实现的市场化制度

第一，构建政府主导、市场参与、公众参与“三位一体”的生态产品补偿与采购制度体系。由于生态资源和产品供给具有投资周期长、见效慢、可逆性差等特点，政府直接参与或政策引导形成的横纵向生态补偿等交易市场一般不会自发形成。生态产品供给者自身抗风险能力较差，具有较高的贫困脆弱性。若生态产品的交易在实施过程中出现购买方违约、市场消失、市场价过低等情况，会带来较大的沉没成本，非但不能实现预期的增收效果，反而会带来较严重的负向影响，影响相对人的生计。① 因此，在引导建立生态产品交易市场的同时，还要完善法律制度的实施机制，通过遵循国家整体功能区规划，严守耕地和生态保护红线，加强整体规划和宏观调控，做好风险评估及法律规制。

第二，扭转生态产品市场交易“重公法制度、轻私法制度”的现象。有的地方对生态产品价值实现工作存在畏难情绪、“卸责”或不作为、慢

① 郭韦杉，李国平．欠发达地区实现共同富裕的主抓手：生态产品价值实现机制［J］．上海经济研究，2022（02）：83－84.

作为现象。对此，要加强多元主体良性互动和社会参与下的制度体系构建：一是在立法中明确生态产品市场交易中政府各部门之间、政府与企业之间、企业与企业之间的规则体系。二是推进行政化的生态保护补偿向市场化的生态保护补偿演替。三是明确各种层级的资源、产品的占有、使用、收益与处分的权利边界，并相对放松水权交易、碳汇权交易、排污权交易等的政府管制，辅以建立生态资源指标管控和产权交易制度，解决产权主体界定不明、权能交易不规范、监管机制不健全等问题。

第三，构建"兼顾生态与经济的双重政绩考核"制度。生态产品价值实现制度设计要摒弃政绩冲动，防止过于侧重服务于地方经济利益。若普遍施行体现绿色政绩观的生态产品保护绩效考评和责任追究制度，难免会导致地方政府盲目跟风、恶性竞争，或轻易上马一些不适合当地实际情况或难以带来实际收益的"政绩工程"。因此，要健全生态产品价值考核评价制度体系，建立"生态＋"经济的绩效考核制度，防止采取纯经济考核或者片面生态产品总值绩效考核模式。

四、针对"制度含糊"加强相关制度解释

（一）通过制度的精细化来加强生态产品价值实现的专业化

第一，通过省级立法明确生态产品价值实现的法治内涵。生态产品、生态产品价值实现等核心概念及其主要类型需要地方性法规或政府规章等专门立法予以界定。通过概念的法律界定，使生态产品的生产、消费有明确的权利义务主体、权利义务内容、行为方式和程序要求等。通过地方立法的具体化与细化规定，使生态产品价值实现更加具有确定性、可行性，行为人可依法预测行为后果和法律责任。

第二，通过地方立法完善规定上位法中较为含糊的制度。对于上位法规定比较抽象和列举不周延的，甘肃省负有及时具体化国家法的地方立法义务。在生态产品价值评估、生态资本评估、生态系统评估等方面，国家层面缺乏具体的规范和评估规定，比如关于泥碳、新能源等的价值评估等。因此，甘肃省可以先通过地方试点等方式，尝试在碳约束下探索生态产品价值实现的制度创新、法治路径优化，对国家层面的含糊性制度进行地方立法补强。

第三，增强甘肃生态产品价值实现相关的地方性法规解释的主体、范

围、方法及目的。为提高地方政策的统一性、规则的一致性、执行的协同性，消除生态产品价值实现的政策性规定在各个地区分布上的多样化和碎片化现象，解决各地各自为政、地方保护主义明显、财政政策等缺乏系统性、稳定性和权威性的问题，甘肃省应当通过阐明和补充地方性法规的抽象概念、地方立法解释等方式，为公权力机关履行职能、化解环境纠纷中适用地方性法规提供更为具体、明确的行为准则和法律依据。

（二）发挥司法保障功能以促进生态产品价值实现的全面化

第一，发布典型案例，填补含糊不清的制度漏洞。行政案例、司法案例具有比照援引的法律效力，甘肃省人民政府、省高级人民法院或者省人民检察院可以发布生态产品价值实现的典型案例，作为指引下级人民法院或者检察院审判的参考，为生态产品实践中的侵权纠纷、合同纠纷等提供指引。

第二，在环境司法中运用生态产品价值核算技术，填补尚未被法律明确的价值评估制度的薄弱。在法治实践中，生态产品价值评价容易与生态损害赔偿的评价方式产生冲突。因此，在审判实务中，确认生态产品价值核算是将生态系统提供的物质产品、调节服务和文化服务三方面价值纳入核算体系，从功能量和价值量两个维度测度生态产品和结构等状况，更有助于真实、全面、客观反映生态环境实际损害情况。

第三，出台地方司法文件，助力自然资源产权改革。针对农村土地产权制度、林权制度、水资源开发利用制度等不断创新、升级的现象，甘肃省高级人民法院可以出台相关的“意见”来支持自然资源产权改革，规范产权主体行为。同时，要依法审理各类自然资源权属和公益诉讼案件，明确权责归属和价值基准，保障产权主体经济权益和生态权益。

五、针对“制度短板”加强相关制度绩效

（一）耦合强化甘肃生态产品价值实现法律制度

第一，加强总量控制制度与自然资源产权交易制度的耦合。在总量稀缺的情况下，资源环境使用主体才需要去购买相应的权利。甘肃省可以通过促进生态资源产权交易制度与总量控制制度的协同配合，加强用水总量控制制度与水权交易制度、用能总量控制制度与用能权交易制度、碳排放

总量控制制度与碳排放权交易制度的耦合。而且，甘肃省可以通过地方立法进一步强化总量递减前提下的污染总量控制制度，通过提升排污权的稀缺性进而促进其价格稳定上升，最终激励相关主体不断提高污染排放效率，以实现成本最小化的减污降碳。

第二，加强生态保护补偿和生态环境损害赔偿制度的耦合。生态保护补偿制度是对生态环境保护者发展机会受限的补偿，侧重正向激励。生态环境损害赔偿制度则是用法律手段向生态环境破坏者索赔，侧重负向约束力和责任追究。因此，通过制度耦合，可以使绿色低碳发展成为各经济主体的理性选择。

第三，加强资源开发利用规划论证制度与环境影响评价制度的优化选择。要建立健全政府、企业、专家共同参与的公共选择机制与重大行政决策制度，让权力得到制约。资源开发利用规划论证制度旨在从源头上预防对自然资源的不当或违法开发利用。环境影响评价制度常用于生态保护与污染防治，而资源规划论证则适用于自然资源领域。生态产品供给的源头即对生态环境资源的开发利用，为预防生态产品价值实现对资源的过度开发利用，需要通过环境影响评价制度与规划资源论证制度之耦合，完善资源论证之范围，建立和完善适应不同开发层次的技术体系，建立和完善责任机制。

（二）加强生态产品价值实现相关立法前评估与后评估

第一，对相关地方性法规、政府规章进行立法前评估。立法评估强调立法项目论证，使不适合立法或者条件尚未成熟的立法项目排除在立法计划之外，将立法质量的关口前移至立法前阶段，预防立法偏差，节约立法资源，促进科学立法和民主立法。甘肃省人民代表大会、省人民政府以及地方层面在申报相关立法计划建议项目前，要对立法计划必要性、可行性、紧迫性以及立法成本效益、预期效果等进行综合分析，形成立法前评估报告和草案建议稿。

第二，对相关地方性法规、政府规章进行立法后评估。法律制度的滞后性也会阻滞生态产品价值实现，因此要及时“更新”或升级生态产品价值实现的法律制度。地方性法规或政府规章颁布实施一段时间后，要结合其取得的成效、存在的问题等实施情况启动立法后评估，总结经验和教训。通过制度绩效评价，对生态产品价值实现过程中效能较差的制度予以废止或予以优化、补充，可结合政府、市场、公众的“反馈”对制度进行补充与完善。

第四节 甘肃省生态产品价值实现的地方专门立法建议

一、加快构建“1+X”的生态产品价值实现地方法规体系

第一，“1”是指要加快制定甘肃省生态产品价值实现促进条例（以下简称“条例”），形成生态产品价值实现法治保障的“甘肃模式”。2023年新修正的《立法法》将设区的市地方立法权的事项从“环境保护”修改为“生态文明建设”。这意味着设区的市立法权限进一步扩大。率先制定“条例”，可为西北区域乃至全国提供专门立法的“甘肃样本”，助力美丽甘肃、法治甘肃建设。新时期，要对与生态产品价值实现有关领域的省级人大和省政府规章的“立改废释”情况进行全面梳理或清理，将相关规定体系化重述并整合于一部专门的地方性法规或政府规章中。体例内容可以考虑设置总则、核算与评估、经营与开发、补偿与赔偿、保障与推进、法律责任、附则等章节。同时，要加强专门立法必要性、立法可行性论证，成立科研院所深度参与的、跨部门合作攻关的立法专班，科学起草“条例”草案，争取列入省人大年度立法计划项目。

第二，“X”是指既要加快影响生态产品价值实现的“制度缺失”领域的专门立法，又要加快“立改废释”。在创制性立法方面，建议根据国家相关法律、行政法规，研究制定甘肃省生态环境损害赔偿条例、甘肃省水资源节约集约利用条例、甘肃省国土空间规划条例等地方性法规。在省级政府规章立法方面，可以针对生态补偿、生态环境损害赔偿等领域的规定进行综合化与体系化：一是在省级与省内地方、流域的纵向与横向生态保护补偿试点及规定基础上，将相关规定进行归并和升级为一部专门的甘肃省生态补偿条例，内容可以涵盖照总则、纵向补偿、横向补偿、协议补偿和市场交易补偿等。二是加快对《甘肃省生态环境损害赔偿磋商办法

（试行）》《甘肃省生态环境损害赔偿公众参与和信息公开办法（试行）》《甘肃省石羊河流域地下水资源管理办法》《甘肃省湿地保护修复制度实施方案》等规定的整理、清理，及时总结立法经验与试点经验，将《甘肃省生态环境损害赔偿磋商办法（试行）》等多种规定整合到未来的甘肃省生态环境损害赔偿条例当中。

第三，促进相关政府规章向地方性法规升级。将行之有效的制度和试点经验上升为省级人民代表大会法规或省人民政府规章，将《甘肃省草原禁牧办法》《甘肃省草畜平衡管理办法》等政府规章、政策进行整合、查漏补缺，升级为甘肃省草原保护条例。省政府可以授权省生态环境厅等部门牵头制定涵盖山水林田湖草沙湿等领域的生态环境损害赔偿管理办法，可以启动甘肃省生态补偿条例的省级专门立法。

二、加快促进核心法规的综合化与体系化

整合环境污染、自然资源、生态保护等领域的省级地方性法规和政府规章，从污染防治、碳减排和生物多样性保护、生态产品价值实现、监督管理、执法检查、法律责任等方面，对全省生态环境保护工作作出更加综合化、更加体系化的规定。尽快将《甘肃省环境保护条例》《甘肃省水污染防治条例》《甘肃省土壤污染防治条例》《甘肃省自然保护区条例》《甘肃省矿产资源管理条例》等一系列省级地方性法规整合升级为一部更加综合性的甘肃省生态环境保护条例，使其真正作为甘肃环境资源保护、生态产品价值实现领域的地方“基本法”的综合性法规作用。

三、定期发布专门的省级司法意见及典型案例

地方性司法解释是根据法律授权，由省级司法机关针对如何具体应用法律问题所作出的具有普遍效力的阐释和说明。从司法解释的法源依据和解释主体看，地方性司法解释是法律解释的一种有机组成部分，属于有权解释，具有一定的法律效力。2020 年 1 月，甘肃省高级人民法院发布十起黄河流域（甘肃段）生态司法保护典型案例。在“嘉峪关城区法院祝某和破坏环境公益诉讼执行案”中，法院践行绿色司法、恢复性司法理念，与多部门联动执法、能动司法，确保生态环境公益诉讼判决得到执

行，使被破坏的自然环境得到有效修复治理。2021 年，甘肃省的“刘玄龙、张建君等十五人盗伐林木案”和“碌曲县人民检察院诉碌曲县水务水电局行政公益诉讼案”两例案件入选最高人民法院黄河流域生态环境司法保护典型案例。甘肃省级司法机关和地方各级司法机关要用高质量的司法服务助力甘肃省生态产品价值实现工作。借鉴甘肃省高级人民法院《关于为黄河流域（甘肃段）生态保护提供高质量司法服务和保障的意见》等地方司法经验，尽快研究制定甘肃省高级人民法院、甘肃省人民检察院关于为生态产品价值实现提供司法服务和保障的意见，定期、持续地发布典型案例。通过为甘肃省生态产品价值实现提供全方位、立体式、系统性的司法保护，尽快形成黄河流域生态产品价值实现司法保护的“甘肃模式”。

第十五章

甘肃省生态产品价值实现机制实施策略研究

甘肃省积极探索生态产品价值实现路径，取得了良好的生态价值和社会价值。甘肃省也需要深入分析生态产品价值实现的优势与劣势、机遇与挑战。本章通过甘肃省生态产品价值实现的 SWOT 矩阵，进一步明晰甘肃省生态产品价值实现机制构建的策略选择，并明确甘肃省生态产品价值实现机制建设的具体策略。

第一节　甘肃省生态产品价值实现的 SWOT 矩阵分析

甘肃省推进生态产品价值实现，有着天时地利人和的优势：生态资源丰富多样，生态产品优势独特，人文历史源远流长。随着生态文明建设的深入推进，出台了多项政策措施进行生态补偿机制试点，生态产品价值转化机制探索基础好。甘肃省也面临生态产品价值实现的大好机遇：国家层面的制度政策支持、长江流域经济带和黄河流域生态带建设、人民日益增长的优质生态环境和生态产品的需要、国内大循环体系的构建所要求的区域分工、欧亚大陆桥及义新欧班列开通等。但是甘肃省生态产品价值实现机制建设上也存在明显的劣势：生态产品价值实现机制缺乏战略设计、生态产品价值实现市场意识淡薄、生态产品价值实现智库建设不够、生态产品价值实现制度创新不足。同时，甘肃省在生态产品价值实现过程中也面临着各类外部挑战：国家生态屏障建设的高要求与国家生态补偿资金的有限性的矛盾、上下游左右岸的分工协作所存在的责权利的矛盾与冲突、绿色科技创新成果的供需错位导致的科技成果有效供给不足等。

基于甘肃省生态产品价值实现机制构建的优势、劣势、机遇和挑战的综合研判，可以通过甘肃省生态产品价值实现机制实施策略的 SWOT 矩阵，可以十分清晰地明细甘肃省生态产品价值实现机制建设的实施策略，见表 15－1。

表 15－1 表明，优势与机遇的组合（S－O），可以有“因需利导”强化供需精准对接策略、“好中选优”做强生态产业链策略、“攀峰造极”打造区域生态产权交易中心策略、“优质优价”做响“甘”字生态产品品牌策略；劣势与机遇的组合（W－O）可以有“因地制宜”优化生态产业布局策略、“取长补短”完善生态产品价值实现制度策略、“特色取胜”拓展甘肃生态产品市场策略；优势与挑战的组合（S－T）可以有“跑步

表 15－1　甘肃省生态产品价值实现机制实施策略的 SWOT 矩阵

内部因素 外部因素		优势（S）	劣势（W）
		（1）生态资源丰富多样 （2）生态产品优势独特 （3）人文历史源远流长 （4）生态产品价值转化机制探索基础好	（1）战略思维缺乏 （2）市场意识淡薄 （3）智库建设不足 （4）制度创新浅尝辄止
机会（O）	（1）国家层面的制度政策支持 （2）长江流域经济带和黄河流域生态带建设 （3）人民日益增长的优质生态环境和生态产品的需要 （4）国内大循环体系的构建所要求的区域分工 （5）欧亚大陆桥及义新欧班列开通	S－O 策略 策略 1：“因需利导”强化供需精准对接 策略 2：“好中选优”做强生态产业链 策略 3：“攀峰造极”打造区域生态产权交易中心 策略 4：“优质优价”做响“甘”字生态产品品牌	W－O 策略 策略 5：“因地制宜”优化生态产业布局 策略 6：“取长补短”完善生态产品价值实现制度 策略 7：“特色取胜”拓展甘肃生态产品市场

续表

内部因素 / 外部因素		优势（S）	劣势（W）
		（1）生态资源丰富多样 （2）生态产品优势独特 （3）人文历史源远流长 （4）生态产品价值转化机制探索基础好	（1）战略思维缺乏 （2）市场意识淡薄 （3）智库建设不足 （4）制度创新浅尝辄止
挑战（T）	（1）国家生态屏障建设的高要求与国家生态补偿资金的有限性的矛盾 （2）上下游左右岸的分工协作所存在的责权利的矛盾与冲突 （3）绿色科技创新成果的供需错位导致的科技成果有效供给不足	S－T策略 策略8："跑步进京"争取最大生态保护补偿 策略9："创新驱动"注重绿色科技应用 策略10："他山之石"健全价值评价机制	W－T策略 策略11："解放思想"营造市场环境 策略12："共建共享"构建生态飞地 策略13："由点带面"注重示范推广 策略14："保驾护航"做好保障协同

进京"争取最大生态保护补偿策略、"创新驱动"注重绿色科技应用策略、"他山之石"健全价值评价机制策略；劣势与挑战的组合（W－T）可以有"解放思想"营造市场环境策略、"共建共享"构建生态飞地策略、"由点带面"注重示范推广策略、"保驾护航"做好保障协同策略。这样，形成了十四大策略。

第二节 甘肃省生态产品价值实现的策略选择

一、基于优势—机遇（S－O）的策略选择

策略1："因需利导"强化供需精准对接

一是推动供需两端同向发力。进一步推动生态产品价值实现提质升级，在供需两端同时发力。在供给端，提升供给体系对需求变化的适配

性，努力增加高品质生态产品和服务供给。这既有赖于自身提质增效、积极创新，也离不开监管和规范，改善优化消费环境。在需求端，有效挖掘生态产品需求潜力，精准匹配。借助互联网生态和更多新技术、新手段，实现人、货、场的数字化连接，以消费需求引导供给创新。

二是搭建生态供需服务体系。积极搭建政府引导、企业和社会各界参与市场化运作的生态资源运营服务体系，推动生态产品供需精准对接，打通生态资源转化的“最后一公里”。通过引进企业运营、金融资本投资等多种方式，探索构建投资多元、股权清晰、利益共享、风险共担的生态产品开发运营体系。完善金融服务、生态产品产权等配套政策。打造政府、企业、集体、农户多方共同参与的生态产品价值实现新模式，推动生态惠民富民。

三是完善供需推介平台。推动生态产品交易中心建设，整合营销体系和品牌推介平台，定期举办生态产品推介博览会，组织开展线上云交易、云招商，推进资源方与投资方、生态产品供给方与需求方高效对接。规范平台管理，发挥电子商务平台资源、渠道等优势，丰富优质生态产品交易渠道和方式。通过新闻媒体和互联网等渠道，加大生态产品宣传推介力度，提升生态产品的社会关注度，扩大经营开发收益和市场份额。

策略 2：“好中选优”做强生态产业链

一是打造绿色生态产业示范区。在中部地区围绕兰州新区、兰白国家自主创新示范区建设，整合聚集创新要素，加大科技创新支撑，培育壮大节能环保、先进制造、中医中药、数据信息、通道物流等重点产业，大力发展马铃薯等特色农业，强化黄河流域甘肃段综合治理和生态修复，打造以兰白城市群为重点，城乡一体化的中部绿色生态产业示范区，引领全省绿色发展。

二是建设干旱区绿色生态产业经济带。在河西地区以构建河西内陆河流域生态屏障为重点，加快祁连山生态环境修复和保护，建设以清洁能源及新材料和特色高效农业为重点的河西走廊干旱区生态产业经济带。大力发展清洁能源、文化旅游、通道物流、戈壁农业和以核能循环利用为主的军民融合等特色优势产业，积极推进有色冶金等传统行业绿色化改造，建设河西走廊干旱区绿色生态产业经济带，促进绿色转型升级。

三是建设开放型绿色生态产业区域合作经济带。在陇东南地区以加强黄土高原综合治理、构建长江上游生态屏障为重点，建设以综合能源和先进装备制造为重点的陇东南经济带，强化生态环境监测和科学技术支撑，提高能源清洁利用水平，发展壮大先进制造、文化旅游及保健养生等特色优势产业，提升农产品生产、加工、储运绿色化水平，加快发展农村电子商务，建设陇东南开放型绿色生态产业区域合作经济带，推动绿色富民强县。

策略3："攀峰造极"打造区域生态产权交易中心

一是建立生态产品市场交易机制。通过生态产品价值核算核定生态容量，并以此为基础，建立国家级生态产品交易市场，实行生态产品提供者赋权、消费者付费制度，允许生态产品与用能权、碳排放权、排污权、用水权等发展权配额进行兑换，鼓励发达地区首先向生态地区购买发展权配额。

二是推动生态资源权益交易。鼓励通过政府管控或设定限额，探索绿化增量责任指标交易、清水增量责任指标交易等方式，合法合规开展森林覆盖率等资源权益指标交易。健全碳排放权交易机制，探索碳汇权益交易试点。健全排污权有偿使用制度，拓展排污权交易的污染物交易种类和交易地区。探索建立用能权交易机制。

三是建设生态产品交易中心。以试点区域生态产品和生态资源权益为主，依托省内已有环境资源交易平台，建设全省生态产品交易中心（云市场），加快完善相关配套政策和制度设计，引导支持各级政府文旅、生态资源开发等投资建设平台、各类市场主体有序进入市参与生态产品交易和生态资源权益交易。率先推进试点地区文化风景名胜、优质水源、天然食材药材、碳汇、排污、水权、林权、用能等生态产品和生态资源权益入市交易，为后续全省生态产品市场化交易积累经验。

策略4："优质优价"做响"甘"字生态产品品牌

一是丰富完善生态品牌。生态产业品牌化是生态产品价值实现的"放大器"。不断丰富完善区域公共品牌，继续经营好"甘"这个区域公共品牌。按照"品种培优、品质提升、标准化生产要求"创建培育"甘味"系列品牌，加快培育"花牛苹果""岷县当归""兰州百合""静宁苹果"等区域公共品牌的子品牌，逐步壮大区域公共品牌体系。把区域公共品牌同生态企业品牌、生态产业品牌很好地融合起来，形成品牌合力，让“厚道甘肃、地道甘味”在广大客商和消费者心中留下美好印象、形成良好口碑。

二是精心维护生态品牌。加快建立健全标准体系，构建和完善具有甘肃特色的生态产品标准体系，争当西部地区生态产品价值实现领域标准的制定者与领跑者。推动“标准化+”与生态产品价值实现工作深度融合，持续优化生态产品标准体系。多渠道开展认证宣传，增强企事业单位和群众对“甘味”等品牌认证的认知度。加强品牌认证监管，从严把控认证质量。

三是全力推广生态品牌。积极创新媒体推广，推动生态产品示范与电商推广平台建设。实施甘肃生态产品新媒体推介一把手工程。加大力度在主流媒体和新兴社交媒体平台的推广宣传。加快在抖音、快手、哔哩哔哩等平台上建设集流量支持、网红带货、网红批发商城、厂家货源支撑等为一体的生态产品网红直播电商基地。加强活动推广，定期举办生态产品推介博览会，组织开展生态产品线上云交易、云招商。创办生态产品文化节，举行新媒体网络直播营销推广活动。建立“甘味”生态产品线下体验馆，通过生态产品推介会、“甘味”高峰论坛等，进一步提高生态产品品牌的市场知名度。

二、基于劣势—机遇（W－O）的策略选择

策略5:“因地制宜”优化生态产业布局

一是打造中部生态产业创新核心区。围绕兰州新区、兰白国家自主创新示范区建设，整合聚集创新要素，加大科技创新支撑，培育壮大节能环保、先进制造、中医中药、数据信息、通道物流等重点产业，大力发展马铃薯、高原夏菜、草食畜牧等特色农业，加快石油化工、有色冶金等传统产业清洁化改造，重点构建清洁化工、绿色冶金、先进制造、生物医药、农产品精深加工、新材料、新能源、现代服务等生态产业集群，打造以兰州为核心、面向西北、辐射中亚的南向开放大通道、西部陆海新通道，将中部地区打造成为特色优势产业高值化、传统产业绿色化、新兴产业高端化的示范区。

二是打造河西走廊干旱区生态产业经济带。围绕河西内陆河流域生

态屏障构建的重点，加快祁连山生态环境修复和保护。坚持节约优先、以水定产，大力发展节水型绿色产业，大力发展清洁能源、文化旅游、通道物流、戈壁农业和以核能循环利用为主的军民融合等特色优势产业，积极推进有色冶金等传统行业绿色化改造，重点打造金属新材料、新能源、精细化工、农产品精深加工、文旅康养等生态产业集群，加快锻造产业链供应链长板，建设河西走廊干旱区生态产业经济带，促进绿色转型升级。

三是打造陇东南开放型生态产业区域合作经济带。加强黄土高原综合治理、构建长江上游生态屏障，加快建设国家能源化工基地、特色文化旅游保健养生基地、西部先进装备制造基地、绿色优质农产品生产加工基地，着力提高能源清洁利用水平，发展壮大清洁能源、清洁化工、先进制造、特色农牧产业、生物医药等现代产业集群，建设陇东南开放型生态产业区域合作经济带，推动绿色富民强县。

策略6："取长补短"完善生态产品价值实现制度

一是严格落实别无选择的强制性制度，确保绿水青山的保值增值。切实落实"共抓大保护，不搞大开发""生态优先，绿色发展"理念，统筹好生态、生活、生产三大空间，大力引导、支持生态产业发展。建立健全生态保护红线管控制度，探索建立和完善源头严防、过程严控、后果严惩的制度体系，严守生态底线，保障生态安全，确保生态功能不降低、面积不减少、性质不改变。完善生态环境责任追究制度，建立领导干部任期生态文明建设责任制，完善相关问责制度，对造成生态环境损害的责任者严格实行责任追究制度，加大执法力度，提高违法成本。

二是积极探索权衡利弊的选择性制度，走出绿水青山价值转化的新路。实行"双管齐下"的绿色财税制度，以环境税和资源税等绿色财政收入制度倒逼传统产业生态化发展，以生态补偿、循环补助、低碳补贴等绿色财政支出制度激励生态产业发展。推行绿色金融制度，完善绿色金融的政府政策扶持机制，如建立绿色担保基金、绿色融资贴息及财政补贴制度等，撬动更多社会资本投入生态产品价值实现领域。构建绿色产权制度，加快推进绿色产权市场化，借鉴已试点地区的有益经验，建立健全用能权、用水权、排污权、碳排放权等环境权益的有偿使用、预算管理和投融资机制，培育和发展绿色产权交易市场，高效推进绿水青山的价值转化。

三是大力倡导道德教化的引导性制度，努力形成生态发展的文化氛围。推行生态产品价值实现考评制度、绿色认证制度，借力开展生态文化节等平台载体并不断探索创新，使生态发展观念深入人心。进而以生态文化普及化带动生态产业主导化、绿色消费时尚化、生态资源经济化、生态环境景观化和生态城乡特色化，将甘肃打造成全国生态产品价值实现机制示范区、绿水青山向金山银山有效转化的实践区和城乡融合生态富民的示范区。[①]

策略 7："特色取胜" 拓展甘肃生态产品市场

一是做精省域特色生态产业。大力发展绿色生态产业，加快传统产业转型升级，走特色之路、绿色之路。重点发展文化旅游、通道物流、数据信息、军民融合等绿色产业。突出绿色与特色结合，发挥"小而特、小而优、小而精、小而美"优势，发展壮大循环农业、中医中药等历史经典产业。加快传统重化工业和制造业高新化、智能化、清洁化、绿色化改造。培育形成一批具有甘肃特点和市场影响力的生态产品品牌。

二是主动融入国内大市场。发挥甘肃承东启西、连南通北区位优势，推动形成中心带动、多点支撑、纵横成线的省域开放局面。加强与沿黄省区合作交流，共建沿黄经济带，共同开发黄河流域生态产品。深化与东部地区全面合作，逐步形成"甘肃生态资源 + 东部企业""甘肃生态产品 + 东部市场""甘肃生态基地 + 东部总部""甘肃生态制造 + 东部研发"等多元合作模式，促进需求升级与供给匹配协同共进、省内与省外错位互补、自身发展与国家需要精准结合的高效循环。

三是有效拓展国际市场。充分发挥市场配置资源的决定性作用，引导、鼓励和支持各类市场主体参与生态产品价值实现机制试点工作，培育一批技术先进、管理精细、综合服务能力强、品牌影响力大的生态产品开发运营公司，加强与国际生态市场、碳市场联通，着力提升利用外资水平，扩大利用外资规模，重点投向生态产业、生态文化旅游、现代生态农业、高新技术产业和公共设施领域。

---

① 沈满洪，绿色发展的中国经验及未来展望 [J]. 治理研究，2020 (04)：20 - 26。

三、基于优势—挑战（S-T）的策略选择

策略8：“跑步进京”争取最大生态保护补偿

一是加强顶层设计，找准“跑步进京”切入点。省委、省政府要从宏观层面出发，加大对生态保护补偿制度的研究，找准与国家发展战略以及国际组织合作的契合点，比如进一步落实党中央、国务院关于推动实施黄河流域生态保护和高质量发展战略的工作部署，建立健全与宁夏回族自治区、四川省、重庆市等省区建立流域上下游生态补偿机制，全力打造质优量优的具有浓厚“甘味”的生态产品。同时要积极参与中央相关政策、文件的起草、调研、协商等工作，主动体现甘肃省在全国生态格局中的重要地位，为“跑步进京”瞄准发力方向，寻求政策保障。

二是健全制度机制，化解“跑步进京”拥堵点。“跑步进京”的前提是练好“内功”。不断完善纵向生态保护补偿制度，参照生态产品价值核算结果、生态保护红线面积等因素，完善重点生态功能区转移支付资金分配机制。鼓励地方政府在依法依规前提下统筹生态领域转移支付资金，通过设立市场化产业发展基金等方式，支持基于生态环境系统性保护修复的生态产品价值实现工程建设。探索通过发行企业生态债券和社会捐助等方式，拓宽生态保护补偿资金渠道。通过设立符合实际需要的生态公益岗位等方式，对主要提供生态产品地区的居民实施生态补偿。建立健全横向生态保护补偿机制，鼓励生态产品供给地和受益地按照自愿协商原则，综合考虑生态产品价值核算结果、生态产品实物量及质量等因素，开展横向生态保护补偿。支持在符合条件的重点流域依据出入境断面水量和水质监测结果等开展横向生态保护补偿。探索异地开发补偿模式，在生态产品供给地和受益地之间相互建立合作园区，健全利益分配和风险分担机制。

三是强化宣传引导，激发“跑步进京”活力点。加大对前期成果案例的宣传，比如进一步凝练推广甘肃省与陕西省沿渭河六市一区在携手保护渭河水环境，共建千里渭河生态长廊中的成功经验和先进做法，努力变“一枝独秀”为“百花齐放”。同时要充分调动全省合力，构建惠及全民的生态保护补偿机制，凝聚上下之力共同实现“跑步进京”。坚持“重在保护、要在治理”方略，推进黄河流域山水林田湖草沙一体化保护和系统治理，让流域居民切实感受到治理变化。以甘南黄河上游水源涵养区、

陇中陇东黄土高原区、祁连山地区为重点，加快实施一批水源涵养、水土保持、治山增绿、防沙治沙等工程。坚持“四水四定”原则，支持绿色低碳和资源节约型产业发展，提高水资源循环利用水平。把握黄河之滨治理提升工程的有利机遇，高标准建设黄河生态廊道，努力将黄河建成岸绿景美、普惠全民的生态河。

策略 9：“创新驱动”注重绿色科技转化

一是加强绿色科技成果信息的汇总与运用。围绕智能绿色制造、现代农业、循环经济和生态环保等重点领域，认真做好绿色科技资源整合工作，借助兰州科技大市场进行信息发布，并与甘肃省促进民间投资信息发布平台对接，有效盘活绿色科技资源和服务资源。建立健全省级科技成果信息系统，由农业部门、科技部门、财政部门、信息部门共同协作，推动全省各类科技计划、科技成果存量与增量数据资源互联互通，构建由财政资金支持产生的科技成果转化项目库与信息数据发布服务平台。同时，建立有效的网络安全管理机制，保证网络数据的安全性。①

二是加快绿色科技成果转化服务体系建设。深入推进省级技术转移服务机构建设，培育和发展各类技术交易市场、中介机构、科技服务机构、金融机构、法律服务机构，促进不同领域开展技术交易和成果转化，鼓励技术转移示范机构探索适应不同用户需求的科技成果评价方法。构建全省技术交易网络平台，以“互联网 +”科技成果转移转化为核心，连接技术转移服务机构、投融资机构、企业、高校和科研院所等，集聚成果、资金、人才、服务、政策等各类创新要素，打造线上与线下相结合的省级技术交易网络平台。健全知识产权公共服务体系，采取政府购买服务的方式，依托知识产权服务机构、生产力促进机构、科技咨询机构，建立综合性知识产权服务体系，在兰白科技创新改革试验区探索建立我省知识产权法院（法庭），鼓励省内外专利代理机构在此设立专利服务站。

三是加大绿色科技成果转化激励力度。进一步贯彻《中华人民共和国促进科技成果转化法》等相关规定以及国务院办公厅《关于改革完善中央财政科研经费管理的若干意见》（国办发〔2021〕32 号），从甘肃省

---

① 刘劲松．农村科技信息化服务体系构建对策［J］．乡村科技，2021，12（06）：17 - 18.

绿色科技成果转化实际出发，充分尊重科技成果转化规律与市场规律，以调动科技成果转化当事人的积极性为核心，全方位激励推动协调推动科技成果转化。实施针对绿色科技成果转化奖励的分配比例，鼓励研究开发机构、省内外高等院校优先向中小微企业推介、转移绿色科技成果，中小微企业享有优先权等。尝试设置绿色科技技术转化尽职免责政策，鼓励转化单位及负责人在遵守法律法规和规章制度的前提下，大胆开展技术转化工作，降低过程中不确定性带来的风险和压力。

策略10："他山之石" 健全价值评价机制

一是借鉴学习国内外先进模式和实践经验。深入挖掘生态产品价值实现的内在机理，考虑不同类型生态系统功能属性，体现生态产品数量和质量，探索创新生态产品价值转化机制和模式。对于甘肃省各地传统的生态农产品和生态旅游服务产品，积极探索将良好的生态要素融入生产经营过程中，体现出产品的生态溢价，促进生态产品价值转化效率提升。考虑不同类型生态产品商品属性，探索建立体现市场供需关系的生态产品价格形成机制。

二是完善生态产品价值核算、公众参与等机制。结合地区实际情况，在完成地区 GEP 核算工作后，进一步改进生态产品价值核算方法，推动价值核算结果应用到生态产品的经营开发之中，推动生态产品保护、转化一体化发展。鼓励地方先行开展以生态产品实物量为重点的生态价值核算，再通过市场交易、经济补偿等手段，探索不同类型生态产品经济价值核算，逐步修正完善核算办法。在总结各地价值核算实践基础上，探索制定生态产品价值核算规范，明确生态产品价值核算指标体系、具体算法、数据来源和统计口径等，推进生态产品价值核算标准化。同时，可以畅通社会多元参与的机制和渠道，引导成立生态产品价值实现专项公益基金，建立生态产品价值评议平台，推动全社会生态福祉共建共享、生态产品价值共评共议。①

三是推动生态产品价值评价结果应用。推进生态产品价值评价结果在政府决策和绩效考核评价中的应用。探索在编制各类规划和实施工程项目

① 雷硕，孟晓杰，侯春飞，等．长江流域生态产品价值实现机制与成效评价［J］．环境工程技术学报，2022，12（02）：399－407.

建设时，结合生态产品实物量和价值评价结果采取必要的补偿措施，促进生态产品价值增值。推动生态产品价值评价结果在生态保护补偿、生态环境损害赔偿、经营开发融资、生态资源权益交易等方面的应用。建立生态产品价值评价结果发布制度，适时评估各地生态保护成效和生态产品价值。

四、基于劣势—挑战（W－T）的策略选择

策略11："解放思想"优化营商环境

一是加速推进生态产品市场化。坚持"政府主导、市场运作"推动生态产品价值实现的总基调，完善生态产品市场化机制、充分发挥市场资源配置作用，推动省级生态产品交易中心建设，加快培育生态产品市场经营开发主体，推动生态资源权益交易。针对甘肃省各地区生态产品特点，建立起生态产品价格、交易、税费、补偿等市场化体系，推进生态产品供给端与需求端精准对接，降低生态产品价值转化成本，拓展生态产品价值实现模式，不断推动生态产品市场化水平。

二是强化引导绿色消费有效刺激。深入挖掘乡村生态产品适应城市消费需求的能力，转变传统的乡村生产方式，用乡村的自然风光、乡土人情、传统文化吸引城市居民对生态产品的消费，不断培养居民的绿色消费理念，用绿色生活和生态产品为居民提供绿色幸福感，让城市居民的消费需求成为引导乡村生产生态产品的动力，生态产品在乡村和城市间的流动，真正构建起政府为主导、企业为主体、社会公众共同参与的生态产品供给体系。

三是营造良好的生态产品市场运营环境。深化简政放权改革，研究出台完善生态产品市场准入负面清单信息公开机制，降低制度性交易成本和生产要素成本，放宽生态企业的就业创业门槛。可以根据各地具体情况，尝试适度放宽市场主体登记场所限制，支持"一照多址""一址多照"等办企经营模式，为生态产品生产企业投资建厂提供制度支持。进一步深化信息化、数据化驱动改革，不断提升全省政务服务数字化水平，借助大数据手段优化营商环境。同时，强化法治化生态市场环境建设，加强程序性规制建设，保障规则公平、机会公平和权利公平。

策略 12："共建共享"构建生态飞地

一是丰富完善生态飞地功能内涵。进一步贯彻落实国家发改委《关于支持"飞地经济"发展的指导意见》，不断深化生态飞地功能内涵提升，立足甘肃省城市群总体规划和生态经济新发展格局需求情况，做好产业空间布局。一方面，将单纯的资金承接转变为管理与项目的复合承接，形成飞地园区的主导产业，构建起从研发设计、孵化转化到生产制造、服务支撑的全方位一体化的良性产业生态；另一方面，根据飞地功能定位、产业布局、文化传承特点以及生态保护要求等，打造符合新时代发展要求的管理方式、发展模式和品牌名片，构建高质量的国土空间布局。

二是建立健全生态飞地共建模式。加强对生态飞地建设的顶层设计，紧密结合甘肃地区生态产业特点，立足优势做强特色产业，推进一二三产业融合发展，最大限度地发挥生态飞地的聚集功能、规模效应和补偿功能，避免"撒芝麻盐"式的分散投资，实现"飞出地"与"飞入地"双方的精准施策。可以采取"政府搭平台 + 公司化运营"模式，前期由地方政府主导推进园区合作平台建设，之后双方共建股份合作公司，实施市场化运营管理，促进区域科技创新和产业联动合作局面的形成。共建期间，加强与属地社会组织及基层群众联系，从合作协调机构、具体管理机构和投资实体三个层面细化共建模式。

三是探索拓展生态飞地共享机制。积极发挥生态飞地建设属地优势，协调和降低园区运行的市场监督、环境保护等合作成本，同时在既定合作收益分配基础上，可以根据双方实际投入情况，构建生态飞地建设利益补偿机制，尤其对基于园区所在地公共服务成本进行适当利益补偿。此外，要重视社会组织和民众对生态飞地经济的参与程度，聚焦产业联农、产业带农、产业富农，提高社会大众对飞地园区的认可度和飞地园区自身的美誉度。①

策略 13："由点带面"注重示范推广

一是示范推广，形成机制。充分发挥试点示范市县政府主体作用，切实将生态产品价值实现试点示范推广的作为一项重要任务，积极制定加强

① 张贵．飞地经济的发展逻辑及效能提升［J］．人民论坛，2021（26）：68－72.

试点示范推广工作方案，落实具体工作步骤和政策措施。把握好工作力度和进度，协调各方、统筹部署，充分发挥好试点对全局的示范、突破、带动作用。建立起适应甘肃省域特点的示范推广新体系，建立起科技、信息和市场与农民之间的连接链，推动各试点之间形成资源共享、信息互通的服务支撑体系。

二是选树典型，提炼经验。扎实推进生态产品价值实现试点建设，积极推进甘南州、定西市、兰州市、酒泉市国家生态文明先行示范区，张掖市、陇南市、甘南州、临夏州、永靖县、渭源县、天祝县、泾川县、环县、敦煌市国家生态文明示范工程试点，以及临夏州和康县、环县、民勤县国家生态保护与建设示范区建设，开展永昌县、永靖县、玛曲县、徽县和庆城县省级生态屏障典型试验区建设，积极探索实践，大胆创新突破，凝练出可复制、可推广的生态发展模式，推动全省产业发展方式和生态治理模式转变。加大对典型经验的宣传力度，创新宣传报道方式，引导更多地区探索出适合本地实际的生态发展模式，营造多点齐亮、典型辈出的生动局面。

三是指导监督，加强落实。进一步加强对相关单位工作责任的指导监督，将试点建设及示范推广成效作为各相关地区的目标责任制考核的重要内容，组建由上级职能部门工作人员、专家学者等组成的工作组，对照试点示范推广工作方案，定期进行督导。充分调动试点地区群众积极性，让群众更好地融入试点建设，努力营造全民共创共建共享的浓厚氛围。

策略 14：“保驾护航”做好保障协同

一是加强组织领导。省发展改革委要加强统筹协调，各有关部门和单位按职责分工，制定完善相关配套政策制度，形成协同推进生态产品价值实现的整体合力。地方各级党委和政府要充分认识建立健全生态产品价值实现机制的重要意义，采取有力措施，确保各项政策制度精准落实。

二是强化智力支撑。依托高等学校和科研机构，加快生态保护修复基础研究和关键技术攻关，加大生态产品技术研发推广力度，构筑产学研一体化支撑体系。加强生态产品价值实现的理论研究，加强高等学校和科研机构在新材料、生物生态、现代农业等相关领域学科专业建设，引进高层次人才和团队，培养一批复合型专业人才。

三是加强监督落实。建议针对生态产品价值实现工作方面相关问题，开展专项督查督办，同时设立生态产品价值转化执行问题投诉受理专门沟通途径。推进生态产品价值实现考核制度建设，将 GEP 指标纳入高质量发展综合考核指标体系。探索施行经济发展和生态产品价值实现“双考核”，重点考核生态产品供给能力、环境质量提升、生态保护成效等方面的指标。适时将生态产品价值核算结果作为领导干部自然资源资产离任审计的重要参考，并将审计结果作为领导干部考核、任免、奖惩的重要依据。

第三节　甘肃省生态产品价值实现策略实施的轻重缓急研究

依据《甘肃省人民政府办公厅关于印发〈“十四五”兰州经济圈发展规划〉等 3 项省级区域规划的通知》，并结合第十二章第三节关于甘肃省“生态 +”产业体系区域布局的划分区域，将甘肃省划分成中部生态产业创新核心区、河西走廊干旱区生态产业经济带和陇东南开放型生态产业区域合作经济带等三大区域，根据“轻重缓急”原则，来实施不同的生态产品价值实现策略，做好选择题，进而更好地留出省域更大生态空间，发挥不同区域生态优势，打响甘肃生态品牌。

一、中部生态产业创新核心区的策略选择

中部生态产业创新核心区包括兰州市、白银市、定西市和临夏回族自治州 4 个市州。中部生态产业创新核心区地处甘肃省中部，该区域是引领全省经济社会发展的重点区域。人口和城镇比较密集，水土资源条件相对较好，特色产业优势明显。处于黄河上游，北仗祁连余脉，中拥河湟谷地，南享草原之益，既有承担生态保护和修复的重大责任，也有潜在生态优势转化为经济优势的条件。该区域的发展策略组合如下：

（一）急—重策略组合

一是“解放思想”强化市场意识。中部生态产业创新核心区产业发达，政策完备，围绕实施“黄河流域生态保护和高质量发展战略”和“打造黄河上游生态安全屏障区和绿色宜居经济圈战略”，需要不断营造优秀的市场环境，充分发挥市场资源配置作用，推动省级生态产品交易中心建设，支持甘肃省碳排放权交易中心、兰州环境能源交易中心发展，加快培育生态产品市场经营开发主体，推动生态资源权益交易。

二是“取长补短”完善生态产品价值实现制度。借鉴已试点地区的有益经验，建立健全用能权、用水权、排污权、碳排放权等环境权益的有偿使用、预算管理和投融资机制，培育和发展绿色产权交易市场，高效推进绿水青山的价值转化，走出绿水青山价值转化的新路。

三是“好中选优”做强生态产业链。根据《“十四五”兰州经济圈发展规划》，结合本区域特色，围绕兰州新区、兰白国家自主创新示范区建设，做强生态产业链，打造以兰白城市群为重点，城乡一体化的中部绿色生态产业示范区，引领全省绿色发展。

四是“攀峰造极”打造区域碳汇生态产权交易中心。健全碳排放权交易机制，探索碳汇权益交易试点。健全排污权有偿使用制度，拓展排污权交易的污染物交易种类和交易地区。探索建立用能权交易机制。

（二）急—轻策略组合

一是“跑步进京”争取最大生态保护补偿。实施黄河流域生态保护和高质量发展战略，筑牢黄河流域生态安全屏障，保持黄河水体健康，加强陇中黄土高原治理，需要巨大资金投入，中部生态产业创新核心区应该找准与国家发展战略、国际组织合作的契合点，联合其他区域共同争取多方资源和补偿。并将建设国家生态文明先行示范区、筑牢黄河流域生态安全屏障的先进经验提炼总结，凝练出可复制、可推广的生态发展模式，推动全省产业发展方式和生态治理模式转变。

二是“特色取胜”拓展生态产品市场。利用中部生态产业创新核心区沟通西南连接欧亚重要枢纽的优势，不断做精旱作农业、设施农业、草地生态畜牧业、中草药种植、马铃薯和花卉业等特色生态产业，主动融入国内大市场，有效拓展国际市场。

三是“因需利导”强化供需精准对接。生态产品价值实现的重要一环是供需精准对接，中部生态产业创新核心区需要充分发挥区位优势和资源优势，充分利用国家发改委《关于支持“飞地经济”发展的指导意见》等利好政策，依托国家级产业园区优势，培育提升现有生态企业发展水平，积极承接产业转移，努力建设成为全省园区发展标杆。

（三）缓—重策略组合

一是“因地制宜”优化生态产业布局。围绕山水城相融的黄河文化名城风貌、构建黄土高原特色生态体系、黄河上游生态保护与高质量发展先行市、地质公园自然景观等重点生态建设领域，要因地制宜建立生态产业发展体系，统筹特色文化资源，打造甘肃文化创意品牌，培育壮大绿色新兴产业。

二是“创新驱动”注重绿色科技应用。以兰州白银国家自主创新示范区为重点，建设生态产品价值实现示范园，推进兰州—西宁城市群建设，推进榆中生态创新城和定西生态科技创新城建设，搭建绿色科技创新和成果转化平台，强化生态产品价值实现绿色技术研发和成果应用，促进特色优势生态产业和绿色科技对接，集聚成果、资金、人才、服务、政策等各类创新要素，促进生态产品价值实现。

三是“优质优价”做响“甘”字生态产品品牌。要重视生态产业品牌化“放大器”的作用，培育壮大“岷县当归”“定西马铃薯”“兰州百合”“榆中大白菜”“皋兰禾尚头”“靖远旱砂西瓜”等区域公共品牌，逐步壮大区域公共品牌体系，进一步提高生态产品品牌的市场知名度。

（四）缓—轻策略组合

一是“保驾护航”做好保障协同。建立中部生态产业创新核心区市际联席会议制度，强化议事决策功能，定期召开工作会议，协商事关经济圈生态产品价值实现的重大事项。依托高等学校和科研机构，加快生态保护修复基础研究和关键技术攻关，加大生态产品技术研发推广力度，构筑产学研一体化支撑体系。推进生态产品价值实现考核制度建设，将 GEP 指标纳入高质量发展综合考核指标体系。

二是“他山之石”健全价值评价机制。借鉴学习国内外先进模式和实践经验，探索将良好的生态要素融入生产经营过程中，体现出产品的生态溢价，促进生态产品价值转化效率提升。积极探索开展以生态产品实物量为重点的生态价值核算，再通过市场交易、经济补偿等手段，探索不同类型生态产品经济价值核算，推进生态产品价值评价结果在政府决策和绩效考核评价中的应用。

二、河西走廊干旱区生态产业经济带的策略选择

河西走廊干旱区生态产业经济带包括酒泉市、嘉峪关市、张掖市、金昌市、武威市5个市。河西走廊干旱区生态产业经济带区域生态地位突出，祁连山生态保护“由乱到治，大见成效”，国家西部生态安全屏障综合试验区建设取得积极成效，区位优势明显，生态文化底蕴深厚，是我国重要的生态安全屏障，在推进黄河流域生态保护和高质量发展中具有十分重要的作用。但该区域总体发展水平和质量较低，生态环境保护任务艰巨，生态系统依然脆弱，生态产业链条较短，生态产品价值实现需要充分利用区域优势，紧紧抓住新时代发展机遇。该区域的发展策略组合如下：

（一）急—重策略组合

一是“跑步进京”争取最大生态保护补偿。作为重要的国家生态安全屏障，河西走廊干旱区生态产业经济带属于经济社会发展水平低、生态脆弱性高、需要严格实施生态环境保护的地区，需要采取“政府投入为主”的模式，主要依靠中央财政生态补偿和转移支付实现生态产品价值。不能通过大规模的产业化经营来实现生态产品价值，只能通过特许经营，发展高端化、集约化、小规模的生态产业，依靠独一无二的生态环境优势，利用产品的高度稀缺性，实施高端品牌战略，建立严格的认证体系和产品追溯系统，大力提高产品附加值，改以量取胜为以质取胜，以此作为生态产品价值实现的补充途径。

二是“攀峰造极”打造区域生态产权交易中心。基于区域优势，建立国家级生态产品交易市场，探索实行生态产品提供者赋权、消费者付费制度。健全碳排放权交易机制，探索碳汇权益交易试点。探索推进大敦煌文化旅游、优质水源、碳汇、水权、林权、用能等生态产品和生态资源权益入市交易，为后续全省生态产品市场化交易积累经验。

三是“共建共享”构建生态飞地。充分利用国家发改委《关于支持

“飞地经济”发展的指导意见》等利好政策，加强与山东省、天津市、福建省、广西壮族自治区、内蒙古自治区等省份合作，共建产业合作示范园，发展“飞地经济”，加强与哈密、额济纳旗等地的风光电新能源产业合作。

四是“创新驱动”注重绿色科技应用。围绕智能绿色制造、现代农业、循环经济和生态环保等重点领域，构建绿色技术交易网络平台，强化国际生态产业合作，共建国际合作产业园，推进中以（酒泉）绿色生态产业园建设，打造高水平海外产业创新服务综合体，加大先进技术引进力度，拓展深化技术合作交流。

五是“因地制宜”优化生态产业布局。重点建设以清洁能源及新材料和特色的高效农业。立足风能、太阳能资源禀赋，全力打造河西走廊新能源生产基地、储备基地、输出基地和新能源装备制造基地。重点做强风电产业、太阳能产业和智能电网及储能产业。以大敦煌文化旅游经济圈建设为抓手，打造全省文化旅游产业链的核心依托和重要增长极，打造文旅康养深度融合发展示范区。加强与丝绸之路沿线地区旅游协作，共同打造丝绸之路旅游产业带，打造以河西走廊为核心，串联辐射哈密、德令哈、额济纳旗等地的黄金旅游大环线。

（二）急—轻策略组合

一是“好中选优”做强生态产业链。河西走廊干旱区生态产业经济带生态产品丰富、供给充足。但需要进一步提质增效，依托长征国家文化公园、长城国家文化公园、黄河国家文化公园、河西走廊国家遗产线路等打造“一带一路”文化产业高地，重点打造以石窟文化、长城文化、红色文化等为代表的历史文化旅游目的地，建设以大漠风情、丹霞地貌、祁连风光等为特色的生态风情游目的地，建设以中国载人航天发射、玉门百年油田、甘肃清洁能源基地为基础的现代科技旅游目的地。

二是“因需利导”强化供需精准对接。积极搭建政府引导、企业和社会各界参与市场化运作的生态资源运营服务体系，推动生态产品供需精准对接，打通生态资源转化的“最后一公里”。

三是“保驾护航”做好保障协同。建立市际联席会议制度，强化议事决策功能，强化统筹指导，综合协调发展战略实施，研究审议重大规划、重大政策、重大项目等，协商事关经济圈生态产品价值实现的重大事项。强化智力支撑，加强人才培养培训，推进各类人才队伍建设。依法依规推进生态产品价值实现考核制度建设，将 GEP 指标纳入高质量发展综合考核指标体系。

（三）缓—重策略组合

一是“由点带面”注重示范推广。依托现代丝路寒旱农业示范区和节水戈壁生态农业示范基地，以绿色有机为导向，做大做强种业、蔬菜、肉羊等产业集群，建成面向全国和“一带一路”沿线国家与地区的特色农产品供应基地，打造成为全国特色高效农业示范区。同时，充分利用地域特色，建设文旅康养深度融合发展示范区，打造世界级丝绸之路旅游目的地、中国户外体验大本营和西部自驾游黄金线，打造成为文旅融合发展集聚区。

二是“取长补短”完善生态产品价值实现制度。因地域生态屏障功能的特殊性，需要严格落实别无选择的强制性制度，确保绿水青山的保值增值。切实落实“共抓大保护，不搞大开发”“生态优先，绿色发展”理念，建立健全生态保护红线管控制度，探索建立和完善源头严防、过程严控、后果严惩的制度体系，严守生态底线，保障生态安全，确保生态功能不降低、面积不减少、性质不改变。

三是“优质优价”做响“甘”字生态产品品牌。要重视生态产业品牌化“放大器”的作用，培育壮大“河西走廊酿酒葡萄”“高台黑番茄”“瓜州肉苁蓉”“敦煌李广杏”等区域公共品牌的子品牌，逐步壮大区域公共品牌体系，进一步提高生态产品品牌的市场知名度。

（四）缓—轻策略组合

一是“解放思想”强化市场意识。河西走廊干旱区生态产业经济带产业同质化竞争、区域市场分割现象明显，需要进一步发挥市场对资源配置的决定性作用，强化政府体制机制创新的关键作用，促进市场一体化联动和生产要素自由流动，集聚创新资源，形成创新活力。

二是“他山之石”健全价值评价机制。借鉴学习国内外先进模式和实践经验，积极推动生态产品价值评价结果应用，推进生态产品价值评价结果在政府决策和绩效考核评价中的应用。探索在编制各类规划和实施工程项目建设时，结合生态产品实物量和价值评价结果采取必要的补偿措施，促进生态产品价值增值。推动生态产品价值评价结果在生态保护补偿、生态环境损害赔偿、经营开发融资、生态资源权益交易等方面的应用。

三、陇东南开放型生态产业区域合作经济带的策略选择

陇东南开放型生态产业区域合作经济带包括庆阳市、平凉市、天水市、陇南市、甘南州5个市州。陇东南开放型生态产业区域合作经济带地处陕、川、甘、宁、青五省（区）交界处，是连接丝绸之路经济带与长江经济带的重要区域，生态功能地位突出，有甘南高原黄河上游生态安全屏障、秦巴山长江上游生态安全屏障和陇东黄土高原生态安全屏障，承担着黄河、长江上游水源涵养，秦巴地区生物多样性保护，黄土高原水土保持等多种生态功能，是国家重要的生态安全屏障。生态产品价值实现面临着经济发展水平总体较低，新兴产业集群缺乏，人才资金外流严重，基础设施建设相对滞后，生态保护任务较重，对内对外开放程度不高，体制机制障碍亟须破除等现实挑战。需要探索走出一条内陆欠发达区域生态产品价值实现的创新发展路子。该区域的发展策略组合如下：

（一）急—重策略组合

一是“好中选优”做强生态产业链。以加强黄土高原综合治理、构建长江上游生态屏障为重点，发展壮大先进制造、文化旅游、保健养生等特色优势产业，提升农产品生产、加工、储运绿色化水平，加快发展农村电子商务，建设陇东南开放型绿色生态产业区域合作经济带。并突出地方生态文化特色，打造全球华人寻根祭祖圣地、黄土高原农耕民俗文化生态旅游地、壮丽高原风光目的地。

二是“优质优价”做响“甘”字生态产品品牌。着力打造山水品牌，发挥甘南高原、陇南山地、黄土高原自然风光独特优势，打造中国最美草原湿地、最美高山峡谷、最美黄河第一湾、最美田园风光等品牌，创建国家全域旅游示范区，持续提升生态旅游品牌影响力，推动形成陇东南国家级山水品牌旅游新高地。同时重视生态产业品牌化“放大器”的作用，培育壮大“陇南绿茶”“陇南油橄榄”“成县核桃”“武都花椒”“两当狼牙蜜”等一系列区域公共品牌的子品牌，逐步壮大区域公共品牌体系，

进一步提高生态产品品牌的市场知名度。

三是“解放思想”营造市场环境。陇东南开放型生态产业区域合作经济带经济发展水平总体较低，需要不断优化市场环境，充分发挥市场资源配置作用，加速推进区域内优质生态产品市场化。加快培育生态产品市场经营开发主体，推动生态资源权益交易。挖掘和利用各类创新资源，联动优化营商环境，联动开展招商引资，不断推动生态产品的市场化水平。

四是“特色取胜”拓展甘肃生态产品市场。充分发挥始祖根脉、农耕之源、岐黄故里、黄帝问道、石窟艺术、三国文化、红色圣地等历史遗存和文化资源多元富集优势，加快科技创新和体制机制创新，发展特色生态产业，结合丝绸之路、大九寨和长征等旅游线，打造一批具有重要影响力的历史文化生态品牌，推动华夏文明传承创新，建设历史人文和自然山水交相辉映的生态文化展示地。开展国内外媒体走近陇东南等系列交流活动，促进国际人文合作和文化交流。

（二）急一轻策略组合

一是“因需利导”强化供需精准对接。主动对接丝绸之路文化旅游带、黄河文化旅游带、大九寨生态文化旅游带和红色长征旅游线，打造高品质历史文化旅游圈、山水旅游新高地、红色旅游走廊。加强与四川省、陕西省、宁夏回族自治区、青海省等毗邻地区合作，争取共建国家生态旅游示范区和旅游协作示范区。加强区域生态产品一体化营销合作，构建多元化的生态文旅目标市场体系，优化政企联动营销模式，推动陇东南生态文化一体化营销。

二是“因地制宜”优化生态产业布局。坚持区域生态一体化建设，推动陇东南生态产业区域差异化发展，加强产业布局、新型城镇化建设与资源环境承载能力相适应，优化建设天水历史文化与生态经济综合发展区、平凉—庆阳资源型城镇转型升级发展区、陇南—甘南生态经济与民族文化特色发展区。

三是“创新驱动”注重绿色科技应用。推进跨区域产学研协同创新，打造产学研协同创新网络，借力区内外高校院所智力资源，培育发展绿色科技成果转化加工基地，搭建绿色科技创新和成果转化平台，强化生态产品价值实现绿色技术研发和成果应用，促进特色优势生态产业和绿色科技对接，集聚成果、资金、人才、服务、政策等各类创新要素，促进生态产品价值实现。

四是"共建共享"构建生态飞地。以"飞地经济"模式推动生态产业园区建设，创新人才交流合作机制，在支援省属高校、科研院所、产业园区探索建立离岸研发中心，建立"人才飞地"，为陇东南培育后备人才。推进生态产业园区发展，加强与周边高新技术开发区、经济技术开发区和自主创新区对接合作，实行一区多园、飞地园、共管园，实现创新平台共建与创新资源共享。重点打造天水、庆阳西峰、平凉3个百亿级园区，积极培育发展潜力较大的陇南经济开发区、甘南合作生态产业园区等，形成创新引领、要素富集、空间集约、宜居宜业的产业生态综合体。

五是"取长补短"完善生态产品价值实现制度。以打造高品质文化旅游带为契机，推行生态产品价值实现考评制度、绿色认证制度，使生态发展观念深入人心。进而以"一化"（生态文化普及化）带动"五化"（生态产业主导化、绿色消费时尚化、生态资源经济化、生态环境景观化和生态城乡特色化），将陇东南开放型生态产业区域合作经济带打造成全国生态产品价值实现机制示范区、绿水青山向金山银山有效转化的实践区和文旅融合生态富民的示范区。

（三）缓—重策略组合

一是"攀峰造极"打造区域生态产权交易中心。以区域生态产品和生态资源权益为主，建设陇东南数据信息服务平台，探索建设全省生态产品交易中心（云市场）。加快完善相关配套政策和制度设计，引导各类市场主体有序入市参与生态产品交易和生态资源权益交易。探索推进生态文化风景名胜、优质水源、天然食材药材、水权、林权、用能等生态产品和生态资源权益入市交易，为后续全省生态产品市场化交易积累经验。

二是"跑步进京"争取最大生态保护补偿。陇东南区域是国家重要的生态安全屏障，也是重要历史文化遗产保护区，更是黄河长江自然保护区，生态战略地位十分重要。特别要加强顶层设计、练好内功，建立"两江"自然保护区与唐家河自然保护区协作应急联动机制，争取纳入国家生态补偿试验区。加强与周边省市区合作对接，探索建立流域上中下游之间的生态补偿基金，联合争取国家生态补偿资金和项目。

三是"保驾护航"做好保障协同。通过陇东南开放型生态产业区域合作经济带联席会议制度，形成常态化工作机制，协调解决重大问题，督促落实重大事项，推动重点工作，建立产业联动、创新协同、通道共建、生态联保、市场共建、服务共享等专项合作机制，突破体制机制瓶颈，深入推进供给侧结构性改革，持续推进“放管服”改革，加快人才、金融、技术、土地等要素市场改革，优化营商环境。内外联动共筑生态安全屏障，建立健全生态建设协调联动机制，推进陇东南地区与毗邻相关地区协同共建重点生态功能区。同时，要建立健全流域综合治理机制，推动主要河流上下游县（市、区）联合开展跨界河流综合整治和生态修复工作。

（四）缓—轻策略组合

一是“由点带面”注重示范推广。要选树典型，对陇南市、甘南州、泾川县国家生态文明示范工程进行经验提炼，提炼出可复制、可推广的生态发展模式，推动全省产业发展方式和生态治理模式转变。积极制定加强试点示范推广工作方案，落实具体工作步骤和政策措施，建立起适应甘肃省域特点的示范推广新体系，建立起科技、信息和市场与农民之间的连接链，推动各试点之间形成资源共享、信息互通的服务支撑体系。

二是“他山之石”健全价值评价机制。借鉴学习国内外先进模式和实践经验，积极探索开展以生态产品实物量为重点的生态价值核算，加强交易平台和信用体系建设，深化公共资源交易平台整合共享，统筹建设碳排放权、排污权、用能权、用水权等交易平台，通过市场交易、经济补偿等手段，探索不同类型生态产品经济价值核算，推进生态产品价值评价结果在政府决策和绩效考核评价中的应用。

后 记

“绿水青山就是金山银山”理念是习近平生态文明思想最具代表性、最具原创性的重大理论成果之一。浙江省是“绿水青山就是金山银山”理念的发源地、率先践行地和先行示范地。作为浙江省的学者，拥有诸多机会研究生态产品的价值实现机制，但是研究其他省份的机会就少之又少了。虽然我曾经参与过国务院最终批准的由浙江大学西部发展研究院主持的《关中－天水重点经济区规划》《呼包银榆重点经济区规划》《西部大开发“十二五”规划》等规划的研究，但每次有机会承接其他省份的课题总是特别喜悦。因为，做一个课题就是增加一份阅历，增长一份见识，贡献一份智慧。

一个特殊的宝贵机会，让我和我的团队承接了甘肃省自然资源厅重大招标项目“甘肃省生态产品价值实现机制研究”。甘肃省是一个具有重要战略意义的省份，拥有地质多样性、气候多样性、生物多样性、文化多样性、民族多样性等一系列多样性特征，其生态产品也同样具有多样性特征。因此，课题组特别重视实地调研工作。在甘肃省自然资源厅领导及部门负责人的带领下，课题组于2022年2月10日至2月16日赴甘肃省自然资源厅、兰州市、张掖市、金昌市、武威市、古浪县等地开展了第一次调研，于2023年3月7日至3月11日赴甘肃省兰州市、定西市、天水市、临夏州等地开展了第二次调研。这两次弥足珍贵的调研，使得课题组有信心、有底气撰写好课题研究报告。

课题研究报告的形成过程是反复推敲的过程。首先由我草拟所有章节的提纲，根据分工修改形成所有章节目的提纲，经过课题组集体研讨并修改后正式确定提纲。各章初稿形成后，我进行了认真的审读，并提出详尽的修改意见。各章执笔人进行修改，经我审定后形成合成稿。课题组对合成稿进行了认真研讨，进而修改形成课题研究报告送审稿。根据评审会专家的意见，参加评审会的我、顾光同、钱志权、刘琼及陈真亮负责修改定稿。在课题研究报告修改定稿后进而修改成书稿，定名为《生态产品价值实现机制研究——以甘肃省为例》。

本书是课题组集体合作的成果。各章执笔分工如下：

第一章、篇引及后记：沈满洪（浙江农林大学生态文明研究院院长兼首席专家、浙江省生态文明智库联盟理事长）

第二章、第十一章：孔令乾（浙江农林大学生态文明研究院学术部副部长、经济管理学院博士）

第三章、第八章：刘琼（浙江农林大学生态文明研究院外联部副部长、经济管理学院博士）

第四章、第十二章：钱志权（浙江农林大学生态文明研究院副院长、经济管理学院教授、人文社科处专聘副处长）

第五章、第七章：熊立春（浙江农林大学生态文明研究院骨干、经济管理学院副教授）

第六章、第十五章：董杜斌（浙江农林大学党委办公室主任、校长办公室主任、教授）、徐寒建（浙江农林大学校办秘书科主管）

第九章、第十三章：顾光同（浙江农林大学生态文明研究院生态经济研究所所长、经济管理学院教授）

第十章、第十四章：陈真亮（浙江农林大学生态文明研究院生态治理研究所所长、文法学院教授）

在课题研究报告形成的过程中，课题组同时形成了下列成果：

1. 实施方案

沈满洪：《甘肃省自然资源厅生态产品价值实现机制建设实施方案》。

2. 立法草案

陈真亮、沈满洪、连燕华：《甘肃省生态产品价值实现促进条例》(草案专家建议稿)。

3. 成果要报

(1) 钱志权、沈满洪、熊立春、孔令乾、刘琼：《关于加快发展甘肃省生态产业的建议》,《绿色发展内参》第1期，2023年3月28日，得到中共甘肃省委副书记、省长任振鹤的肯定性批示；

(2) 顾光同、沈满洪：《市场机制推进甘肃省矿山生态修复的问题与对策》,《绿色发展内参》第2期，2023年3月28日，得到中共甘肃省委副书记、省长任振鹤的肯定性批示；

(3) 陈真亮、沈满洪、连燕华：《甘肃省生态产品价值实现促进条例》(草案专家建议稿),《绿色发展内参》第5期，2023年4月6日，得到中共甘肃省委副书记、省长任振鹤的肯定性批示；

(4) 钱志权、沈满洪、刘琼、孔令乾、熊立春：《关于优化甘肃省营商环境的建议》,《绿色发展内参》第6期，2023年4月6日；

(5) 熊立春、钱志权、顾光同、孔令乾、刘琼：《以数字化改革推进甘肃省生态产品监测监管体系建设的对策建议》,《绿色发展内参》第7期，2023年4月10日。

除了上述署名的贡献外，顾光同、钱志权、董杜斌、熊立春等同志承担了课题组大量的组织协调工作。从中，我深感团队的力量！

在课题立项、调研、研究及结题的过程中，得到甘肃省自然资源厅原厅长丁巨胜、副厅长戴威、原副厅长徐爱俊、矿山修复处处长王岚、科技处处长赵君钱、甘肃省自然资源规划研究院院长何瑞东、甘肃省基础地理信息中心主任颉继珍、甘肃省土地开发整理中心毛龙、矿山修复处副处长胡石玉及调研所到的各地各单位同志的精心组织和认真接待，在此表示衷心感谢！

在课题研究报告评审时，自然资源部国土整治中心罗明研究员、甘肃省地图院冯永忠高级工程师、兰州财经大学周一虹教授、甘肃省地质调查院李宪琛总会计师、兰州大学曾彪教授等专家，既对课题研究报告给以充分肯定，又中肯地提出了十分宝贵的意见和建议。正是这些意见和建议，使得书稿更趋完善。在此对各位专家表示衷心感谢！

为了出版本书，中国财政经济出版社和周桂元编审付出了大量的心血！编辑成就作者！衷心感谢周桂元编审的贡献！

由于甘肃省幅员辽阔，课题研究期间正好遭遇新冠肺炎疫情，使得调研工作不够深入，导致书中难免存在一些瑕疵。敬请各位读者批评指正！

本书作为教育部哲学社会科学重大专项“习近平生态文明思想在中国大地的生动实践研究”（项目批准号：2022JZDZ009）的一个阶段性成果推出，也是浙江省新型重点专业智库——浙江农林大学生态文明研究院、浙江省生态文明智库联盟推出的《生态文明研究丛书》之第二部。

沈满洪

2024年1月